LA HOLLANDE PITTORESQUE

LES

FRONTIÈRES MENACÉES

Ce volume a été déposé au ministère de l'intérieur (section de la librairie) en avril 1876.

PARIS. TYPOGRAPHIE DE E. PLON ET Cie, RUE GARANCIÈRE, 8.

LA HOLLANDE PITTORESQUE

LES

FRONTIÈRES MENACÉES

VOYAGE DANS LES PROVINCES

DE FRISE, GRONINGUE, DRENTHE, OVERYSSEL, GUELDRE ET LIMBOURG

PAR

HENRY HAVARD

AVEC UNE PRÉFACE PAR M. E. LEVASSEUR

PROFESSEUR AU COLLÉGE DE FRANCE, MEMBRE DE L'INSTITUT

OUVRAGE ILLUSTRÉ DE DIX GRAVURES SUR BOIS

DESSINÉES D'APRÈS NATURE PAR M. LE BARON DE CONSTANT-REBECQUE

Et enrichi d'une carte des Pays-Bas

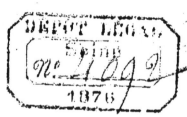

PARIS

E. PLON et Cⁱᵉ, IMPRIMEURS-ÉDITEURS

10, RUE GARANCIÈRE

—

1876

Tous droits réservés

A Monsieur Henry Havard, à Paris

Monsieur,

En écrivant votre *Voyage aux Villes mortes du Zuiderzée*, vous avez rendu un service à la géographie.

Ce n'est pas seulement dans les contrées encore inexplorées du globe que la science a des découvertes à faire. Partout où il y a des beautés de la nature à admirer ou des œuvres de la civilisation à comprendre, il y a place pour une étude digne d'intéresser le savant et pour un livre capable d'instruire le lecteur.

Vous l'avez compris, et par une forme familière, facile, spirituelle, vous avez su rendre non-seulement accessible à tous, mais agréable la connaissance d'une côte si riche autrefois, déchue aujourd'hui, et dont les villes, quoique bien voisines de notre propre territoire, n'étaient guère mieux connues avant votre publication que ne le sont celles de l'intérieur de l'Afrique. Vous avez, par votre talent de narrateur, fait revivre ces « Villes mortes », comme vous les appelez :

les longues et consciencieuses recherches d'érudition qui servent de fonds à votre travail et que vous vous appliquez à dissimuler sous un style enjoué, nous garantissent que vous les avez bien fait revivre telles qu'elles étaient. Même dans les Pays-Bas et jusque sur les bords du Zuiderzée, beaucoup de lecteurs néderlandais ont fait certainement avec vous, comme les Français, un véritable voyage de découverte.

Le succès de ce premier ouvrage était un engagement que vous contractiez vis-à-vis du public : vous deviez lui faire connaître le reste d'un pays que vous connaissez si bien. Vous acquittez aujourd'hui une partie de la dette en publiant « *les Frontières menacées* ».

Lê sont-elles ? C'est le secret de la politique. La sagesse conseille aujourd'hui à toutes les grandes nations de l'Europe une politique de paix. Si la sagesse n'est pas toujours la conseillère la plus écoutée de la politique, un manuel classique, quelque distingué qu'en soit l'auteur (et M. Daniel est assurément un géographe très-distingué), ne saurait pas non plus être pris pour le confident de ses secrets. Ce qui est certain, c'est que les frontières dont vous parlez sont peu explorées, et que ces con-

trées méritent d'être plus connues. Elles ont fait il y
a longtemps partie du Saint-Empire germanique, et
une des provinces des Pays-Bas a même été rattachée
pendant vingt-sept ans à la Confédération germanique ;
mais ces contrées, habitées depuis bien des siècles
par une race laborieuse, qui a ses mœurs, sa langue,
ses institutions particulières, ont commencé à avoir
une unité politique avec la maison de Bourgogne, et
une nationalité, aujourd'hui puissante et respectable,
s'y est formée par l'indépendance des Provinces-
Unies et par la prospérité commerciale qui l'a suivie.

Vous rendez un nouveau service à la géographie
en conduisant vos lecteurs dans ces contrées et en les
y retenant par la variété de vos études et le charme
de votre narration.

Veuillez agréer, Monsieur, l'expression de ma considération la plus distinguée,

E. LEVASSEUR.

Paris, 23 mars 1876.

LA
HOLLANDE PITTORESQUE

LES
FRONTIÈRES MENACÉES

I

Le temps n'est pas encore bien éloigné où il suffisait de franchir les frontières de notre France pour passer aux yeux du public pour un hardi explorateur. Il y a trente ans, les excursions de Théophile Gautier en Espagne, de Paul de Musset en Italie, de Victor Hugo sur les bords du Rhin, prenaient les proportions d'un voyage à la découverte. On relisait le *Voyage sentimental* de Sterne et l'on s'intéressait aux *Zigzags* de Töpffer.

Depuis ce temps tout a bien changé. Une véritable révolution s'est accomplie. La vapeur, en sillonnant les mers et en couvrant le continent d'un réseau de voies ferrées, a supprimé les distances ; et le télégraphe, en nous révélant chaque soir ce qui s'est accompli pendant le jour aux quatre coins du monde, nous a habitués à

1

considérer les pays les plus lointains comme s'ils étaient à notre porte. Si bien que, pour intéresser le public à ses impressions ou à ses études, il semble qu'il faille avoir fait au moins le tour du monde, ou découvert quelque royaume inconnu.

Qu'on ne dise pas que nous exagérons! Ne voit-on pas surgir de tous côtés des récits de voyages qui jadis eussent semblé presque fantastiques et de nos jours paraissent tout naturels? Hier, c'était l'Australie, Java, Yeddo et San Francisco, que nous dévoilait le comte de Beauvoir. C'était l'Océanie que nous parcourions avec le regretté Francis Garnier, la Chine que nous visitions avec MM. Cernuschi et Duret, ou les deux Continents que nous traversions dans l'aimable compagnie du comte de Gabriac.

Aujourd'hui, c'est le marquis de Compiègne qui nous promène à travers les déserts de l'Afrique équatoriale. Demain, ce sera Stanley ou nos vaillants compatriotes de Brazza et Marche, qui nous raconteront leurs courses intrépides à travers un continent ignoré; si tant est qu'ils reviennent nous dire ce qu'ils ont vu au milieu de ces mortelles solitudes.

Dans des conditions pareilles, il semble qu'il faille une audace bien grande ou des raisons bien particulières pour venir, une fois encore, parler d'un pays honnête et pacifique, loyal et hospitalier, situé à douze heures de Paris, presque au seuil de la France, et où l'on ne rencontre ni féroces carnassiers, ni voleurs de grands chemins.

Bien qu'il soit facile de défendre cette thèse, que les pays les plus rapprochés ne sont ni les mieux connus ni les plus aisés à connaître, j'avouerai en conscience que l'audace m'eût fait défaut, si je n'avais eu des motifs puissants pour entreprendre d'abord, et raconter ensuite le voyage que je publie aujourd'hui. Ces motifs, j'en dois compte au lecteur, parce qu'ils sont à la fois l'explication de ce livre et son excuse.

A l'époque où je préparais la seconde édition du *Voyage aux villes mortes du Zuiderzée,* j'eus la curiosité de rechercher tout ce qui avait été publié en Allemagne sur les pays dont je venais de restituer l'histoire.

Parmi ces livres se rencontra un précis de géographie intitulé : *Leitfaden für den Unterricht in der Geographie.* Je le parcourus sans grande curiosité d'abord, mais mon indifférence ne fut pas de longue durée.

A deux reprises, il est question dans ce petit livre du royaume des Pays-Bas, et chaque fois la Néerlande s'y trouve englobée dans l'Allemagne.

La première fois (page 90), c'est à propos des États du centre de l'Europe. Elle est classée sous cette rubrique : *Deutschland ;* en fort nombreuse et fort bonne compagnie du reste, avec le Danemark, la Belgique, le Luxembourg, la Suisse et le grand-duché de Lichtenstein ! La seconde fois (page 173), elle se trouve comprise toujours avec les mêmes États sous cette autre désignation encore plus explicite : *Deutsche Aussenländer* (pays allemands extérieurs), et l'auteur prend soin de nous en donner la raison.

« Les six États mentionnés plus haut, nous dit-il, sont considérés comme appendice de l'Allemagne,

(*a*) parce qu'ils sont situés en grande partie en dedans
des limites naturelles de l'Allemagne, (*b*) parce que ces
pays ont, à de petites exceptions près, appartenu à
l'ancien empire allemand et en partie, jusqu'en 1866, à
la Confédération germanique [1]. »

Il est impossible, on le voit, de s'annexer avec plus
de sans-gène, géographiquement et historiquement, six
États étrangers.

Je n'étais point encore remis du profond étonnement
que m'avait causé cette étrange lecture, lorsque le hasard
de mes travaux me mit en rapport avec un érudit allemand, venu dans le pays pour faire quelques études.

Je me crus d'autant plus autorisé à appeler son attention sur ces excentricités scolaires, que le précis en question n'est point un de ces livres banals dont le verbiage
est sans conséquence. Œuvre d'un érudit professeur
de Halle, le docteur Daniel, il a été revu et réédité par
le docteur Kirchhoff, professeur de géographie à la
même université, et, à l'heure qu'il est, le voilà parvenu
à sa cent septième édition. C'est dire la consommation
qu'il s'en fait chaque année.

—De semblables erreurs, fis-je observer à mon interlocuteur, constituent un véritable danger. Quand trente
millions de têtes carrées ont, depuis leur berceau, admis

---

[1] *Die fechs in der Ueberschrift genannten Staaten werden als
Anhang zu Deutschland betrachtet; a) weil sie grösstentheils
innerhalb der natürlichen Grenzen Deutschlands liegen; b) weil
mit wenigen Ausnahmen diese Länder zum alten Deutschen
Reiche, theilweise bis 1866 zum Deutschen Bunde, gehört haben.*

comme vérité des choses pareilles, il est bien difficile
ensuite de leur faire reconnaître qu'elles ont été trom-
pées. Vous devez tenir à honneur de rectifier des absur-
dités aussi dangereuses.

— Je ne vois rien là d'absurde ni d'erroné, répondit
mon savant ; le Danemark, la Suisse, les Pays-Bas, et
ces autres États que vous venez de nommer, sont le com-
plément naturel de l'empire d'Allemagne. Leurs mœurs,
leur langue, leur histoire et leurs traditions, tout les
relie à l'antique Germanie.

— Il ne m'appartient pas, répliquai-je, de me pro-
noncer pour les autres États. Je ne connais pas le grand-
duché de Lichtenstein. Je n'ai fait que traverser en tou-
riste la Suisse, le Luxembourg et le Danemark. Je n'ai
habité qu'accidentellement la Belgique ; mais pour la
Néerlande c'est autre chose ; j'ai passé cinq années sur
son sol hospitalier, et je puis certifier, car je le connais à
fond...

— Eh bien ! vous la connaissez mal. Vous n'avez vu
que le centre du pays, c'est-à-dire la seule fraction qui
ait, en effet, un certain caractère autochthone. Si vous
aviez parcouru et étudié les provinces de l'Est avec le
même soin que les provinces occidentales ; si vous aviez
vécu, quelques jours seulement, dans la partie qui
touche au Hanovre et à la Westphalie, vous auriez vu
les divergences s'effacer et les nuances se fondre.

— Vous ne me persuaderez pas toutefois, répliquai-je,
que ces provinces ressentent pour vous une affection
démesurée. Vos auteurs eux-mêmes avouent trop fran-

chement le contraire. Heinrich von Treitschke [1] se plaint
assez amèrement de l'antipathie néerlandaise, et votre
romancier Gutztoff [2] crie assez fort à la trahison.

— J'en demeure d'accord; mais nous avons d'autres
garants de la communauté d'origine. Vous connaissez
notre refrain patriotique : « Où est la patrie de l'Allemand? Aussi loin que résonne la langue allemande. »

— Ce serait faire une étrange méprise que de vouloir
confondre la langue de Vondel, de Hooft, de Bilderdyk
et de Da Costa avec celle de Gœthe et de Schiller. Du
reste, en admettant cette théorie, vous seriez obligés de
rayer de vos États la partie nord du Slesvig qui ne parle
que danois, la Lorraine qui n'a jamais parlé l'allemand
et l'Alsace qui ne le parlait plus guère. Bien mieux, il
vous faudrait, de l'aveu même de votre infaillible chancelier [3], rayer d'autres pays annexés depuis plus d'un
siècle. Vous voyez que votre refrain sonne mal. Qu'avez-
vous encore?

[1] *Historische-Politische Aussatze,* Leipzig, 1870.

[2] *Ein Hollandganz.*

[3] « Il est avant tout nécessaire que l'étude de la langue allemande soit faite sur des bases plus larges et plus sûres, non-seulement dans la province de Posen, mais aussi dans la haute Silésie
et dans la Prusse occidentale. » (Discours de M. de Bismarck à la
Chambre des seigneurs, 6 mars 1872.) C'était assez reconnaître
que la langue allemande n'était guère pratiquée dans ces diverses
provinces. Le 13 février de la même année, M. de Bismarck avait
dit à la Chambre des députés : « Le Polonais évangélique qui re-
connaîtra peut-être un Allemand comme ministre de sa foi n'ou-
bliera jamais sa nationalité au point de favoriser, par zèle confes-
sionnel, l'étude de la langue allemande. » Il est difficile, on le voit,
d'être plus explicite.

— La religion... Les deux pays sont protestants.

— Oui, mais vous êtes luthériens, et la Hollande est calviniste, ce qui est singulièrement différent. A moins que vous ne comptiez sur ce tiers de la nation qui est demeuré catholique ; mais ce serait, je crois, mal compter.

— Enfin, nous avons la communauté d'origine... la même race... le même sang... les mêmes caractères ethniques.

— Ceci, répliquai-je, serait à démontrer ; mais vous n'êtes pas sans savoir que M. de Quatrefages a dit que « toute répartition politique fondée sur l'ethnologie est absurde », et que M. Virchow n'a pas hésité à se ranger à son opinion. Du reste, il me paraît assez difficile de faire avouer à un Néerlandais qu'il est un *mof*[1].

— Tout ce que je puis vous dire, répondit mon interlocuteur impatienté, c'est que nos savants n'écrivent pas « à la légère », et que des hommes comme Daniel et Kirchhoff ne se trompent jamais.

Notre entretien en demeura là ; mais, à partir de ce moment, ma résolution était prise. J'étais décidé à parcourir ces provinces frontières, à les visiter à fond, à pénétrer leurs traditions, à apprendre leur histoire à sa source.

Pour entreprendre un voyage sur ces *frontières menacées*, facile en apparence, mais au fond hérissé de difficultés de toutes sortes, il me fallait avant tout un compagnon

---

[1] Terme sans signification précise, mais qui exprime une idée de dégoût et sous lequel, dans certaines parties de la Néerlande, on désigne les gens de l'Allemagne.

dévoué, décidé à s'attarder avec moi au milieu de ce dédale de vieux parchemins et de monuments poudreux qui font, aux yeux de l'archéologue, revivre le passé des peuples.

L'amitié me fournit ce compagnon. Le baron de Constant Rebecque s'offrit à partager mes courses et mes études. C'était un camarade de route tel que je pouvais le souhaiter : un *gentleman* doublé d'un artiste, un homme à la fois instruit, énergique et robuste, et possédant cette franche bonne humeur qui adoucit toutes les fatigues.

Il fallait ensuite nous assurer partout un accueil sympathique. Il était indispensable, en effet, que nous pussions visiter les bibliothèques, fouiller les archives locales, et pénétrer dans les forteresses. Pour cela, je m'adressai à la plus haute autorité du pays.

M. Heemskerk, ministre de l'intérieur et président du conseil, m'accueillit avec une exquise courtoisie dont je tiens à le remercier hautement. Par sa bienveillante intervention, j'obtins de ses collègues de la Guerre et de la Justice toutes les permissions qui nous étaient nécessaires.

— C'est un voyage tout à fait insolite que vous entreprenez là, me dit le ministre au moment où je prenais congé de lui. Les difficultés ne vous manqueront point en route, mais j'aurai soin de les aplanir autant que possible, en vous recommandant chaudement aux gouverneurs des provinces que vous allez visiter.

Et c'est sur cette aimable promesse, qui devait se réaliser fidèlement, que nous nous mîmes en route le 22 juin 1875.

II

Le départ. — L'*Aurora*. — L'amour du rococo. — Sneek s'en va-t-en
guerre. — Grands hommes et petite femme.

Nous partîmes d'Amsterdam un mardi. Nous prîmes
le *stoomboot* d'Harlingen qui devait le soir même nous
déposer à destination. C'était par une de ces belles ma-
tinées de juin, où le ciel est merveilleusement pur ;
une brise fraîche soufflait du large, et la brume gris
perle, qui estompait l'horizon, nous prédisait une chaude
journée.

Ce n'est point sans une certaine émotion que nous
vîmes notre bateau s'ébranler, traverser l'Y et franchir
les écluses de Schellingwoude. Nous nous retrouvions de
nouveau au milieu de ce Zuiderzée que deux ans plus
tôt nous avions parcouru dans tous les sens. Ce golfe
immense était en quelque sorte un ami que nous venions
revoir. Nous allions au milieu de ces bancs de sable et
de ces îles pittoresques, refaire en un jour un chemin
que nous avions mis des mois à parcourir, et nous
craignions presque de ne plus retrouver ces émotions
poignantes dont nous avions gardé un si charmant souvenir.

Marken avec ses tertres de gazon et ses maisons de
bois, Enkhuizen avec son *dromedaris*, Hindelopen et

1.

Stavoren existaient-ils encore? Quelle surprise si nous allions revoir ces villes jadis mourantes avec un regain de jeunesse, un peu d'animation et de nouveaux atours ! Et en même temps quelle frayeur de ne plus les revoir ! Hélas ! si nos craintes étaient vaines, nos espérances ne l'étaient guère moins. Au loin, nous les vîmes défiler une à une, ces royales cités endormies sur le bord du grand golfe. Telles nous les avions vues deux ans plus tôt, telles nous les vîmes ce jour-là, silencieuses, impassibles, attendant au milieu d'un funèbre recueillement que le temps ait achevé sa grande œuvre.

Le soir, à l'heure prévue, nous abordions à Harlingen. La petite cité frisonne, elle non plus, n'avait pas changé de physionomie. Seul son port différait de ce que nous l'avions vu. Le vaste bassin, auquel on travaillait lors de notre première visite, était maintenant achevé. La foule s'était amassée pour voir arriver le bateau. On nous fit bon accueil; les porteurs s'emparèrent de nos bagages, et nous nous dirigeâmes vers l'hôtel des Seigneurs, le *Heerenlogement*.

Le lendemain, de grand matin, il fallut se remettre en route. Nous traversâmes la ville encore endormie pour aller nous embarquer à bord du bateau de Sneek. C'est là que commençait vraiment notre voyage. Nous allions tout d'abord parcourir la Frise, descendre au midi, visiter Sneek et Bolsward, remonter ensuite vers le nord, toucher à Leeuwarden, puis, accentuant notre marche vers le nord-est, atteindre Dockum, traverser la mer et aborder à Schiermonnikoog.

Le petit bateau à hélice à bord duquel nous prîmes passage était bien nommé : il s'appelait *Aurora*. A six heures il se mit en route, et, après avoir longé les remparts de la ville, il entra résolûment dans le *Leeuwardervaart*.

C'est un long et sinueux canal bordé de ces interminables prairies qui font la richesse de la Frise. Partout autour de soi, aussi loin que la vue peut s'étendre, il est impossible de découvrir une ondulation de terrain. Des massifs de verdure dont la silhouette bleue se dessine sur le ciel gris du matin, des clochers noirs, quelques toits rouges, parfois un village, un bourg, une petite ville, avec ses pignons et ses cheminées, forment la ligne d'horizon. Plus près ce sont d'immenses prairies parsemées de bestiaux, avec, de loin en loin, une chaumière ou bien une de ces grandes fermes riches et propres, où tout respire l'ordre et l'abondance.

On appelle ce pays-là le « paradis des vaches », et jamais surnom ne fut mieux mérité. Blanches et noires, luisantes de santé, enfonçant jusqu'au ventre dans cette herbe drue et fraîche, les habitantes de ces vastes campagnes semblent enfouies là en plein bonheur. Du matin au soir et du soir au matin, elles sont occupées à leur douce besogne. L'œil demi-clos, silencieusement espacées, elles choisissent les touffes et cueillent à pleine langue leur délicieuse pâture. Leurs rêves ne sauraient aller au delà d'une pareille fortune, car elles ruminent en dormant.

Puis ce sont des briqueteries, avec leurs immenses

toits noirs et leurs balcons étranges ; les fours à chaux
qui arrondissent leurs coupoles blanches comme les
dômes d'une mosquée. Ce sont les clochers de Hitsum,
qu'on aperçoit à droite ; de Franeker, dont on longe à
gauche les remparts ombragés ; de Tjum, de Winsum, de
Spannum, qui animent la campagne, et les villages se succèdent avec leurs maisons proprettes, leurs stores jaunes
et bleus, leur ceinture de feuillage et, au seuil des maisons, les ménagères aux casques d'or, avec leurs grands
brocs de cuivre qui étincellent au soleil.

Tout le long de la route, on croise des bateaux et les
bateliers vous saluent. Ils ont tous la chemise rouge et
la culotte courte rayée de bleu et de blanc qui serre au
genou un gros bas de laine brune. Ajoutez à cela une
figure hâlée, des cheveux d'un blond enfantin, des boucles d'oreilles et un joyeux sourire. A l'arrière, émergeant
de l'écoutille ouverte, quatre ou cinq têtes curieuses se
pressent pour voir passer le *sloomboot*. Les yeux sont
écarquillés et les bouches ouvertes, et, pour peu que vous
leur adressiez un salut, toutes éclatent d'un franc accès
de rire, qui se répercute jusque dans les flancs du
bateau.

Puis, au-dessus de nos têtes, ce sont les cigognes qui
passent, traversant le canal avec un grand battement
d'ailes, les *wulpen* et les vols de vanneaux. A droite et à
gauche les mouettes nous font fidèle compagnie, poussant des cris plaintifs, surveillant le remous qu'occa-
sionne la marche du bateau, et plongeant à tout instant
dans l'écume pour reparaître bientôt avec un petit poisson

dans leur long bec effilé. Mais Sneek apparaît au loin
protégé par un rempart de verdure ; un instant encore,
le bateau s'arrête, et nous voici arrivés.

Rien n'est plus charmant que l'entrée de ces petites
villes de la Frise. Les vieilles fortifications ont fait place
à des boulevards ombreux. Derrière soi, on laisse la
campagne verte et fraîche répandant au loin de bonnes
senteurs de foin coupé. Devant soi, on voit s'aligner les
maisons de briques toutes coquettes et luisantes, avec
leurs boiseries blanches et leurs fenêtres immaculées.
. Les braves gens se mettent sur leurs portes pour vous
voir passer, les commères chuchotent et les enfants qui
jouent relèvent la tête. L'accueil est à la fois curieux et
sympathique.

Sneek, plus que toute autre, a cet aspect hospitalier et
aimable. C'est par une grande avenue bordée d'auberges
qu'on atteint ses premières rues ; celles-ci sont sinueuses, point trop larges, mais d'une exquise propreté. Elles sont bordées de maisons basses qu'on croirait enlevées à quelque cité hollandaise, n'étaient les
noms qui surmontent la plupart des portes, et qui tous
se terminent en *a*.

Ces premières rues nous conduisent en tournant à la
grande place, long parallélogramme, point trop vaste
cependant, et où l'animation ne doit jamais être excessive ; car deux grandes filles, couchées nonchalamment à terre, enlèvent avec la pointe de leur couteau
l'herbe qui pousse dru entre les pavés ronds. C'est
pourtant sur cette place que se dressent la plupart des

édifices publics : le Poids de la ville, vaste hangar sans caractère et sans cachet, et le palais de justice, bâtiment fort simple et d'honnêtes proportions, qui porte à son fronton une devise de circonstance.

L'hôtel de ville, qu'on aperçoit plus loin et du même côté, est d'un siècle plus vieux. Il fut achevé en 1736. Le style n'en est guère châtié, mais la façade est curieuse, donnant dans le baroque et même dans l'extravagant.

Imaginez les contorsions du rococo se mêlant aux lambrequins de Louis XIV. L'édifice a deux étages, dont un rez-de-chaussée surélevé, précédé d'un perron. Le grand toit, surmonté d'un campanile, a sa corniche portée par les consoles les plus étranges qu'on puisse imaginer : des enfants renversés, la tête en bas et contorsionnés à plaisir; pendant que le perron surchargé de lambrequins, d'attributs et de vases, supporte glorieusement les armes de la ville.

Celles-ci, qui sont «parti au premier d'or à un demi-aigle de sable mouvant du parti, au second d'azur à trois couronnes d'or rangées en pal », se retrouvent plaquées au-dessus de la porte, enchevêtrées d'ornements, de palmes et de rinceaux, et surplombant une petite lanterne rocaille, peinte en rouge et dorée, qui forme la note gaie de cette étrange façade.

Tout cela, comme on voit, n'a rien de bien imposant ni de bien magistral. L'ancien hôtel de ville, dont Blaeu nous a conservé l'image, avait un extérieur singulièrement plus sévère et surtout plus de circonstance. C'était un vaste et noble bâtiment, à triple pignon, dominé par deux tours crénelées. A ses côtés, se dressait un vieux château, le *Griutersma Stins*, garni de mâchicoulis, qui lui donnaient l'aspect rébarbatif des forteresses du vieux temps. Tout cela avait une grande tournure ; mais quand la fièvre du rococo vint à sévir, on s'empressa de démolir ces vieilleries et d'édifier le coquet *stadhuis* que nous voyons.

Cette fièvre, du reste, ne borna point là ses ravages. Elle accommoda aussi au goût de ce temps-là une vieille porte de la ville, qui présente de nos jours le plus singulier aspect qu'on puisse imaginer. Figurez-vous deux belles tours octogones, construites en briques, avec leurs arêtes indiquées par un alternement de pierres, toutes deux couronnées d'une énorme toiture pointue, percées de meurtrières, ayant, en un mot, un aspect vaillant et guerrier ; et, pour relier ces deux belles tours, un épais massif crevé de deux grandes ouvertures superposées, dominées par un pignon orné de trois vastes fenêtres enguirlandées de rinceaux et d'attributs et surmontées d'un campanile à balustrade ; tout cela dans le plus pur style Louis XV. Jamais rassemblement plus bizarre ne fit un plus singulier effet. De loin, cet amalgame a quelque chose de chinois ou de japonais. On se croirait à cinq mille lieues de Sneek et de la Frise.

Cette porte si singulièrement restaurée s'appelle la *Hoogendster-pijp*. C'est ce qu'en hollandais on nomme une « porte d'eau », parce qu'elle traverse un canal dont elle était chargée jadis d'interdire l'accès. La baie inférieure est en effet assez vaste pour laisser passer les bateaux,

et le pont qui domine cette baie est un des points les
plus élevés de la ville. C'est un des rares endroits qui
ne furent jamais recouverts par l'inondation.

Celle-ci se promena cependant plus d'une fois dans
les rues de la gentille cité frisonne, mais c'est surtout
en 1570 et en 1825 qu'elle y causa de grandes et d'irréparables dévastations. Nous avons déjà parlé autre part
de cette dernière tourmente, qui faillit détruire toute la
Frise [1]. Ses ravages furent cependant moins cruels pour
la ville de Sneek que ceux de la grande inondation
de 1570. Cette fois, la jolie cité put croire que sa dernière heure était sonnée.

Depuis plusieurs jours déjà, l'eau couvrait la campagne. Les paysans des environs, chassés de leurs fermes
et de leurs villages, étaient venus demander un asile à
la généreuse petite ville et campaient avec leurs bestiaux
dans ses rues et sur ses quais.

Le jour de la Toussaint s'était passé de la sorte ; le
soir, malgré le vent et la pluie, on avait essayé d'allumer
des feux. Tout à coup un craquement épouvantable se fit
entendre. C'étaient les digues de Sneek qui venaient de
se rompre. En quelques instants la ville fut envahie par
cinq pieds d'eau. Les places, les rues, les quais, tout disparut sous cette inondation subite. Affolés de terreur, les
bestiaux rompirent leurs liens, et le désordre fut bientôt à
son comble. Entraînés par les torrents qui se déversaient
de tous côtés, hommes, femmes, enfants, animaux furent

---

[1] *Voyage aux villes mortes du Zuiderzée.*

jetés dans les canaux, où ils trouvèrent une mort affreuse.
Pendant plusieurs heures les gémissements et les cris se
mêlèrent aux mugissements de la tempête. Puis le silence se fit, glacial, terrible. La mort inexorable avait
fermé pour toujours ces lèvres bleuies par la terreur et
par le froid.

Cependant quelques paysans étaient parvenus à se
réfugier sur le pont de la vieille porte. Ils passèrent sur
ce chancelant asile une nuit épouvantable, essayant, mais
en vain, d'arracher à la mort quelques-unes des victimes
que le torrent entraînait avec lui.

A l'aube, un spectacle horrible se déroula sous leurs
yeux. Les cadavres des bestiaux et des hommes, emportés
par le courant, venaient s'engouffrer sous leurs pieds
pour aller continuer au loin leur course funèbre. Les
vertes campagnes, disparues sous les eaux, semblaient
être un flottant cimetière. Tout à coup, à l'horizon, dans
les lueurs matinales, apparut une forme blanchâtre, de
laquelle s'échappaient des cris bizarres et stridents. A
mesure que ce fantôme approchait, les cris devenaient
plus aigus. Quand il fut tout près, quelqu'un de hardi
l'attira avec une perche : c'était un berceau, qu'on s'empressa de recueillir. Il contenait un enfant et un chat.
Le chat, par ses cris épeurés, avait attiré l'attention.
Quant à l'enfant... la chère petite créature dormait.
Quel était-il ?... d'où venait-il, ce pauvre petit ? Hélas !
personne ne devait jamais le savoir. On le traita comme
un orphelin, il l'était sans doute. La ville l'adopta et en
fit un bon citoyen.

— Et le chat?...

Le chat ! ma foi, les auteurs du seizième siècle ne nous disent point ce qui lui advint, et, par conséquent, ceux de nos jours ne peuvent en donner des nouvelles.

Si l'inondation se montra sans pitié pour notre petite ville frisonne, on peut dire que l'incendie fut pour elle presque aussi inexorable. Cent fois, peut-être, il promena ses ravages à travers ses rues et le long des ses canaux. Mais les deux sinistres les plus terribles dont on ait gardé le souvenir sont ceux de 1294 et de 1456. Dans la première de ces deux années néfastes, la ville tout entière fut détruite par les flammes, à l'exception de deux maisons préservées comme par miracle. En 1456, vingt-six maisons furent dévorées en un jour par le sinistre fléau.

Heureusement, toutes ces dates douloureuses sont maintenant loin de nous, et Sneek a eu le temps de cicatriser ses blessures. A la voir aujourd'hui pimpante, coquette, avec des canaux ombragés et ses places proprettes, personne ne se douterait des épreuves qu'elle a traversées.

De loin en loin, de bonnes vieilles maisons au pignon décoré d'arabesques, ou couronné par un attique, alternent avec des habitations modernes ; toutes, du reste, anciennes ou récentes, sont fraîches et entretenues avec un soin merveilleux. Qu'on joigne à cela quelques beaux magasins, surtout des bijoutiers et des pâtissiers [1], et l'on s'expliquera la prétention de Sneek à être la capitale

[1] Toutes les petites villes hollandaises et frisonnes, qui sont entourées par de riches campagnes, sont toujours très-fournies en

de la Frise ; car la petite ambitieuse ne craint point de
disputer à la grande Leeuwarden son sceptre provincial ;
et la querelle date de loin.

Pendant tout le quinzième siècle en effet, à cette époque où les villes turbulentes de la Frise préludaient à
l'émancipation générale de la province, en cherchant à
s'asservir mutuellement, Sneck fit la guerre à Leeuwarden, avec des fortunes diverses. Elle eut même, en
1486 (je crois), l'honneur, si tant que cela en soit un,
de soumettre sa rivale. Cette année-là ses habitants
s'étaient unis à ceux de Franeker. Déjà leurs bourgeois
étaient en route pour aller mettre le siége devant la
hautaine capitale, quand ils firent la rencontre de deux
dames.

Ici se place une de ces galantes aventures comme on
en trouve parfois dans les guerres italiennes des *condottieri*. « Où allez-vous ? » demandent les deux belles. « A
la guerre ! répondent nos héros citadins, à la guerre
des braves soldats ! » On croirait presque entendre un
écho de la chanson vénitienne :

> — Signor mio, dove voleu andar ?
> — Mi me vado a la guera,
> A la guera dei bravi soldà.

« Et contre qui cette guerre ? » « Contre Leeuwarden,
dont nous voulons rabaisser le grand orgueil. » Mais les

orfévres et en fabricants de bonbons. Sneek, comme du reste la
plupart des villes qui se trouvent dans la même situation qu'elle,
possède son gâteau particulier. C'est une sorte de pâtisserie frite
qui se nomme *drabbelkoeken*.

deux voyageuses étaient deux « honnestes damoiselles vefves de Leeuwarden », et les voilà qui prient et supplient si bien que « par leur prière et par leurs larmes tous les cœurs furent amolliz ». Les Sneekois font halte. Ils tiennent conseil entre eux, et rédigent une sorte d'ultimatum dont ils chargent les deux belles dames. Hélas ! celles-ci ne réussirent guère dans leur mission pacifique. Bientôt les Sneekois arrivèrent sous les murs de Leeuwarden pour donner l'assaut à la ville ennemie. De part et d'autre on se battit vaillamment, mais « ceux de la ville las et mattys du combat se mirent à reculer, les autres à avancer tant qu'ils forcèrent et gaignèrent la ville, laquelle pillèrent et menèrent plusieurs des plus notables citoyens prisonniers à Sneek ». C'est ainsi qu'au quinzième siècle Sneek affirmait et soutenait ses droits.

Pour avoir des prétentions à la première place, notre petite ville n'est cependant ni bien ancienne, ni très-peuplée. On ne la voit guère figurer dans l'histoire de la Frise avant 1268. En 1294, à l'époque de ce terrible incendie dont nous parlions tout à l'heure, toutes ses maisons étaient construites en bois, et c'est à peine si elle était entourée de murs. Quant à sa population, qui est aujourd'hui de neuf à dix mille âmes, il n'est pas probable qu'elle ait été jamais beaucoup plus considérable. Son industrie fort restreinte, composée de quelques fabriques de tissus, de moulins et de chantiers, ne justifie pas non plus sa prétention ambitieuse. Les prairies qui l'entourent sont belles et productives, mais celles des environs de Leeuwarden le sont tout autant, et même il est à croire qu'à l'époque de ces guerres de préséance, Sneek était, sous ce rapport, inférieure à Leeuwarden, car celle-ci appartenait au parti des « marchands de graisse » (*vetcoopers*), ainsi nommés, nous dit Guicciardini, « pour ce que là estoient plusieurs belles prairies, pasturages des bestes grasses et avoient très-grande abondance de toutes choses » ; alors que les habitants du Westergo, auquel appartenait Sneek, étaient surnommés « marchands d'anguilles » (*schieringers*), « d'autant que les anguilles de Schiering estoient en leur cartier en plus grande abondance » .

Au temps de Blaeu, le surnom existait encore, et luimême constate que la pêche dans les lacs environnants était une des principales ressources des Sneekois.

Mais l'orgueil de clocher, le courage et l'audace légitimaient en ce temps-là bien des prétentions. Nous parlions tout à l'heure des *condottieri*, et en effet il y a plus d'un trait commun entre les guerres des petites républiques italiennes et celles qui ensanglantèrent les cités frisonnes, comme aussi entre les généraux qui commandaient ces aventureuses expéditions. Sneek possède, dans son église Saint-Martin, la dépouille mortelle d'un des plus célèbres d'entre ceux-ci, Pieter van Heemstra, né on ne sait trop quand, ni on ne sait trop où [1], et qui, ter-

---

[1] Ses biographes s'accordent toutefois sur ce point qu'il a dû naître dans la seconde moitié du quinzième siècle. Quant au lieu de sa naissance, les uns le placent à Kimswert, d'autres à Harlingen, et enfin quelques-uns à Heemstrastate. Voir la *Chronyk* de Vinsemius et le *Biographisch Woordenboek* de van der Aa.

rible batailleur sur terre et sur mer, grand sujet de terreur pour ses ennemis, vint mourir à Sneck le 18 octobre 1520. Ce fougueux soldat possédait certes une des
physionomies les plus curieuses de ce temps-là. On l'avait
surnommé « Lange Pier », le Grand Pierre, à cause de
sa taille démesurée, et c'est sous ce nom de guerre, le
mot est juste, qu'il se rendit célèbre en Hollande, en
Frise et en Gueldre.

Lange Pier n'est point du reste le seul géant qu'ait
renfermé la ville de Sneck. Si la petite cité s'enorgueillit
d'avoir reçu le dernier soupir du terrible amiral, elle
peut encore, à meilleur titre, être fière d'avoir donné le
jour au Grand Jakob, « Lange Jakob », qu'on autorisa,
pour qu'il ne pût être confondu avec tous les Jacobs
passés, présents ou futurs, à adjoindre à son nom celui
de sa ville natale.

Lange Jakob van Sneek avait deux mètres cinquante
de haut, et il était gros à proportion. Comme, en vertu
d'un vieux dicton, il faut des époux assortis, notre
géant épousa une petite naine, haute seulement de
quatre-vingt-quinze centimètres.

On la nommait la Courte Jeannette (*Korte Jannetje*).
Ce joli couple faisait, au commencement du siècle dernier, la joie des bons habitants de Sneek. On l'invitait
partout. Les artistes mêmes se mirent en frais pour lui.
Un maître du burin grava son portrait, et un poëte enrichit l'image de deux quatrains dont voici le sens : « Je
suis très-grand extérieurement, disait Lange Jakob, et
tout aussi vaste à l'intérieur. Je puis lutter avec tout le

monde pour boire et pour manger, je suis certain de la victoire. » « Je suis, disait sa petite épouse, je suis la Courte Jeannette. S'il est vrai que la femme soit un fléau hors de chez elle et une peste au logis, je suis bien le plus petit fléau que l'on puisse trouver. » On voit que, depuis le quinzième siècle, la courtoisie et la galanterie avaient singulièrement décru à Sneek, et qu'on n'était plus au temps où les larmes et prières de deux « honnestes damoiselles » suffisaient à amollir tous les cœurs et à faire suspendre une expédition.

Il me resterait, pour terminer, à parler de la grande église, autrefois Saint-Martin, où Lange Pier et Lange Jakob reposent l'un et l'autre; mais cette vaste construction, qui date de la seconde moitié du quinzième siècle, réparée en 1503, presque refaite en 1682, a été tellement remaniée qu'elle ne saurait nous retenir longtemps. Nous aurons du reste occasion d'en dire quelques mots en parlant de l'église de Bolsward; car elle a été édifiée sur le même modèle que sa voisine et probablement par le même architecte [1].

Une autre église, elle aussi très-vaste et de beau style, vient d'être achevée ces années dernières. Elle appartient à ce genre semi-byzantin semi-gothique qu'un architecte contemporain, M. de Kuypers, a mis à la mode dans les Pays-Bas. Elle profile ses grandes lignes au milieu des arbres centenaires qui ornent maintenant les anciens remparts.

[1] Voir *Geschiedkundige Kronijk en Beschijving van de Stad Sneek door* E. NAPJUS *in Leven* EXECUTEUR *der Stad Sneek* [1826].

Ces vieux bastions constituent, de nos jours, une charmante promenade, sorte de jardin anglais, qui n'est pas un des moindres agréments de Sneek. Ce n'est pas que ses habitants ne lui en trouvent beaucoup d'autres. L'amour de sa chère petite ville est incrusté au cœur de tout bon Hollandais, et les Frisons là-dessus renchérissent encore.

Un jeune magistrat, qui nous fit l'amitié de nous accueillir comme de vieilles connaissances, nous détailla, avec une sorte d'émotion affectueuse, le charme tranquille, les mille beautés cachées qu'on découvre à la longue dans ces aimables petites cités. « Bien que je n'y sois point né, nous disait-il, j'espère rester encore de longues années à Sneek. Je m'y trouve bien et je m'y sens heureux. » Plus tard, en y réfléchissant, je m'aperçus que notre ami était là entouré d'une considération à laquelle il avait droit en tous lieux; qu'il avait une maison agréable, une bonne cave, un joli jardin, une femme charmante et de beaux enfants! Avec cela ne semble-t-il pas qu'on puisse être heureux partout?

III

Bolsward. — Une généalogie difficile. — L'église Saint-Martin. — Le dernier poëte frison. — L'hôtel de ville et ses richesses.

Il n'y a qu'une lieue de Sneck à Bolsward, ou, pour parler plus exactement, il n'y a qu'une heure ; car, en Frise, on ne compte pas par lieues, mais par heures de marche, et celles-ci sont légalement de 5,555 mètres 55.

La route est du reste charmante, sinueuse, ombragée par places, bordée de grasses prairies et de coquettes chaumières. On traverse deux villages, Ijsbrechtum et Nijland, et l'on entre à Bolsward par une grande allée qui a tout à fait grand air. Hâtons-nous toutefois d'ajouter que, sitôt les anciens remparts franchis, l'aspect de la petite cité n'a rien de fort imposant. On se croirait bien plus au centre d'un gros village qu'au milieu d'une ville très-ancienne et jadis puissante.

Bolsward peut compter, cependant, parmi les plus vieilles cités frisonnes. Son origine se perd dans la nuit des temps, nuit si obscure, qu'elle n'a pu être complétement éclaircie.

Ses généalogistes, en effet, sont bien loin de se trouver d'accord. Le vieux chroniqueur Andréas Kempius, assisté d'un autre savant du seizième siècle, Occo van Scharl [1],

---

[1] Occo Scharlensis, *Chroniicke van Vrieslant*, Leeuwarden,

la déclare fondée par une fille de Radbod, la princesse
Bolswina, aux environs de 713. De leur côté, Blaeu [1]
et Schotanus [2] prétendent que son nom dérive du mot
frison *Bodel* [3], d'où Bodelsward et par corruption Bolsward. Enfin Ubbo Emmius [4] affirme que ce nom tant
discuté provient d'un nommé Bolone ou Bodelone, lequel,
suivant une tradition assez incertaine, aurait été le fondateur de la ville ou le seigneur de la contrée.

Certes, voilà une généalogie embrouillée à souhait.
La débrouille qui voudra ! On ne peut pas nous demander,
à nous autres étrangers, d'en savoir plus que les gens du
pays. Or les habitants me paraissent, eux-mêmes, n'avoir
jamais été très-ferrés sur l'orthographe exacte du nom
de leur cité. Les monnaies frappées à Bolsward au
onzième siècle portent, en effet, le nom de *Bodtiswe* ou
Bodtiswer; sur un testament de 1407, où il est question
du couvent des Frères-Mineurs, nous relevons la mention « fratrum minorum conventus *Boldiswerdiensis* »;
une charte de 1423 écrit *Bodelswert;* le sceau de la commune pour l'année 1496 porte l'inscription « sekretum

1597. Le passage est assez intéressant pour être cité : « Anno 713
bouwede Bolswyna Coninc Radbotus dochter, ende naghelaten
huysvrouwe van Harialt een cleyn stedeken, een half uure gaens
vant beginsel des Middelzees ende noemdese nae haer selven
Bolswert... etc., etc. »

[1] *Theatrum urbium Belgicæ fœderatæ,* 1649.
[2] *Beschrijving* (1664).
[3] Vieux mot frison qui signifie profondeur et serait applicable
aux canaux qui entourent Bolsward.
[4] *De Frisia* (Leide, 1626).

civitatis *Bodelswardia* » ; et le grand sceau de l'année 1640,
celle de « Magnum sigillum *Bolswerdianum* ». A partir
de ce moment, on écrit, du reste, *Bolswerdt, Bolswerd*
ou *Bolsward,* à peu près indifféremment; et si vous
voulez, nous nous tiendrons au dernier de tous ces
noms.

Si l'on peut discuter longuement sur l'étymologie de
Bolsward, il est une chose par exemple qui est indiscutable : c'est son antique puissance et sa richesse disparue. Nous parlions à l'instant de monnaies frappées
dans ses murs au onzième siècle; elle fut en effet une
des quatre villes de la Frise qui, sous le règne de
Bruno III, comte de Brunswick, de Stavoren et de Westergo, et celui de l'empereur Henri III, c'est-à-dire environ de 1039 à 1047, eurent le privilége de battre
monnaie. Les trois autres sont Dockum, Leeuwarden et
Stavoren [1]. Bolsward eut en outre, avec cette dernière
cité royale, l'honneur d'être comptée au nombre des
villes hanséatiques. Fait d'autant plus remarquable, qu'aucune autre cité frisonne ne jouit du même privilége. Et
ce qui, pour Bolsward, donne à cette distinction un

---

[1] Ces monnaies, horribles petites pièces, du plus vilain aspect,
sont d'une excessive rareté. On ne les retrouve plus guère dans
le pays; mais, fait extraordinaire, on en rencontre assez fréquemment dans les fouilles opérées en Danemark, en Suède et en
Norvége, ce qui prouve les antiques relations de ces divers pays
avec la Frise. C'est à un savant numismate de Leeuwarden,
M. J. Dirks, qu'on doit la restitution de ces très-curieux documents, dont, avant lui, la valeur archéologique et la date n'étaient
pas même soupçonnées.

caractère tout spécial, c'est qu'elle n'était point, comme Stavoren, située au bord du Zuiderzée, mais bien à une grande demi-lieue dans l'intérieur des terres, et, pour parvenir jusqu'à elle, il fallait suivre un long canal qui, partant de Makkum, traversait le *Koudemeer,* et par de longs circuits venait aboutir au milieu de notre petite cité.

Aujourd'hui, cette animation commerciale a disparu; de l'antique splendeur, il ne reste plus que le souvenir et deux ou trois vieux monuments; encore ceux-ci ne sont-ils relativement pas très-anciens ni les uns ni les autres. Deux églises gothiques et un coquet hôtel de ville, c'est à peu près tout ce que Bolsward offre aux archéologues d'intéressant et de curieux.

La plus vieille des deux églises, qui porte aujourd'hui le nom de « petite église », remonte au treizième siècle[1]. Elle est construite en grosses briques que la pluie et le soleil ont superbement colorées. Jadis elle dépendait d'un couvent de Franciscains, détruit à l'époque de la Réforme.

La grande église est encore plus récente. Elle est du milieu du quinzième siècle. Commencée en 1446, elle fut achevée en 1463, et consacrée à saint Martin, évêque de Tours. Comme la plupart des églises de la Frise et de la province de Groningue, elle est entièrement construite en briques, sans ornements, et la nature des matériaux employés lui imprime un caractère lourd et

[1] Bâtie en 1270 selon van der Aa, et en 1281 selon Blaeu.

massif. Elle repose sur quatorze grosses colonnes, dont les chapiteaux sont formés par des moulures fort simples, sur lesquelles s'appuient les nervures de la voûte. Au-dessus des arcades, on aperçoit de grandes niches à meneaux, qui font l'effet de fenêtres masquées par une maçonnerie. Au haut de chacune de ces fausses ouvertures, se trouve ménagé un petit œil-de-bœuf par où la lumière entre indécise et tremblante, et se répand par rayons dans la pénombre de la nef. Celle-ci n'a point de transept, et le chœur, qui n'a pas de pourtour, se termine en semi-décagone. Extérieurement c'est la même simplicité et la même massiveté. La tour qui précède l'église est, elle aussi, pesante de forme et d'aspect; elle se termine, comme la plupart des clochers frisons, par un toit en bâtière qui n'est point fait pour racheter le peu d'élégance de la construction. Somme toute, si les dimensions sont vastes, l'architecture est pauvre et lourde, deux graves défauts pour un monument gothique.

Cependant, il faut croire que, telle qu'elle est, cette église eut le don de plaire aux Frisons du seizième siècle; car, lorsque les habitants de Sneek et ceux de Dockum résolurent d'élever à saint Martin de Tours deux temples dignes de ce vertueux prélat, si populaire en Frise, ils ne trouvèrent point de meilleur modèle à copier que le Saint-Martin de Bolsward.

Pauvre comme architecture, la grande église de Bolsward n'est guère mieux partagée sous le rapport de sa décoration mobilière. Le chœur toutefois renferme en-

2.

core quelques bonnes boiseries. On y voit deux ou trois
rangs de stalles contemporaines de la construction,
c'est-à-dire appartenant à la seconde moitié du quinzième
siècle. Quoique le travail en soit un peu sommaire, le style
général en est bon; quelques scènes sculptées sur les sé-
parations ont même un cachet de vérité naïve très-digne
d'être noté. Mais, hélas! tout cela se trouve dans un fâcheux délabrement qui n'a rien même de bien pittoresque.

Au pied de ces intéressantes boiseries, on aperçoit
de belles pierres tombales, sculptées en demi-relief
dans le granit bleu, et qui ont un très-grand caractère.
Je citerai surtout celle d'un ancien bourgmestre de la
ville, M. de Heerma, mort en 1611, qui repose là en
compagnie de « honnestissima matrona Sithia de Cammingha » sa femme. Les deux défunts sont représentés
en grandeur naturelle, couchés dans une niche, ayant à
leurs pieds leurs armoiries soutenues par des chérubins,
et au-dessus de leurs têtes cette inscription qui pèche
peut-être beaucoup par la forme, mais qui n'en exprime
pas moins une énergique pensée : « QUI VOS ESTIS NOS
FUIMUS, QUI NOS SUMUS VOS ERIS. » Tous deux ont, pour s'en-
dormir dans l'éternité, revêtu leurs plus nobles atours.
Ils ont voulu se présenter à la postérité dans une pompeuse toilette; lui avec sa longue barbe, sa collerette et
sa cuirasse; elle avec la fraise godronnée, sa coiffure
Médicis, le long corsage brodé et le vertugadin.

Les belles pierres tombales abondent du reste dans
l'église, foulées aux pieds, abîmées par le temps, à
moitié détruites par la négligence des gardiens et usées

par l'indifférente ignorance des fidèles. Il faudrait dix pages pour les énumérer. Toutefois, *il en est deux qu'il nous faut citer*, parce qu'elles ont, au point de vue de l'art, une importance spéciale. C'est celle de la famille Binkes, qui porte un élégant bas-relief représentant « Jésus guérissant les malades », et celle de la famille Monsma, couverte par une gracieuse architecture dans le goût italien, et toute pleine de niches renfermant des figures emblématiques, assez semblables à celles dessinées par Goltsius.

Toutes ces œuvres remarquables indiquent la présence d'un certain nombre de statuaires de mérite. Il serait curieux de retrouver les noms et la trace de ces habiles artistes. Comment ont-ils été attirés à Bolsward? D'où venaient-ils? qui étaient-ils? des huguenots peut-être, chassés de France ou des Pays-Bas espagnols; ou bien encore des sculpteurs appelés pour la décoration de l'hôtel de ville qu'on reconstruisait vers cette époque-là (1614). Dans tous les cas, il y aurait là un intéressant problème à résoudre *pour les archéologues du pays*.

L'inspection de toutes ces pierres anciennes, couvertes de portraits, d'inscriptions, d'armoiries, de vaisseaux et même de compositions allégoriques, nous amena devant un mausolée plus moderne, mais non moins digne cependant de notre attention. C'était celui de Gijsbert Iapiks, le dernier, par ordre de date, des poëtes frisons.

Comme tant d'autres de ses confrères néerlandais, comme le grand Vondel lui-même, Iapiks a dû attendre

longtemps que son pays voulût bien consacrer, par un
monument, la gloire d'un de ses plus nobles enfants. Ce
n'est qu'en 1823, en effet, plus de cent cinquante ans [1]
par conséquent après la mort de l'auteur de la *Friesche
Rymelerye,* que ses compatriotes songèrent à s'honorer
eux-mêmes, en honorant sa mémoire.

Pour être juste toutefois, il faut dire, à leur décharge,
que le grand poëte avait eu un grand tort à leurs yeux :
celui d'être pauvre. Dans un pays où l'argent est beaucoup, ce sont là de ces défauts qu'on ne pardonne
qu'avec peine. Que deviendrait le prestige de la richesse,
si l'on élevait des statues à de misérables auteurs? Or si
Vondel, suivant l'étrange expression d'un discours officiel,
était en son vivant « un ingénieux marchand de bas », le
poëte frison n'avait guère mieux valu. Il avait rempli
dans sa ville natale les modestes fonctions de maître
d'école. Belle profession vraiment pour prétendre à des
statues!

Mais laissons, s'il vous plaît, les morts en repos et
allons retrouver les vivants. Aussi bien l'hôtel de ville
où l'on déclare les naissances et où l'on célèbre les mariages nous réclame. Allons-y de ce pas! Mais tout en
suivant la longue rue qui conduit de l'église au *stadhuis,*
jetons un regard sur notre gauche. Jadis, à cette place,

---

[1] Né à Bolsward en 1603, Gijsbert Iapiks (dont le nom signifie
fils de Jacob) fut enlevé par la peste dans le courant de septembre
1666. Sa biographie a été publiée à Sneek en 1853 par
M. P. Leendertz sous le titre *Eenige gedichten van Gysbert
Japiks met korte aanteekeningen.*

Hôtel de ville de Bolsward.

existait une chapelle que l'on nommait la chapelle des
miracles de Notre-Dame. A l'intérieur se trouvait une
petite statue de la Vierge dont le contact suffisait, paraît-il, pour guérir les malades et les infirmes. A l'époque
de la Réforme, la Vierge miraculeuse disparut; plus
tard, la chapelle disparut à son tour. Depuis ce temps,
les miracles n'ont pas cessé; mais ce sont les hommes
qui se chargent de les faire : chemins de fer, télégraphes
électriques, photographie, autant de merveilles et de
miracles d'intelligence et de conception, que les dévots
du vieux temps auraient considérés comme des découvertes diaboliques. Déjà, il y a deux siècles, on pressen-
tait la révolution que ces nouveautés allaient accomplir.
« Comprenez-vous, écrivait madame de Sévigné à sa
fille, comprenez-vous qu'il y ait une sorte de liqueur
dont on puisse se frotter avec assez de confiance pour se
faire fondre de la cire d'Espagne sur la langue, avaler
de l'huile bouillante et marcher sur des barres de fer
toutes rouges? Que deviendront nos miracles? » Aujour-
d'hui la spirituelle marquise s'écrierait : Que sont-ils
devenus?

Mais nous voici devant l'hôtel de ville. C'est une
fort élégante construction, vivement colorée, édifié en
briques et pierres alternées, et qui a tout à fait bon air.
La façade, qui comporte deux étages, est surmontée par
un grand toit noir, dominé par un curieux campanile,
de forme insolite, à la fois japonais et rococo. Une sorte
d'avant-corps, dont les étages ne se raccordent pas avec
ceux de la façade, divise celle-ci en deux parties iné-

gales, ce qui ajoute encore à la bizarrerie de l'aspect. Un pinacle tout hérissé de ressauts et de pyramides surmonte cet avant-corps; et un petit perron à double rampe, sur lequel se dressent deux lions portant dans leurs griffes les armes de la ville [1], le précède et conduit à la porte d'entrée. Celle-ci, encadrée par des colonnes cannelées et des cariatides enchevêtrées d'ornements un peu lourds, est surmontée par une petite niche renfermant la statue de la Justice. D'autres figures allégoriques, placées à droite, à gauche et au-dessus, complètent la décoration de cette curieuse petite façade, une des plus irrégulières et des plus gracieuses qu'on puisse rencontrer.

A l'intérieur, malheureusement, cet aimable *stadhuis* ne tient point toutes les promesses de sa façade. Il ne renferme qu'une seule pièce qui soit digne de l'attention des visiteurs. C'est une grande salle, blanchie à la chaux, avec un plafond garni de grosses poutres brunes, une cheminée monumentale supportée par des cariatides en pierre noircie, et une porte encadrée dans un portique à deux étages en bois sculpté, tout chargé de pyramides et de pinacles. Les consoles qui supportent les poutres du plafond sont très-habilement sculptées, et représentent toute une série d'allégories.

La grande table traditionnelle, avec son tapis vert et ses encriers d'étain, entourée de siéges à larges dossiers,

---

[1] Les armes de Bolsward sont « d'or à l'aigle à deux têtes de sable ».

complète le mobilier de cette vaste et belle salle. A côté
de chaque place se trouve une longue pipe blanche,
toute bourrée et toute prête. Mais je n'oserais point
affirmer que chacune de ces pipes attend un conseiller,
car pour avoir dit pareille chose, ou à peu près, en parlant de l'hôtel de ville de Leeuwarden, je me suis attiré
une grave réclamation. Les édiles de la capitale frisonne,
paraît-il, ne fument point la pipe, mais seulement le
cigare. C'étaient de simples *zetters,* en train de revoir et
de fixer la répartition de l'impôt sur les patentes, que
j'avais vus jadis fumant dans des pipes monumentales.

Cela me fut signifié d'une façon péremptoire pendant
mon second séjour à Leeuwarden. Jugez si je voudrais,
pour Bolsward, m'exposer à une pareille rectification.

Indépendamment des chaises à dossier, des tables
vertes, des pipes et des encriers composant le mobilier indispensable, la grande salle de l'hôtel de ville possède encore quelques vénérables tableaux de qualité
médiocre, et une grande armoire contenant les archives
de la vieille cité. Ces archives, mises en ordre par
l'érudit M. Eekhof, sont malheureusement fort incom-
plètes. Les pièces les plus importantes ne datent que du
seizième siècle, c'est-à-dire d'une époque singulièrement
récente relativement à l'antique fondation de Bolsward.
Ayant parcouru des yeux les chartes principales, quelques
lettres du duc d'Albe, des priviléges octroyés par Charles-
Quint, ainsi qu'une série de documents et de titres divers, et considéré, en outre, de grandes canettes en
étain, souvenir des interminables banquets du bon vieux

temps, nous prîmes congé du gardien de ces richesses municipales.

Nous avions vu à peu près tout ce que l'antique cité frisonne renferme de précieux et d'intéressant; il ne nous restait plus qu'à retourner à Sneek, pour de là continuer notre route vers le sud-est.

IV

Le *Sneekermeer*. — Joure. — Les tourbières du *Schoterland*. — Heerenveen et l'*Oranjewoud*.

Notre projet en quittant Sneek était de traverser le grand lac que les Frisons appellent le lac de Sneek (*Sneekermeer*), de passer ensuite par les marais de Goingarijp, d'atteindre de cette façon le grand village de Joure, puis de continuer à pied notre chemin jusqu'à Heerenveen, là de visiter cette oasis célèbre qu'on nomme l'*Oranjewoud*, et enfin de remonter directement sur Leeuwarden. Nous nous trouvions ainsi parcourir en biais tout l'est de la province.

Nous nous embarquâmes donc de grand matin. Notre petit bateau, avec sa compagnie obligée de mouettes et de pies de mer, cingla dans la direction du *Sneekermeer*, et après avoir, pendant une longue demi-heure, suivi les sinuosités d'un large canal, nous débouchâmes tout à coup au milieu de ce grand lac, immense nappe d'eau dont on aperçoit à peine les limites.

Ce qui donne à ces mers intérieures de la Frise un aspect tout particulier, une physionomie toute spéciale, c'est la platitude absolue de leurs rivages et aussi la nature du sol qui en constitue le fond. Celui-ci, en effet, formé par des tourbières inépuisables, communique à l'eau une couleur

3

violet sombre qu'on ne saurait mieux comparer qu'à celle de l'encre à copier. Le moindre rayon de soleil qui glisse là-dessus, et accroche au sommet des petites vagues quelques-uns de ses reflets d'or, fait le plus magique effet qu'on puisse imaginer. Dans le voisinage de la terre, cette curieuse nuance paraît encore plus intense. Contrastée par les tons vert tendre des prairies et des champs de roseaux, elle s'assombrit, et semble presque noire.

Sitôt du reste qu'on s'éloigne du rivage, celui-ci devient à peine perceptible tant il est bas; on dirait une sorte d'épiderme verdoyant déposé à la surface de l'onde, une espèce de manteau flottant éternellement sur les eaux noires et profondes et n'ayant aucun des attributs de la terre, ni solidité, ni fixité. Les groupes d'arbres qu'on aperçoit au loin, les maisons qui se perdent dans la brume gris-perle, les clochers dont les tuiles vernies reluisent dans le brouillard du matin, tout cela semble jaillir de l'onde ou flotter à sa surface. Il n'est pas jusqu'à ces grandes plaines couvertes de roseaux sans cesse mouvants et se courbant sous la moindre brise, qui ne viennent, en ajoutant à l'indécision des lignes, augmenter encore l'aspect fantastique de ces fluides rivages. On comprend alors l'étonnement de Pline voyant pour la première fois ces horizons bizarres, et comparant leurs habitants à d'éternels navigateurs, « navigantibus similes ».

Pour avoir une idée de ce singulier spectacle, il faudrait imaginer une plaine sans fin, éternellement inondée, ne laissant paraître que des sommets, et sur laquelle circule en tous sens une flottille de gros bateaux ventrus, pansus et rebondis, chargés de distribuer aux quatre coins de cette aquatique campagne les produits de la terre et ceux de l'industrie. S'il n'y avait qu'un de ces gros navires à l'horizon, on le pourrait prendre pour l'arche de Noé et se faire une idée du déluge au moment où la colombe partit pour ne plus revenir. Mais ils sont trop nombreux et trop joyeux aussi, car leurs grandes voiles rouge-brique ou jaune-safran, tranchant sur le violet de l'eau ou sur le fond argenté du ciel, éloignent toute idée mélancolique et ne peuvent faire naître que de joyeuses pensées.

Parmi ces bâtiments massifs et pesants, on en remarque quelques-uns dont la coque est plus élancée; ceux-là sont soigneusement vernis, délicatement sculptés et portent à la poupe des peintures voyantes, où l'or est prodigué. Leur mâture svelte plie sous l'effort du vent et leur voile, richement colorée en rouge sombre, semble d'un tissu plus fin et plus délicat. On dirait des fils de famille égarés au milieu de paysans et d'ouvriers. Ces élégants bateaux se nomment des *boeiers.* Ce sont les yachts de plaisance de ces mers intérieures. C'est l'équipage obligé des riches familles de la Frise. On entasse, dans ces fringantes embarcations, des provisions de toutes sortes et surtout des vins de France. On s'y installe quatre ou six, et l'on s'en va joyeusement parcourir la province.

Parfois on n'est point seul. Trois ou quatre *boeiers*

partent ensemble, emportant chacun une bruyante compagnie. On navigue de conserve, on s'excite à bien faire, on s'invite, on se fête ; et pendant cinq ou six jours on sillonne ces grands lacs, apportant dans tous les châteaux amis un regain de gaieté et de joyeux propos ; en même temps qu'on se prépare, pour l'hiver, une ample provision de turbulents souvenirs et de piquantes anecdotes.

Après la mer de Sneek, nous traversons les *Goingarijpsterpoelen*. Ici l'onde est encore plus noire, les champs de roseaux se rapprochent, et le vent, que rien n'arrête, soulève tout autour de nous une multitude de petits flots. Puis tout rentre dans l'ordre, le vent se calme, l'eau reprend sa teinte naturelle, et nous voilà dans un large canal bordé d'habitations rustiques. Les grands toits de chaume se succèdent, descendant presque jusqu'à terre ; derrière les vitres immaculées, apparaît un beau store bleu, et, le long de la façade, un arsenal de seaux en cuivre, empilés avec art et brillants comme de l'or, raconte au passant les travaux de la ferme et la merveilleuse propreté du logis.

Parfois, arrêté au seuil de ces champêtres demeures, un *tjalk* chargé de poteries, de tissus ou d'épices, fait sa halte hebdomadaire. C'est le négociant en bateau qui visite sa clientèle. Dans ces étranges pays, en effet, ce n'est pas l'acheteur qui se déplace ; c'est la boutique qui voyage et va trouver ses clients, apportant avec ses modestes produits les nouvelles du dehors et les cancans du village prochain. Aussi le marchand est-il doublement fêté. Mais les maisons se font plus nombreuses, les coups de marteau retentissent; nous voici au milieu d'un fouillis de bateaux, de gros arbres et de maisons branlantes. C'est Joure. Nous sommes à destination.

Rien n'est à la fois plus gai et plus pittoresque que l'entrée de ce grand village. Sur la droite, s'élève un château, robuste habitation, avec de hautes fenêtres et une gracieuse véranda. C'est une patricienne demeure, à la fois riche, commode et simple. Un grand parc l'entoure, planté d'arbres séculaires. Nous savions que le maître de cette belle retraite avait groupé dans son château toute une collection de remarquables tableaux. Ce fut donc à sa porte que nous allâmes frapper tout d'abord. Le châtelain était absent; on nous accueillit toutefois, et nous pûmes visiter la galerie.

C'est une bonne et sérieuse collection. Elle contient une quarantaine de tableaux, dont la plupart sont remarquables et quelques-uns excellents. Point de trop grands noms, mais une société choisie de ces petits-maîtres hollandais, qui sont à leur vraie place dans les demeures hollandaises. Il y a là, si j'ai bonne mémoire, des *fêtes galantes* de Dirk Hals, des *cygnes et canards* de Hondecœter, une *musique villageoise* de Miense Molenaer, un *intérieur de cabaret* de Teniers, un *effet de neige* d'Avercamp. Tels sont du moins les maîtres auxquels nous attribuâmes ces toiles délicates et ces frais panneaux; car ces gentilles œuvres sont en place, un peu loin du regard, et, en l'absence du maître, il nous fallait nous contenter d'une inspection sommaire.

Notre visite terminée, nos remercîments présentés,

il nous restait à visiter Joure. C'est un gros village, sans histoire, consistant surtout dans une interminable rue, large à proportion, et le long de laquelle se dressent gravement les maisons, qui ont la prétention d'être bourgeoises.

Quelques ruelles de dégagement aboutissent, sur la gauche, à un étroit canal coupé de ponts-levis, bordé de jardinets et de maisonnettes branlantes. De grands arbres l'ombragent, et de gros bateaux semblent étranglés entre ses deux rives qui se touchent presque. Maisons, grands arbres et bateaux, tout cela mélange ses lignes et ses couleurs vivaces, formant un tableau à la fois aimable et pittoresque.

Tout le long du quai, l'œil attentif et les jambes pendantes, une bande de garçons se livre au plaisir de la pêche. Leur attirail n'est pas bien compliqué : une branche d'arbre, une ficelle et une épingle tordue, voilà de quoi se compose leur arsenal; et cependant, ils parviennent de la sorte à aligner des victimes sur le gazon.

Il faut vraiment que les poissons y mettent du bon vouloir. Au surplus, ces poissons de la Frise, je les crois fermement philosophes et détachés de la vie. Avalés par les brochets, piqués par les mouettes, grugés par les cigognes ou pêchés par les enfants, au fond, peu leur importe. Mieux vaut encore pour eux ce dernier genre de trépas, car ils risquent au moins d'attraper un déjeuner.

Le canal nous ramena à la grande rue et la grande rue nous mena à l'auberge. Il nous fallait, en effet, un guide pour nous conduire à Heerenveen. « J'ai remarqué, écrit quelque part M. de Gabriac, que dans presque tous les ports éloignés, tels que Pernambuco, Baya, Callao, Beyrouth, etc., on trouve une auberge unique dénuée de tout confort et de toute couleur exotique, mais garnie d'un billard[1]. » On en pourrait dire autant des auberges de la Frise et aussi des tavernes, des cabarets et des cafés. Je ne me souviens pas d'en avoir rencontré sans la triomphante enseigne : BILLARD ROIJAL. Pourquoi royal? Je l'ignore, et rien ne justifie cette orgueilleuse prétention.

Ce fut à l'heureux possesseur d'un de ces billards royaux que nous nous adressâmes ; gros homme au nez fleuri, et dont le ventre, débordant d'un gilet trop étroit, était bien fait pour inspirer la confiance. Il nous procura, dans l'instant, un petit vieillard sec, mais bon marcheur, et, après nous être accordés sur le prix, nous bouclâmes nos sacs et nous nous mîmes en route pour Heerenveen.

Rien n'est meilleur pour bien connaître un pays que de le parcourir à pied. Grâce aux rencontres, aux propos de la route, on en sait plus en quelques heures qu'en des mois passés en voiture ou en bateau. Le compagnon obligé devient bientôt un camarade. Toute inégalité de condition cesse, pour le moment, d'être apparente; il oublie de se méfier, et vous initie aux petites misères de sa vie, comme aux histoires de ses voisins. Quoique le Frison ne soit pas communicatif, il obéit à la loi com-

---

[1] Le comte de Gabriac, *Course humoristique autour du monde.*

mune, et la marche a le privilége de lui délier la
langue.

Nous n'eûmes donc pas à nous repentir de notre résolution ; aussi bien le chemin qui conduit à Heerenveen est
une grande et belle route, un peu trop découverte peut-
être, mais bien entretenue et point trop poudreuse.
Comme toute bonne route frisonne, elle est bordée d'immenses prairies, qui seraient singulièrement monotones
si, de loin en loin, un bouquet d'arbres, une ferme de
modeste apparence, ou les toits pressés de quelque gentil
hameau ne venaient animer le paysage et varier un peu
les aspects. Parfois aussi, de chaque côté, s'étendent
d'énormes marais exploités en tourbières. Des montagnes de tourbe noire qui sèche dans les champs, des
paysans occupés à charger des bateaux ou des charrettes,
tout indique qu'on approche du *Schoterland,* l'un des
districts les plus tourbeux de la Frise.

Dans ces marais, l'exploitation se fait d'une façon
bizarre. La tourbe est pour ainsi dire pêchée à l'aide
d'une sorte de drague que l'on nomme *beugel,* et qui est
emmanchée au bout d'un long bâton. Le paysan monte
dans son bateau, parcourt le marais, enfonce son outil,
tire à lui, renverse le contenu dans la fond de la barque
et le laisse égoutter. Ensuite il le porte à terre ; et là,
d'après une méthode vieille d'au moins trois siècles et
dont on trouve maint exemple dans les vieilles estampes [1],
il foule la tourbe avec ses pieds, et l'étend sur le sol, de

---

[1] Voir notamment la *Beschrijving der Stad Amsterdam.*

façon à ce qu'elle forme une couche de dix centimètres d'épaisseur, qu'il divise en petits cubes de dimensions égales, et fait ensuite sécher avec soin.

Les marais qu'on exploite de la sorte sont compris, dans les statistiques officielles, sous le nom de « basses tourbières non soumises à la réglementation [1] ».

Indépendamment de cette sorte de tourbières, la classification officielle en compte encore deux autres : les hautes tourbières (*hooge veenen*), et les *polders* à tourbe, (*weenpolders*). Les premières sont ainsi nommées parce que la couche exploitée se trouve au-dessus du niveau de l'eau. Leur exploitation est donc à la fois plus facile et moins coûteuse. Il n'y a qu'à dépouiller le sol de l'épiderme qui le recouvre, et l'on a sous la main le filon désiré. On divise ensuite le filon en une multitude de petits cubes que l'on fait sécher ; besogne aisée et peu coûteuse. Mais cette tourbe si facilement obtenue est de très-médiocre qualité. N'étant ni massée, ni pressée, elle est beaucoup moins dense que les deux autres sortes, qui subissent cette double opération. En outre, elle contient toujours une certaine quantité de sable et de résidus, matières incombustibles qui nuisent à son emploi [2].

---

[1] *Lage veenen buiten de gereglementeerde veenpolders.*

[2] C'est à cette double raison, extraction facile et qualité défectueuse, qu'il faut attribuer le bas prix auquel cette sorte est vendue, et le taux peu élevé de la main-d'œuvre. Ainsi, alors que dans les hautes tourbières le prix de la tonne (à la tourbière même) varie entre 10 et 40 *cents*, et celui de la journée de 1 florin à 1 florin 50, il s'élève, dans les *polders* à tourbe, de

3.

Les *polders à tourbe* sont de grasses prairies, de verdoyants pâturages, situés au-dessous du niveau de la mer,
et dont le sous-sol renferme une couche plus ou moins
épaisse de tourbe. Pour les exploiter, il faut détruire le
sol et substituer à ces belles et vertes plaines des étangs
ou des lacs, à peu près improductifs. On comprend
dès lors que l'administration se soit réservé la surveillance et la réglementation de ce genre de tourbières.
L'intérêt public doit primer l'intérêt privé. Il faut pouvoir mettre un frein à la rapacité de certains propriétaires qui, si on les laissait faire, transformeraient en un
marais inextricable l'une des plus belles provinces de la
Néerlande.

Aussi nul ne peut-il défoncer ses *polders* et les convertir en tourbières sans autorisation et sans acquitter certains
droits. Les sommes versées de la sorte vont s'accumuler
dans les caisses publiques, et servent à constituer des
primes, qui sont payées par l'administration à ceux qui
veulent dans la suite reprendre les anciennes tourbières,
et, par des travaux d'irrigation, les dessécher et reconstituer ainsi de nouveaux *polders*.

Le chiffre auquel s'élève la production des tourbières

---

30 à 65 cents pour la tonne et de 1 florin 20 à 1 florin 60 pour
la journée.

Dans les basses tourbières non réglementées, les prix sont
encore plus considérables. La tourbe se paye de 44 cents à
75 cents, et le prix de la journée de travail atteint jusqu'à
2 florins 75, chiffre très-élevé pour le pays.

On se rappelle que le *cent* est la centième partie du florin, et
que celui-ci vaut 2 francs 12 centimes de notre monnaie.

qui existent dans tout le royaume des Pays-Bas est considérable. Pour la seule province de Frise, il atteint cinq millions et demi de tonnes, et cette exploitation spéciale n'occupe pas moins de sept mille ouvriers. Fait assez curieux, presque tous ces ouvriers sont originaires du pays, et la Frise, qui emprunte à l'Allemagne ses faucheurs et un certain nombre de travailleurs des champs, ne compte guère plus de cinq cents *turfgravers* étrangers occupés dans ses tourbières.

Ce sont naturellement les *polders* à tourbe qui fournissent les plus fortes quantités, et occupent le plus grand nombre de bras. Ils emploient en effet plus de quatre mille cinq cents ouvriers, et produisent annuellement trois millions et demi de tonnes. Ensuite viennent les hautes tourbières qui, avec douze cents ouvriers, donnent quinze cent mille tonneaux, et enfin les basses tourbières qui, bien qu'elles occupent un millier de travailleurs, ne fournissent qu'un demi-million de tonnes.

L'extraction de la tourbe est, on le voit, une des industries importantes de la Frise, et c'est en outre l'une des plus anciennes qui soient dans ce curieux pays. Dès la plus haute antiquité, en effet, les Frisons ont employé ce genre de combustible. Lorsque les Romains pénétrèrent dans la contrée, cet usage était déjà généralement répandu, et Pline nous montre les habitants brûlant « la terre » pour faire cuire leurs aliments : « *Terra cibos et rigentia septentrione viscera urunt.* »

Ce sont du reste les tourbières que nous venons de

traverser qui ont valu son nom à la gentille petite cité
vers laquelle nous portons nos pas et où nous allons
bientôt pénétrer. Heerenveen, dont nous apercevons au
loin le clocher, signifie en hollandais : « tourbière des
seigneurs. »

Dans le principe même, son nom était plus long et plus
explicite, car elle s'appelait « tourbières des seigneurs-
compagnons » (*de Heeren compagnons-veenen*), en souvenir de la compagnie fondée en 1551 par messire
Pieter van Dekema, chevalier et conseiller à la cour de
Frise [1], laquelle avait pour but l'exploitation en tourbières des terrains environnants. C'est cette compagnie
qui fit élever les premières maisons qui furent à cette
place. Bientôt une foule d'habitations ouvrières et bourgeoises se groupèrent autour de ce noyau industriel.
Heerenveen toutefois n'atteignit son entier développement
que lorsque la princesse Albertine, fille de Frédéric-
Henry et veuve de Guillaume-Frédéric de Nassau, stathouder de Frise, fut venue s'installer dans les environs
et fonder l'*Oranjewoud*.

Cette aimable princesse avait pris Leeuwarden en aver-
sion à la suite de la mort de son mari. Celui-ci s'était
tué par accident. Il visitait ses armes, un pistolet chargé
lui fracassa la mâchoire. La blessure était mortelle.

La pauvre Albertine Agnès, pour se soustraire à l'entourage de ses pénibles souvenirs, résolut de se retirer

---

[1] Voir la *Korte beschrijving van t'vlek Heerenveen*, publiée
en 1727 par J. F. Schouwen.

dans une solitude absolue. Elle vint à Heerenveen : le site lui plut; elle fit élever tout auprès une maison de campagne, et commença ces magnifiques plantations qui valurent à sa nouvelle résidence ce nom de bois d'Orange (*Oranjewoud*), qu'elle a porté depuis. Henri Casimir, son fils, vint l'y voir souvent; plus tard même, il habita à son tour cette somptueuse solitude, l'embellit, et ses successeurs Jean-Guillaume-Frison et Guillaume-Charles-Henri en firent une sorte de Versailles au petit pied. C'est alors que Heerenveen devint le rendez-vous de la noblesse frisonne et des courtisans des sept provinces. On aligna les rues, on bâtit des maisons, on traça des allées, on planta des parcs et des jardins, et la pauvre tourbière transformée mérita son surnom de *Friesche Haagje* [1].

Aujourd'hui encore l'*Oranjewoud* jouit, dans tout le pays frison, d'une grande et juste renommée. C'est, au milieu de ces plaines sans fin et de ces interminables tourbières, comme une oasis verdoyante, construite par la main des hommes et embellie par les soins d'un prince. Ses grands massifs d'arbres séculaires, ses superbes allées, qui rappellent les majestueuses plantations de Versailles, ses vastes canaux allongeant leurs perspectives indécises sous un dôme de sombre feuillage, ont un cachet de princière grandeur.

Ce beau domaine toutefois ne compte plus parmi les résidences privilégiées de la famille d'Orange. Au com-

---

[1] *Friesche Haagje*, petite Haie frisonne, par allusion à la ville de la Haye, séjour des stathouders de Hollande.

mencement du siècle, il fut confisqué par la République batave, et, en 1812, morcelé et peuplé d'habitations particulières. Mais ses nouveaux hôtes ont respecté ses grands arbres et ses nobles perspectives. L'*Oranjewoud* forme une commune, mais une commune aristocratique s'il en fut, dans laquelle les moindres maisons sont de gracieuses villas et où les cottages ont toutes les allures de petits châteaux.

V

Leeuwarden. — Ses prisons. — Une comédie improvisée. — La Chancellerie. — Le château Cammingha. — Histoire du saint Eelko Liaukama.

En quittant Heerenveen nous remontâmes directement
sur Leeuwarden, où nous comptions ne rester que quelques jours. Notre intention n'était point en effet de revoir
à fond cette grande et noble ville où j'avais séjourné deux
années auparavant, et dont j'ai longuement parlé autre
part [1], mais seulement de présenter nos hommages au
gouverneur de la province et de visiter les établissements
pénitentiaires de la capitale frisonne, établissements qui
jouissent dans le pays d'une grande réputation, et que,
faute d'introduction, nous n'avions pu voir lors de notre
premier voyage.

Le baron van Panhuys, commissaire du roi, nous fit
un charmant accueil; il se mit avec une grâce parfaite à
notre disposition, nous offrit des lettres de recommandation pour les bourgmestres des villes que nous devions
traverser, et je tiens d'autant plus à le remercier ici de
sa cordiale courtoisie, que c'est grâce à elle qu'il nous
fut permis de visiter l'habitation seigneuriale de Cammingha, dont l'accès est loin d'être facile, et de traverser
la mer un dimanche pour aller à Schiermonnikoog.

[1] Voir le *Voyage aux villes mortes du Zuiderzée.*

Pour les prisons, nous avions une clef d'or qui nous
ouvrait toutes les portes : une lettre du ministre de la
justice, faveur enviée et que beaucoup ne peuvent obtenir.
Si donc le bruit des grilles tournant sur leurs gonds,
des portes, des verrous, des serrures et des ferrures ne
vous est point trop désagréable, nous profiterons de la
permission qui nous est octroyée.

Les établissements pénitentiaires de Leeuwarden sont
au nombre de deux : l'un est situé dans ce délicieux
palais qu'on nomme la Chancellerie; l'autre est une
grande et belle prison nouvellement bâtie, ayant un
aspect à la fois élégant et robuste, et empreint d'une
certaine majesté. Il semble même que l'architecte, tant
il a mis de coquetterie dans son œuvre, ait voulu que ce
sinistre bâtiment, loin d'attrister la jolie capitale, con-
courût au contraire à son embellissement; et l'on peut
dire que, lorsqu'elle sera achevée, la prison de Leeuwarden constituera certainement, au point de vue esthétique, un des modèles du genre.

A l'intérieur, cette belle construction justifie pleinement l'excellente impression qu'on en a du dehors. Elle
est entièrement édifiée en pierres, en briques et en fer,
à l'abri par conséquent de l'incendie. Ses escaliers, ses
salles de travail, ses ateliers et ses dortoirs, tout est
construit avec un soin méticuleux, une solidité irréprochable, et de façon à permettre une surveillance de tous
les instants et à faciliter les précautions hygiéniques
réclamées par un pareil séjour. Partout les cours sont
grandes et vastes, et les dégagements spacieux; partout

les pièces sont bien aérées, blanchies à la chaux du haut en bas, et les murailles immaculées, soumises au badigeon annuel, attestent que la propreté hollandaise règne en maîtresse dans ce triste séjour.

Dans les escaliers et les couloirs il en est de même. On chercherait en vain une salissure, un grain de poussière; c'est à peine si l'on pourrait trouver un carreau maculé, une vitre ternie. Tout est lavé, ciré, brossé, poncé, avec un soin que beaucoup d'entre nous souhaiteraient dans leur propre demeure.

Les dortoirs sont eux aussi fort soigneusement tenus, lessivés chaque jour et si bien aérés que leur atmosphère ne renferme aucune de ces odeurs méphitiques qu'on retrouve si souvent dans les casernes et les prisons. Leur aspect est du reste assez curieux pour que nous leur consacrions quelques instants. Chacun d'eux consiste en une vaste pièce dont les murs sont blanchis et le sol bitumé. Au milieu de cette pièce se dresse une immense cage en fer formée par un treillage épais tout hérissé, à l'intérieur, de pointes et de piquants qui le défendent contre toute tentative. Cette immense cage est elle-même divisée en une centaine de logettes séparées entre elles par des murailles en tôle. Chaque logette contient un lit assez primitif et les accessoires indispensables au dormeur. Le lit consiste en un mince matelas, une sorte d'oreiller, des draps grossiers et deux couvertures.

Tous les soirs, les prisonniers sont enfermés dans ces étroites cellules, et, tous réunis dans une seule et même salle, ils reposent dans un isolement absolu.

Tout autour du dortoir, à hauteur d'appui, court une rigole munie de nombreux robinets. C'est le lavabo des prisonniers. L'eau du reste est prodiguée dans tout l'établissement; on la rencontre à tous les étages, et le rez-de-chaussée renferme des salles de bain où les détenus vont, périodiquement et régulièrement, faire des ablutions obligatoires. J'imagine que, pour la plupart d'entre eux, cela a dû être une grande nouveauté, que ces soins de propreté et d'hygiène. C'est, en effet, aux classes laborieuses des champs qu'appartiennent la presque totalité des prisonniers de Leeuwarden, et les populations campagnardes de la Frise n'abusent, à ce qu'on prétend, ni des bains ni des ablutions. Ajoutons aussi que ce n'est pas parmi les beaux échantillons de la race frisonne, si justement vantée, que se recrute ce dangereux personnel.

Nous pûmes voir à peu près tous ces malheureux, soit dans leurs ateliers respectifs, soit dans cette promenade machinale qu'ils accomplissent dans les préaux, rangés sur deux files et marchant au pas. Beaucoup sont contrefaits et la plupart d'une laideur repoussante. C'est la lie de la population sous tous les rapports. Il est vrai que le costume de la prison doit bien contribuer pour une bonne part à cette uniforme laideur. Leurs vêtements grossiers, leur visage rasé et leurs cheveux ras ne peuvent guère les embellir.

Bien que l'établissement puisse renfermer cinq cent soixante-quinze détenus, il n'en contenait que quatre cent douze au moment de notre visite. Ces malheureux font trois repas par jour. Le matin, on leur donne du lait coupé d'eau tiède et un morceau de pain ; à midi, une soupe de légumes ; le soir, du pain de seigle et du café. Parfois on leur accorde un peu de viande, plus souvent du lard ; mais ce sont les éternels légumes secs qui, avec l'orge, font la base de cette cuisine primitive. C'est, on le voit, un assez triste ordinaire, d'autant plus que le pain est loin d'être bon. Il est épais, noir, humide, et rappelle celui que nous mangions pendant le siége de Paris.

Les prisonniers toutefois peuvent améliorer cette nourriture peu variée avec l'argent qu'ils gagnent. Ils ont, en effet, un intérêt sur leur travail, et, sur les petites sommes qu'ils peuvent acquérir de la sorte, quatre sixièmes sont à leur disposition pendant le temps de leur captivité, et le reste, sagement capitalisé, leur est remis au moment de leur sortie.

Leur travail est varié suivant leurs aptitudes. Ils font un peu tous les métiers, continuant à l'intérieur de la prison les professions qu'ils ont exercées dans le principe, ou en apprenant de nouvelles, quand celles qu'ils ont pratiquées jusque-là ne peuvent cadrer avec la vie sédentaire à laquelle ils sont obligés. On voit, dans la prison de Leeuwarden, des fabricants de meubles, des sabotiers, des charrons, des cordonniers et des tailleurs, mais surtout des tisseurs et des fabricants de paillassons.

Autant que possible, ces différents corps d'état travaillent pour la marine, pour la troupe ou le service des prisons. Chaque industrie occupe un ou plusieurs ate-

liers placés sous la direction d'un chef et la surveillance
de plusieurs gardiens. Tout y est conduit militairement
et avec une discipline qui n'admet ni mauvais vouloir, ni
réplique. Les cachots, sortes de cabanons obscurs placés
dans les sous-sols, sont là pour les récalcitrants et les
fers pour les insoumis. La punition est rigoureuse; aussi
n'y a-t-on pas souvent recours.

Aux heures de travail, le silence est réglementaire;
les prisonniers, toutefois, arrivent assez facilement à tromper la surveillance des gardiens et entretiennent ensemble
des conversations insaisissables. A maintes reprises on
en a eu la preuve. Une fois, entre autres, ces pauvres
gens convinrent de se donner la comédie, et, sans qu'on
s'en aperçût, fabriquèrent tous les costumes et tous les
accessoires, jusqu'à la sonnette pour annoncer le lever
du rideau.

Il y avait un roi dans la pièce, dont malheureusement
le livret n'a pu être saisi, et la couronne de ce roi (quel
roi n'a pas de couronne?) avait été confectionnée en carton
doré et ornée de pierres précieuses, simulées avec des
fragments de miroir. Tout cela sans qu'on ait jamais pu
savoir où ces trop ingénieux comédiens s'étaient procuré
les feuilles d'or et les morceaux de verre indispensables.
Malheureusement, tant d'ingéniosité ne fut pas couronné
de succès, la représentation n'eut point lieu. Au dernier
moment, tout se découvrit, et la stupéfaction des gardiens n'eut d'égale que le désappointement des artistes.

Mais ce sont là de véritables vétilles à côté des faits
graves d'insubordination. Ceux-ci toutefois sont très-rares,

et ne se présentent guère plus souvent que les tentatives
d'évasion. Or, depuis que la prison existe, on ne compte
qu'une de ces tentatives qui ait réussi.

Un jour, six prisonniers parvinrent à crever la toiture
de l'infirmerie, et s'échappèrent en se laissant glisser le
long d'un mur à pic, et en traversant le fossé plein d'eau
qui entoure la prison. Tous furent repris le lendemain
et réintégrés dans leur austère demeure, tous à l'exception d'un seul, qui s'était noyé en traversant le fossé.

Il nous reste, pour être complet, à dire quelques mots
de l'école, dont le directeur, comme on peut bien le croire,
n'occupe point une sinécure. Les condamnés sont en
effet pour la plupart illettrés, et leur intelligence dévoyée
se montre rebelle à tout enseignement. Quelques prisonniers, mieux pourvus au point de vue de l'instruction,
viennent en aide aux maîtres, mais la proportion des
ignorants est trop considérable pour ne pas renfermer
une précieuse leçon. Certes, je me garderais bien d'affirmer que l'instruction obligatoire, telle que tous les
Néerlandais avancés la désirent et la souhaitent, aurait
pour résultat immédiat de prévenir tous les crimes et de
réformer tous les mauvais penchants, mais elle amélio-
rerait certainement ceux qu'elle ne pourrait convertir
tout à fait et diminuerait, dans une proportion considérable, le nombre de ceux qui obéissent bien plus à un
égarement momentané qu'à une perversion absolue.

Ainsi que nous l'avons dit en commençant, Leeuwarden possède une autre prison : la Chancellerie, qui est
beaucoup moins importante que le grand établissement

que nous venons de parcourir. C'est, ainsi que son nom l'indique, un ancien bâtiment provincial, converti après coup en prison, et qui, sous ce rapport, n'offre à l'intérieur rien de bien remarquable. Au moment de notre visite la Chancellerie ne renfermait que soixante-six prisonniers, la plupart voleurs et condamnés à de simples peines correctionnelles; et onze femmes, presque toutes mendiantes endurcies, qu'on prétendait corriger avec un peu de prison.

Ici, nous ne retrouvons point ces précautions méticuleuses que nous avions remarquées dans l'autre établissement. On sent que le personnel est tout autre. Les grandes chambres, dans lesquelles les prisonniers travaillent sans surveillants et où ils ont leur lit, sorte de cadre étroit avec les couvertures roulées au chevet, ne présentent pas cet aspect sévère et dur qui caractérise les ateliers de la grande maison de détention. Le régime est presque paternel, et les condamnés n'ont point cet air malheureux et sombre qu'on rencontre si souvent chez les autres prisonniers.

Ce qui nous avait particulièrement attiré à la Chancellerie, c'était l'espoir de trouver à l'intérieur quelques traces de son ancienne architecture. Notre attente fut déçue : à l'exception d'un escalier fort remarquable, et d'une douzaine de consoles délicieusement sculptées, qui supportent les poutres de l'infirmerie et celles de la chambre des prisonniers militaires, nous ne découvrîmes rien qui, au point de vue architectonique ou archéologique, méritât d'être noté.

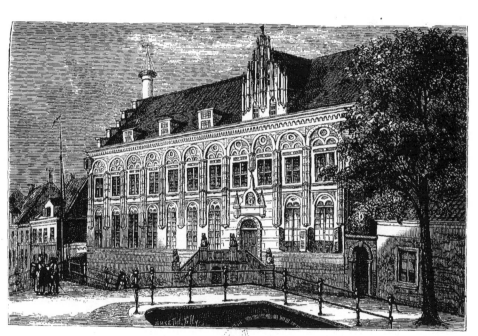

LEEUWARDEN (la Chancellerie).

J'ai dit que, grâce à la charmante affabilité du baron van Panhuys, nous eûmes la bonne fortune de visiter le château de Wiardastate, appartenant à M. Cammingha. Il est certain que, sans sa bienveillante intervention, ce plaisir nous eût été refusé. Le château de Cammingha n'est point, en effet, une de ces demeures banales dont la porte s'ouvre devant tous les visiteurs. C'est un castel parfaitement clos, très-inaccessible, et où ne pénètrent que les amis du châtelain. Celui-ci prétend, en effet, « que gentilhomme est maître en sa maison »; aussi ne reçoit-il que les personnes qu'il connaît de longue date, et qu'il aime. Tous les titres expirent au bord de son fossé féodal, et le plus auguste de tous ne fut même point capable, dans une récente circonstance, de le faire déroger à ce qu'il regarde, à la fois, comme un droit et comme un devoir.

C'est, n'est-il pas vrai, un bien curieux exemple de cette indépendance de caractère et de cette liberté d'allures si chères à tous les vrais Frisons, que ce refus fait par un simple gentilhomme de recevoir un roi dans sa demeure. Aussi l'entrée du château de Cammingha est-elle une sorte de supplice de Tantale pour tout ce que Leeuwarden et même la Frise possèdent d'hommes érudits et d'amateurs d'antiquités.

Cette curiosité, stimulée par un impitoyable ostracisme, est, du reste, parfaitement légitimée par la nature du gentil castel et par l'ancienneté de la famille qui l'habite. Dès le neuvième siècle, en effet, il est question dans les vieilles annales de la villa de Cammingha. Tout le moyen

âge retentit de son nom. Une charte presque contemporaine de la mort de Charlemagne (814) en attribue la
propriété à un gentilhomme du nom de Gerulf[1]. En 1481,
la maison de Pierre Cammingha soutient un véritable siége,
et voici à quelle occasion. Cette année-là, les brasseurs
de Leeuwarden avaient obtenu qu'il ne serait point vendu
en ville d'autre bière que celle de leurs brasseries. Un
jour de marché, des paysans introduisirent de la bière
de Haarlem, et se mirent à la boire sur les places publiques. Les brasseurs voulurent les en empêcher ; de là
survint une de ces batailles de rue si fréquentes à cette
époque. « Paysans et brasseurs commencèrent à s'en-
trebattre : mais comme les povres villageois eurent
toute la bourgeoisie contre eux, il fallut qu'ils se sau-
vassent dans la maison de Pierre Camminga qui les
retint en sa sauvegarde[2]. » Depuis lors, les chroniqueurs et les annalistes nous parlent souvent de cette
hospitalière demeure, mais sans bien déterminer ni son
importance ni sa situation[3].

Elle fut, du reste, reconstruite à diverses époques,
car le château que nous voyons aujourd'hui ne remonte pas au delà de la fin du quinzième siècle, et
très-probablement ne date que du seizième. Il n'en con-

---

[1] Voir J. D. Dirks, *Bijdragen tot de munt en penningkunde
van Friesland.*

[2] Guicciardini, *Description des Pays-Bas.*

[3] Voir Schotanus, *Beschryvinge van Frieslandt* (1664);
Leopold von Ledebur, *Fünf münstersche Gaue und die sieben
Seelande Friesland's,* Berlin, 1836 ; l'*Historia critica* de
A. Kluit, etc., etc.

stitue pas moins une curiosité architectonique; car c'est à peine si l'on compte encore en Frise deux ou trois châteaux de ce temps-là. Durant tout le quinzième et le seizième siècles, les partis qui se partagèrent le pays firent une véritable hécatombe de ces demeures féodales. Ce sont d'abord les « marchands de graisse » et les « marchands d'anguilles » qui dévastent les manoirs de leurs nobles ennemis. En moins de quinze années, ils pillent, incendient et rasent le château de Wilko Ringia, celui de G. Iuusma, puis les castels de Wibo Jaricx, de Igo Galama, de Thierri Valta et dix autres tout aussi considérables, « lieux de pillage pour les marchands », disent les vieilles chroniques, pour excuser sans doute la liberté grande des agresseurs. Puis viennent les Gueldrois avec Lange Pier et leurs ennemis les Saxons; ensuite les Espagnols, sous Gaspar de Robles, et enfin la Réforme. Ce qui échappe aux uns devient la proie des autres, et finalement il ne reste plus rien.

Ces châteaux n'avaient point, du reste, des allures formidables. Ils pouvaient mettre une famille à l'abri d'un coup de main, mais non pas résister à un siége en règle. Celui que nous avons sous les yeux est une grande et belle maison construite en briques et pierres, avec un vaste toit surmonté d'un clocheton et dix longues fenêtres de façade, si étroites, qu'elles semblent être d'énormes meurtrières.

A l'intérieur, il renferme plusieurs grandes et belles chambres auxquelles on a conservé leur antique ameublement. Elles ont la fière tournure des salles de la Renais-

4

sance hollandaise; deux surtout sont demeurées presque
intactes : l'une entièrement tendue en cuir de Cordoue,
l'autre tapissée de verdures de Flandre, toutes deux
avec les tables, les cabinets et les chaises du temps,
et ces grandes cheminées monumentales dont le
manteau est occupé par une majestueuse « mytholo-
giade ». Cette aimable habitation renferme en outre une
salle de spectacle construite au siècle dernier, et une
chapelle catholique datant de la fondation du château.
Le profane et le sacré à deux pas l'un de l'autre. Dans
la chapelle, on a réuni une véritable collection d'objets
de sainteté échappés à l'iconoclastie de la Réforme, et
quelques bons tableaux, parmi lesquels un portrait du
vénérable Eelko Liaukama.

Cet Eelko est un saint personnage du pays, dont
l'histoire est peu connue hors de Frise. En son vivant il
était moine et appartenait à la règle de Prémontré, dont
il tenta de réformer les mœurs dissolues. Pour atteindre
ce but difficile, il entreprit de visiter tous les couvents de
Frise et d'y porter, avec l'exemple de sa vie sans tache,
l'autorité de ses conseils. Mais au premier où il s'arrêta,
les moines, ses confrères, qui se souciaient peu de sa
morale, profitèrent de sa distraction pour l'enivrer complétement. Déjà le pauvre religieux se sentait fort indisposé,
éprouvait des nausées, et tout le monde s'apprêtait à
rire, quand, au lieu de ce qu'on attendait, ce furent
des roses qui s'échappèrent de la bouche du saint
homme.

On cria au miracle; mais les miracles eux-mêmes

n'étaient même point capables de convertir ces gentils.
A quelque temps de là, le pauvre Eelko Liaukama fut
trouvé au coin d'un mur, la tête fendue et le crâne ouvert.
On s'était débarrassé de ses remontrances en l'assommant
à coups de maillet.

Cette véridique histoire nous fut racontée, devant le
portrait même du pieux réformateur, par un érudit,
M. Dirks, archéologue fervent et numismate distingué,
qui nous avait accompagné dans notre visite. Ce portrait
du sage Eelko n'est, du reste, point le seul que contient
le manoir de M. Cammingha. L'aimable châtelain possède
toute la collection de ses glorieux ancêtres et un certain
nombre de portraits historiques, que nous nous bornerons à mentionner ici, car ils ont été décrits avec un soin
tout spécial par un ami de sa famille [1].

Le château qui renferme toutes ces belles choses est
entouré par un joli jardin, enveloppé lui-même par un
fossé plein d'eau. Un petit pont établit une communication entre le jardin et la route. A la tête de ce petit
pont, se dresse une porte monumentale, formée par un
massif carré de maçonnerie percé de meurtrières et terminé par un toit en bâtière. Cette porte, ce fossé et ce pont
ajoutent à la tournure féodale de cette charmante habitation.

M. Cammingha tint à nous faire lui-même les honneurs
de son château et de ses dépendances fleuries. Il nous

---

[1] Voir *Het slot wiardastate met de schilderyen oudheden enz.*,
door **G. A. Six, Utrecht, 1869.**

conduisit jusqu'à son fossé féodal, et c'est au seuil de sa demeure que nous prîmes congé de ce châtelain si terrible en apparence, et au demeurant l'un des hommes les plus aimables qu'il soit possible de rencontrer.

VI

Le *Schier-Stins*. — Le bois du meurtre. — Dockum. — La fontaine
miraculeuse. — *Harmonie*.

De Leeuwarden nous gagnâmes Veenwouden, joli
village tout peuplé de gentilles maisonnettes, perdues
au milieu de la verdure.

Ce qui nous attirait surtout dans cet aimable pays,
c'est un autre vieux château, le *Schier-Stins*[1], appartenant
à un gentilhomme frison, le baron van Heemstra, que j'ai
l'honneur de compter au nombre de mes amis.

Bien que M. van Heemstra ne réside point dans son
manoir féodal, les portes nous en furent ouvertes à
deux battants; notre visite prévue était annoncée, et
nous étions attendus par le gardien de cette seigneuriale demeure transformé pour cette fois en obligeant
cicerone.

---

[1] Le mot *stins,* qui, en frison, signifie « pierres », fut jadis le
synonyme de château et de forteresse, parce que ces seules habitations étaient alors construites en pierres ou en briques, tandis
que toutes les autres étaient construites en bois. « Stins, dit
Guicciardini, estoyent des forteresses basties par les seigneurs
pour, en tems de guerre, estre asseurez les uns contre les
autres. »

Bien qu'aujourd'hui toutes les maisons soient construites en
briques, le mot *stins* n'a pas perdu sa signification.

4.

A dire vrai, le *Schier-Stins* est moins un château féodal qu'un fragment de château ; car, de l'édifice primitif, il ne reste guère que la tour, sorte de beffroi carré qui par l'épaisseur de ses murailles et son aspect austère témoigne encore aujourd'hui de son antique puissance.

A cette vaillante relique, on a adjoint depuis un siècle un corps d'habitation moderne fort logeable sans doute, mais qui jure d'autant plus avec la sombre majesté de cette grande ruine, que la vieille tour renferme un véritable musée, rempli d'objets d'art et de curiosités de toutes sortes, fort intéressants pour tous ceux qui s'occupent de l'histoire de la Frise.

Le vieux beffroi est divisé en trois étages. Le rez-de-chaussée, auquel des arceaux voûtés donnent l'air d'une petite chapelle, abrite les objets les plus pesants. Nous notâmes, un peu au hasard, de curieuses figures de moines qui soutiennent un banc, des lanternes bizarres, de beaux cuivres repoussés, des armes et des bannières et un de ces grands cercueils de pierre où, il y a trois siècles, les habitants de l'Oostergoo renfermaient leurs morts pour les garantir de la voracité des loups. C'est une espèce de grande auge en grès, taillée d'une façon rustique, mais dont les dimensions considérables semblent attester la gigantesque stature des anciens Frisons.

Les étages supérieurs renferment une quantité d'autres objets précieux ou curieux, des meubles, des livres, des vitraux, des étoffes et des armes, parmi lesquelles une vieille épée, qu'on prétend avoir appartenu à Albert de Saxe, et que je soupçonne d'être tout simple-

ment le glaive d'un bourreau du dix-septième siècle.
Pour cela, du reste, nous avons trois garants : la forme
qui est celle des sabres d'exécution, la simplicité de
l'arme qui exclut toute idée princière, et l'inscription
allemande qu'on lit sur la lame et dont ni les caractères ni le texte ne sauraient se rapporter à la haute
attribution qu'on veut bien lui accorder.

Notre inspection finie, il nous fallait gagner Dockum
avant le soir ; bien que la boîte à couleurs ne fût·point
très-lourde, nous demandâmes quelqu'un pour la porter
et nous montrer le chemin. On nous amena un *bambino,*
perdu dans une longue redingote, et fumant un cigare
aussi gros que sa tête. Nous vîmes tout de suite que ce
n'était point le conducteur qu'il nous fallait. Il y avait grandement à craindre que non-seulement nous ne fussions
forcés de reprendre notre colis, mais encore de charger
notre guide sur nos épaules. Lui cependant, d'un air
brave, soupesa la boîte à couleurs, et, après avoir tiré
quatre bouffées de son énorme cigare, déclara qu'il
consentait à s'en charger.

Nous partîmes donc, mais ce que nous avions prévu
ne tarda point à se réaliser, ou du moins en partie. Au
quart du chemin, il nous fallut reprendre la boîte. Le
pauvre enfant n'en pouvait plus ; heureusement nous ne
fûmes point obligés de le mettre sur nos sacs, et nous
le remorquâmes en clopinant jusqu'à Murmerwoude [1].

---

[1] Ce lieu s'est appelé pendant longtemps et s'appelle encore
dans le pays *Moordwoude,* le bois du meurtre.

Murmerwoude est un gentil hameau situé à une demi-heure de marche de Dockum, à cheval sur la route, joyeux d'aspect et qui cependant évoque de lugubres souvenirs. C'est là, en effet, que « le cinquiesme Iuin, l'an 853 », saint Boniface et ses cinquante-deux compagnons furent impitoyablement massacrés par les gens du pays. Ils étaient venus des provinces méridionales « pour confirmer les faibles en la Foij afin qu'elle ne s'esvanoüit du tout. Mais ils trouvèrent ceux de Doccum si barbares qu'ils ne les voulurent ouïr, ains se ruèrent sur luy et ses compagnons et les meurtrirent misérablement. » Un pareil attentat ne pouvait demeurer sans punition. A la nouvelle du martyre de saint Boniface, le roi Pépin fit passer la Lauwer à l'une de ses armées, s'empara de Dockum, « saccagea toute cette trouppe de brigands et meurtriers, autant qu'il en put atrapper, les autres, qui s'estoient sauvez de sa fureur, demouranz à jamais expatriez et banniz de leurs demeures [1] ».

Mais ceux-là mêmes que le glaive de Pépin ne put atteindre ne se dérobèrent point à la vengeance céleste. Ils furent condamnés à porter un stigmate ineffaçable qui, paraît-il, se transmit de générations en générations, comme un honteux souvenir de la cruauté de leurs ancêtres. Les hommes « en naissant, dit Guicciardini, portent tous une tache et marque blanche ou plustost un toupet de cheveux blancs en la teste ». Quant aux filles, elles sont atteintes d'une calvitie bizarre, qui, de

[1] *Grande Chronique de Hollande et de Zeelande.*

nos jours encore, prête à rire dans tout le pays frison.
Parler d'un « Friesche-kaalkop » (une tête chauve de
Frise), c'est toujours désigner une fille de Dockum.

A l'endroit où le massacre eut lieu, les soldats de
Pépin élevèrent un ermitage. Plus tard, l'ermitage devint
une chapelle de planches, puis, plus tard encore, une
chapelle de briques. Cette chapelle existe toujours, mais
refaite aux trois quarts, sinon plus. Le protestantisme,
en s'en emparant, a livré ses murailles aux badigeonneurs, détruit ses vitraux et garni le sol de grands bancs
vernis et commodes. La chaire seule est curieuse ; elle
est couverte de sculptures rehaussées en couleur, dont le
travail toutefois n'a rien de bien délicat.

Après nous être un instant reposés dans le petit cimetière qui entoure la chapelle, nous reprîmes notre
chemin. Bientôt, nous aperçûmes au loin la ville de
Dockum entourée d'une ceinture de feuillage, perchée
sur une petite éminence, et dominant les campagnes
d'alentour. Cette situation accidentée donne à la petite
cité une allure tout à fait cavalière, qu'elle ne dément
pas intérieurement. Ses rues ondulées et ses places en
pente, le vaste canal qui la partage en deux parties iné-
gales, ses quais à la fois propres et vastes, ses maisons coquettes et sans prétention, tout concourt à en
faire une charmante petite ville qui, malgré ses quatre
mille habitants et son antiquité peu commune, ne cherche
point à se donner des airs d'importance et à singer les
grandes cités.

Elle est pourtant l'une des plus vieilles villes de la

Frise; car on fait remonter son origine à l'an 240 de
notre ère [1]. Cette année-là, le prince Urbo construisit
sur son emplacement un château qu'il nomma Docken-
burg. Peu à peu, comme c'était l'usage, les vassaux
vinrent se grouper autour de leur seigneur. En 700,
les maisons étaient déjà assez nombreuses pour former
un gros village. En 739, Gondebald l'entourait d'un
mur et le fortifiait. Nous savons comment en 853 Dockum fut prise par les troupes de Pépin. Mais elle ne
tarda point à se relever de ses ruines, car nous la retrouvons au onzième siècle figurant parmi les quatre cités
frisonnes qui ont le droit de battre monnaie [2].

Sa puissance relative et son commerce ne la mettent
toutefois point à l'abri des tentatives ennemies. Les fac-
tions qui se partagent le pays viennent tour à tour l'assiéger. En 1308, en 1399 et 1414 elle est prise d'assaut
et brûlée en partie. « L'an 1498, le vendredy devant Pas-
ques, les Saxons s'emparent d'icelle et la mettent au pillage et bruslent. » Puis viennent les Gueldrois, les Hollandais, les Espagnols et finalement la Réforme. Chaque
vainqueur y laisse des traces de son passage, chaque
occupant des vestiges de son occupation, c'est-à-dire des
ruines. Enfin la paix renaît, Dockum panse ses blessures, répare ses pertes, et la voilà, encore aujourd'hui,
vivante et commerçante, avec un joli port intérieur et
de grands navires dans son port, avec quelque indus-

---

[1] Voir *Gotfr. Hegenitii Itenerarium*, Leide, 1667.
[2] Voir l'excellente brochure de M. J. Dirks, *Bijdragen tot de
munt en penningkunde van Friesland*. Workum, 1846.

trie, des brasseries, des poteries, des chantiers de construction et une fabrique de genièvre ; mais surtout centre
d'exploitation agricole et l'un des plus importants marchés de lin qui soient en Europe.

Un très-large canal de deux lieues de longueur, qu'on
nomme le *Dockumer Diep,* met son port en communication avec le grand golfe qui porte le nom de Lauwers-
zee. C'est par là qu'elle exporte les quantités de textiles
que lui empruntent l'Angleterre, l'Allemagne et la France,
dont les principales maisons ont à Dockum des acheteurs
ou des agents.

Tout à côté de ce port si productif, s'élève l'hôtel de
ville, vaste construction extérieurement assez insigni-
fiante et qui, édifiée au dix-septième siècle, a été presque
entièrement refaite au milieu du siècle dernier. A l'intérieur on a conservé deux belles pièces dans le goût de
cette dernière époque : la salle du conseil et son antichambre, qui sont un des plus curieux spécimens qu'on
puisse voir de l'architecture Louis XV appliquée aux
besoins d'une municipalité.

L'antichambre, entièrement tendue en cuir de Cordoue,
renferme une cheminée de haut style. Quant à la salle
du conseil, elle est lambrissée de curieuses boiseries sur-
chargées de tous les attributs de cette pastorale époque.
Sa cheminée monumentale et ses dessus de porte sont
ornés de grisailles, pendant que quatre grandes compositions allégoriques [1], relatives à la vie municipale de

[1] Ces peintures, d'un style pompeux, sont signées D. Reyners
et datées 1763.

Dockum, garnissent la muraille principale, et font face
aux fenêtres.

Mais ce qui donne surtout à cette belle salle tout son
cachet, c'est qu'on lui a conservé le mobilier contemporain de sa décoration. « Maintes fois, nous disait M. de
Vries, l'aimable bourgmestre qui voulait bien nous faire
les honneurs de son palais municipal ; maintes fois on
m'a offert un gros prix de ces tables et de ces chaises,
mais j'ai toujours refusé, regardant une pareille vente
comme une profanation. »

Nous félicitâmes le soigneux bourgmestre, en déplo-
rant, dans notre for intérieur, que tant d'autres magistrats
municipaux n'aient point toujours montré d'aussi louables
sentiments.

Malheureusement, tous les monuments de Dockum
n'ont point été aussi sagement respectés. L'église Saint-
Martin, le plus ancien d'entre eux, en est la preuve.
Et cependant, bien qu'elle ne soit point relativement
fort âgée, la grande église de Dockum méritait un
meilleur traitement. Jadis, en effet, elle renfermait de
précieuses reliques [1]. Indépendamment des ossements
de Boniface et de quelques-uns de ses saints compagnons, elle possédait le calice d'or et le missel entièrement écrit de la main du pieux évêque avec lesquels

---

[1] Déjà en 1667 ces richesses avaient disparu. Hégenitius, dans
son Itinéraire, les mentionne, mais en s'en référant à Cornelius
Kempius, auquel il en emprunte la description, puis il ajoute :
« *Ego tamen, quia nullum ex illis vidi : nihil etiam de re ve-
tusta ac incerta heic adfirmare ausim.* »

celui-ci célébrait la sainte messe, et qu'on montrait tous les sept ans au peuple. On exposait aussi le bâton pastoral du glorieux martyr : relique doublement précieuse, car les gens de Dockum lui devaient en partie la salubrité exceptionnelle de leur ville.

Tout auprès de celle-ci, en effet, à cinq minutes au sud-ouest de la Woudpoort, existe une fontaine. Cette fontaine jaillit au milieu d'un champ et forme un vaste bassin, dont l'eau claire et limpide se déverse dans le canal, par un long ruisseau. C'est l'eau la plus belle de tout le pays, et une enquête scientifique, faite à l'époque du dernier choléra, établit que c'est aussi la plus salubre. On attribue à son usage le peu de victimes que, de tout temps, les épidémies ont faites à Dockum et dans les environs ; et jadis, les vieux chroniqueurs l'attestent, elle avait la réputation de guérir de la fièvre, de préserver de la rage et de rendre la santé aux valétudinaires.

Questionnez un enfant du pays sur l'origine de cette source précieuse, il vous dira qu'un jour saint Boniface passait en cet endroit ; il était à cheval, et son cheval eut soif ; alors il étendit la main, l'animal frappa le sol avec son sabot et fit jaillir la fontaine. C'est là la légende populaire et vulgaire.

. Celle des historiens est bien autrement noble et impressionnante. Ce n'est plus un cheval qui a soif, c'est tout un peuple. Ce n'est plus un animal inconscient qui frappe le sol, c'est un prêtre, c'est un pontife qui veut abreuver ses fidèles. « Fontaine merveilleuse et bienfaisante, toujours pleine et ne débordant jamais, c'est

5

lorsque la contrée souffrait d'une incroyable sécheresse que (Dieu étant votre architecte) le saint martyr vous fit jaillir d'une façon miraculeuse en frappant le sol de son bâton pastoral [1]. »

C'est dans ces termes que s'exprime C. Kempius, un historien sérieux, l'auteur d'un des meilleurs ouvrages que le seizième siècle ait consacrés à la Frise. Il était né à Dockum, très-renseigné par conséquent sur ce qui regardait sa chère ville, dont il ne parle jamais sans une sorte d'émotion filiale [2]. C'est donc lui que nous devons croire, et c'est à son récit qu'il faut ajouter foi.

Aujourd'hui la fontaine coule toujours, mais le bâton épiscopal qui lui donna naissance a disparu et aussi une église élevée sous l'invocation du saint pontife, ainsi que le cloître qui entourait l'église Saint-Martin, et portait également le nom de Saint-Boniface. Tout passe en ce monde, mais il semble que la reconnaissance des peuples soit encore plus fragile que le reste. Pourtant, pendant tout le moyen âge, le nom du saint rayonna sur cette contrée comme une sorte de palladium, et lui valut, des grands seigneurs ses maîtres, une foule de priviléges. Ce cloître dont nous parlions à l'instant fut, grâce à lui, fameux, riche et puissant. Sa domination spirituelle et temporelle s'étendit jusqu'aux îles de la mer du Nord.

---

[1] C. Kempius, *de Origine, situ, qualitate et quantitate Frisiæ*, etc. Cologne, 1588.

[2] Le titre du chapitre que Kempius consacre à sa « très-douce patrie » montre assez quels sentiments ce vieux Frison éprouvait pour Dockum : « *Hic jam de situ civitatis Doccomanæ aliquid dicere amor dulcissimæ patriæ meæ me cogit.* »

Maintenant il n'en reste plus rien que quelques dépendances dont on a fait un orphelinat. Les autres bâtiments
ont tous disparu, et une grande place nue, déserte et
désolée, qu'on appelle le *Kerkhof,* nom, hélas ! trop significatif, remplace les jardins et les avenues du cloître.

Mais quittons, s'il vous plaît, cette grande place dé-
vastée et les tristes pensées qu'elle évoque. Aussi bien, à
deux pas de là, se trouve une autre fontaine qui donnera
un cours tout différent à nos idées. Elle est surmontée
d'un beau vase de marbre blanc, ayant la forme Médicis
et le pied recouvert de superbes feuillages et d'ornements
entrelacés. Quel est-il ? d'où vient-il, ce beau vase avec
ses allures antiques? très-antiques vraiment, car certains
détails amoureux, relatés sur le bas-relief qui en forme
la frise, ont obligé l'édilité prudente à le reléguer contre
un mur. Comment est-il arrivé jusqu'à ce piédestal, d'où,
malgré les précautions prises, il ouvre les idées aux filles
et fait ouvrir les yeux aux garçons? Certes il serait curieux d'apprendre son origine ; mais, dans le pays, tout
le monde l'ignore, et personne ne semble s'en soucier.

C'est pourtant l'une des deux curiosités esthétiques de
la ville ; l'autre est la petite porte, toute coquette et toute
gracieuse, d'un asile de vieillards. Elle est encadrée
entre deux pilastres semi-rustiques, et surmontée d'un
vaste cartouche, flanqué de pyramides, qui contient des
armoiries rehaussées en couleur. La maison dans laquelle cette petite porte donne accès est vermoulue et
branlante, la petite cour où elle aboutit est sombre,
froide et triste, avec de la mousse entre les pavés et des

grandes herbes sauvages aux angles des murailles ; ajoutez à cela des vieillards pauvrement vêtus, quelques linges
qui sèchent sur une balustrade, une vieille femme qui
lave l'escalier, et vous aurez un tableau complet, coloré
et, disons-le, très-émotionnant, car il est l'image désolée
de cette vieillesse sans famille, sans ressources et sans
appui, qui est obligée de remettre à la charité publique
le soin de ses dernières années et de lui demander le
pain de ses vieux jours.

Mais il nous reste à voir l'*Harmonie ;* allons-y vite, le
bourgmestre nous y attend. L'*Harmonie,* c'est le cercle
de la ville ; on y fume, on y joue, on y boit et l'on y
cause. En été, il offre à ses habitués un charmant jardin ; en hiver, une grande et belle salle où l'on donne
des concerts, et où parfois même on joue la comédie.
Le buste de Thorbecke orne la muraille blanche, disant
assez, par sa présence, quels sont les sentiments politiques qui dominent dans le pays. Le vin coule dans les
grands verres, et la soirée s'écoule gaiement ; parfois
même un Français peut y trouver comme un écho de la
patrie lointaine.

— « Oui, Monsieur, me disait un vénérable magistrat,
à la tenue posée et porteur d'une longue barbe blanche ;
oui, Monsieur, l'an dernier j'ai passé quinze jours à
Paris, et, vous pouvez m'en croire, c'est une ville qui
vaut bien la peine qu'on la visite ! »

Vous jugez s'il me trouva de son avis.

VII

Le nord de la Frise. — Schiermonnikoog. — Une chaude réception. —
Un bourgmestre modèle. — Saint Villibrord et les dunes. — Αμις.

Nous désirions vivement visiter l'île de Schiermonnikoog un dimanche. On nous avait parlé de costumes
pittoresques et d'usages particuliers; c'était plus qu'il
n'en fallait pour piquer notre curiosité. Malheureusement, le samedi, à l'heure où nous résolûmes de nous
mettre en route, on nous annonça qu'il était trop tard
pour réaliser notre projet. Les communications entre
l'île et la terre ferme ne sont ni rapides ni fréquentes.
Un petit bateau à voiles, sorte de *boeier*, va chaque jour
de Oostmahorn à Schiermonnikoog et en revient, faisant
le service des dépêches et prenant à son bord quelques
passagers.

C'est là le seul moyen de communication, et encore est-
il interrompu le dimanche. Le respect du saint jour re-
tient le passeur au rivage. Traverser le samedi, il n'y
fallait point compter non plus. Deux heures au moins
nous étaient nécessaires pour gagner Oostmahorn, et
avant notre arrivée le bateau eût été au large depuis
longtemps.

L'excellent bourgmestre de Dockum, qui nous donnait
ces renseignements un peu tardifs, voyant notre vif dés-

appointement, prit une héroïque résolution. « Parfois,
nous dit-il, dans des cas pressants ou pour de hauts
personnages, on fait revenir le bateau le dimanche. Je
vais télégraphier à mon collègue de Schiermonnikoog
que deux étrangers, qui nous sont recommandés par le
ministre de l'intérieur et le gouverneur de la Frise, ont
besoin d'être demain dans son île. Je le prierai de nous
envoyer le passeur, et peut-être serons-nous assez heureux pour obtenir ce que nous souhaitons. »

Nous remerciâmes l'ingénieux magistrat, et le dimanche, de grand matin, nous nous mîmes en route, fort incertains de savoir si nous franchirions la *Friesche Gat* ce
jour-là.

Cornelis Kemp, en vrai Frison amoureux de son
pays, l'adorant comme Montaigne aimait Paris, jusques
en ses verrues, nous décrit cette partie de la libre Frise
qui s'étend entre la ville de Dockum et la mer comme
la contrée la plus belle, la plus peuplée et la plus fertile
qui soit au monde, « *pulcherrima, populosa et totius
mundi fertilissima* ». Bien qu'un pareil éloge sente un
peu l'hyperbole, il faut convenir cependant qu'il est en
partie justifié.

Certes, si l'on fait consister la beauté d'un pays dans
son excessive richesse, il est peu de régions au monde
qui puissent lutter avec le nord-est de la Frise. Partout,
on ne rencontre que des champs couverts de moissons
dorées, des plaines diaprées par le colza, le lin et
l'avoine, des prairies immenses, grasses et touffues,
peuplées de vaches luisantes et de superbes juments

noires ; et, au milieu de cette abondance, d'opulentes
métairies entourées de vergers dont les arbres s'inclinent
sous le poids des fruits encore verts. A l'horizon, dix
clochers pointus indiquent autant de villages, et la route
immense et sinueuse étale, comme un interminable ser-
pent, ses replis poudreux sur ce tapis marqueté de verdure. Tout le long du chemin, on aperçoit des paysans
en redingote, vêtus de noir, avec leurs grosses bibles et
leurs grandes pipes, marchant gravement, pendant que
leurs compagnes, dont le casque d'or étincelle au soleil,
cheminent en bavardant, et ressemblent de loin à de
gros scarabées égrénés sur la route.

Ce chemin toutefois, sans arbre et sans ombre, où le
soleil ne perd pas un seul de ses rayons, nous parut
d'une brûlante longueur. Enfin, après deux heures et
demie d'une marche hâtive, maudissant les tours et les
détours de la route, après avoir traversé Metslawier,
Morra et Anjum, nous arrivâmes couverts de sueur et
de poussière au lieu de notre embarquement.

Nous ne songeâmes guère à étudier et à inspecter
Ootsmahorn, simple hameau sans conséquence. Nous
courûmes à la digue pour voir si le bateau était là ; car
c'eût été pour nous un cruel déboire que de passer notre
dimanche dans cette solitude, avec la terre promise sous
les yeux. Heureusement cette déception nous fut évitée.
Le *boeier* était à son poste ; mais ce fut le tour du passeur d'être déçu dans ses espérances. Sur la foi de la
fameuse dépêche, il comptait voir arriver de hauts personnages, et nos figures hâlées, nos brodequins pou-

dreux, cette route faite à pied, le sac au dos, le bâton à
la main, renversaient toutes les belles idées qu'il s'était
forgées de nos personnes.

Enfin c'était bien nous qu'il était venu chercher. Il n'y
avait point là-dessus d'erreur possible. Il nous embar-
qua donc, et nous nous mîmes en route. Mais le voyage
fut un peu long. Soit que le vent, en effet, n'eût pas eu
connaissance de la dépêche, soit qu'il refusât de souffler
le dimanche, il nous fallut avancer pas à pas sans un
soupir de la brise, et mettre trois heures pour faire les
deux lieues qui nous séparaient de Schiermonnikoog.

A mesure que nous approchions, toutefois, notre
attention était vivement sollicitée par la grande digue
qui protège le côté méridional de l'île. Cette digue était
couverte de monde; des centaines de personnes assises
ou debout semblaient attendre un événement quelconque. Nous les distinguions fort bien avec notre lunette.
Il y en avait de tous les âges, quelques hommes, beaucoup de femmes, mais surtout des enfants. Lorsque nous
fûmes plus près, les grandes personnes disparurent, et
les enfants devinrent plus nombreux. Tout cela, je
l'avoue, nous intriguait fort; nous n'étions pas toutefois
au bout de nos étonnements.

A quatre cents mètres de la digue, notre bateau s'arrêta net. Quelques canots alors quittèrent le rivage, se
dirigeant vers nous, pendant qu'un char de paysan attelé
de deux chevaux noirs, s'engageant dans l'eau, prenait
la même direction. C'est dans ce véhicule que nous
devions achever notre voyage et gagner la terre ferme.

Lorsqu'on arrive à Venise, on descend du chemin de fer pour monter en gondole, ce qui, la première fois au moins, paraît fort surprenant. A Schiermonnikoog, c'est le contraire qui a lieu. On passe du bateau dans la charrette; et celle-ci, après avoir chargé son fardeau de passagers et de bagages, s'en va clopin-clopant, enfonçant parfois dans les trous, parfois soulevée par les vagues, menaçant à tout instant de disparaître dans quelque bas-fond ou d'être emportée au large, et arrivant cependant presque toujours à bon port. Quant aux canots, ils se bornèrent à nous faire une joyeuse conduite, entourant la charrette et naviguant autour des chevaux.

Certes, c'était là un aimable accueil, mais ce fut bien autre chose quand nous arrivâmes sur la digue. Il n'était plus permis d'en douter, les deux cents enfants de tout âge qui se trouvaient là, constituant toute la jeunesse de l'île, n'étaient venus que pour nous. A mesure que nous avancions, c'était une bruyante cohue pour nous voir et surtout pour nous toucher. Les cris, les éclats de rire, les propos joyeux, tout cela marchait son train. Au fond, comme pour le batelier, il y avait bien un peu de déception. On nous aurait voulu plus majestueux, mieux vêtus, plus extraordinaires, en un mot. Quant à moi, je sentais si bien la désillusion que nous causions à ces jeunes cervelles, que j'aurais donné gros pour avoir, pendant quelques instants, un chapeau à plumes et un habit de général.

A l'entrée du village, nous aperçûmes, massée en groupe compacte, toute la population féminine de l'en-

5.

droit. Par un louable sentiment de retenue, femmes et filles n'avaient point voulu nous attendre sur la jetée. Mais leur curiosité n'était pas moins vive, et l'examen qu'on nous fit subir frisait l'indiscrétion. Heureusement, une autorité tutélaire veillait sur nous. Elle se manifesta sous la forme d'une voix de stentor. « Maintenant que vous LES avez bien vus, criait cette voix, j'espère que vous allez LES laisser un peu tranquilles. » C'était un superbe garde champêtre qui s'exprimait de la sorte, appuyant son invitation d'un gracieux moulinet, prestement exécuté avec une forte canne. L'ordre était sans réplique possible. Tout le monde disparut comme par enchantement, et nous pûmes gagner l'auberge pour prendre possession de notre logement.

Notre première visite fut pour le bourgmestre. Nous voulions, avant tout, remercier le digne magistrat de l'amabilité qu'il avait eue de nous envoyer chercher à Oostmahorn. Nous nous dirigeâmes vers sa maison, la plus coquette de l'île, et nous le trouvâmes au milieu d'une charmante famille, aimable, empressé et prêt à tout pour nous être agréable. Cette cordialité parfaite ne se démentit point un instant pendant tout notre séjour ; elle est, du reste, une des qualités bien connues du bourgmestre de Schiermonnikoog.

Jamais magistrat ne fut, d'ailleurs, mieux à sa place. M. van der Worm est, en effet, un vieux loup de mer, mais un de ces loups charmants, avec la parole courtoise et le sourire aux lèvres, qui ne dépareraient pas les bergeries de Florian. Jadis capitaine de vaisseau, il

n'a point changé de profession, il n'a fait que changer
de navire; car Schiermonnikoog n'est rien autre chose
qu'un énorme radeau de sable et de coquillages, échoué
sur les côtes de la Frise. Sa population elle-même ne se
compose que de marins. Ce petit coin de terre, perdu
dans la mer du Nord et auquel sa forme étranglée a
valu le nom qu'il porte[1], n'équipe pas moins de soixante-
dix bâtiments faisant les voyages au long cours. C'est sur
ces bateaux marchands que vit presque toute l'année la
population masculine de l'île. Sur cinq cents hommes
dont elle se compose, il en est rarement plus de trente à
quarante qui demeurent au pays. Tous les autres sont
au loin, sur les mers tropicales, sur l'océan Pacifique,
dans la Méditerranée, un peu partout excepté chez eux.
Aussi quelle tranquillité pour ces braves gens que de

---

[1] *Oog* veut dire œil, et ce nom s'applique assez bien à la forme
de l'île. Schiermonnikoog signifie exactement « œil du moine du
parti des Schieringers ». L'île fut en effet primitivement habitée
par des religieux qui la défrichèrent. Le couvent qu'ils édi-
fièrent était placé sous la direction des abbés de Dockum, et quand
l'évêque d'Utrecht éleva la chapelle de ce couvent au rang d'église
paroissiale, il laissa cette église sous la dépendance des bénédic-
tins (couvent de Béthanie) et du monastère de Saint-Boniface
établis à Dockum.

Déjà, antérieurement à cette époque, le comte Albert van Beijeren avait, par une charte, dont le docteur E. Verwijs nous a
conservé la teneur, dans son livre intitulé *de Oorlogen van Hertog
Albrecht van Beijeren met de Friesen*, fait donation à Herman
Howenpe d'une île nommée *Moenkelangenæ*, située près de la
Lauwers (7 décembre 1400). Mais en 1440, ainsi que le constate
M. W. W. Buma dans son livre *Schiermonnikoog — de Lauwers
— de Scholbalg*, l'île avait fait retour entre les mains de Philippe de Bourgogne.

savoir à la tête de leur village un ancien compagnon
initié à tous les secrets de ces courses lointaines, à leurs
dangers et aux terribles conséquences qu'elles peuvent
avoir! Chacun d'eux s'éloigne plus tranquille. Du reste,
par droit de naissance, M. van der Worm semble avoir
été prédestiné à ces magistrales fonctions, car s'il est
marin par goût, il est bourgmestre par ses aïeux. C'est,
en effet, le dernier descendant de van der Werf, l'im-
mortel défenseur de la ville de Leide.

Le bourgmestre de Schiermonnikoog garde, comme
un précieux trésor, la médaille d'or qui, pendant ce siége
à jamais mémorable, brillait sur la poitrine de son glorieux ancêtre. Il nous la fit voir. Elle porte la date de 1574
et la devise : GODT BEHOEDE LEYDEN (Dieu protége Leide).
Il la conserve dans un écrin ; mais, trésor plus précieux
encore, il a conservé dans son cœur les grandes vertus
de son illustre aïeul. Dix fois, en effet, l'intrépide bourgmestre n'a point hésité à reprendre son ancien métier de
marin, et à s'élancer, avec les vieux matelots de son île, au
secours de quelque navire balayé par la rafale et jeté sur les
bancs de sable qui entourent Schiermonnikoog ; car il ne se
passe point d'années qu'il n'y ait là deux ou trois naufrages.

En 1863, en moins d'un mois, cinq navires vinrent
se perdre sur ces bancs fatals. Parmi eux, se trouvait un
bâtiment de la marine royale anglaise. Cette nuit-là,
malgré la plus effroyable tempête...

> Entre un ciel de sanglots et une mer de pleurs,

la chaloupe de sauvetage fut lancée, et l'on parvint, au

milieu des plus grands périls, à sauver l'équipage. Comme récompense de son héroïsme, Sa Majesté Britannique fit présent au magistrat-sauveteur d'un chronomètre magnifique. En même temps ses belles actions lui valaient une récompense encore plus précieuse, la vénération de ses administrés.

Il est à la fois leur conseil et leur ami. C'est en quelque sorte le tuteur vénéré de cette grande famille, et chaque fois qu'il traverse son village, tout le monde sort pour le saluer. Son île est un petit royaume, sur lequel il règne paternellement. Nous le parcourûmes avec lui. C'est moins un grand village qu'une double rue bordée de maisonnettes charmantes, simples et modestes, mais propres, soignées et toutes précédées d'un petit jardin. Des arbres plantés depuis peu, mais qui ne demandent qu'à croître, formeront bientôt un parc joliment dessiné où, dans l'été, on trouvera l'ombre et le frais.

Le reste de l'île est occupé par de grandes prairies, un peu maigres et fanées, et quelques champs cultivés par les métayers du propriétaire, car Schiermonnikoog tout entière appartient à un richard de la Haye. Au delà de ces prairies, et les protégeant de trois côtés, s'étendent les dunes avec leurs crêtes blanches, mouvantes, étalant leurs mamelons successifs, et formant un mobile rempart chargé d'arrêter les flots.

Tel est cet Eldorado, dont l'image poursuit jusqu'au delà des tropiques ces braves marins, qui sont nés sur ce coin de terre et qui veulent y mourir. C'est là le paradis tout peuplé des souvenirs de l'enfance, qu'ils ont abandonné pour parcourir le monde, et qu'ils rêvent de retrouver un jour.

Pour le bien voir dans son ensemble, il faut monter sur l'un des phares. De là on découvre non-seulement l'île entière, mais la ceinture grise ou verte dont la mer l'enveloppe et, au sud, la côte de Frise, toute hérissée de joyeux clochers. Au loin, à droite et à gauche, apparaissent de grandes taches jaunâtres qui semblent flotter à la surface des eaux. C'est d'un côté Ameland et de l'autre l'île de Rottum, pareilles à deux sentinelles avancées, veillant sur la patrie. Puis, devant soi, la mer calme et paisible sans un flot, sans un pli, déroule ses horizons infinis qui, passant par toute une gamme de tons gris-perle et roses, achèvent de se confondre avec le ciel.

C'est un spectacle émouvant que celui de cette immensité qui vous entoure de toutes parts; il semble qu'à cette hauteur, sur cette île, on soit isolé du reste du monde; et les maisonnettes qu'on aperçoit à ses pieds ont l'air d'être enfoncées en terre, tant elles paraissent étroites et chétives.

Les dunes, elles, affectent la tournure d'une chaîne de petites montagnes, aux multiples sommets arides, desséchés, pelés par le vent et le soleil, sans un brin d'arbrisseau ni de verdure. Vous connaissez leur légende; car, comme la fontaine de Dockum, elles possèdent une légende, et c'est également à un bâton pastoral qu'elles doivent d'exister.

Ce bâton fut celui d'un saint homme, Willibrod,

le premier apôtre de la foi nouvelle dans ce rude pays.
Les flots envahissaient continuellement la contrée, y faisant les plus affreux ravages. « Alors le Seigneur, qui
est admirable, voulut, par les mérites de son prophète
annoncé, arrêter les déprédations de l'Océan. » Saint
Willibrod prit son bâton pastoral, traça un sillon le
long du continent, et, sur ses pas, se dressa une montagne continue de sable « contre laquelle, jusqu'à ce jour,
sont venus se briser les flots les plus terribles, arrêtés
dans leur fureur, comme si Dieu, opposant une barrière à la mer, lui eût dit ces mots : « Tu viendras
« jusque-là [1]. »

Voilà ce que nous raconte la légende. La science, elle,
nous dit autre chose. Mais ce n'est point le temps d'entrer dans trop d'explications, et, puisque nous parlons
science, visitons plutôt l'école de Schiermonnikoog, cela
sera plus vite fait et moins difficile que d'expliquer scientifiquement l'origine des dunes.

Aussi bien, cette école est charmante, propre, bien
éclairée, bien aérée et admirablement tenue. Elle est
placée sous la direction d'un jeune maître instruit et
laborieux, qui comprend toute l'importance de sa tâche
et sait s'acquitter avec honneur de son important man-
dat. Ce n'est point, en effet, une éducation superficielle
qu'il faut donner aux enfants de Schiermonnikoog. Tous
doivent être marins, tous veulent devenir capitaines. Non-

---

[1] Dom Pitra, *la Hollande catholique;* voir aussi Mabillon,
Acta sanctorum.

seulement il leur faut savoir les rudiments de toutes
ces connaissances qu'on puise dans nos écoles, mais ils
doivent encore parler trois ou quatre langues, apprendre
à fond la géographie, posséder leurs mathématiques élémentaires, et savoir, à l'aide de la boussole et du sextant,
se conduire à travers les solitudes de l'Océan. Ajoutez à
cela la tenue des livres de bord, la comptabilité commerciale, l'histoire des principaux pays avec lesquels
ils vont dans la suite se trouver en rapport, un peu de
physique avec pas mal de cosmographie, et quelques
connaissances médicales, et vous aurez un programme
exact de ce qu'on enseigne à l'école de Schiermonnikoog.

Chaque année, cette académie au petit pied augmente
son fonds de quelques livres et de quelques instruments
d'optique ou de précision. Ses anciens élèves l'enrichis-
sent de précieux cadeaux. Ils essayent, de la sorte, de
montrer leur reconnaissance envers l'établissement qui
les a formés.

C'est dans la famille du bourgmestre, en compagnie
du directeur de cette fertile école et du premier échevin
de l'île, que nous passâmes ce jour-là notre soirée. On
mangea des pâtisseries, on sabla du vin du Rhin, et la
conversation fut enjouée, aimable, émaillée de longs
éclats de rire. Nul ne songeait à la séparation, lorsque
l'horloge impitoyable sonna une heure du matin. Il
fallait rentrer.

On nous fit la conduite jusqu'à notre modeste auberge ;
mais là notre journée n'était pas finie. Nous dûmes, chacun dans la cabine qui nous servait de chambre, nous

livrer à une gymnastique fatigante pour pénétrer dans nos lits. Ceux-ci étaient à la mode du pays, c'est-à-dire pratiqués dans une armoire et juchés à des hauteurs qui défiaient l'escalade. Toutefois, s'il est difficile d'entrer dans ces boîtes étroites, singulièrement plus courtes que le cercueil de *Schier-Stins,* il est encore plus malaisé d'en sortir. La literie, qui se compose de cinq bottes de paille et d'un lit de plume, s'affaisse sous le poids du dormeur. On s'était couché sur un sommet, on se retrouve au fond d'un précipice, où rien n'est moins facile que de se mouvoir. Aussi, pour éviter tout déplacement inutile, les habitants prévoyants placent-ils au-dessus de la figure du dormeur une petite console et sur la console un petit vase d'étain dont on devine facilement l'usage. C'est à lui qu'on doit avoir recours chaque fois que la nature l'exige. Mais c'est toujours une manœuvre délicate que celle qui consiste à se servir de ce vase. Elle demande une grande sûreté de coup d'œil et une fermeté de main non moins grande, surtout lorsqu'on n'est point seul, ou, comme c'était un peu notre cas, lorsqu'on a cultivé plus que de raison le vin blanc du Rhin. Alors, sans qu'on sache pourquoi, on sent errer sur ses lèvres un refrain bien connu :

Aμις, la matinée est belle !...

VIII

Il nous avait fallu deux heures pour aller d'Oostmahorn à Schiermonnikoog, il nous en fallut six pour aller de Schiermonnikoog à Zoutkamp. Je parle de six heures de bateau, car étant partis de grand matin, c'est-à-dire à marée basse, nous dûmes tout d'abord faire une heure de charrette pour aller chercher notre bateau.

Il ne faudrait point conclure de là que le trajet fût beaucoup plus long. Non pas, mais l'air était encore plus calme qu'à notre premier passage.

Enfin, après trois heures d'attente somnolente et de bordées inutiles, la marée montante se chargea de la besogne du vent, et finalement nous abordâmes à l'estacade de Zoutkamp. Nous voilà gravissant l'échelle, franchissant la digue, et nous dirigeant vers l'auberge, en prenant garde d'écraser une douzaine de grands fainéants, qui fumaient étendus sur l'herbe, le visage impassible et l'œil atone.

Au loin, le pays se déroulait sous nos yeux. Zoutkamp est un moyen village qui ne compte que six cents habitants, et n'a d'importance que parce qu'il est en quelque sorte le port de mer de Groningue. Situé à l'embouchure du Reitdiep, il est le lieu de passage forcé et quelquefois le point d'arrêt des navires qui vont à Groningue ou en reviennent. C'est cette population de rencontre qui lui donne sa seule animation. Il est donc sans caractère, il est aussi sans histoire. Nous ne voulions pas y séjourner longtemps, mais gagner au plus vite la capitale de la province. A l'auberge, nous ne trouvâmes que difficilement à qui parler. Le maître était un des fainéants étendus sur la digue, et ne paraissait nullement décidé à se déranger pour recevoir des voyageurs. Il vint pourtant, le chapeau sur le nez et la pipe aux lèvres, indifférent, impoli, sans un mot de bienvenue. Il nous servit, comme à regret, un peu de pain, du jambon, de la bière, et nous indiqua en rechignant le seul moyen de gagner Groningue avant le soir. C'était d'aller à pied jusqu'au village de Grijpskerk situé à deux bonnes lieues de là, où nous pourrions trouver la voie ferrée.

Malgré l'air plus que revêche de ce singulier aubergiste, nous dûmes nous conformer à son avis. Pour plus de sûreté toutefois, nous demandâmes un guide qui pût nous montrer le chemin et porter un peu de notre bagage. On nous amena un vieillard. Le vieillard alla chercher un enfant, et tous quatre nous traversâmes en barquette l'embouchure de la Lauwers. On aborda dans une prairie. Il nous fallut alors marcher à travers champs, franchir des fossés, enjamber des barrières, toutes choses difficiles et pénibles, quand on a trente livres sur le dos.

Enfin, après une gymnastique des plus fatigantes, nous nous trouvâmes sur une route étroite et poudreuse, qui s'allongeait à perte de vue. Nous nous croyions au bout de nos peines; nous nous trompions. Elles ne faisaient que commencer.

Notre guide, en effet, n'avait pris un camarade que pour pouvoir discourir plus à son aise. Beau parleur, il mesurait son pas sur ses périodes, et, pour ne point rompre l'harmonie du discours, ralentissait sa marche à chaque virgule et s'arrêtait à tous les points. Quant aux exclamations et aux interrogations, pour leur donner une force plus expressive, il les soulignait en déposant son fardeau et en agitant les bras. Nous étions beaucoup trop pressés pour goûter tout le charme d'une promenade aussi éloquente. A maintes reprises, il nous avait fallu nous arrêter pour attendre nos retardataires; les observations n'avaient point été marchandées, mais sans autre résultat que de nous attirer des regards dédaigneux et des haussements d'épaules; nous nous fâchâmes à la fin. Mis en demeure de s'expliquer, le brave homme nous fit savoir que son léger fardeau le gênait, et nous invita à vouloir bien nous en charger nous-mêmes. Quant à sa façon de marcher, il nous signifia qu'elle était la bonne, et que, puisqu'il était notre guide, nous devions prendre modèle sur lui.

Sans les attitudes arrogantes et les regards impertinents du bonhomme, la scène eût tourné au burlesque. Mais, comme on dit, c'est le ton qui fait la chanson, et l'insolence était trop manifeste pour prêter longtemps à rire.

En un instant, nous eûmes débarrassé notre gaillard de
son petit colis ; nous lui comptâmes la moitié du prix
convenu, et l'invitâmes sans embages à nous débarrasser
de sa ridicule personne. Il voulut protester, mais un
regard bien expressif et notre attitude très-résolue lui
prouvèrent, sans trop de peine, qu'il gaspillait en pure
perte son éloquence et ses rodomontades. Il reprit donc
vivement le chemin qu'il venait de parcourir, suivi de
son jeune confident, et nous adressant de loin toutes ses
malédictions.

Nous nous trouvions au milieu d'un pays inconnu,
ignorant au juste où nous pouvions bien être ; nous ne
perdîmes point toutefois notre temps à discuter. Nous
partageâmes le surcroît de bagages qui nous était ainsi
dévolu, et nous nous remîmes en marche avec un nouvel
entrain. Renseignés par un agent de police qui nous prit
pour deux déserteurs, et par quelques filles qui, devi-
nant en nous des colporteurs et s'attendant à un débal-
lage de foulards et de bijouterie fausse, nous adressaient
de joyeux sourires, couverts de poussière, suant,
soufflant et n'en pouvant plus, nous arrivâmes enfin à
Grijpskerk, juste pour apercevoir le panache joyeux du
convoi qui s'éloignait à toute vapeur.

Le mal n'était point si grand toutefois que nous le
redoutions. Un dernier convoi passait encore le soir ;
nous l'attendîmes patiemment en visitant le village, qui
consiste dans une interminable rue bordée de petites
maisons. Quatre ou cinq auberges s'étagent tout le long
de cette rue. Dans l'une, nous rencontrâmes de la mau-

vaise bière et de superbes filles, qui certes n'étaient pas
de Dockum, car leurs chignons menaçaient d'escalader
le ciel ; dans une autre, une affreuse vieille et un excellent dîner, sur lequel nous ne comptions point. Nous
visitâmes ensuite l'église, qui donne son nom au village et qui porte elle-même celui de son fondateur,
un noble homme appelé de son vivant Nicolas Grijp,
qui, en 1476, édifia, à cette même place, une chapelle
de briques.

Refaite à diverses reprises, cette église est encore, de
nos jours, l'unique monument que renferme ce village;
aussi le quittâmes-nous sans regrets pour la capitale, où
il nous tardait d'arriver.

Groningue, en effet, n'est point seulement une grande
et belle ville, bien percée, très-peuplée, riche et commerçante, c'est encore la ville la plus ancienne de tout
le pays. On est assez d'accord en Hollande pour prétendre
qu'elle n'a pas d'histoire, mais jamais assertion ne fut
moins fondée. Elle possède, au contraire, une histoire
des plus accidentées et des plus mouvementées. Peut-
être, pour la bien comprendre, ne faut-il point étudier
seulement les faits, mais encore les raisons qui les pro-
voquent, et savoir, comme on dit, lire entre les lignes;
car tous ces revirements de politique, incompréhensibles
au premier abord, et qui sont le fond de cette histoire,
s'expliquent bien vite, pour peu qu'on se rende compte
des sentiments d'indépendance qui forment la base du
caractère groningois.

Dès le moyen âge, en effet, Groningue émancipée,

sinon en apparence, du moins en réalité, fait bon marché des droits de suzeraineté pour arriver à conserver l'essentiel, c'est-à-dire la libre disposition d'elle-même. A tout instant, elle change de maîtres pour pouvoir rester indépendante. Avec un esprit pratique qu'on retrouverait difficilement autre part, elle s'attaque à la proie et abandonne l'ombre à ses seigneurs.

Ses vieux historiens la prétendent fondée cent cinquante ans avant Jésus-Christ, les uns par un certain Grunus qui lui donna son nom, suivant d'autres par une peuplade germaine, les *Gruines,* dont parle Tacite. Mais quelques voisins, jaloux d'une aussi noble origine, affirment que Groningue vient tout simplement de l'adjectif hollandais *groen* (vert) et du substantif *nigen* qui, dans le patois de la Drenthe et de l'Overyssel, signifie champ ou prairie, et qu'elle doit prosaïquement son nom aux verts pâturages qui l'entourent.

Du reste, il importe peu. Quelle que soit l'étymologie du nom, un fait certain, c'est qu'en l'an 48 de notre ère, Corbulon trouva la ville en place et sa position bonne, car il occupa la cité naissante, la gratifia d'institutions communales assez rudimentaires, mais qui répondaient au besoin du temps, et d'une forteresse. Un siècle plus tard, elle avait assez d'importance pour que le géographe Ptolémée en fît mention. En 398, les Normands, qui sont débarqués dans le pays, la trouvent à leur convenance et s'en viennent lui rendre visite. Un vieux chroniqueur, qui la désigne sous le nom de Grins, nous la montre en 517 défendue par une palissade. Cornelius Kempius

nous apprend qu'en 1110 l'empereur Henri IV supprima cette palissade, lui substitua un rempart de briques, qu'il garnit de tours et de portes. En 1570, les
Espagnols reculent son enceinte et l'entourent d'une
double fortification, intérieurement en briques avec un
revêtement extérieur en terre. Enfin, au dix-septième
siècle, le grand Coehoorn, le Vauban de la Hollande,
en fait une place forte de premier rang.

Prenez un plan de Groningue, et vous pourrez suivre,
sans effort, ces trois dernières transformations, dont les
développements successifs sont écrits de la façon la plus
lisible. C'est d'abord cette grande rue circulaire qui enveloppe la ville et porte le nom significatif de *Achter den
muur* (derrière le mur). Ensuite vient ce canal également circulaire qui forme une seconde enceinte, et
prend tour à tour les noms : *Loopende diep*, *Katten
diep*, *Zuider diep*, *Noorder* et *Zuider Haven*. Enfin, ce
sont les fortifications actuelles qui entourent la ville
d'une troisième ceinture.

Si l'histoire militaire est claire et précise, l'histoire
commerciale est tout aussi facile à suivre. C'est en 1166
que Groningue reçoit ses plus importants priviléges. En
1196, elle équipe, avec Lubek et Brême, une flottille qui
prend part aux croisades. En 1220, ses marins sont en
commerce constant avec les populations de la Baltique,
et elle conclut un traité avec les habitants de l'île de
Gottland. En 1257, elle contracte une alliance commerciale avec le roi d'Angleterre. En 1284, elle figure parmi
les villes hanséatiques. En 1285, elle signe un traité de

commerce avec le roi de Suède ; et en 1298, avec les comtes de Hollande. Voilà pour le treizième siècle. Le quatorzième, qui n'est guère moins bien rempli, nous initie, en outre, à l'histoire de l'industrie et du commerce intérieur. Avec le quinzième siècle, ce sont les marchés qui se régularisent et les halles qui s'élèvent : le marché aux poissons (1446), celui aux denrées alimentaires (1447), puis le marché au bétail et le marché aux chevaux, qui prennent tout de suite une importance considérable qu'ils ont, du reste, conservée depuis ; enfin, en dernier lieu, le marché aux grains, qui est encore de nos jours un des plus importants des Pays-Bas. Dès ce temps la puissance agricole de Groningue est telle, que les provinces voisines lui accordent le passage libre pour ses bestiaux (*tolvrijheid*), et que, dès 1469, nous voyons douze agriculteurs groningois conduire un millier de bêtes à cornes à la foire de Bois-le-Duc [1].

Au milieu d'une telle prospérité des campagnes environnantes, les industries de la ville ne pouvaient rester stationnaires. En 1436 [2], les métiers devenus riches s'organisent en corps et forment ces *Gilden* qui, dans les Pays-Bas, furent toujours si influentes. D'abord au nombre de dix-huit et bientôt au nombre de trente, elles constituent une véritable puissance, car elles disposent

[1] H. A. Wijnne, *Handel en Ontwikkeling van de stad en provincie Groningen* (1865).

[2] *De eerste hier bekende gildebrief is van het jaar* 1436. Ibid.

6

d'un personnel nombreux et de ressources considérables[1].

La situation de Groningue est, en effet, tout exceptionnelle. Non-seulement elle approvisionne son voisinage et toute la province, où elle ne trouve aucune sérieuse rivale, mais assise sur deux rivières, la Hunne et
l'Aa, elle est par le *Damsterdiep* en communication avec
l'Eems, et par le *Reitdiep* avec la mer du Nord; en outre
elle rejoint par ses canaux Leeuwarden et le Zuiderzée,
et par le *Winschoterdiep* entretient des relations avec les
campagnes allemandes.

Cette prospérité intérieure produit naturellement la
joie et la bonne humeur. Groningue est citée par les
vieux auteurs comme une sorte d'« Eldorado ». Les longs
repas, les « franches lippées », comme dit Rabelais, sont
particulièrement estimés des habitants. Dès le quatorzième siècle, leur réputation est faite en ces matières; et
nous voyons un jeune prince danois spéculer sur cet
amour de la bonne chère, pour venger la mort de son
père et la gloire de son roi.

Il vient s'établir à l'embouchure de l'Eems avec un
beau navire tout bourré de victuailles et de boissons
fortes, bien sûr de n'être pas longtemps sans recevoir de
visites. « Comme de faict il advint », officiers et magistrats
se rendent à l'envi auprès du gracieux navigateur; celui-ci
les reçoit galamment et leur offre à dîner; les autres
« beurent sy bien que la pluspart s'enyvrèrent tellement
qu'ils se mirent à dormir ». Là-dessus le jeune prince

---

[1] Voir H. O. Feith, *de Gildis Groningaris.*

lève l'ancre et conduit en Danemark ces magistrats récalcitrants qui ont jadis mis à mort leur gouverneur et
secoué le joug des rois de Danemark [1].

La leçon porta sans doute ses fruits, car, à partir de
ce jour, les édiles groningois nous apparaissent singulièrement plus prudents et plus sobres. Non contents de
mettre un frein à leurs penchants, ils régentent même
les tendances bachiques de leurs administrés. Au dix-
septième et au dix-huitième siècle, ils vont encore plus
loin, et on les voit publier des ordonnances somptuaires,
contre le luxe des mariages et de certains festins. Un
simple bourgeois ne peut, s'il donne un bal, avoir dans
son orchestre plus de deux fifres (*pijpers*) ni plus de trois
instruments à cordes (*seijlen*), et il lui est interdit d'offrir
à chaque musicien plus de deux bouteilles de vin.

Du reste, dès le quinzième siècle, tout le monde s'accorde à vanter la façon dont la ville est bien tenue et la
police bien faite. Guicciardini, C. Kempius, Blaeu et
tous les autres sont unanimes sur ce point. Les portes
sont fermées à la tombée du jour, et personne n'est plus
admis en ville, pas même le bourgmestre, « *ne ipse qui-
dem consul!* » à moins qu'il n'ait été forcé de sortir pour
les affaires de la cité. La nuit, personne ne peut vaquer
dans les rues sans une lanterne. Sur chaque tour se trouvent des veilleurs qui guettent les incendies ou les tu-
multes, et les remparts sont garnis de sentinelles, qui
doivent, à chaque quart d'heure, sonner de la trompe.

---

[1] Voir la *Grande Chronique de Hollande et Zeelande.*

Aujourd'hui, une partie de ces précautions sont encore prises, et les veilleurs de nuit continuent à sonner de la trompe du haut du clocher de Saint-Martin ; la police est, elle aussi, excellente. Sous ce rapport, les magistrats actuels sont dignes de leurs aînés ; tandis que, pour l'ingéniosité à se donner du plaisir, les habitants n'ont point dégénéré et peuvent lutter avec leurs ancêtres. Je n'en veux pour preuve que l'*Harmonie*.

Ce nom est celui d'un cercle, mais d'un cercle modèle et qui jouit dans tous les Pays-Bas de la renommée la plus méritée.

Il se compose de somptueux bâtiments renfermant des salons de lecture, une salle de concert, des salles de jeu et de consommation. Ces bâtiments, bordés d'énormes vérandas, entourent un beau jardin bien planté et soigneusement entretenu, et forment les deux côtés d'un triangle rectangle, dont l'hypoténuse est occupée par un orchestre. C'est dans cette oasis que, presque chaque soir, se réunit la société de Groningue. Les familles y viennent par centaines ; car, mieux inspirés que leurs compatriotes des autres provinces, les Groningois ne bannissent point leurs femmes et leurs filles de leurs lieux de réunion. En hiver, on s'installe dans les grandes salles bien chauffées. En été, on prend place dans le jardin, et l'on fume, on boit et l'on cause, tout en écoutant une harmonieuse musique chargée de justifier le nom de l'établissement.

Les habitants de Groningue ont, du reste, un goût très-prononcé pour ce bel art, nous eûmes une autre occasion de le constater. Un matin, frappé par la beauté des chants qui s'échappaient de l'église catholique, j'y pénétrai et j'assistai à une messe chantée. Rarement, je dois le dire, j'ai entendu une maîtrise et une assemblée de fidèles faire preuve de plus de justesse et de goût. L'*Hosanna* fut surtout enlevé avec une *maestria* véritable. Et pourtant, ce latin prononcé à la façon hollandaise fait toujours à nos oreilles françaises un effet singulier.

Cette église occupée par le culte catholique fut jadis belle; mais elle a été tellement remaniée et restaurée qu'elle ne possède plus le moindre intérêt archéologique. Groningue, du reste, renferme deux autres églises infiniment plus vastes et beaucoup mieux conservées qui, toutes deux, appartiennent aux calvinistes. Ce sont l'*Aakerk* et la célèbre église Saint-Martin.

L'*Aakerk* s'appelle de son vrai nom *Onze Lieve Vrouwekerk ter Aa*, c'est-à-dire église de Notre-Dame sur l'Aa. Elle fut élevée sur l'emplacement d'une chapelle dédiée à saint Nicolas d'abord et ensuite à tous les saints. En 1246, l'évêque d'Utrecht lui décerna le titre d'église paroissiale; mais frappée par la foudre en 1465, incendiée en 1671, rebâtie en partie en 1710, elle a beaucoup perdu de son caractère primitif. Sa nef cependant est demeurée magnifique d'élévation; ses bas côtés sont très-vastes; elle renferme, en outre, de belles orgues et une chaire remarquable en bois sculpté. C'est à cela que se bornent mes souvenirs.

L'église Saint-Martin, elle, fut construite au douzième siècle; mais, pour savoir ce qu'elle était à cette époque, nous n'avons d'autre ressource que de consulter l'ancien

6.

sceau de la ville, qui représente ce qu'en langage d'architecte on nomme l'« élévation » de cette noble basilique.
Au quinzième siècle, en effet, elle fut presque entièrement refaite. Les bas côtés et le chœur primitifs furent
démolis, tandis qu'on élargissait les nefs collatérales
pour avoir trois nefs d'égale hauteur. Le chœur actuel
possède une nef très-élevée, portée par des colonnes
sans chapiteaux et à bases dodécagones. Sa clôture et le
pourtour sont formés de la moitié de ce même polygone,
avec des entre-colonnements très-étroits. Quoique voûtée
en briques, la haute nef n'a point d'arcs-boutants. C'est
là une hardiesse périlleuse et qui aurait pu avoir des
suites désastreuses, si l'on n'avait eu soin, à deux reprises
déjà, de la consolider avec des traverses en fer. Comme
toutes les églises de la province, Saint-Martin est construite en briques, et son architecture est d'une grande
simplicité. Sa tour, qui est en pierre, est un peu plus
ornée. Elle fut élevée entré 1469 et 1482, et se compose de cinq étages, les deux premiers carrés et les trois
autres octogones, reposant tous sur une base carrée
percée d'une voûte élevée servant de passage. Les trois
premiers étages sont troués de hautes ogives et couronnés
par des galeries trilobées. Quant aux deux derniers
étages, produit du dix-septième siècle, ils ne sont d'aucun style ni d'aucun genre.

Cette tour, dont la dernière plate-forme est à 94 mètres
au-dessus de la place, est célèbre dans tout le pays.
Déjà, au seizième siècle, on en parlait comme d'une merveille, et C. Kempius, qui s'étend avec complaisance sur

ses mérites, nous raconte que, de son sommet, les gens qui se promènent sur la place ne semblent guère plus grands que des enfants d'un an [1]. J'avoue que, soit confiance dans ce fidèle historien, soit tout autre motif, nous ne prîmes point la peine de vérifier le fait.

Les églises ne sont point, comme bien on pense, les seuls monuments anciens que contient la vieille capitale. Au pied même de Saint-Martin, sur cette place qu'on appelle le Grand-Marché, et qui est bien une des plus vastes et des plus régulières qui soient en Néerlande, s'élève une très-curieuse maison qui remonte au quatorzième siècle [2]. Elle date en effet de 1338, et servit pendant longtemps de maison de justice : *Raad en Regthuis*. Sous ses fenêtres, le pilori et l'échafaud étaient en permanence ; car les magistrats de Groningue avaient le droit de haute et basse justice sans appel. Plus tard elle fut transformée en corps de garde.

Si nous en croyons M. Diest Lorgion [3], c'était en 1852 une des deux seules maisons qui restassent de cette époque. Le fait en lui-même n'a du reste rien de bien surprenant. Pendant tout le quatorzième siècle, on ne construisit guère, dans le pays, que des habitations en bois, et, pendant une bonne partie du quinzième siècle,

---

[1] « ... Non aliter quam pueri unius tantummodo anni apparent... »

[2] M. Acker Stratingh a publié une monographie de cette curieuse maison sous le titre *Het aloude raad en regthuis thans de hoofdwacht te Groningen.*

[3] M. E. J. Diest Lorgion, *Geschiedkundige beschrijving der Stad Groningen.*

il en fut de même. Ce dernier siècle toutefois n'est pas
sans avoir laissé à Groningue des traces intéressantes.
Ce sont de grandes maisons avec des contre-forts sail-
lants, des ogives en anse de panier et des fenêtres inscrites dans des arcs surbaissés. Elles sont un peu épar-
pillées dans toute la ville, mais les plus vénérables
échantillons se trouvent dans la *Bruggestraat.*

Le seizième siècle, lui, fut plus fertile et surtout plus
varié. C'est à lui qu'il nous faut rapporter la maison du
Grand-Marché, qui servit de résidence au duc d'Albe, et
ces curieuses façades, briques et pierres alternées, avec
des fenêtres étroites étirées comme des meurtrières,
qu'on aperçoit sur le *groote spilsluizen,* sur l'*Ossenmarkt*
auprès de l'Institut des sourds-muets, et surtout cette
grande, belle et noble construction du palais de justice,
à la fois si coquette et si joyeusement colorée, qui, bien
qu'elle porte la date de 1612, me paraît antérieure à
cette époque d'au moins une bonne trentaine d'années[1].

Mais le spécimen le plus classique de l'architecture de
ce temps est bien certainement cette jolie petite maison,
tout en pierre, située auprès de l'*Harmonie* et habitée
actuellement par un banquier, M. Cardinaal. Sa façade

---

[1] Ce charmant édifice porte deux dates : 1612 et 1779. Cette
dernière s'applique à des restaurations, et notamment à une petite
porte dans le style rococo, qui, malgré son anachronisme, ne fait
point trop mauvais effet. L'autre date me paraît être aussi celle
d'une restauration : la grande porte, par exemple, avec les belles
volutes à tête de femme qui décorent son tympan. Mais le gros
œuvre et les fenêtres étroites doivent être antérieurs au dix-septième siècle.

est à trois étages, avec trois ordres superposés. Au rez-
de-chaussée le chapiteau est toscan, ionique au premier
et corinthien au deuxième. Ce dernier étage ne comporte qu'une fenêtre, alors que les inférieurs sont à trois
ouvertures. Les colonnes cannelées sont, jusqu'au tiers
de la hauteur, enveloppées d'ornements d'un goût exquis.
Des frises, charmantes de délicatesse et d'élégance, séparent les premiers étages, et le second, accosté par deux
contre-forts, dans lesquels sont inscrits des médaillons en
demi-relief, est surmonté par un attique qui termine
dignement cette ravissante façade.

Ce gracieux petit édifice date de 1559. C'est bien
incontestablement le plus correct qui soit dans toute
la province.

Toutefois, ce n'est qu'avec le dix-septième siècle que
l'architecture groningoise prend un caractère d'indiscutable originalité. Si les dispositions générales de la façade
à pignon et redans se rapprochent, en effet, assez des
constructions de la même époque qu'on rencontre dans
la Hollande septentrionale, néanmoins les proportions
mieux raisonnées et une plus juste répartition des masses
portantes, le superbe dessin des pinacles et l'introduction pour ainsi dire systématique de trois ornements
particuliers : la coquille de pierre couronnant les fenêtres, les volutes à tête de femme servant de contre-forts,
et enfin la présence d'une foule de pyramides symétri-
quement disposées, lui donnent un cachet tout spécial
qu'on ne saurait retrouver en nul autre pays.

Ajoutez à cela l'emploi simultané de la brique et de

la pierre colorant chaudement ces joyeuses façades, et vous aurez une idée de ces belles constructions, assez nombreuses encore, et dont quelques-unes sont admirablement conservées. Sur le seul Grand-Marché, il y en a trois ou quatre fort jolies, une surtout, la maison du receveur (*collecthuis*), qui est un véritable bijou.

Le dix-septième siècle passé, ces échantillons de bon goût et de fin sentiment artistique disparaissent. L'originalité se perd. On tombe dans l'imitation de ce qui se fait en Hollande. La Haye donne le ton, et il n'est pas des meilleurs. C'est à peine si quelques grandes et belles maisons, comme l'hôtel qu'habite le comte de Heiden, gouverneur de la province, font exception à cette règle beaucoup trop générale. Puis arrive l'époque encore plus désastreuse qui termine le dernier siècle et commence celui-ci. Moment ingrat s'il en fut, où l'on veut faire grand et où l'on ne fait que vaste, où l'on rêve la majesté et où l'on ne trouve que la pesanteur.

C'est à cette période malheureuse qu'appartient l'hôtel de ville actuel, énorme massif de briques et de pierres grises, avec de grosses colonnes et une application de pilastres corinthiens. Il porte, à son fronton, une date fâcheusement éloquente : MDCCCX [1]. C'est celle de son inauguration. A l'intérieur, il a le même cachet bourgeois, froid et prétentieux. L'ancien *Raad en Wijnhuis*, tel que nous le montrent les vieilles gravures, était singulièrement plus coquet. Mais les pignons et les pinacles,

---

[1] La première pierre fut posée le 29 avril 1793.

Le *Collecthuis* a Groningue.

les fenêtres à meneaux, les tourelles pointues et les girouettes historiées ne devaient guère convenir aux édiles de 1800. A cette époque, tous les regards étaient tournés vers l'antiquité. C'est à la Grèce qu'on demandait des modèles. On sait ce qu'ont produit ces inopportunes réminiscences.

Heureusement, si les murs sont nus, les couloirs tristes et les salles moroses, nous avons les archives qui contiennent de précieux trésors. Grâce à l'archiviste, M. H. O. Feith, qui est à la fois le plus aimable et le plus instruit des paléographes groningois, la visite en est en même temps instructive et facile. Tout est en ordre, tout est en place, méticuleusement classé et sans lacunes importantes. Les chartes étiquetées et annotées sont serrées dans de vastes armoires peuplées d'une multitude de petits tiroirs. Chaque tiroir répond à une période de dix années, et cela va de 1250 à la fin du siècle dernier. Après les chartes, voici les registres de la ville et ceux des *Gilden,* précieux par les renseignements qu'ils contiennent et précieux aussi par les merveilleuses reliures dont on les a habillés. Les registres des brasseurs, des orfévres et des aubergistes, avec leur couverture en argent, sont surtout d'une grande richesse. J'en dirai autant du *Stadboek,* qui va de 1424 à la fin du seizième siècle. Sa reliure avec les coins et les plats en argent repoussé est, comme composition, digne de Goltsius.

Dans ce trésor municipal, on conserve encore les masses en argent des présidents des corporations et les sceptres des bourgmestres, curieux et intéressants spéci-

mens de l'ancienne orfévrerie. Puis vient le chapeau
emblématique en velours vert, avec les armes de la ville
et cette belle devise : « *Summum libertatis est testimonium
moribus et legibus suis uti.* » Il date de 1685, mais fut
copié sur le précédent chapeau qui servait, lui aussi,
à mettre les fèves. Celles-ci sont au nombre de vingt-
quatre, cinq noires et dix-neuf blanches, toutes en argent
émaillé, et jadis elles ont joué leur rôle dans la vie politique de la puissante cité.

Le *magistrat* de Groningue se composait, en effet, de
huit bourgmestres et de seize conseillers nommés à vie,
mais dont quatre bourgmestres et douze conseillers seulement étaient en exercice. Or, chaque année, celui des
bourgmestres qui présidait mettait les fèves dans le chapeau, le présentait aux conseillers et à ses collègues, et
ceux qui tiraient les fèves noires désignaient les membres devant, l'année suivante, entrer en activité[1].

L'autorité de ce magistrat était considérable. Ainsi
que nous l'avons vu tout à l'heure, il avait droit de haute
et basse justice ; la police était entre ses mains, et aussi
la répartition des impôts et l'emploi des deniers publics.
C'était lui, en outre, qui représentait la ville dans le
conseil de la province où elle avait une voix. Or, tous
les territoires qui entouraient Groningue et qu'on nommait les Ommelandes n'avaient, eux non plus, qu'une
seule voix. La ville était donc, à elle seule, aussi puissante
que tout le reste de la province. Comme leurs intérêts

[1] Leclerc, *Histoire des Provinces-Unies,* préface.

étaient rarement d'accord, on comprend quelles difficultés devait faire naître une pareille égalité de suffrages.

Groningue, plus ambitieuse, ou moins endurante que les Ommelandes, ayant grâce à sa centralisation une liberté d'allures plus grande, entreprenait constamment sur les priviléges de ses voisins et empiétait sur leurs droits. De là des querelles qui se terminaient le plus souvent par des prises d'armes. Dix fois on en vint aux mains. En 1577, « le premier de novembre, les prélats et nobles des Ommelandes au pays Groeningois, estans appelez aux Estats assignez en la ville de Groeninghen pour vuider de certains vieux differens, que la dite ville avoit contre lesdites Ommelandes, furent par la bourgeoisie saisiz et mis en prison fort estroitte ».

En vain Guillaume le Taciturne se désole-t-il de voir dans un moment aussi grave de pareils dissentiments se produire. Il envoie Marnix de Sainte-Aldegonde et le pensionnaire de Sille ; mais bien loin de rien obtenir, leur intervention est prise en mauvaise part.

Deux ans plus tard (1579) Groningue, qui n'avait pas encore pardonné aux États de s'être mêlés de ses affaires, refuse d'adhérer à l'Union d'Utrecht, et il faut pour obtenir son consentement que le comte de Rheneberg vienne l'assiéger. Vaincue, elle se soumet, mais son esprit d'indiscipline pénètre ses vainqueurs. Rheneberg, devenu gouverneur, est le premier à lever l'étendard de la révolte. Le 3 mars, à quatre heures du matin, « au premier son de tambourin », il rassemble sur le Grand-Marché sa gendarmerie et les bourgeois de son parti, et là à cheval

7

et l'épée nue au poing : « Enfans, leur crie-t-il, aydez
moy maintenant à faire ce que le service de Sa Majesté
et la deffense et conservation de nos personnes requiert,
tant que nous en venions à chef et soyons les maistres. »
Là-dessus, on enfonce les portes, on fait prisonniers les
partisans de l'Union. « Ce temps pendant la cavallerie
du dit comte couroit de rüe en rüe à bride avallée de
sorte que personne ne pouvoit mettre la teste aux fenes-
tres et huis, qu'il ne fut harquebusé. »

Les États, pour punir la ville de sa nouvelle révolte, envoient contre elle le comte Guillaume de Nassau,
mais sans succès; et ce n'est que quatorze ans plus
tard qu'on pourra la faire rentrer dans l'Union. Cette
fois, il faudra que le prince Maurice vienne l'investir
en personne, qu'il la batte de dix-huit mille coups
de canon, et pénètre par la brèche. C'est alors, mais
alors seulement, que les Groningois entreront en composition. Et encore leur esprit remuant et turbulent ne
permettra-t-il point aux États de se reposer dans une
douce quiétude. Dès l'année 1599, leurs allures indépendantes reprennent le dessus; à ce point qu'il faut
renforcer la garnison, désarmer les bourgeois, et menacer
les habitants « de rebastir le chasteau pour les tenir en
crainte [1] ».

Et les Ommelandes? direz-vous. Pendant tout ce temps
la querelle continue avec eux. Ce n'est qu'en 1640 que les

---

[1] Guicciardini, *Description des Pays-Bas;* Le Petit, *Grande
Chronique de Hollande et Zeelande;* de Meteren, *Histoire des
Pays-Bas.*

difficultés portées devant les États Généraux furent tranchées juridiquement. Il faut croire, du reste, que les affaires étaient assez embrouillées, car le jugement, à lui seul, forme un énorme volume in-folio, et les pièces du procès ne comptent pas moins de vingt-sept tomes, de mille à douze cents pages chacun.

Ceux qui veulent les consulter à loisir les trouveront aux archives de Groningue.

Ce n'est point, du reste, le seul procès formidable que la bonne ville eut à soutenir. Deux siècles plus tôt elle avait dû lutter contre le terrible tribunal de la *Vehme*. L'origine de ce redoutable aréopage, qui étendait sa juridiction sur toute la Westphalie et sur les provinces voisines, se perd dans la nuit des temps. Le docte Henri Bruman, celui que Dom Pitra appelle, non sans raison, le Tacite de l'Overyssel, le prétend institué par Charlemagne. Les Saxons, tant de fois vaincus par le glorieux empereur, révoltés et parjures, assassins et pillards, avaient mérité par leur foi punique d'être exterminés sans pitié. Pour les châtier de leurs méfaits et les dompter par la terreur, le grand monarque avait suspendu au-dessus de leurs têtes, comme une épée de Damoclès, un aréopage secret d'archontes intègres et connus de lui seul. Ils se partageaient le pays, passaient inaperçus, inspectaient tout et se réunissaient la nuit pour conférer [1].

Tous étaient juges, témoins, accusateurs et bourreaux.

[1] Au cinquième acte de son drame de *Goetz de Berlichingen*, Gœthe a placé une scène émouvante, où l'on voit apparaître ce tribunal de francs juges.

Aucun ne pouvait se récuser, ni le parent, ni l'allié de l'accusé. C'étaient ceux-là qu'on choisissait de préférence. Une hache suspendue à la porte du coupable était le signe de sa condamnation. Nul n'était excepté de cette juridiction occulte ; les puissants seigneurs de Berg, le chancelier de l'empire Ulric de Passau, l'empereur Frédéric III lui-même furent cités devant elle [1]. Des villes et des provinces tombaient sous son anathème. La *Vehme* n'était jamais plus terrible qu'avec ceux qui lui résistaient par la puissance ou le nombre. Zutphen [2], Ootmarsum et Groningue furent appelées à sa barre. Et c'est une affaire purement civile qui valut à cette dernière la citation qu'on lui adressa.

Elle détenait indûment, paraît-il, une somme de 5,000 florins rhénans appartenant à un nommé Dirck ; et c'est pour cette somme qu'elle fut mise hors la loi et vouée à l'exécration. Ceci se passait en 1456. Cent ans plus tôt, la sentence *vehmique* eût sorti son plein effet. Mais au quinzième siècle, la *Vehme* était trop vieille et Groningue trop puissante. Celle-ci se rébellionna donc, provoqua une ligue, dans laquelle entrèrent Deventer, Kampen et Zutphen. L'empereur fut appelé à connaître de la cause ; les archevêques de Cologne intervinrent, les théologiens prirent part au débat. Enfin un savant prélat qui avait parcouru ces contrées, constaté les funestes effets de cet aréopage anonyme, et devait nous laisser

---

[1] J. Voigt, *Commentatio de ord. Equit. Teut. certamine cum judiciis secretis gesto.*

[2] A. I. W. Sloet, *Zutphen voor het veemgericht.*

les plus anciens renseignements qui nous soient parvenus
sur la *Vehme* [1], Æneas Sylvius, monta sur le trône pon-
tifical, et, sous le nom de Pie II, fulmina (1483) [2] une
bulle qui porta au sombre tribunal un coup dont il ne
se releva jamais.

On conserve encore, aux archives de Groningue, la
copie du jugement de la *Vehme* qui frappa la vaillante
cité. C'est peut-être l'unique témoignage qu'on y pourrait trouver de ses rapports avec l'Allemagne !

On y conserve aussi de grands verres, vidrecomes immenses à faire frémir les buveurs de nos jours, et dont
l'aspect néanmoins est singulièrement plus gai que celui
des vieilles paperasses judiciaires. Ajoutez à cela deux ou
trois coffres anciens, couverts de sculptures et de peintures, et un tableau représentant la vue du Grand-Marché
le 14 février 1793, jour où l'on planta l'arbre de la
liberté, et vous aurez la liste à peu près complète des
richesses que renferme le *stadhuis*.

Celles qu'on peut voir au palais du gouvernement
sont d'un autre ordre. Elles composent un petit musée
préhistorique, encore un peu dans son enfance, mais qui
contient déjà bon nombre de débris antiques recueillis
dans la province. Ce sont surtout des pierres polies et
taillées, des poteries de l'époque romaine, des fibules et
des patins en os, quelques objets en fer et en bronze du

---

[1] Voir *Europa CXXIX inter opera Æneæ Sylvii.*
[2] Cette bulle fut adressée au chapitre de Saint-Martin de Groningue et à ceux de Saint-Libuin de Deventer et de Saint-Nicolas
de Kampen.

même temps. Au rez-de-chaussée de ce grand palais, bâti en 1602 et rebâti de nos jours, se trouve une belle salle qui a conservé le cachet du dix-septième siècle. C'est la chambre des États. Au fond, se dresse une cheminée monumentale, avec une assez bonne peinture allégorique, signée Collenius et datée de 1712.

Le palais du gouvernement donne sur une place à peu près triangulaire, feuillue et touffue, où jouent les petits enfants. C'est tout auprès de là, nous dit-on, que naquit un des personnages les plus surprenants, un des aventuriers les plus audacieux qu'ait comptés le dix-huitième siècle, si fertile cependant en aventuriers de toutes sortes. Je veux parler de Jean-Guillaume de Riperda.

Né en 1690, d'une noble et riche famille, Riperda commandait à vingt-deux ans un régiment d'infanterie, quand ses bonnes manières et sa qualité le firent choisir pour remplir à Madrid une mission diplomatique.

L'Espagne lui plut sans doute, car il y resta, abdiqua la religion réformée et parvint à se faufiler dans l'entourage de Philippe V. Bientôt il captivait l'esprit du roi, s'insinuait dans sa faveur, et en 1725 parvenait par des intrigues à conclure, au nom de son nouveau maître, avec l'empereur Charles IV, ce fameux traité d'alliance dont Voltaire disait : « Tout est étrange dans cet accord. C'étaient deux maisons ennemies qui s'unissaient sans se fier l'une à l'autre. C'étaient les Anglais qui, ayant tout fait pour détrôner Philippe V, étaient les médiateurs du traité. C'était un Hollandais, devenu duc et tout-puissant en Espagne, qui le signait. »

A partir de ce moment, la fortune de Riperda fut à son comble. On le voit tour à tour ambassadeur à Vienne et directeur du cabinet du roi, avec trois portefeuilles, ceux des affaires étrangères, des finances et de la guerre. Il suffit à tout ; mais la vieille noblesse espagnole, jalouse d'une si rapide fortune, conspire contre lui, et un beau jour le brillant ministre disgracié se réveille dans la tour de Ségovie. Il y reste deux ans, séduit la fille de son geôlier, s'échappe, revient dans sa patrie et rentre dans le giron du calvinisme. Mais il se déplaît à Groningue. Ce théâtre n'est, paraît-il, pas assez vaste pour un personnage de sa sorte. Il part pour le Maroc, se fait musulman, gagne la confiance de Muley-Abdallah, devient général sous le nom d'Osman Pacha, et obtient de son nouveau maître qu'il déclare la guerre au roi d'Espagne ; toutefois, moins heureux sur les champs de bataille que dans la diplomatie, il est battu devant Ceuta et se voit exiler à Tetouan. Là, il change encore de rôle ; il invente une religion nouvelle, en devient l'initiateur, l'apôtre et le pontife, groupe autour de lui une armée de néophytes, et se laisse surprendre par la mort, au moment où il allait peut-être doter le monde d'un fanatisme d'une nouvelle espèce [1].

Il est difficile, il faut l'avouer, de rencontrer une existence plus étrangement accidentée ; et quand on voit

---

[1] Quelques écrivains, et particulièrement Chénier, révoquent en doute sa dernière conversion. « Des personnes du pays qui l'ont particulièrement connu, dit-il, m'ont assuré qu'il a terminé à Tetouan sa vie et son roman à la fin de 1737 sans avoir changé d'habit ni de religion. »

cette petite place bien prosaïque, bordée par d'honnêtes maisons et par une grande église, on se demande si c'est bien là qu'a pu naître un pareil homme.

Sa biographie fut publiée dans tous les pays et traduite dans toutes les langues ; il en existe en français, en anglais, en espagnol, en hollandais. Cette dernière [1] est surtout curieuse ; elle renferme des détails instructifs sur le changement de religion de notre héros, et montre que tout n'est pas rose dans ces conversions tardives à l'islamisme.

Fait assez surprenant, ce curieux aventurier est à peu près le seul enfant de Groningue dont le nom ait acquis une célébrité européenne. Ce n'est point toutefois que la vieille cité n'ait donné le jour à des grands et nobles cœurs de toutes sortes. Mais, par une espèce de fatalité, la plupart sont tombés dans l'oubli, et leur nom n'a guère franchi les limites de leur patrie. Qui se souvient aujourd'hui de Nessel Gansfort [2] ? Pourtant il fut le précurseur de Luther, et ses contemporains l'avaient surnommé : « la lumière du monde ». Qui connaît Rudolphus Agricola ? On le considérait cependant de son temps comme une sorte de phénix. C'était le Pic de la Mirandole du nord de l'Europe [3]. Ubbo Emmius lui-même nous serait

[1] Amsterdam , *bij Gerrit de Groot et Jacobus Rykhof,* junior 1741.

[2] Né en 1419, mort en 1489.

[3] Voici l'épitaphe de ce Rudolph Agricola ; il est difficile de souhaiter rien de plus emphatique :

> Invida clauserunt hoc marmore fata Rudolphum
>   Agricolam, Frisii spem decusque soli.
> Scilicet hoc vivo meruit Germania laudis,
>   Quicquid habet Latium, Græcia quicquid habet.

inconnu s'il ne s'était fait l'historien de sa patrie [1], et s'il n'avait été le premier recteur de l'Université de Groningue.

Cette Université fut fondée en 1614, c'est-à-dire trente-neuf ans après celle de Leide, et vingt-deux avant celle d'Utrecht. Longtemps du reste avant son institution, la capitale des Ommelandes était célèbre dans le monde des lettres, et, dès le seizième siècle, son école Saint-Martin attirait des « étudiants voyageurs » de tous les pays de l'Europe [2]. Aussi, à son aurore, la naissante Académie vit-elle affluer sur ses bancs un nombre considérable d'élèves. Dans certaines années, on en compta plus de six mille, dont deux mille cinq cents étrangers. On accourait d'Allemagne, de Hongrie, de Suisse et de France; et ce n'était que justice. Groningue faisait les plus grands sacrifices pour accaparer les savants illustres et les maîtres les plus éloquents.

C'était Antoine Deusing, le savant orientaliste; Marésius (des Maretz, seigneur du Feret), le brillant théologien, antagoniste de Coccejus; c'était Gomar, l'adversaire redoutable des tolérances d'Arminius, dont l'éloquence faisait retentir les grandes salles de l'Académie. Malheureusement, un si beau succès ne fut pas de longue durée. Bientôt les querelles théologiques prirent la place des études sérieuses. La dispute, née dans le

---

[1] Hegenitius, dans son *Itinéraire*, le proclame le plus érudit historien de la Frise. « ... Qui historiam patriæ suæ Frisiæ eximium ac æternum opus egregio publico vulgavit. »

[2] Surtout sous la direction du célèbre recteur Regnerus Trœdinius, mort en 1559.

sanctuaire de l'enseignement, se continua dans la rue et dégénéra en bataille. Les partis religieux se disputèrent les chaires avec un tel acharnement que, pour ne pas éterniser le conflit, l'autorité refusa de pourvoir à .l'occupation de celles qui devenaient vacantes. L'Académie dépérit à vue d'œil, et, en 1714, quand l'époque de son centenaire fut arrivée, il ne se trouva personne pour proposer de fêter cette date.

Il ne fallut rien moins qu'une très-haute intervention pour la relever de ses ruines. Grâce aux princes de la maison d'Orange, elle put encore compter quelques beaux jours, mais sans reprendre toutefois son précédent éclat. Son haut enseignement posséda un certain nombre de maîtres illustres. Jean Bernoulli, qui fut après Newton et Leibnitz le plus grand mathématicien de son temps; notre compatriote Babeyrac, chassé de France par la révocation de l'édit de Nantes, et qui fut le plus lucide commentateur des œuvres de Grotius et de Pufendorf; Petrus Camper, l'émule de Boerhaave; l'orientaliste Schroeder et le théologien Muntinghe y attirèrent encore un grand nombre d'étrangers. Mais les grands événements qui marquèrent la fin du dix-huitième siècle furent aussi funestes à la pauvre Université que l'avaient été les querelles théologiques du siècle précédent; et en 1812, il était de nouveau question de la supprimer.

Elle fut néanmoins encore une fois préservée de la destruction. Réorganisée en 1815, d'Académie provinciale qu'elle était, elle se vit transformée en Université d'État. Son nouveau titre, toutefois, ne parvint point à lui

rendre sa prospérité des beaux jours. Les conditions, du
reste, n'étaient plus les mêmes. Le niveau des études
s'était relevé dans les pays voisins, et ceux-ci n'étaient
plus obligés d'envoyer leurs enfants à Groningue chercher une instruction qu'ils ne pouvaient pas rencontrer
dans leur patrie. La facilité des communications permit
en outre aux élèves d'aller à Leide et à Utrecht suivre
des cours qu'ils croyaient meilleurs; tant il est vrai que
nul n'est prophète en son pays.

Aujourd'hui, la pauvre Université semble arrivée à son
dernier période. Il est des professeurs qui font leur leçon
pour un seul élève, et ceux qui ont cinq ou six auditeurs
s'estiment heureux. Le nombre des nouveaux élèves
(novices) va toujours en déclinant. Pour les dix dernières années il est en moyenne de vingt-sept. Cette
année (1875-76), il n'est que de quatorze. L'Almanach des étudiants, en battant le rappel de tous côtés, n'a
pu trouver l'an dernier plus de cent quatre-vingt-huit
noms, et encore en est-il dans le nombre qui sont sujets
à caution [1].

Les professeurs surtout souffrent de cet état de lan-
gueur, et beaucoup doivent chercher, en dehors de l'Académie, des occupations qui leur permettent de tenir leur
rang et d'élever leur famille. Les plus illustres, du reste,
ont abandonné Groningue. M. de Vries est aujourd'hui
à Leide; M. Jonckbloet s'est laissé absorber par la vie
politique, et bien d'autres sont partis ou prêts à s'en aller.

[1] Voir, dans la *Réforme économique* de février 1876, un article
fort détaillé que j'ai publié sur ce sujet.

Il serait toutefois bien malheureux que cette désertion s'accentuât davantage. Le passé de l'Académie de Groningue est trop glorieux pour qu'on puisse sans un profond chagrin assister à sa lugubre agonie. Jusque dans ces derniers temps en effet, son enseignement a fixé les yeux de l'Europe savante. Indépendamment de ces noms célèbres que nous venons de citer, Groningue possédait, il y a vingt ans, une école de théologie qui s'était acquis par ses controverses un renom mérité. Sous l'éloquente inspiration de MM. Pareau, Hofstede de Groot et Muurling, cette école proclamait que la Bible contient la parole de Dieu, mais n'est pas cette parole, et que son libéralisme étroit ne répond plus aux aspirations de notre temps. Elle refusait en outre d'identifier le Christ avec Dieu, préférant lui attribuer une préexistence céleste et une origine miraculeuse. On juge quelles tempêtes devait soulever un pareil enseignement !

Aujourd'hui, M. Hofstede de Groot s'est fait l'apôtre d'autres doctrines, et les corps savants ne s'occupent plus guère de l'Académie groningoise. La vieille cité, toutefois, est loin d'avoir abandonné tout espoir de redonner à son Université l'existence florissante qu'elle avait au dix-septième siècle. Il n'est point de soins qu'elle ne prenne pour cela. Il y a quelques années à peine, elle en a fait reconstruire les bâtiments, et ceux-ci ont vraiment une majestueuse tournure. Les salles en sont vastes, les dégagements spacieux. Ce beau local renferme en outre un cabinet d'histoire naturelle qui jouit d'une juste renommée, et une précieuse bibliothèque, possédant, entre autres trésors, deux cents incunables, dont un exemplaire de la *Gemmula vocabularum cum addito diligenter revisa et emen data,* qui passe pour être unique[1]. Parmi ces raretés d'impression, il faut citer aussi un superbe exemplaire du livre d'heures de notre compatriote Simon Vostre, imprimé sur vélin, et une Bible in-folio, toute surchargée de notes, qui, dit-on, appartint à Luther. Les manuscrits, eux, sont plus rares ; cependant gardons-nous d'oublier une intéressante chronique datée de 1237, et un Properce, qui, pour n'être point fort ancien, n'en jouit pas moins d'une célébrité méritée.

L'Académie n'est pas le seul établissement pédagogique de Groningue qui mérite l'attention du monde savant. Il en est un autre fort digne aussi qu'on le visite : je veux parler de l'Institut des sourds-muets.

C'est, comme importance, le troisième établissement de ce genre qui existe en Europe. Il vient en effet immédiatement après celui de Saint-Pétersbourg, qui n'a au-dessus de lui que l'Institut de Paris, le plus considérable de tous. Il comptait, au moment de notre visite, cent soixante-treize pensionnaires, dont quatre-vingt-dix garçons et quatre-vingt-trois filles, réunis à l'heure des classes, mais séparés pour le reste. On leur apprend

---

[1] Plus tard, en étudiant à la Haye avec M. Campbell, l'éminent directeur de la Bibliothèque royale, l'état civil de cette *Gemmula,* il a été établi qu'elle n'était autre que celle décrite à la page 216 des *Annales de la typographie néerlandaise,* et dont un exemplaire avait figuré à la vente Inglis en 1871. Ce livre ne serait donc pas unique, puisqu'on en connaît maintenant deux exemplaires : celui de la vente Inglis et celui de Groningue.

d'abord à babiller silencieusement avec les doigts, ce
dont ils s'acquittent (les demoiselles surtout) avec une
habileté et une prestesse excessives. Ensuite, on leur enseigne à lire sur les lèvres les sons que celles-ci émettent
et à les reproduire avec le gosier[1].

Rien n'est plus curieux que de voir ces pauvres enfants soutenir une conversation avec des étrangers. Les
sons gutturaux qui s'échappent de leurs petites lèvres,
ne pouvant être contrôlés par l'ouïe, sont criards et
désagréables, mais c'est là bien peu de chose, quand on
songe que ces pauvres êtres se trouvent de la sorte res-
titués à leur entourage, et qu'ils peuvent, grâce à cette
méthode, vivre au milieu de leur famille, en communion
constante d'idées avec ceux qui leur sont chers.

C'est à un pasteur de l'Église française réformée,
Henri-Daniel Guyot, que la ville de Groningue est redevable de son Institut de sourds-muets, et, en témoignage
de sa reconnaissance, la municipalité a élevé à ce saint
et digne ministre un modeste monument. Ce monu-

---

[1] On sait que cette méthode d'éducation des sourds-muets est
fort ancienne. C'est Pierre Pont, bénédictin du seizième siècle,
qui paraît en avoir eu le premier l'idée. Celle-ci ne fut du reste
jamais abandonnée. En 1700, il existait à Amiens une marchande
sourde-muette qui parlait ainsi dans la perfection. (Voir *Observ.
de physique*, t. II, p. 209.) Plus tard, un Suisse, M. Conrard
Amman, reprit l'idée et la généralisa, et au milieu du siècle dernier, un Français, M. Pereire, forma de la sorte un grand nombre
d'élèves. En 1749, cet éminent professeur présentait à l'Académie
des sciences de Paris un de ses disciples, M. d'Azy d'Étamigny,
qui, après dix mois d'instruction, prononçait distinctement treize
cents mots. (Lecat, *Traité des sensations et des passions*.)

ment, qui consiste en une grande borne carrée, surmontée d'une cassolette enflammée, se dresse à l'ombre
de grands arbres, sur la petite place où se trouve l'Institut.

La vieille capitale des Ommelandes possède encore
bon nombre d'autres établissements de bienfaisance.
Malgré ses velléités d'autonomie et d'indépendance, Groningue a en effet le cœur trop néerlandais pour n'avoir
point, de tout temps, pris grand soin de ses enfants malades ou déshérités par la nature. Dès le seizième siècle,
elle comptait dix hôpitaux et cinq monastères, où l'on
recevait les infirmes. A l'introduction de la Réforme, les
monastères furent tout naturellement supprimés, mais
sans mauvais traitements et sans violences inutiles, car
l'antique cité se montra de tout temps tolérante en
matière de religion. « Iamais les Placcards rigoureux n'y
furent estroictement executez, dit Guicciardini, y estant
quasi chose libre à chacun de suivre sa conscience,
n'estant fort soigneux de la Religion. » Les couvents
supprimés furent remplacés par des établissements
laïques, et, de nos jours, Groningue ne compte pas
moins de vingt-cinq orphelinats, hôpitaux, maisons
d'asile, hospices et autres fondations charitables.

IX

Le tombeau de Midwolde. —- Delfzijl et Farmsum. — Appingedam. —
Une *Harddraverij*. — Les femmes de trait.

A l'ouest de Groningue, sur la frontière de la Drenthe,
existe un hameau qu'on nomme Midwolde. On y voit la
sépulture justement célèbre des seigneurs d'Inhausen et
Kniphausen. C'est de ce côté qu'en quittant la grande
ville, nous nous dirigeâmes tout d'abord.

Aux portes de Groningue, la campagne est riche et
fertile, elle est surtout merveilleusement colorée. Les
canaux sinueux, les maisons perdues dans le feuillage et
dominées par des moulins à vent aux ailes multicolores,
marient joyeusement leurs nuances vivaces. Mais, en
approchant de Midwolde, le voisinage de la Drenthe se
fait sentir. Le feuillage s'assombrit et la terre semble
plus noire. Le chêne se substitue au platane; de grandes
haies se dressent de tous côtés; le sol devient sablonneux; les habitations sont plus pauvres.

Midwolde est un modeste hameau, et sa célèbre église
est des plus simples. Une tour carrée, de moyenne hauteur, avec un toit en bâtière, précédant une nef étroite
et basse, le tout édifié en grosses briques, brunies par le
temps et chaudes de ton, tel est ce brave petit temple de

campagne planté de travers au milieu du *Kerkhof* traditionnel.

A l'intérieur, les grands écussons armoriés qui tranchent sur les murs blanchis à la chaux, les orgues primitives, la chaire sculptée et la tribune seigneuriale
répandent dans ce petit sanctuaire un bon parfum du
vieux temps. Au fond, à la place où jadis était l'autel,
s'élève le fameux mausolée. C'est un vaste monument de
marbre blanc et noir, sur lequel reposent deux statues.
La première est celle du baron Charles Jérôme. Le
noble seigneur est étendu sur une natte, vêtu d'une sorte
de robe mortuaire. Ses mains maigries par la souffrance,
ses paupières abaissées, ses lèvres entr'ouvertes ont
un caractère de saisissante vérité. Ses longs cheveux,
rejetés en arrière, découvrent son front, et sa figure à la
fois noble et belle n'est point sans analogie avec ce magnifique buste de Rotrou que nous avons tous admiré
au foyer de la Comédie française [1].

A ses côtés, la baronne, sa femme, à demi couchée,
reposant sur son coude gauche, semble veiller sur ce
mort qu'elle a tant aimé. Derrière elle, se dresse un
immense cartouche soutenu par des petits anges, moitié
amours et moitié chérubins, et renfermant une épitaphe
interminable, orgueilleuse énumération de tous les titres
des défunts, pendant qu'une guirlande d'écussons raconte
leurs illustres alliances. Peut-être tant de gloire adoucit-il

---

[1] Cette statue et celle de la baronne sont de R. Verhulst, né à
Malines en 1624. La statue du baron d'Inhausen peut passer pour
le chef-d'œuvre de cet artiste.

les regrets de la veuve ; car elle paraît plutôt réfléchie que triste et plus calme que désolée. Entre ses mains, pourtant, elle tient un sablier, qui semble attester que le temps n'aura point de prise sur son chagrin. Elle le pensait sans doute, lorsqu'elle fit élever ce mausolée superbe à ce jeune époux trop tôt moissonné par la mort inflexible. Mais « bien fol est qui se fie » aux douleurs éternelles. La belle Anna de Ewsum en fit l'expérience. Bientôt elle se montra infidèle à la mémoire de son premier mari. Elle épousa son beau-frère, dont la statue armée et cuirassée se dresse au pied du monument, faisant à cette place une assez triste figure.

A quelque cinq cents mètres de cette modeste église et de son précieux mausolée, s'élève le château jadis habité par ces glorieux défunts. On nous l'avait indiqué comme intéressant et curieux ; nous prîmes la peine de l'aller visiter.

Bien que ce mot de « château » résonne pompeusement aux oreilles, dans un pays ou le palais d'été de la reine s'appelle « la Maison du Bois » et celui de l'oncle du roi « la Maison du Paon », nous ne nous attendions point cependant à une grande magnificence.

Je tenais de la courtoise amabilité d'un éditeur de Groningue, M. Ter Horst, une énorme carte de la province, datant du siècle dernier et où sont représentés tous les châteaux de la contrée. Or, de tous ces castels, il n'en est point un seul qui mérite son titre. Ce sont de modestes maisons munies d'un pigeonnier, entourées d'un fossé bourbeux : rien de plus. Néanmoins, tout préparés que nous étions, nous ne laissâmes pas d'éprouver une légère déception, d'autant que le superbe mausolée, ambitieux asile des morts, nous avait donné grande idée de l'habitation des vivants.

Je n'en parlerais même pas, sans une sorte de portique en pierre, haut de quatre mètres, prétentieusement couvert de maladroites allégories, et qui se dresse devant l'entrée comme un arc de triomphe. Derrière ce portique, s'étend un fossé fangeux, traversé par un pont-levis que défendent deux guérites en torchis, couvertes en chaume et percées de meurtrières. Abris sans conséquences qui voudraient paraître menaçants et ne sont que ridicules. Tout cela aboutit à une cour gazonnée où, à l'ombre des grands arbres, deux vieilles couleuvrines dorment sur leurs affûts pourris. Puis ce sont le « château », modeste maison qui n'a qu'un étage, et un corps de ferme qui complète cette demeure plus ambitieuse qu'imposante et donne un peu d'animation à ce désert. Seule, la nature, avec ses grands arbres, ses allées ombreuses et ses superbes pelouses, a quelque chose de noble et de grandiose. Sa majesté sereine semble souligner la petitesse de cette habitation prétentieuse, qu'elle enveloppe dans les replis de sa verdure printanière.

Notre visite achevée, nous regagnâmes Groningue en passant par Énumatil, Den Horn et Hoogkerk, c'est-à-dire en prenant le chemin des écoliers.

Le lendemain, au point du jour, nous étions de nouveau en route, mais cette fois marchant vers l'est, car nous voulions visiter Appingedam et Delfzijl, voir l'embouchure de l'Eems et la baie de Dollard.

Delfzijl, l'objectif le plus éloigné de cette excursion, est situé à huit lieues de Groningue, à l'embouchure du *Damsterdiep*, qui met la vieille capitale en communication avec l'Eems et ses rives allemandes. Elle occupe donc, vis-à-vis de sa puissante voisine, un point stratégique des plus importants, et c'est cette position qui lui valut, à toutes les époques de son histoire, d'être tour à tour agrandie et fortifiée par ceux qui voulaient amoindrir la grande cité, et démantelée et ravagée par les habitants de Groningue.

Deux fois même, elle faillit devenir, elle aussi, une cité riche et puissante. La première fois, c'était en 1568. Le duc d'Albe, nous dit Meteren, « voyant la bonne situation du lieu et le bon port de mer », résolut de réunir à Delfzijl le village de Farmsum qui se trouve de l'autre côté du *Damsterdiep* et de faire du tout une grande ville. Paccioto, l'ingénieur le plus habile de ce temps, fut chargé d'élever les fortifications, et l'évêque Jan Knijff fut mandé de Groningue pour bénir l'emplacement. Mais, à force de supplications et par l'influence d'Albuccos, secrétaire du duc, et du comte de Megen, les Groningois obtinrent qu'il renonçât à son dessein.

La seconde fois, ce fut en 1591. Groningue était alors en insurrection ouverte contre les États. Le prince Maurice tenait la campagne et venait de s'emparer sans coup férir de Delfzijl. Maîtres de cette importante position, les États Généraux eurent un moment la pensée de reprendre les projets du duc d'Albe, de créer là une puissante ville et de punir ainsi la vieille capitale de ses éternelles rébellions.

Avertis de ces projets, les Groningois essayèrent de parer le coup en supprimant leur future rivale. Le 12 février 1593, ils profitèrent de ce que les rivières étaient partout couvertes de glace, pour envoyer un petit corps d'armée surprendre Delfzijl. Ils partent nuitamment, glissent dans toutes les directions, arrivent en vue du fort sans avoir été signalés, franchissent le fossé, rompent la palissade, escaladent le rempart et surprennent la garnison. Mais un navire de guerre qui se trouvait en rade brise la glace à coups de canon, les prend en écharpe avec ses seize pièces et les contraint à fuir. Leur défaite était complète ; « ils emmenèrent bien trente-cinq traîneaux remplis de morts et de blessés, et sept morts qu'ils laissèrent encore ».

Ce qui sauva Groningue de cette ville concurrente, dont la menace la troublait si fort, ce fut sa propre reddition. Maîtres de la grande cité, les États ne songèrent plus à la ruiner, mais au contraire à l'enrichir et à la rendre forte.

Disons bien vite, à la décharge des Groningois, que si leur tentative du 12 février 1593 échoua complétement, c'est surtout à l'excellente position de Delfzijl et à ses redoutables défenses qu'il faut attribuer leur échec. En effet, dès 1499 cette tête de rivière avait été fortifiée avec un soin spécial par Odsard, comte de la Frise orientale[1]. En 1568, le duc d'Albe en avait encore augmenté les fortifications, et si, en 1578, celles-ci avaient été en

---

[1] Blaeu, *Theatrum urbium*, etc.

partie rasées, on avait eu soin de les rétablir dès l'année
suivante, si bien qu'en 1591 « ses remparts estoyent
haults et larges avec quatre boulevarts et le fossé estoit
large d'environ cent dix pieds[1] » .

Malgré le bon état de ses vieux bastions, Delfzijl devait
encore une fois être fortifiée, mais pour garantir sa capitale, pour lui servir d'avant-garde, et non plus pour lui
faire échec. En 1696, le grand Cochoorn l'entoura de
la ceinture de bastions que nous voyons encore aujour-
d'hui[2].

De nos jours, cette forteresse est devenue une gentille petite ville, très-simple, sans monuments, et dont
les modestes maisons semblent se dissimuler derrière
les remparts couverts de gazon, ombragés de grands
arbres. Les rues sont larges, et les habitations très-basses
n'ont souvent qu'un rez-de-chaussée. Parfois même elles
sont situées en contre-bas de la rue, et le regard qui se
promène sur les toits rouges et plonge dans les jardinets fleuris, coupés de barrières blanches, trouve son
compte dans cet agréable fouillis de briques, de tuiles,
de boiseries et de verdure.

Vers l'est, les remparts dominent l'Eems, et la baie
de Dollard s'étend comme un lac immense, tranquille et
paisible au pied des verts bastions. A l'horizon, on aperçoit les côtes allemandes qui tranchent par leurs teintes

---

[1] De Meteren, *Histoire des Pays-Bas.*

[2] Delfzijl fut occupée par les troupes françaises en 1795.
Investie en 1813, elle ne fut rendue aux alliés qu'en 1814, après
la prise de Paris, et sur l'ordre du roi Louis XVIII.

sombres, indécises et sans contours précis, sur la pureté du ciel. Vers l'ouest, le spectacle est tout autre. Ce sont les écluses, la rivière et les grands bateaux qui animent le paysage, car Delfzijl est à la fois un fort et un port. Au loin, Farmsum découpe dans l'azur ses massifs de grands arbres et de petites maisons dominés par son haut clocher bulbeux. Plus loin encore, les interminables prairies rayées par les canaux argentés, peuplées de bestiaux, coupées par des allées de grands arbres, égayées par de joyeuses chaumières, forment à ce tableau un cadre verdoyant qu'on resterait des heures à contempler. C'est ce qui nous serait sans doute arrivé, sans un bruit de sonnettes qui vint nous tirer de notre rêverie et nous rappeler à la réalité.

C'était le crieur public. Il faisait son annonce, escorté par une troupe de gamins qui lui formaient un auditoire ambulant. Nous le suivîmes de loin, machinalement, parcourant de nouveau toute la petite ville, et cherchant si, sur ce point extrême de la patrie hollandaise, nous ne découvririons pas quelque trace du voisinage de l'Allemagne. Mais notre recherche fut vaine. Habitations et habitants, types, costumes et langage, tout est foncièrement néerlandais. La propreté qui règne dans ces rustiques demeures serait à elle seule un indice irréfutable de la nationalité, si le reste ne venait l'affirmer hautement. Dans toute cette petite ville, nous ne rencontrâmes qu'une seule trace du voisinage de la pudique Germanie. C'est un solde de petites statuettes en porcelaine, étalées à la devanture d'un marchand juif, et représentant une série de galants Bavarois et d'amoureux Prussiens, caressant, dans des attitudes variées, de blondes servantes à tout faire. Peu fiers de cette singulière découverte, nous quittâmes Delfzijl et traversâmes les écluses pour nous rendre à Farmsum.

Farmsum est un petit village situé sur la digue qui longe le Dollard. De loin, il a un aspect suédois ou moscovite, je dirai presque chinois, si ces deux mots Hollande et Chine, accouplés ensemble, n'avaient la propriété de déplaire aux oreilles néerlandaises. La cause de cet aspect étranger doit être attribuée à son clocher boursouflé, aux maisons basses qu'on aperçoit tout d'abord, à leurs façades multicolores, à leurs tuiles vernies, à leurs grosses cheminées carrées, couvertes de parapluies, à flèches et pendeloques, à tout cela, et aussi à ces petits ponts de bois, dont les balustrades blanches, curieusement échancrées, se détachent vivement sur la verdure sombre des pelouses.

A l'intérieur, Farmsum a une bonne physionomie de village groningois, point trop entretenu, point trop soigné, avec des rues tournantes, et des maisons suffisamment vieilles sans être bien anciennes. La plus âgée de toutes ces constructions est, à ce que j'imagine, un petit pont qui porte la date de 1712. L'église, elle, est de 1869. Il est difficile, on le voit, d'être plus moderne. Néanmoins, elle a un fort bon air et une très-élégante tournure.

Cette pénurie de vieux édifices est d'autant plus remarquable que Farmsum est loin d'avoir une récente

origine. Nous avons vu qu'il existait déjà au temps
du duc d'Albe. Ce gai hameau eut, en effet, pour point
de départ un château appartenant à la famille de Riperda.
Fortifié en 1401 par les Schieringers, ce manoir fut,
en 1536, pris par les Espagnols, qui ne réparèrent point
les brèches faites à ses murailles. Depuis cette époque,
il constituait une majestueuse ruine ; c'était le seul souvenir du vieux temps ; on acheva de le démolir en
1812.

Après une minutieuse promenade dans les rues de
Farmsum, nous prîmes la route qui conduit à Appingedam, où nous avions d'autant plus hâte d'arriver, que
des courses de chevaux devaient avoir lieu, ce jour-là,
sur le territoire de cette riche commune. Nous regardions ce petit concours hippique comme une véritable
bonne fortune, car il devait nous permettre de voir une
petite ville groningoise en fête, et aussi de faire plus
ample connaissance avec la population campagnarde de
ce curieux pays.

Vous avez sans doute remarqué, chers lecteurs, que
la première impression produite sur nous par cette population n'avait point été des plus favorables. A notre
entrée dans la province, par Zoutkamp et Grijpskerk,
nous avions rencontré une rudesse et une rusticité auxquelles ne nous avaient nullement préparés nos excursions dans les autres provinces. L'accueil avait été
presque malveillant, tant ces braves gens sont peu
accueillants par nature. Cette impression s'était dissipée
à Groningue. Là, au contraire, nous n'avions trouvé

8

que des gens polis et empressés, des manières aimables et prévenantes, des procédés pleins de tact et de courtoisie. Toutes les personnes avec lesquelles nous avions été en rapport, depuis le comte de Heiden Reinestein, gouverneur de la province, qui est le type du gentilhomme accompli, jusqu'au moindre employé, tout le monde avait été d'une politesse parfaite et avait fait preuve d'un très-vif désir de nous être agréable. Nous avions été reçus par des professeurs, par des savants et des négociants, avec une courtoisie charmante. Nous en étions insensiblement arrivés à considérer notre premier sentiment comme erroné, et à penser que les gens sur lesquels nous étions tombés tout d'abord constituaient une fâcheuse exception. Malheureusement, il n'en était rien.

Il y a en effet, dans la province de Groningue, deux populations très-distinctes et qu'il faut bien se garder de confondre : celle de la capitale qui est aimable et polie, et celle de la campagne qui n'est rien de tout cela. Jadis, cette même différence existait dans toutes les autres provinces entre le bas peuple et la bourgeoisie. « Pour la populace, dit un auteur du siècle dernier [1], elle est d'une grossièreté qui va quelquefois jusqu'à l'excès, et l'on dirait que les bourgeois et le bas peuple sont deux nations différentes. »

Je n'oserais prétendre que la « populace » des autres

---

[1] *Défense de la nation hollandoise contre les calomnies répandues dans les lettres sur les Hollandois.* La Haye, 1736.

provinces s'est entièrement amendée et qu'elle constitue aujourd'hui un modèle d'urbanité, mais certainement les campagnes de Groningue ont, sur le chapitre de la rudesse et de la rusticité, une triste supériorité que personne ne leur dispute. Et il faut croire que cette rudesse est un peu contagieuse, car des gens aisés, des fonctionnaires publics, des magistrats mêmes ne parviennent point à se dépouiller complétement de cette enveloppe épaisse. Chez eux, il est vrai, le sans-façon ne va pas jusqu'aux familiarités outrageantes; mais il se traduit par un accueil hautain, gourmé, malcontent, qui serait des plus pénibles s'il n'était ridicule.

Ces réflexions me reviennent à l'esprit à propos des scènes auxquelles nous assistâmes dans cette journée, et surtout de la réception que nous fit le bourgmestre d'Appingedam. « Il est souvent plus difficile d'aborder un bourgmestre de village que le premier ministre ou que le roi lui-même », m'avait dit un jour un des plus féconds romanciers de la jeune Néerlande, mon ami Jan Ten Brink. J'avais pris cette confidence pour une boutade humoristique; je ne me doutais guère alors que ce serait le lieu de naissance de mon spirituel ami qui me fournirait l'occasion de vérifier la justesse de sa remarque.

Accueilli avec une extrême bienveillance par le président du conseil des ministres, sans autre titre à son bon vouloir que la nature de mes études, sans autre recommandation que mes modestes travaux, j'avais été introduit par lui auprès du gouverneur de la province, qui s'était montré des plus gracieux à mon égard, et m'avait chargé d'une lettre de chaude recommandation pour le bourgmestre d'Appingedam. Sous l'égide de cette double présentation, je nous croyais assurés d'une réception au moins cordiale. Aussi notre premier soin, en arrivant dans la petite cité, fut-il d'aller nous présenter au bourgmestre.

Hélas! nous courions à une désillusion. L'accueil fut froid, hautain, et tellement protecteur, qu'il frisait l'impolitesse. C'était la morgue municipale portée à sa quatrième puissance. Je veux bien avouer que nous étions un peu poudreux; mais la tenue de l'honorable magistrat laissait bien, elle aussi, quelque chose à désirer; car il nous reçut en manches de chemise. Nous étions fatigués, j'en conviens; mais était-ce une raison pour oublier de nous offrir une chaise? Heureusement nous réparâmes ce fâcheux oubli, et prîmes les choses par leur bon côté.

Le brave bourgmestre voulait sans doute nous paraître important et imposant : il perdit son temps.

> Spectatum admissi risum teneatis amici.

Et nous prîmes congé de lui, ayant toute la peine imaginable à garder notre sérieux.

Une fois dans la rue, nous nous en donnâmes à cœur joie, et nous profitâmes de ce qu'il était encore de bonne heure pour visiter la ville.

Appingedam est une petite cité fort pittoresque

placée à cheval sur une étroite rivière sans quais, avec, de chaque côté, des maisons vermoulues et des jardinets envahis par les herbes folles. Qu'on ajoute à cela de grands ponts de bois, haut juchés, quelques gros bateaux fortement colorés, de loin en loin de vieux arbres dont la verdure encadre la brique, et des barrières peintes en blanc, et l'on aura une idée de l'aimable fouillis de couleurs et de lignes que présente cette gentille rivière.

Les rues qui sont parallèles ou perpendiculaires au cours d'eau sont agréablement percées et convenablement bâties. On sent que le pays est riche et que la ville est prospère.

Sur la droite, s'étend une grande place très-irrégulière, où s'élèvent les principaux monuments d'Appingedam. C'est d'abord l'église, qui, commencée en 1254, fut achevée en 1327, et si souvent restaurée depuis, qu'elle n'offre plus qu'un médiocre intérêt. Tout à côté se trouve l'hôtel de ville, précédé par une sorte d'avant-corps, brique et pierre, dans le goût des maisons de Goningue. Sa petite façade est décorée d'un bas-relief, rehaussé en couleurs, qui représente la Justice, et porte la date de 1631.

A l'intérieur du *stadhuis,* on voit une grande chambre sans caractère, garnie de vastes armoires renfermant deux ou trois souvenirs de la grandeur passée, que nous inspectâmes rapidement, tant nous avions hâte de sortir de ce milieu municipal, qui nous était si peu sympathique. La grande place dont nous parlions à l'instant

8.

nous réclamait du reste par les cris et par le tapage
qu'on y faisait.

A l'occasion des courses, elle avait été envahie par
les fabricants de *poffertjes*, les *carrousels* [1] et les bara-
ques de toutes sortes. C'était une espèce de kermesse
improvisée qui s'étendait jusque dans les rues voisines
et dans l'ancien cimetière qui entoure l'église. Ces pitres
forains et ces groupes de buveurs, installés gaiement
dans cet asile de la mort, faisaient un singulier effet et
un curieux contraste.

Derrière le cimetière, sur les bastions de l'ancien
rempart, étaient établis les ménages des saltimbanques
et les voitures des marchands forains, formant eux
aussi un tableau fort étrange. Cet ancien rempart,
aujourd'hui planté de grands arbres, fut démoli en
1539. Trois ans plus tôt, il avait été escaladé par les
troupes de Charles-Quint, qui avaient dû prendre Appingedam d'assaut, pour la faire rentrer dans l'obéissance.

Depuis ce temps, la ville resta démantelée, mais n'abdiqua point cependant son ancienne importance, car elle
demeura la capitale d'un quartier des Ommelandes, le
Fivelingo, et comptait quarante-cinq villages soumis à
sa juridiction. Elle avait en outre le droit de battre
monnaie, droit qu'elle conserva jusqu'à la fin du
seizième siècle. Aujourd'hui encore, et bien qu'elle

---

[1] Les *poffertjes* sont des petits beignets, assez fades, mais très-
odorants, qu'on fabrique en plein air; les *carrousels* sont des
chevaux de bois.

ait vu défiler dans ses rues toutes les troupes qui s'en allaient occuper Groningue, depuis l'armée du prince Maurice jusqu'aux Cosaques de 1813, Appingedam est importante et riche. Mais son importance ne réside plus, comme jadis, dans des priviléges plus ou moins chèrement acquis. C'est la population agricole dont elle est le centre, ce sont les marchés aux chevaux et aux bœufs qui se tiennent périodiquement dans ses murs, qui, en en faisant une place d'affaires, lui ont conservé son caractère de capitale de district.

Son marché aux chevaux jouit surtout d'une réputation étendue. On y vient des provinces voisines et aussi de l'étranger.

C'est, du reste, ce marché qui donnait aux courses de ce jour une partie de leur éclat. Les étalons primés dans ces sortes de joutes sont très-recherchés par les éleveurs, qui les payent de gros prix; aussi chacun fait-il de son mieux pour remporter la palme.

La *Harddraverij*, comme on appelle un peu pompeusement [1] dans le pays ce genre de sport, avait lieu sur une route, au milieu d'une grande plaine. Tous les préparatifs consistaient dans l'érection de deux mâts pavoisés et dans une forte ficelle tendue le long du chemin. Les mâts désignaient les points de départ et d'ar-

---

[1] *Harddraver* correspond au mot français coursier, palefroi. C'est un terme un peu relevé pour des chevaux de paysan.

rivée. La grosse ficelle marquait les places réservées. Pas d'autres apprêts!

A deux heures, le conseil municipal fit son entrée sur le terrain. Il était précédé par un affreux orchestre, dont chaque musicien, pour faire preuve sans doute d'indépendance d'esprit, prenait son ton et sa mesure. Je ne suis pas même bien convaincu que tous jouaient le même air. Enveloppés dans une auréole de majesté municipale, distribuant à droite et à gauche leurs regards protecteurs, enrubannés et plaqués, le bourgmestre et son cortége semblaient savourer doucement les effluves de cette atroce cacophonie.

Après que le tumulte provoqué par une arrivée si pompeuse se fut un peu calmé, chacun prit place, et les courses commencèrent. D'énormes chevaux, montés par de robustes gaillards, se mirent à trotter vigoureusement sur le macadam de la route.

Cela devait durer trois grandes heures, et dura davantage sans doute, car, à tout moment, les cavaliers étaient forcés d'interrompre leur course, pour laisser passer quelque cabriolet ou quelque char de paysan qui, lui aussi, voulait profiter de la route.

Nos amis de Groningue nous avaient fortement engagés à rester jusqu'à la fin du jour. Ces sortes de fêtes se terminent, paraît-il, par des orgies assez caractéristiques. Le genièvre, la bière et le vin, mis en fermentation par l'enthousiasme et le soleil, produisent des concerts fort bizarres, accompagnés de familiarités touchantes.

Pour les concerts, la musique officielle nous parut suffisante; il ne faut point abuser des meilleures choses. Quant aux familiarités, les groupes qui égayaient la plaine de leurs ajustements colorés nous en donnaient un avant-goût qui n us satisfit pleinement. Cela ne pouvait manquer de dégénérer promptement en petites saturnales, commes celles qui égayent les grandes kermesses hollandaises.

Nous prîmes donc le parti de nous dérober à des scènes de famille qui nous étaient connues, et qui, du reste, ne sont intéressantes pour les tiers que quand la race est belle et le costume original. Or, dans ce jour néfaste, nous ne rencontrâmes pas moins de vingt-trois bossus, et le costume des gens d'Appingedam n'a rien de fort particulier.

Nous retournâmes à Groningue en bateau, suivant le *Damsterdiep,* qui nous avait amenés à Delfijl. Notre route s'effectua sans encombre, attristée cependant par le spectacle de pauvres femmes aux traits flétris, au front décharné, ruisselant de sueur et de poussière, qui, pliées en deux, les seins écrasés par une large bretelle, tiraient d'énormes tjalks, chargés à couler bas. Le maître du bateau, assis à l'arrière, la conscience tranquille et la paupière demi-close, fumait nonchalamment sa grande pipe de porcelaine, et surveillait le gouvernail. Jadis, l'effroyable besogne que font ces pauvres femmes était en partie expédiée par des chiens. Mais la société protectrice des animaux est intervenue. Elle a fait cesser cet « abus ». Depuis lors, ce sont des femmes et des enfants qu'on attelle à leur place. Le chien est le meilleur ami de l'homme, j'en demeure d'accord; mais la femme, qu'est-elle donc?

Avant de penser aux bêtes, ne ferait-on pas bien de penser aux gens et de s'arrêter, dans la protection des animaux, aux limites où l'inhumanité commence?

X

Winschoten. — Le monument d'Heiligerlee. — Nieuwe Beerta. — Le
Beklemming. — Les *Boerderijen*. — Une école modèle.

Pour bien connaître la province de Groningue, il nous
restait à visiter la partie méridionale, celle qui s'étend
au-dessous de la baie de Dollard et se trouve enclavée
entre la Drenthe et les frontières allemandes. La ville la
plus importante de cette contrée est Winschoten; elle
est située à cinq heures de marche au sud-est d'Appingedam. C'est une petite ville coquette et propre, aux
maisons basses, mais admirablement entretenues, aux
rues sinueuses et toujours balayées, fort garnie d'hôtels,
de bijoutiers et de pâtissiers, par contre ne comptant
guère de vieux monuments, mais offrant quelques jolies
perspectives, surtout celles qui s'ouvrent sur le grand
canal qui la traverse, et se nomme le *Binnenveen*.

L'hôtel de ville est des plus modernes et des plus modestes, propre et commode, mais sans caractère architectonique. C'est vers lui cependant que nous nous dirigeâmes tout d'abord; car nous comptions y trouver le
bourgmestre.

Le comte de Heiden, avec sa courtoisie habituelle,
avait pris soin de nous informer que ce magistrat était
averti de notre prochaine venue, et qu'il devait nous

conduire jusqu'à Heiligerlee. Nous nous attendions à une chaude réception; c'est une chaude déception qui nous attendait. Faiblement reçus à Appingedam, nous ne le fûmes point du tout à Winschoten. Le secrétaire de la maison de ville nous annonça d'un air fort naturel, que le bourgmestre était parti pour Groningue, par le train correspondant avec celui qui nous avait amenés.

Nous nous consolâmes assez facilement de ce petit mécompte. Toutefois (tant il est vrai qu'il faut souvent bien peu de chose pour influer sur les impressions des touristes), nous y vîmes comme un reflet des mœurs peu hospitalières de la contrée. Sans douter un seul instant des hautes raisons qui appelaient à Groningue le premier magistrat de Winschoten, cette absence nous sembla une sorte de corollaire de cet esprit peu accueillant que nous avions noté à Zoutkamp et Appingedam. Heureusement il appartenait à un maître d'école de village et à un simple paysan de Beerta de bouleverser de fond en comble ces impressions premières, et de nous ramener à de meilleurs sentiments. Mais n'anticipons pas sur les événements.

Si l'hôtel de ville de Winschoten est moderne, il n'en est pas de même de son église, qui remonte pour le moins au quinzième siècle. Bien que fort restaurée, elle a conservé une assez fière tournure. Elle consiste en une nef unique, assez élevée, percée d'une multitude de petites fenêtres étroites et longues, ayant presque l'apparence d'énormes meurtrières. Elles en servirent du reste, jadis, car cette petite église eut à subir un siége en règle. En 1593, quand la ville fut surprise par les Espagnols, un sergent, appelé Moda, se réfugia avec une partie de sa compagnie dans ce saint asile, où il soutint l'effort de l'ennemi pendant toute une journée. Sur le soir, se voyant, par suite des pertes qu'avait subies sa troupe, hors d'état de défendre un poste aussi vaste, il évacua l'église et s'enferma dans le clocher, situé dans la même rue, mais un peu plus loin. Il tint là encore quelque temps. Faute de munitions toutefois, il dut bientôt se rendre.

Nous aurions voulu voir l'intérieur de l'église, mais le *koster* était, lui aussi, absent de Winschoten, et avait emporté les clefs du saint lieu. Cependant on ne nous dit point qu'il fût parti pour Groningue. Empêchés de pénétrer dans l'unique monument ancien que renferme la petite cité, nous prîmes la route d'Heiligerlee, pour aller visiter le glorieux champ de bataille où, le 24 mai 1568, fut livré le premier combat pour l'indépendance des Provinces-Unies.

On s'y rend par une route ombragée et sinueuse, bordée de champs fertiles et de maisons rustiques. En approchant du terrain de la lutte, le sol s'accidente légèrement. C'est, paraît-il, la parfaite connaissance de ces mouvements de terrain qui décida du sort de la journée. Grâce à eux, le comte Louis de Nassau, frère du grand Taciturne, put disposer ses troupes de façon à envelopper les trois mille cinq cents Espagnols que commandaient les comtes d'Aremberg, de Meghem et le

9

colonel Braccamonte. Le choc fut terrible et l'acharnement extrême. Le comte Adolphe de Nassau, apercevant le comte d'Aremberg, fondit sur lui; ils s'attaquèrent corps à corps, et bientôt roulèrent dans la poussière pour ne plus se relever. La mort de leur principal chef entraîna la défaite des Espagnols, qui perdirent, dans cette journée, douze cents hommes, tout leur bagage, et six pièces de canon [1].

Toutefois, l'armée de Nassau ne se réjouit qu'à moitié de cette brillante victoire. Elle avait, elle aussi, perdu l'un de ses chefs les plus intrépides, un jeune héros du plus brillant avenir. Le comte Adolphe avait succombé au milieu du triomphe des siens; et, trois siècles plus tard, la Néerlande reconnaissante devait lui élever un monument à la place même où il était si glorieusement tombé.

Ce monument occupe le sommet d'une petite colline. Il se compose d'un socle octogone en pierre bleue de Belgique, sur lequel se dresse un groupe, représentant la mort du jeune comte. Affaissé sur lui-même, le généreux soldat, cuirassé et casqué, tient encore, dans sa main droite, son épée qui s'est brisée dans la lutte. Derrière lui, la patrie néerlandaise, armée d'un glaive et d'un bouclier, s'arrête de combattre pour fixer un douloureux regard sur le glorieux mourant, et le lion hollandais, rugissant de colère, s'approche pour défendre son cadavre et venger sa mort.

[1] De Meteren, *Histoire des Pays-Bas;* Leclerc, *Histoire des Provinces-Unies*, etc., etc.

Au milieu de cette plaine, entourée par une ceinture
de feuillage, sous ce ciel gris qui semblait s'associer à
ces douloureux souvenirs, ce monument nous parut
avoir un grand air. Toutefois, n'en déplaise à ses deux
auteurs, MM. Egenberger et Josef Greefs, il me semble,
au point de vue purement esthétique, présenter quelques
légers défauts. D'abord il est un peu trop rond ; la figure
de la Néerlande me paraît en outre trop mélodrama-
tique. Elle gagnerait à être plus simple. Le comte, au
contraire, n'est point assez furieusement animé par la
lutte. Les auteurs, à ce que j'imagine, n'ont jamais fait
la guerre ni vu de champ de bataille, sans quoi ils auraient remarqué que les cadavres ont presque tous les
yeux grands ouverts, la bouche contractée, et conservent au delà de la mort les attitudes du combat. En
outre, c'est une faute de n'avoir point enlevé ce casque.
Celui-ci permet à peine qu'on distingue les traits du
héros. On parlera peut-être de la vérité historique, mais
elle n'a que faire ici ; car je ne pense pas que la figure
de la Néerlande et le lion hollandais soient autre chose
que des représentations emblématiques. Enfin, je n'aime
pas ce lion qui pose sa patte sur des parchemins. Quand
le sabre est tiré, les parchemins ne valent guère. Du
reste, quelles sont-elles, ces chartes ? Sont-ce les titres
de Philippe II que le jeune comte était venu déchirer,
et les statuaires ignoraient-ils que la lutte des Nassau
contre l'Espagne était celle du droit des peuples contre
les paperasses héraldiques et féodales ?

Notre pèlerinage terminé, nous nous mîmes en route

pour Beerta et Nieuw-Beerta. Ce sont deux villages
d'agriculteurs, les plus riches peut-être qui soient dans
toute la province. Ils sont situés à deux lieues de Winschoten, juste au-dessous de la baie de Dollart, au milieu
de terrains d'alluvion d'une fertilité merveilleuse [1].

Malgré leur nom d'ancien et nouveau Beerta, ces deux
villages datent à peu près de la même époque. L'ancien
Beerta ne remonte pas au delà des premières années du
dix-septième siècle, et les premières maisons de Nieuw-
Beerta furent construites en 1636 et son église édifiée
en 1665. De loin, ils apparaissent l'un et l'autre enveloppés dans les grands arbres, dominant et surveillant
pour ainsi dire les moissons pressées, les grasses prairies et les champs de colza qui les entourent. Tous
deux, ils bordent la route avec une interminable rangée
de grosses métairies. Ici, plus de chaumières, plus de
mignonnes habitations; c'est à peine si le village, pour
ses corps de métiers et ses pourvoyeurs, compte quelques vulgaires maisonnettes. Les maisons des paysans,
les *boerderijen* [2], comme on les appelle, étalent leurs majestueuses façades hautes de quatre étages et larges à
proportion, ombragées par un grand toit, qui déborde
l'angle droit du pignon.

[1] MM. Stratingh et G. A. Venema ont écrit sur le Dollard un
intéressant ouvrage, qui, tout en racontant la formation de cette
baie, explique la fertilité des terrains qui l'entourent.

[2] *Boerderij*, métairie, dérive du substantif *boer*, qui veut dire
paysan. C'est de là que nous vient le mot français *borderie*, qui,
dans les départements de l'ouest de la France, a une signification
équivalente.

Une belle pelouse parsemée de corbeilles de fleurs, un fossé plein d'eau et traversé par un joli pont de bois, les séparent de la route. Mais pas de murs, pas de grilles, rien qui vienne arrêter les regards du passant. Derrière la façade de briques roses, égayée par ses boiseries blanches, ses grandes fenêtres immaculées et leurs rideaux de mousseline soigneusement plissés, on voit se profiler d'énormes constructions recouvertes de chaume. Ce sont les bâtiments de la ferme faisant suite à la maison d'habitation; les vastes écuries, les étables immenses, les granges où les moissons viennent s'engouffrer, où les chariots et les charrues, les batteuses et les hache-paille se succèdent en bon ordre et rangés à la file.

Partout l'ordre le plus parfait, le soin le plus correct, la propreté la plus méticuleuse, mais sans aucune de ces exagérations, je dirai même de ces futiles minuties qu'on rencontre dans la Noord-Holland. Partout aussi le bien-être, l'abondance, la richesse semblent sortir de terre; et, du reste, c'est de là qu'ils jaillissent, sous la forme de verdoyants pâturages et de moissons dorées. Nous sommes en effet dans le paradis du paysan. Ce sont eux les rois du pays, les maîtres de la contrée. Le sol ne leur appartient pas, mais ils ne s'en soucient guère, car ils sont assurés de ses fruits à perpétuité. Nous sommes en effet dans la région du *Beklemming*.

Le *Beklemming* est une institution toute particulière, et qui n'existe peut-être que là au monde. En dehors de la province de Groningue, on ne rencontre rien de semblable en Hollande, et peut-être, dans toute l'Europe, n'existe-t-elle que dans les Pays-Bas [1].

Le *Beklemming* constitue, en quelque sorte, une propriété nouvelle superposée à la propriété primitive. C'est le droit d'exploitation de la terre à perpétuité, transmissible par voie d'héritage ou de vente, sans que le propriétaire foncier puisse intervenir dans le contrat, et sans qu'il puisse exiger autre chose qu'une rente fixe, invariable, et le respect de certaines conditions d'existence de sa propriété.

Pour bien comprendre le fonctionnement d'une pareille institution, il semble qu'il faudrait remonter à son origine. A ce moment, deux hommes se trouvent en présence : le propriétaire du sol inculte et le travailleur. « Votre sol est une non-valeur, dit celui-ci. Il ne vous rapporte rien. Abandonnez-le-moi. Par mon travail, je vais le fertiliser et le faire produire. Mais, comme il n'est pas juste que vous profitiez seul de mon labeur, stipulons que toutes les améliorations introduites par moi dans votre propriété seront mon bien, et que, moyennant une redevance fixe, et qui ne pourra jamais être augmentée, j'aurai seul pendant l'éternité le droit d'exploiter votre sol. Ce droit, à ma mort, sera transmissible à mes héritiers. De mon vivant, j'en pourrai disposer en

[1] Le *Beklemregt* n'est pas sans analogie avec le *contratto di Livello*, qui se pratiquait jadis en Lombardie et en Toscane, et l'*aforamento*, qu'on rencontre encore en Portugal. Mais les législations italiennes et portugaises sont peu favorables à ce genre de bail, qui semble devoir disparaître avant qu'il soit longtemps.

faveur de qui bon me semblera, le vendre, le céder, le
donner à qui je voudrai, sans que vous puissiez intervenir; et cela sous la seule condition que mon cession-
naire s'engagera à vous payer la rente, objet de notre
stipulation. »

A l'origine, on le voit, le contrat est des plus simples.
Il est en outre d'une moralité parfaite. Mais, dès la seconde génération, tout en restant une institution fort
morale, le *Beklemming* perd beaucoup de sa simplicité.
La transmission par voie d'héritage de ce droit d'exploitation moyennant redevance fixe le transforme simplement en un capital d'une nature spéciale, qui représente
l'accumulation du travail de la génération qui s'éteint,
et des améliorations que celle-ci a introduites dans le
sol. Tout comme une propriété foncière ou industrielle,
il peut être soumis à des partages, à des licitations; et
pour arriver à une division égale, les héritiers seront
peut-être obligés de vendre leur droit à un étranger, qui
se trouvera substitué à tous les avantages de leur exploitation privilégiée.

Les complications auxquelles peut entraîner cette com-
binaison si simple en son principe sont d'autant plus
nombreuses, que le droit de *Beklemming* n'est pas partout
observé et compris de la même façon. Dans certains
cantons, à côté du « *Regt van beklemming* », se trouve le
« *Regt van altijd durende beklemming* », qui constituent
deux droits différents; l'un est le bail perpétuel et l'autre
le bail à longue échéance, dont la fin est prévue, une
sorte d'emphytéose. Dans certains autres districts, le

propriétaire du sol a le droit d'exiger une redevance à chaque transmission, soit par voie d'héritage, soit par vente ou donation. Aussi, lorsque la domination française introduisit dans les Pays-Bas le Code civil et ses dispositions multiples, n'essaya-t-elle pas de régler un droit aussi compliqué. Elle ne lui consacra qu'un seul article, se bornant à le constater, et s'en référa aux coutumes locales pour en régler les effets [1]. Moins concis que le Code civil, les légistes du pays ont écrit de gros volumes sur la matière, et il ne semble pas, tant le *Beklemming* prête à contestations, qu'ils aient épuisé le sujet [2].

Somme toute, le *Beklemming* est un dédoublement de la propriété foncière. Il la divise en deux parts : l'une fixe, immuable, avec un rendement invariable : c'est le sol ; l'autre soumise à toutes les chances de l'exploitation et possédant à son actif les améliorations apportées, les constructions édifiées, le matériel acquis : c'est le droit de culture. Lorsque ces deux parts de la propriété se trouvent dans la même main, alors le domaine rentre dans le droit commun.

Les avantages d'un pareil système sont assez nom-

---

[1] Voici la traduction de cet article : « ART. 1654 (liv. III, titre 8 du Code civil). *Le droit de beklemming et de beklemming perpétuel établi par contrat ou par d'autres actes légitimes est réglé par ses propres lois et par les conditions stipulées, et à défaut de celles-ci, par les coutumes locales.* »

[2] Les principaux juristes qui se sont occupés du droit de *Beklemming* sont MM. van Swinderen, Tresling, Driessen, Nienhuis, van Houten, etc., et surtout M. H. O. Feith, dont les deux ouvrages *Het groninger beklemregt* et le *Handboekje over het beklemregt* font autorité.

breux. Il permet, en premier lieu, au cultivateur de jouir, moyennant une faible redevance, de tous les avantages du propriétaire, sans avoir besoin de débourser l'intégralité du prix de la propriété. Possesseur à perpétuité des fruits de la terre, il peut améliorer celle-ci et en augmenter la valeur sans crainte de se voir dépossédé. Restant néanmoins sous la surveillance du vrai propriétaire, il ne peut ni détruire le sol, ni le gâter. D'un autre côté, cette division du prix de la propriété en deux parts permet au détenteur du sol de posséder, à fortune égale, de plus grandes étendues de domaines. En abaissant le prix de la terre, elle empêche en outre le morcellement indéfini des propriétés, morcellement qui se produit d'une façon régulière dans tous les pays soumis au Code civil, et qui est si funeste à l'agriculture. Enfin, pour la province qui nous occupe, tous ces avantages réunis ont eu pour résultat de porter la prospérité agricole à ses dernières limites, et de rendre cette contrée une des plus fertiles, des plus riches et des plus productives qui soient au monde. Mais, quant à résoudre certains problèmes sociaux, comme l'ont prétendu quelques écrivains, quant à simplifier les rapports entre le capital et le travail, le *Beklemming* n'a rien fait de tout cela.

L'antagonisme, en effet, n'existe plus entre le propriétaire et le paysan, mais simplement entre le paysan qui s'est substitué au propriétaire et ses ouvriers. Le *Boer* est devenu, par ce système, un entrepreneur agricole, un industriel des champs. La seule différence

qui existe entre lui et le manufacturier est que le
Boer loge ses ouvriers et les nourrit. Mais le plus souvent ceux-ci détestent le maître, se prétendent exploités,
et, tout comme les ouvriers ordinaires, rêvent l'émancipation. Il n'existe même pas entre le *Boer* et ses
domestiques ces rapports que nous constatons dans
toutes les fermes françaises entre le fermier et les valets.
Ils ne vivent point en commun, ne mangent point ensemble. On ne voit pas, aux heures du repas, ces longues tables couvertes d'une nappe grossière, sur laquelle
flotte un nuage de fumée odorante, et le maître assis au
haut bout, pendant que vingt valets sont attablés devant
leur assiette de soupe.

Ici paysan et domestiques n'ont de rapports que pour
les travaux. Le *Boer* habite le devant de la métairie ; il
a souvent deux ou trois salons, tout autant de pianos,
de l'argenterie en quantité, de la porcelaine du Japon ;
tout le luxe que son goût comporte s'épanouit dans ses
chambres. Les domestiques, eux, habitent l'arrière-
maison (*achterhuis*), mal nourris à ce qu'ils prétendent,
et mal couchés, se plaignant de la rudesse du maître,
de ses exigences, de son avarice.

Quelques-uns de ces paysans justifient, paraît-il, ces
accusations par leur parcimonie. On nous en a cité
qui, par mesure d'économie, font coucher servantes et
domestiques sans lumière, cela aux grands dépens de la
morale et des mœurs. J'ose espérer que ces Harpagons
champêtres sont une rare exception, et que les accusations des *Knechts* sont souvent exagérées. Mais il n'en

est pas moins évident que le droit de *Beklemming* n'a nullement résolu les questions sociales.

C'est entre une double haie de ces majestueuses métairies qu'après une heure de marche, nous atteignîmes la maison d'école de Nieuw-Beerta. L'instituteur, M. Bauman, auquel notre venue avait été annoncée, nous reçut au milieu de sa famille. L'accueil fut parfait. Il se mit à notre disposition pour nous montrer son domaine d'abord, c'est-à-dire son école, puis ensuite pour nous faire visiter une des plus belles *boerderijen* du pays.

L'école fut pour moi personnellement un objet de grand étonnement. Je m'attendais à trouver là une école de village un peu comme les nôtres. Mais si l'instituteur de Nieuw-Beerta est un vrai *gentleman,* on peut dire que son établissement est un petit Institut. Il est divisé en quatre classes, que suivent environ deux cent cinquante enfants des deux sexes. Chaque classe, si j'ai bonne mémoire, compte des élèves de première et de seconde année. L'enseignement complet dure donc huit années, et il est des plus variés. Il comprend en effet la lecture, l'écriture, la grammaire, l'histoire, la géographie, les mathématiques élémentaires. L'école possède en outre un petit cabinet de physique et une salle de dessin, avec des modèles en plâtre pour dessiner d'après la bosse. Quand on sort de là, on a une teinture suffisante de toutes les connaissances utiles. Il s'en faut de beaucoup, on le voit, que nos villages français soient ainsi heureusement pourvus.

La *Boerderij,* que nous visitâmes ensuite, est semblable à celles que je vous dépeignais à l'instant. Elle est meublée avec une magnificence campagnarde, et tenue avec cette merveilleuse propreté qu'on doit compter au nombre des vertus néerlandaises.

Comme nous achevions notre visite, nous fûmes (terme d'agriculteur) « favorisés d'une pluie effroyable ». Nous avions parlé de visiter les environs et de pousser jusqu'à Nieuwe Schans. Le paysan, notre hôte, ne voulut point nous laisser exposés au mauvais temps. Il fit atteler à une élégante briska deux superbes chevaux noirs, et ce fut dans ce fringant équipage que nous parcourûmes les gracieux et riches villages de Finsterwolde, de Drieborg, et que nous arrivâmes, après deux heures de promenade, à Oudezijl, hameau qui touche à la forteresse de Nieuwe Schans.

Ce hameau, tout à fait moderne, ne possède guère d'autres habitations que celles qui sont indispensables à l'existence de la garnison, cabaretiers, aubergistes et pourvoyeurs de toutes sortes. La première pierre de son église fut posée en 1751. Le fort, lui, est d'un siècle plus vieux. Il fut construit en 1665. Sept ans plus tard, il était assiégé par l'évêque de Munster. Délivré par le général Rabenhaupt en juillet 1673, il fut occupé par les Anglais en 1794, pris par les troupes républicaines en 1795, assiégé par les Cosaques en 1813, et finalement évacué après un simulacre de défense, qui n'avait coûté la vie qu'à un seul des assiégeants.

Il forme une sorte de pointe qui pénètre sur le territoire allemand. Au loin on aperçoit le clocher de Bunde,

la première ville hanovrienne; mais ces deux pays, qui
se touchent et n'ont entre eux qu'une étroite rivière, sont
séparés par tout un monde. Ils n'ont ni les mêmes mœurs,
ni les mêmes usages. « Jadis, nous disait l'obligeant
M. Bauman, les rapports, sans être actifs, étaient assez
fréquents. Quelques Allemands passaient la frontière et
venaient travailler chez nous. Mais on ne les aimait
guère. Ils ont toujours été malpropres, peu soigneux et
gourmands. Toutefois, ils parlaient notre langue, et
c'est beaucoup. Les écoles enseignaient le hollandais à
leurs élèves, et c'est en hollandais que le pasteur s'a-
dressait aux fidèles. Mais depuis 1866, tout cela a
changé. Le pays a été germanisé. Employés du gouvernement, instituteurs, pasteurs, tout vient maintenant de
l'intérieur. Tout est prussien. Les rapports entre les
riverains de la frontière se sont tout à fait rompus.
C'est à peine si aujourd'hui quelques faucheurs passent
encore la rivière pour venir travailler chez nous, et il
faut qu'on manque de bras pour les bien accueillir.

— Nous sommes loin de compte, objecta Constant,
car nous nous attendions à trouver ici de nombreux
symptômes allemands, et nous ne pensions guère rencontrer une démarcation aussi tranchée entre deux populations aussi voisines.

— Il y a dix ans vous ne l'eussiez point trouvée telle,
répondit l'aimable instituteur. Des deux côtés de la
frontière, on était alors plutôt Néerlandais qu'autre
chose. Langue et religion, tout s'accordait et vibrait à
l'unisson. Mais la Prusse est venue, et si nous sommes

restés fidèles aux traditions, eux, les pauvres gens, ont été convertis par des arguments sans réplique. »

Il est fàcheux, pensai-je à part moi, que l'érudit M. Kirchhof n'entende pas ce vigoureux et sincère langage.

C'est sur ce point extrême que nous devions nous séparer, nos hôtes aimables et gracieux pour regagner leur beau village, et nous pour continuer notre grande excursion. Toutefois on ne nous permit point de nous éloigner avant d'avoir trinqué encore une fois, et, sur la frontière allemande, nous bûmes un dernier verre de vin de France, à la prospérité de la patrie néerlandaise.

XI

La Drenthe. — Pays et paysans. — Les *Hunnebedden*. — Zuidlaren et
Tijnaarloo. — Assen et son musée ethnographique. — Histoire d'un
chignon.

Je ne connais point de coup de théâtre plus curieux
que celui auquel on assiste lorsqu'on passe de la province de Groningue dans la Drenthe. On franchit la frontière, et tout change! Le sol, les mœurs, les habitudes et
les habitants, tout diffère! Les champs n'ont plus le
même aspect, et les maisons revêtent un autre caractère.
L'organisation sociale est tout autre, et les exploitations
agricoles ne se font plus de la même façon. Les frontières
des deux pays cependant sont factices. Aucune montagne
ne s'élève entre eux; aucun fleuve ne coule sur leurs
limites respectives, et un abîme les sépare. Il suffit de
franchir une route, de traverser un fossé, une prairie ou
un champ, pour se trouver dans un tout autre monde et
physique et moral. Jamais, je crois, en toute ma vie, je
n'éprouvai une surprise plus grande et mieux justifiée.

Un des grands propriétaires de la contrée, M. Siccama,
proche parent de mon compagnon de route, avait voulu
que nous pussions bien nous rendre compte de cette
métamorphose. Il était venu nous chercher à Punt, en
plein pays groningois, avec une de ces bonnes et vieilles
« chaises anglaises » dont on retrouve encore l'image

dans quelques gravures coloriées datant de cinquante
ans au moins. La sienne remontait à 1815. Nous l'ac-
cueillîmes avec un cri de joie, et nous la déclarâmes le
phénix des voitures, car elle était à la fois hiérarchique
et digestive. Hiérarchique! en ce que ses trois banquettes,
diversement étagées, permettaient au maître de dominer
ses gens, et de placer encore au-dessus de lui les personnes auxquelles il voulait faire honneur. Digestive! à
cause de ses joyeux cahots qui vous reportaient aux bons
jours de l'enfance, à ces temps heureux où le cœur battait
bien fort, quand on voyait apprêter l'antique char à bancs.

C'est dans ce vénérable équipage que nous fîmes
notre entrée sur le territoire de la Drenthe, et qu'en
visitant les villages d'Oosterbrock, Eelde, Peize et Pa-
terwolde, nous pûmes saisir les incroyables différences
qui existent entre le pays drenthois et les deux riches
provinces dans lesquelles il est enclavé.

A peine a-t-on franchi la frontière, que la transforma-
tion s'accomplit. Ce ne sont plus ces interminables prairies où les vaches enfoncent jusqu'au jarret, ces terres
grasses et plantureuses, toujours fertiles et toujours
dociles, produisant à volonté ce qu'on exige d'elles.
C'est un sol maigre et sablonneux, une sorte de lande
où rien ne s'obtient sans un effort. Les domaines cultivés avec une persévérance infatigable s'élèvent comme
des oasis au milieu de bruyères immenses. Chaque
année l'exploitation s'étend. Elle plante des bois, défriche
un pan de bruyères, creuse un canal, ouvre une route ;
mais chaque parcelle ainsi gagnée est d'abord arrosée

de sueurs et couverte d'écus. Il faut commencer par
nourrir la terre, avant que celle-ci consente à nourrir ses
habitants.

En présence de pareilles luttes, on comprend que
l'exploitation agricole ne puisse plus être fondée sur les
mêmes bases que dans les provinces voisines. Ici le
Beklemming devient impossible, car le sol primitif est
presque sans valeur. L'agriculteur ne doit plus être une
sorte d'industriel, exploitant une ou plusieurs branches
de la production agricole c'est un gentilhomme campagnard vivant de ses terres et sur ses terres, et faisant,
avant tout, produire à celles-ci ce qui est nécessaire à sa
famille et à ses gens.

De ce mode d'exploitation il résulte deux choses :
d'abord une excessive variété de culture, un morcellement de travail qui donne au sol un aspect tout à fait
particulier, et ensuite le groupement autour de l'habitation principale d'un certain nombre de petites métairies,
qui transforment l'ouvrier des champs en petit agriculteur et substituent la vie de la famille au casernement
des domestiques.

Chacun ici, en effet, a son travail déterminé. On n'est
plus enrôlé dans un bataillon manœuvrant sous l'œil du
maître. On opère pour le compte de celui-ci, mais en laissant le champ libre à son initiative personnelle et en ayant
sa part de responsabilité. A l'un de ces métayers, le maître
confie la grande culture ; celui-là doit fournir le blé et les
céréales. Un autre est chargé des pâturages et de l'élève
des bestiaux ; c'est à lui qu'on demande le lait, le beurre

et le fromage nécessaires à l'agglomération. Un troisième fait du colza, de la chicorée et des plantes fourragères. Un autre encore s'occupe des bois, des coupes, des plantations et des défrichements, et ainsi de suite. Une petite tourbière fournit au chauffage de tout le monde, et, autour de chacune de ces métairies, un coin de verger et de potager, avec des fruits, des légumes et quelques fleurs, permet d'améliorer l'ordinaire et de varier la nourriture de tous ces braves gens.

Ces rustiques demeures ont elles-mêmes un aspect tout spécial. Avec l'indépendance des subalternes, elles prennent un autre caractère que dans le Nord. Ce ne sont plus ces bâtiments luisants d'entretien, qui, repeints chaque année, paraissent éternellement neufs, ces cours de ferme où pas un fétu ne traîne. Les *boerderijen* de la Drenthe ont, au contraire, l'aspect de nos borderies normandes. Un joyeux désordre de planches oubliées dans un coin, des plantes folles qui grimpent à droite et à gauche, avec quelque seau brisé ou un chariot à moitié démoli dans l'angle de la cour. Tout cela forme un tableau pittoresque, point trop soigné et qui laisse soupçonner, avec une pointe d'indifférence, une existence indépendante, où tout n'a point été réglé ni prévu.

A l'intérieur, l'œil du maître se retrouve, ou plutôt l'œil de la maîtresse, car c'est là le vrai domaine de la paysanne. Tout y est soigné, rangé et bien entretenu, et l'on pourrait dire de ces ménagères rustiques ce que Parival disait, il y a deux siècles, des dames hollandaises :

« Elles se piquent de propreté dans leurs maisons et dans leurs meubles au delà de ce qu'on peut imaginer. »

Les villages présentent le même aspect que les habitations seigneuriales. Ils sont entourés d'une zone qu'on appelle l'*Esch*[1], et qui produit tout ce qui est nécessaire à l'alimentation. Ce n'est, en effet, qu'après avoir assuré leur existence que ces petites agglomérations songent à vendre et à exporter. Réfugiées au milieu de ces steppes immenses, dans leur territoire rendu fertile à force de soins et de travaux, elles communiquent difficilement avec l'extérieur. Peu de routes, et la plupart mauvaises ; moins encore de canaux. Elles doivent donc tout d'abord songer à se suffire à elles-mêmes. De là une culture, des préoccupations et des habitudes tout à fait différentes de ce qu'on rencontre en Frise et dans la province de Groningue.

Aussi la physionomie des villages se ressent-elle de cet isolement. Il semble que, n'attendant point de visiteurs, ils ne songent guère à faire toilette. A l'exception de quelques maisons élégantes habitées par des bourgeois dépaysés ou par des citadins en villégiature, toutes les habitations ont un air franchement rustique. Nous ne rencontrons plus, partout et toujours, ces boiseries soigneusement peintes, ces tuiles vernissées, ces vitres immaculées, vrais miroirs publics auxquels nos yeux s'étaient habitués. Plus d'un logis est délabré, et les grands toits de chaume descendant presque jusqu'à terre, les murs en torchis, les portes des granges simplement

[1] Du latin *esca*, nourriture.

équarries, donnent à ces villages drenthois un aspect fortement champêtre, qui n'est du reste pas sans charme.

Ce que nous disons de l'habitation, nous pourrions le dire aussi de l'habitant et surtout de l'habitante. Le costume, en effet, s'est tout autant modifié que l'aspect de la maison. Ce ne sont plus ces éternels casques d'or, ces boucles, ces broches, ces spirales et ces œillères en métal précieux. Au lieu de ces coûteux ornements si généralement portés qu'on les retrouve, en Frise, jusque sur la tête des filles de vaisselle et des servantes de ferme, les paysannes de la Drenthe ont une autre parure qui a bien son mérite. Ce sont leurs blonds cheveux. Ces bandeaux bien fournis, d'un ton pâle et indécis, qui se détachent en clair sur le front bruni par le grand air et le soleil, valent bien toutes les armatures métalliques. La physionomie de ces belles campagnardes s'accommoderait mal, au reste, de toute cette orfèvrerie.

Nous ne sommes plus, en effet, dans le pays des madones impassibles et en apparence insensibles, dont les contours arrondis s'enchâssent à ravir dans des parures immobiles ; dont le teint satiné sans un pli et sans un sourire, semble, selon l'expression de Properce, obtenu « avec des roses répandues sur du lait » :

Utque rosæ puro lacte natant folia.

Les filles de la Drenthe ont un autre genre de beauté. Leur teint mat, leur peau brunie, leurs grands yeux souvent bruns, toujours vifs et curieux, leurs lèvres d'un rose vif et fréquemment souriantes, contrastent avec les figures boursouflées de leurs majestueuses voisines. Plus de lis et de roses, mais aussi plus de ces taches malsaines, ni de cicatrices suspectes. Ce sont, en effet, des beautés vigoureuses et rustiques. Leurs formes sont élancées; sur leurs bras toujours nus et un peu maigres les muscles s'accusent, et le petit corsage noir qui recouvre la poitrine indique des contours fermes, une carnation sèche et robuste, une nature énergique, un peu sauvage peut-être, mais dont le type ne peut manquer de plaire aux artistes.

Si les filles de la Drenthe sont modestement vêtues, sans dentelles et sans bijoux, toutefois elles sont propres et soignées, et leur costume ne manque pas d'une tournure assez pittoresque. Il se compose généralement d'une robe bleu foncé avec les manches courtes. Un petit corsage de dessus, presque toujours noir ou brun rouge, sans manches, et ne descendant pas plus bas que les seins, complète, avec un jupon rayé noir et blanc, leur toilette, bien simple, on le voit, mais gracieusement portée et non sans caractère.

Il ne faudrait point conclure toutefois de cette simplicité que le pays soit pauvre. Il n'en est rien. Le paysan de la Drenthe est généralement à son aise; mais, comme notre campagnard français, il cache son argent et ne fait point étalage de ses richesses. Laborieux et économes, opiniâtres et durs à la peine, « les Drenthois, gens difficiles à manier », comme dit un vieux chroniqueur, n'ont point devant eux un horizon borné. A l'encontre des paysans de Frise et de Groningue, qui ne peuvent augmenter leurs exploitations, ils sont environnés de grandes plaines incultes et arides, et c'est à s'en emparer qu'ils s'appliquent. Ils enfouissent là le meilleur de leur argent, et non pas dans ces fantaisies dorées, si chères à leurs voisins du Nord.

Tous ces braves villageois ne sont point, du reste, si simples et si modestes qu'on pourrait croire. A Punt, où nous passâmes la nuit chez un honnête paysan qui tient une rustique auberge, j'avais dans ma chambre une jolie vitrine en marqueterie toute pleine de japonneries, de faïences de Delft et de bibelots curieux. A côté de cela, les lits étaient à la façon de Schiermonikoog, enfermés dans un placard, moitié duvet et moitié paille, avec cinq à six souris qui s'obstinèrent toute la nuit à courir tout le long de ma somnolente personne.

Le lendemain, au point du jour, nous continuâmes notre course. Nous longeâmes une petite rivière qui s'appelle l'Aa, nom que portent du reste presque tous les cours d'eau en ce pays, et nous prîmes le chemin de Midlaren où nous devions voir les premiers monuments celtiques. En route, nous rencontrâmes des abeilles voyageuses. Elles cheminent sur des chariots, enfermées dans leurs ruches, continuant pendant le trajet à faire ce doux miel qui, suivant le mot gracieux de Montaigne, « n'est plus thin ny majorlaine ». Deux fois l'an on les promène ainsi, du nord au midi et du midi au nord, les menant vers les champs de colza en fleur, où elles « pillotent » tout à l'aise.

Après avoir traversé bien des kilomètres de bruyères coupées de loin en loin par un maigre champ de sarrasin,

nous arrivâmes à ces primitifs monuments, énormes
entassements de roches granitiques, qui portent dans le
pays le nom de *Hunnebedden,* « lits des Huns [1] » . Lits un
peu durs en vérité, et un peu primitifs! Quels sont leur
origine et leur signification? On en rencontre un peu
partout à la surface de notre globe. En France, nous
les comptons par centaines. Wormius a décrit ceux du
Danemark; Rudbek a relevé ceux qui sont en Suède;
Spartmann en a vu chez les Cafres, Jefferson en Virginie,
Barow chez les Hottentots. Partout des légendes invrai-
semblables cherchent à expliquer leur présence. J'ai eu
la curiosité de lire ce que les vieux auteurs ont écrit sur
les *Hunnebedden* de la Drenthe, et leurs idées contradic-
toires sont peu faites pour éclaircir le mystère qui plane
sur ces gigantesques débris.

D'abord on y voit une œuvre des démons. C'est là
l'explication religieuse. Car, il ne faut pas l'oublier,
longtemps après l'établissement du christianisme, ces
pierres, regardées comme des fétiches, étaient encore
adorées en secret. Le concile d'Arles en 452, et celui de
Tours en 587, s'élevèrent de toutes leurs forces contre un
culte pareil, et, pour le faire cesser, on attribua à ces monuments une origine infernale. Ensuite ce sont les colonnes
d'Hercule dont Schœvonius croit retrouver les restes [2].

---

[1] D'après une autre version, admise pour la première fois par
Nicolas Westendorp, le mot *Hun* signifierait *mort,* et dès lors
Hunnebed voudrait dire *lit de mort* ou *tombeau,* explication géné-
ralement admise de nos jours.

[2] « .... *Columnas Herculis quas Tacitus in Frisiis fuisse
magna celebritate commemorat.* »

J. A. Mellen penche pour des autels ou pierres de sacrifices élevées par les Cimbres. Quant au docteur Jean Picardt, en son vivant pasteur à Koevorden, il voit dans ces monuments l'œuvre de géants qui habitèrent jadis le pays ; et il nous décrit ces géants, leurs mœurs, leur costume. Il va même plus loin, il les dessine, et, dans cinq curieuses gravures, nous étale les portraits de ces gigantesques fantoches éclos dans son esprit [1].

Pour les autres, plus sensés ou moins fantaisistes [2], ils voient simplement dans ces monuments primitifs des tombeaux élevés par les Celtes à leurs chefs vénérés. Sépultures grandioses, mais sépultures anonymes, qui ont traversé les âges, attestant la vaillance et la force de ceux qui les ont édifiées, mais sans nous transmettre les noms de ceux dont elles devaient consacrer la mémoire !

C'est à cette dernière opinion que les savants de nos jours semblent se ranger, et ce qui justifie leur manière de voir, ce sont les fouilles auxquelles on s'est livré depuis quelques années, et qui ont amené la découverte,

---

[1] Voir sa *Korte beschrijving,* etc. (Amsterdam, 1660.) Cette croyance aux géants était du reste excessivement répandue dans tous les Pays-Bas. Guicciardini en parle à plusieurs reprises. Dans sa *Grande Chronique,* messire Jean Le Petit s'indigne contre ceux qui révoquent leur existence en doute. « Car de nyer généralement qu'il n'y auroit eu nuls géants, s'écrie-t-il avec une sorte de colère, ce seroit trop ridicule ! voir desmentir les sainctes Écritures qui en font assés mention. »

[2] Voir *Drentsche oudheden,* par L. J. F. Janssen, conservateur du musée de Leyde (Utrecht, 1822), et *Bijdragen tot de Geschiedenis en oudheden van Drenthe,* par M. J. de Wal (Groningue, 1842).

sous un grand nombre de ces monuments, d'urnes en terre cuite renfermant des ossements calcinés.

Malheureusement, dès le commencement de ce siècle, un grand nombre de ces *Hunnebedden* avaient été déjà fouillés par des profanateurs maladroits, qui, croyant y trouver d'autres trésors, ont négligé de nous conserver le résultat de leurs recherches [1].

Bien qu'un grand nombre de ces monuments aient été détruits, la Drenthe en compte encore cinquante et un répandus sur sa surface, auxquels il convient d'ajouter un nombre considérable de *tumuli* et de ces chambres mortuaires qu'on appelle, en langage du pays, *grafkelders,* et dont on ne s'est point encore beaucoup préoccupé jusqu'à présent.

Les *Hunnebedden* de la Drenthe sont répartis assez inégalement, mais leur position sur la carte semble suivre une direction à peu près régulière. Les centres qui en comptent le plus dans leurs environs sont le territoire de Borger, qui en renferme onze, et celui d'Emmen, neuf. Ensuite viennent Odoorn, qui en possède huit, puis les environs d'Anloo, où l'on en trouve sept.

Sur ces cinquante et un *Hunnebedden,* vingt-neuf ont été acquis par le gouvernement au moyen de crédits ouverts de 1869 à 1872. Vingt autres sont la propriété

---

[1] La plupart de ces fouilles antérieures ont été faites au commencement du siècle, notamment en 1809. A Loon, on a retrouvé le résultat des premières fouilles. Les débris découverts avaient été enfouis dans le voisinage. Malheureusement les poteries étaient brisées, et les urnes détruites gisaient au milieu des cendres qu'elles auraient dû renfermer.

de la province, et deux appartiennent à des particuliers. C'est le gouvernement qui est propriétaire des monuments de Middlaren et Zuidlaren [1].

Je ne vous décrirai point ces sortes de sépultures. Qui en a vu une les a vues toutes. Elles ont pour principe architectonique une vaste table posée sur deux autres pierres qui forment les assises. C'est par la répétition de ce principe que leurs constructeurs arrivent à édifier une sorte de galerie fermée à ses deux extrémités par deux autres blocs. Le nombre de ces tables, et les dimensions des énormes pierres qui les composent, sont les seules différences qui existent entre tous ces monuments. Du reste, pas d'autre trace de l'industrie humaine. Les blocs sont à l'état de nature, point taillés et ne portant ni inscriptions, ni sculptures.

Sous la pression des années et par la force incroyable de la végétation, quelques-uns de ces *Hunnebedden* ont été renversés. Un arbrisseau, en poussant entre les pierres gigantesques, les désunit et fait écrouler l'édifice. C'est le cas des monuments de Midlaren dont les blocs aujourd'hui entassés sans ordre ne sont impressionnants que par leur masse. Celui de Tijnaarloo, que nous devions voir le même jour, est au contraire entièrement debout et superbement conservé. Seul, au milieu d'une lande immense, il atteste la présence de l'homme et témoigne de sa puissance.

Mais avant d'arriver à Tijnaarloo nous avions traversé le

---

[1] Voir l'excellente brochure publiée par M. R. W. Kymmel et intitulée *De Hunnebedden in Drenthe*.

Le Hunnebed de Tijnaarloo.

joli village de Zuidlaren et fait à la maison de ville un excellent déjeuner, non point un repas officiel, mais un repas d'amis, car, selon l'usage du pays, l'Hôtel de ville est installé dans une grande auberge.

Il n'y a guère, en effet, dans toute la Drenthe de municipalité qui soit logée différemment. Chacune de ces auberges renferme une belle et vaste salle décorée dans le vieux style. C'est là que le Conseil s'assemble, et, dans l'entre-temps des séances, l'hôte y reçoit les voyageurs de distinction. La salle de Zuidlaren, avec ses tableaux et sa grande cheminée, nous parut d'autant plus remarquable qu'on nous y servit un repas délicieux. Dans ces modestes villages de Drenthe, le voyageur français trouve en effet deux précieuses ressources : le jambon, justement réputé dans toute la Néerlande, et d'excellent pain de seigle tel qu'on n'en rencontrerait certes dans aucune des onze autres provinces.

La bonne chère toutefois ne nous empêcha point de visiter le village, qui est fort pittoresque, avec des rues ensablées et d'énormes places rustiques, entourées de chaumières et de grands arbres. L'église, quoique fortement restaurée, a une physionomie vénérable. A l'intérieur elle est froide et nue, et la seule boiserie qu'elle possède est le banc des comtes de Heiden Reinestein, dont l'illustre famille possède tout auprès de l'église un magnifique château.

Ce château porte le nom de Laarwoud. C'est un des plus vieux domaines de la province. Les bâtiments toute fois sont relativement modernes, car ils furent reconstruits au milieu du siècle dernier par le comte Alexandre Charles, qui était alors drossaard[1] de Koevorden. Mais c'est un vrai château, à tournure seigneuriale, avec deux grandes ailes qui se projettent en avant. Devant la façade s'étale un beau jardin bien fleuri, fermé par une grande grille. Derrière les bâtiments s'étend un parc magnifique. On voit que rien ne manque à cette noble habitation et que nous sommes bien loin des castels en miniature de la province de Groningue.

Le parc surtout est admirablement percé et princièrement entretenu. Ses allées majestueuses aboutissent à de belles perspectives, et les grands arbres, entrelaçant leurs branches, forment un immense berceau au sommet duquel tourbillonnent des bandes de hérons.

S'il faut en croire les récits qu'on nous a faits, les seigneurs de Heiden devraient à une singulière coutume le magnifique état dans lequel se trouvent ces belles plantations. Jadis, au bon temps, ils avaient un privilége assez bizarre. Tout paysan nouvellement marié qui devenait père avant le temps réglementaire, c'est-à-dire dont la femme accouchait moins de neuf mois après la bénédiction nuptiale, était tenu de travailler pour les comtes de Heiden un temps égal à celui dont sa ménagère avait devancé l'époque prescrite. Comme ces choses-là arrivaient, paraît-il, assez fréquemment, il en résultait que les seigneurs de Laarwoud avaient toujours nombreuse compagnie occupée sur leur domaine.

---

[1] La charge de *droost* ou *drossaard* équivaut à celle de sénéchal ou plutôt de bailli.

C'était assurément se montrer bien sévère pour ces pauvres maris que de les rendre ainsi responsables des caprices de la nature. Peut-être est-ce dans le sentiment de cette lourde responsabilité qu'il faut chercher l'origine d'une autre coutume au moins aussi étrange. Tout homme qui se mariait s'en allait, le matin même de son jour de noces, faire l'achat de son cercueil. L'emplette est pour le moins bizarre; ce curieux usage existe pourtant encore de nos jours.

Zuidlaren visité, nous reprîmes notre route au milieu de ces landes désolées. Rien n'est plus triste que cette marche lente et pénible dans ces bruyères immenses. Les voitures enfoncent dans le sable jusqu'à l'essieu; partout autour de soi, le silence et la solitude; à l'horizon, une ligne de mamelons dénudés et pelés dont le vent émiette les sommets; dans toute cette étendue, pas une forme humaine, et les seuls êtres vivants qu'on aperçoit, les oiseaux, ont l'air d'âmes en peine qui errent à l'aventure au milieu de ce désert.

Nous longeâmes ainsi Tijnaarloo, Taarloo et Loon. Le soir nous arrivions à Assen, la moderne capitale de cet austère pays.

Certes personne, à voir Assen, ne se douterait du rôle que la politique contemporaine lui a assigné. Elle a l'air d'un superbe village, point du tout d'une ville, encore moins d'une capitale. Elle l'est cependant, et les grands édifices qu'habitent le gouvernement de la province et l'administration de la jeune cité jurent presque avec ses maisons basses, ses rues sans prétention, les vieux

10.

arbres et les vastes pelouses qui se montrent de tous côtés.

C'est qu'Assen est une création toute moderne. Vous y chercheriez en vain ces maisons serrées et pressées, ces rues sinueuses et tortueuses, ces ruelles sombres, traces persistantes de cette existence étroite et rétrécie qui était la vie courante des cités au moyen âge. Partout l'air, la lumière et la verdure, tout ce que recherchent les villes de nos jours. Et cela n'est pas surprenant, car cette capitale date d'hier. Il y a un siècle, c'était un hameau de cinq cents âmes ; aujourd'hui, elle compte six mille habitants.

Lorsque le gouvernement national organisa les provinces de la République batave, il chercha une capitale pour la Drenthe. Koevorden, qui en avait tenu lieu au moyen âge, était trop loin du centre. Il fallait créer un chef-lieu. Ce fut Assen qu'on choisit à cause de sa position. On l'institua capitale. Plus tard, le roi Louis vint la voir ; il sentit comme une secrète affinité entre ce pays désert et désolé et la situation de son esprit. Une douce sympathie le ramena dans ce village officiel, qu'il traita comme un enfant qu'on aime, le dotant de grands biens. Il pensait même y bâtir un rendez-vous de chasse, une sorte de *buen retiro,* où il serait venu chercher le calme et le repos. Mais il en fut empêché par les événements que chacun sait et qui le précipitèrent dans la retraite.

Parmi les propriétés données par le roi Louis à la ville d'Assen, se trouvait un bois magnifique qui est encore aujourd'hui l'une des deux attractions de la gentille cité. Les jeunes couples aiment à venir s'égarer sous ses hêtres séculaires, dîner ou déjeuner sous ses verts ombrages. C'est un paradis pour le poëte et l'amoureux.

L'autre attraction s'adresse plus particulièrement aux géologues et aux archéologues. C'est un musée d'antiquités préhistoriques, justement réputé dans les provinces environnantes. Depuis quelques années, en effet, on a recueilli et réuni dans une grande pièce du palais provincial tous les débris antiques qu'on a pu trouver dans le pays. Car, indépendamment des fouilles scientifiques opérées auprès des *Hunnebedden* et dans les *grafkelders*, la Drenthe possède deux mines à peu près inépuisables d'antiquités de toutes sortes : ses tourbières et ses sables.

C'est dans les sables qu'on rencontre les vestiges les plus anciens de la présence de l'homme dans ces contrées, les silex taillés et les silex polis. Les couteaux, les flèches, les haches, les marteaux préhistoriques, abondent dans les vitrines du musée d'Assen. Les tourbières ne fournissent guère que des documents de l'âge de bronze. Celui-ci est représenté au musée provincial par des fibules, des bracelets et surtout par un superbe couteau de sacrifice dont les ornements géométriques et la forme élégante indiquent un sentiment esthétique fort développé. Pour les époques plus modernes, les tourbières sont encore plus généreuses. On y trouve à peu près de tout : des vêtements, des bourses et des bijoux, même des bagues en or fin, des camées, riches et précieux débris de l'occupation romaine. On y a trouvé aussi les roues pleines d'un char antique, des ponts tout entiers, des auges creusées dans les troncs d'arbres, des cadavres assez bien conservés, des casquettes, des chapeaux ; que sais-je encore?

Le sable a aussi fourni quelques statuettes de bronze et un fragment en albâtre représentant l'enlèvement de Proserpine. Ensuite viennent les tombes en pierre, comme celle de *Schierstins,* avec la récolte obligée d'épées et d'anneaux, de bracelets et de dagues. Toutes ces richesses ethnographiques sont conservées avec beaucoup de soin par un érudit, M. R. W. Kijmmel, qui leur consacre une bonne part de son temps et les augmente constamment de nouvelles découvertes.

Dans le nombre, il est un objet singulier que je ne puis passer sous silence, les dames m'en voudraient certainement. C'est un... chignon, qui est du reste d'une forme assez particulière pour mériter d'être décrit. Il se compose d'une calotte presque ovale en carton. Le fond de la calotte est garni de cheveux blonds posés à plat ; le tour, ce qu'on appelle en termes techniques le turban, est couvert par sept rangs de petites nattes également blondes. Des rubans tramés d'argent et posés à plat semblent retenir cette chevelure factice. Les cheveux ont assez bien conservé leur nuance. Les rubans, eux, sont plus avariés ; ils ont presque perdu leur couleur.

Ce chignon fut trouvé, en 1814, dans une ancienne sépulture. Il surmontait un crâne blanc et poli comme de l'ivoire. C'était le seul débris qui fût demeuré intact. La parure avait survécu à celle qui la portait, et ce n'est que par un témoignage de sa coquetterie que le souvenir de cette blonde personne devait parvenir jusqu'à nous.

XII

Steenwijk. — Un siége héroïque. — Meppel. — La colonie pénitentiaire
de Veenhuizen.

Notre intention, après avoir visité Assen, était de parcourir à pied et le sac au dos toute la partie est de la
province de Drenthe. Nous voulions partir par Rolde,
gagner Eext et Gieten, et en descendant par Gasselte,
Borger, Exlo, Odoorn et tous ces charmants villages si
justement renommés, suivre la route parallèle à la frontière allemande, et atteindre de la sorte la petite ville de
Koevorden, forteresse célèbre, sentinelle avancée placée
sur l'extrême limite du territoire néerlandais.

Mais, avant de mettre notre projet à exécution et de
nous lancer à travers ces steppes arides et ces bruyères
sans fin, nous résolûmes de visiter deux petites villes,
Steenwijk et Meppel, situées entre la capitale de la
Drenthe et le Zuiderzée, et aussi de voir en détail un
établissement pénitentiaire d'une nature toute spéciale,
établi au nord-ouest d'Assen et qu'on appelle la colonie
de Veenhuizen. C'est par Steenwijk que nous commençâmes cette série d'excursions.

« Steenwijk semble estre une viele ville située près
d'une petite rivière nommée l'Aa, nom que portent
presque toutes les eaux là autour. Elle est petite et ne

contient en sa rondeur que seize cens pas le long de
l'eau, elle est en forme d'arc. » C'est en ces termes que
l'auteur de la *Grande Chronique de Hollande et Zeelande*
nous décrit la gentille petite cité à la fin du seizième siècle,
à une époque où les siéges qu'elle venait de subir
avaient tourné tous les regards vers elle.

Telle il la vit alors, et telle elle nous apparaît aujour-
d'hui, occupant toujours la même place, entourée de bastions en gazon qu'on a transformés en boulevards, ni
plus grande, ni plus vaste qu'il y a trois cents ans, et
ayant conservé sa même forme. Elle n'est point toutefois
aussi vieille que messire Jean Le Petit nous le ferait supposer. Ce n'est qu'en 1232 qu'on la voit apparaître dans
l'histoire des Pays-Bas, où elle ne joua du reste jamais
qu'un rôle très-secondaire. Elle était comptée au nombre
des huit villes closes de l'Overyssel; mais elle figurait à
la fin de la liste, parmi les moins importantes, et relevait ecclésiastiquement du chapitre de Deventer.

Son église principale est cependant un des vastes monuments religieux du pays. Elle fut construite au douzième siècle, et en 1205 élevée à la dignité d'église paroissiale. Presque entièrement rebâtie au quatorzième siècle,
cette église présente aujourd'hui une haute nef centrale
couverte en bois avec deux bas côtés voûtés en briques,
le tout précédé par une énorme tour, à trois étages percés
chacun de douze grandes fenêtres ogivales. Cette tour
fut décapitée sans doute ou demeura inachevée, et pour
lui donner bon air on l'a couronnée, depuis peu, avec
une mesquine balustrade de bois peint et un clocheton

fort peu gracieux. A l'intérieur, elle est vaste et nue, blanchie à la chaux suivant la coutume, et, en fait d'œuvres d'art, ne renferme plus que quelques belles pierres tombales, malheureusement usées par le frottement des souliers et des sabots.

Cette grande église, jadis dédiée à saint Clément, n'est point le seul monument religieux que renferme Steenwijk. Elle possède une autre église, dédiée à Notre-Dame, et qui est un très-gentil spécimen de l'architecture du quinzième siècle. Car, ainsi que le constate une inscription placée dans la façade, cette gracieuse construction fut presque entièrement refaite en 1477. De nos jours, elle a été restaurée avec un grand soin et beaucoup de goût.

Ces deux monuments offrent d'autant plus d'intérêt que les très-vieilles maisons sont fort rares à Steenwijk. Et cela s'explique, car la ville fut presque rasée en 1592. Pour la réduire, le prince Maurice avait été obligé de miner ses remparts et de la bombarder. Lorsqu'elle fut emportée d'assaut, « les maysons et les églises estoyent presque toutes abbatues et les autres percées de part en part, de sorte qu'il falloit que le peuple se tint ès caves ». Ajoutons que ce siége mémorable, et dont Blaeu a conservé dans une de ses belles planches le tracé des opérations, ne fut ni le premier ni le dernier qu'eut à subir la vaillante petite ville. Dès 1522, elle avait été assiégée par le comte de Meurs, mais sans résultat. Moins heureuse l'année suivante, elle fut occupée par les troupes de Charles-Quint, et son château fut rasé par

ordre de l'empereur. Mais toutes les péripéties de ces
différentes attaques pâlissent singulièrement devant le
mémorable siége de 1580.

Cette fois, on peut le dire, la résistance fut poussée à
ses dernières limites et illustra pour jamais le nom
de la petite cité. Le 18 octobre, le comte de Rheneberg
investit la ville. Il amenait avec lui six mille hommes
d'infanterie et douze cornettes de cavalerie. Steenwijk
renfermait six cents soldats et trois cents bourgeois, sur
lesquels une cinquantaine seulement n'étaient pas sus-
pects. Quant à la cavalerie et à l'artillerie, les assiégés en
manquaient absolument.

C'est dans ces conditions déplorables, mal secondés
par la population, mal pourvus de vivres et de munitions, que les deux braves capitaines Cornput et Olthof
entreprirent cette défense héroïque dont le Frison Remigo
Fresinga nous a conservé le récit détaillé[1]. J'aimerais à
retracer ici tous les épisodes de ce siége trop peu connu.
Il en est, dans le nombre, qui semblent légendaires. On se
croirait tout d'un coup revenu au temps des paladins.
Faute de pouvoir les dire tous, en voici cependant deux
ou trois qui pourront faire juger de la valeur des assiégés
et de l'esprit qui les animait.

Le 25 octobre, les soldats de Rheneberg, après plusieurs
tentatives infructueuses, étaient parvenus à accrocher à
l'une des portes de la ville un tonneau rempli de goudron
et de soufre; le soir ils y mirent le feu, et la flamme, en

---

[1] Publié en 1584 à Deventer, chez Frissert de Campen.

léchant les parois de la porte, commença à jeter l'inquiétude dans le cœur des gens de Steenwijk. Impossible d'éteindre le feu sans ouvrir la porte et sans livrer ainsi la place à l'ennemi. L'émotion était grande et déjà l'on commençait à barricader les maisons, quand tout à coup on vit paraître sur le haut du talus une longue forme noire. C'était un soldat de Cornput brandissant un énorme coutelas : « Méchants larrons, cria-t-il, je suis Arent de Groningue, fils d'un brasseur, et je vais aller éteindre votre feu. » Cela dit et sans plus hésiter, le long fantôme se laissa glisser en bas du talus, s'élança à la nage, et, à travers une grêle de projectiles, coupa les cordes qui 'attachaient le tonneau aux crampons, et le poussa dans le fossé où il disparut à son tour. Une obscurité profonde remplaça les rouges clartés de l'incendie, pendant qu'un silence de mort succédait subitement au crépitement de la fusillade. Les poitrines anxieuses retenaient leur souffle, et tous les regards interrogeaient les eaux glauques et noires; mais l'inquiétude ne fut pas de longue durée. La forme noire reparut bientôt au haut du rempart, et, dans le silence de la nuit : « Méchants larrons, cria-t-elle, je suis Arent de Groningue, fils d'un brasseur, et votre feu est éteint. »

Le 15 janvier, car ce siége ne dura pas moins de quatre mois, le spectacle fut tout autre. Prétextant qu'ils s'ennuyaient, les officiers de Rheneberg envoyèrent défier ceux de Cornput, qui acceptèrent le défi, et les capitaines Guillaume et Thomas, après avoir échangé un cartel en règle, se battirent sur le talus à la vue des deux troupes.

Mais le plus curieux de tous ces épisodes est sans con-

11.

tredit la scène qui se passa le 4 février dans Steenwijk
même. A ce moment les vivres manquaient déjà, et
comme rien ne faisait prévoir la prochaine levée du siége,
les bourgeois s'étaient rassemblés au milieu de cette
grande et belle place que nous voyons encore aujourd'hui, murmurant hautement contre le gouverneur,
quand, à la surprise générale, trois perdrix vinrent
s'abattre au milieu du groupe le plus turbulent.

Cornput, averti de cet événement extraordinaire,
sortit précipitamment, se rendit sur la place, et là,
se faisant donner les trois faibles animaux : « Du courage, mes enfants, s'écria-t-il d'une voix inspirée.
Ceci est le doigt de Dieu. Voilà la colombe de l'arche.
Dans trois semaines nous serons délivrés. » Le plus
curieux, c'est que cette prophétie du fougueux huguenot
se réalisa de point en point. Le colonel Norrits apparut
bientôt avec une armée des États. Dès le 21 février il
faisait pénétrer dans Steenwijk cent cinquante fromages,
trois cent cinquante pains et de la poudre. Le 23 février,
Rheneberg se retirait, abandonnant son campement et son
matériel de siége, et la ville était sauvée [1].

Tant d'héroïsme toutefois fut mal récompensé. C'est à
peine si l'on put obtenir des États la solde de ces troupes
qui s'étaient si vaillamment comportées. Quant aux bourgeois, ruinés par le siége, ils furent en outre décimés par

[1] Un vieux livre fort rare, la *Polemographia avraico belgica*,
renferme une très-curieuse gravure représentant ce siége de
1580-81 et donnant une vue perspective de la ville, qui est des
plus intéressantes.

la peste. Aussi lorsque, l'année suivante, la ville fut de nouveau assiégée par les Espagnols et les Malcontents, les habitants ne purent-ils opposer aucune résistance, et le 15 novembre Verdugo, s'étant présenté à l'improviste, fit passer le fossé à ses troupes dans un endroit peu profond et escalada le rempart sans qu'on essayât même de le défendre.

Quelques jours auparavant le général espagnol avait fait reconnaître les abords de la place, et le moyen qu'il avait employé pour ne pas donner l'éveil est trop original pour être passé sous silence. Une fort jolie fille était venue se promener le long du fossé; tout à coup, son chapeau, emporté sans doute par le vent, tomba dans l'eau. Les efforts qu'elle fit pour le ravoir l'éloignèrent de la rive; alors elle appela à son secours des garçons du pays. Ceux-ci accoururent, et, en jetant des pierres, poussèrent le chapeau vers un endroit qu'ils savaient peu profond. Arrivés là, ils se mirent à l'eau, dévoilant ainsi le côté faible de la place.

Steenwijk resta dix ans au pouvoir des Espagnols, et Maurice dut venir la reprendre en personne. Nous avons vu en quel état elle se trouva réduite après ces six semaines de siége [1]. Depuis lors, elle reçut encore la visite des troupes de l'évêque de Munster, qui l'occupèrent

---

[1] Fait assez curieux, les héros du premier siége se trouvèrent figurer au second, mais cette fois dans les rangs des assiégeants et non dans ceux des défenseurs. Le brave capitaine Osthof, qui commandait un des régiments de Maurice, fut tué par un projectile lancé de la place, et l'armée des États se servit d'engins de guerre imaginés par l'ancien gouverneur Cornput.

en 1672, et l'abandonnèrent l'année suivante après l'avoir rançonnée. Une émeute en 1749, l'inondation en 1825 furent ensuite les deux seules pages lugubres qui assombrirent son histoire.

Aujourd'hui Steenwijk est une bonne petite ville aux rues accidentées, dominant les campagnes d'alentour, qui concourent à sa richesse, car elle « gist en un terri-toire fertile en bled dont elle soule faire grand traffic ». Ses marchés de grain et de beurre sont renommés, et par-fois on voit jusqu'à mille têtes de bétail sur ses boule-vards et sur sa grande place, la même où, il y a trois cents ans, le puritain Cornput prenait des perdrix et ren-dait des oracles. Tout auprès, dans une petite rue, se trouve le *Poids*, gentille construction décorée de deux bas-reliefs et portant la date de 1642. Du *Poids* à la place et de la place au *Poids*, c'est, les jours de marché, un va-et-vient perpétuel, et si, ces jours-là, on se réfugie sur les boulevards, on voit au loin de longues processions de paysans et de chariots qui se dirigent vers la ville ou regagnent joyeusement leurs paisibles villages.

Steenwijk était déjà une « viele ville » que Meppel n'existait point encore. Au commencement du dix-septième siècle, on la comptait dans la province d'Overyssel au nombre « des lieux fort respectés qui jouissent de très-beaux priviléges et sont bourgs d'importance [1] ». En 1580, toutefois, elle fut, à cause des guerres qui désolaient le pays, entourée d'un fossé et d'un mur. Mais elle n'était

[1] Guicciardini, *Description des Pays-Bas.*

guère redoutée, ni redoutable, car, le 11 septembre 1587, il suffit de douze cavaliers des États pour s'en emparer. Ils s'étaient présentés à pied, à la poterne, demandant à entrer pour faire quelques achats. Comme ils montraient leurs écus, on les laissa pénétrer. Mais à peine la porte franchie, ils bousculent le poste et appellent leur capitaine qui se tenait caché dans les environs, et c'est ainsi que la ville fut occupée. Aujourd'hui le fossé existe encore, mais les murailles ont été démolies, et Meppel s'étend en longueur, formant une grande et belle rue sur laquelle viennent se greffer une foule de petites rues adjacentes.

Cette maîtresse voie est divisée en trois tronçons à peu près égaux par deux canaux qui ouvrent de chaque côté d'agréables perspectives. De monuments anciens il n'y en a guère. Cependant on y découvre de vieilles maisons avec de joyeux pignons, des consoles amusantes et les fenêtres encadrées dans des arcs trilobés. C'est surtout au centre de la ville, et à l'une de ses extrémités, dans la *Kruisstraat,* qu'on rencontre ces spécimens de l'architecture du vieux temps. L'hôtel de ville, lui, ne date que du siècle dernier. N'étaient les armoiries qui surmontent sa porte, on le prendrait volontiers pour une belle maison bourgeoise. Et pourtant il a un aspect simple et sévère qui ne manque pas d'un certain parfum municipal. Son petit air grave et important le fait un peu ressembler aux bourgmestres de jadis.

Quant aux églises, Meppel en compte deux : l'une toute moderne, construite à l'entrée de la ville, dans ce style de transition qu'affectionnent les architectes de nos jours; l'autre ancienne, datant de 1498, mais si fortement restaurée au siècle dernier, qu'elle n'offre presque plus d'intérêt. On l'a du reste bien vite oubliée au milieu de cette gentille cité, sans prétentions déplacées, aimable, gaie et proprette, qui a tout à fait l'air d'une bonne petite ville de province.

Notre troisième excursion, à l'ouest d'Assen, avait pour but, on s'en souvient, l'établissement pénitentiaire de Veenhuizen. C'est une colonie agricole, où sont détenus les pauvres gens condamnés pour mendicité, et qui est située au milieu d'un véritable désert. Pour parvenir jusqu'à elle, il faut cheminer, pendant deux heures, au milieu de bruyères arides. « Pas un arbre, pas un arbuste ne s'élèvent dans ces immenses plaines qui eussent été condamnées à une éternelle stérilité si l'industrie de l'homme n'était venue y opérer la plus admirable des transformations qu'il soit possible d'imaginer [1]. » Rien ne peut en effet donner une idée du charme qu'on ressent, lorsqu'après avoir traversé ces steppes incultes, on se trouve tout à coup au milieu des moissons dorées, des champs de colza et des bosquets de chênes.

La colonie de Veenhuizen possède environ trois mille hectares de terrain. Sur ce chiffre un millier environ sont en pleine culture. L'exploitation est divisée en trois établissements : le premier réservé aux femmes, le deuxième

---

[1] Ramon de la Sagra, *Voyage en Hollande et Belgique*. Ce voyage, entrepris pour étudier le système pénitentiaire des Pays-Bas, renferme, sur les établissements de répression, une foule de détails techniques du plus haut intérêt.

aux hommes et le troisième occupé par des hommes et les orphelins. Au milieu, se dressent les bâtiments de la direction et les trois églises, l'une pour les réformés, l'autre pour les catholiques et la troisième pour les juifs. Divisés à l'église, les différents cultes sont aussi séparés dans les habitations, et les catholiques et les juifs ont chacun un quartier spécial.

Le nombre des condamnés qui occupaient Veenhuizen au moment de notre visite était d'environ dix-huit cents, dont quatre cents femmes et seulement soixante enfants. Tout ce personnel est employé l'été aux travaux des champs, et l'hiver à différents métiers, comme le tissage et la sparterie, qui permettent de les occuper dans des chambres closes.

Les honneurs de la colonie nous furent faits, avec une parfaite courtoisie, par le capitaine Necteson, qui en est le directeur. Nous visitâmes tour à tour les trois établissements, tous trois édifiés du reste sur le même modèle, consistant en une énorme cour carrée, plantée d'arbres et bordée sur chacune de ses faces par une longue rangée de maisons basses et uniformes. Ces maisons forment une enfilade de grandes chambres, qui servent à la fois de salle de repos, de réfectoires et de dortoirs aux habitants de la colonie. Ceux-ci couchent dans des hamacs, qui se roulent dans le jour pour laisser plus de place, et qui sont tout aussi confortables que les lits de la plupart des ouvriers des champs. Leur nourriture est aussi à peu près la même que celle des valets de ferme. Deux, trois et jusqu'à quatre fois par semaine, ils reçoivent de la viande ou du lard. En outre, ils font chaque jour deux repas de légumes, et ont droit à une ration de pain et de café [1].

Le pain est noir, mais ils peuvent, avec un léger supplément, s'en procurer du blanc, et ainsi améliorer leur ordinaire. Ils ne sont point en effet dénués de toutes ressources. On leur fait une remise sur l'argent qu'ils gagnent, et leurs travaux leur sont payés d'après un tarif détaillé.

Un homme un peu laborieux arrive, de la sorte, à gagner son florin chaque jour. Il en est même qui se font jusqu'à huit florins, dans les six jours de travail que compte la semaine. Sur le produit de leur travail, il est alloué aux détenus 15 pour 100, dont 10 leur sont versés immédiatement, et les 5 pour 100 complémentaires sont capitalisés pour leur être remis à la sortie. Avec ce qu'ils touchent tout de suite, ils peuvent se procurer quelques douceurs. Ce qui prouve du reste que le régime ainsi mitigé n'est nullement insalubre, c'est la bonne santé dont ils jouissent presque tous. Nous visitâmes l'infirmerie

---

[1] Les colons sont pour le travail divisés en trois classses : la première comprend les hommes et femmes âgés de plus de seize ans ; la deuxième, les garçons et les filles de huit à seize ans ; la troisième, les enfants âgés de moins de huit ans. Quant aux petits enfants de deux ans et au-dessous, ils restent avec leur mère.

L'alimentation est, elle aussi, divisée en trois classes. Les enfants au-dessous de treize ans ont trois cinquièmes de portion ; de treize à dix-sept, ils reçoivent quatre cinquièmes de portion ; et, au-dessus de cet âge, la portion entière.

Pour plus de détails, on peut voir, du reste, la notice publiée en 1872 par M. A. F. Eilerts de Haan et intitulée *De Noordnederlandsche Landbouwkolonien.*

de l'établissement n° 2 ; elle ne contenait que vingt-huit malades. Sur six cents détenus, le chiffre est peu considérable, surtout si l'on tient compte de ce fait, qu'un grand nombre de ces pauvres gens n'ont été poussés à la mendicité que par faiblesse physique, par maladie ou par suite d'infirmités [1].

Si le régime n'est pas insalubre, la discipline n'est point non plus trop rude, car bon nombre de ces malheureux, après avoir passé quelque temps dans la colonie, y prennent goût et ne la quittent que pour y revenir. On nous montra le livret de détenus qui sont renvoyés à Veenhuizen pour la onzième et la douzième fois. Le maximum de chaque condamnation est de deux ans ; et comme les récidivistes obtiennent toujours le maximun, il y avaient passé plus de vingt ans de leur existence.

Par contre, quelques-uns s'échappent ; ceux-là sont vite ramenés et mis au cachot. On y enferme aussi les insoumis et ceux qui refusent de travailler. Mais la prison de Veenhuizen n'a point un terrible aspect. C'est une gentille maisonnette divisée en cellules, que garde un vétéran somnolent et nullement féroce.

Les insoumis, du reste, sont peu nombreux ; mais les paresseux le sont davantage. Le personnel des détenus est, en effet, recruté parmi des vieillards, des invalides

---

[1] M. de la Sagra constate, dans son livre, qu'à Veenhuizen, « la phthisie pulmonaire et les affections de poitrine sont les causes les plus fréquentes de décès dans les adultes et dans les adolescents des deux sexes ». Les tableaux annuels de la mortalité confirment cette remarque.

11.

ou de lâches vagabonds, tous fort peu disposés à échanger contre une existence laborieuse leurs habitudes de fainéantise et de licence. Les dames surtout sont, paraît-il, difficiles à manier. Querelleuses et rancunières, plus paresseuses que les hommes, elles nécessitent une surveillance de chaque instant, et, bien qu'on ne les perde guère de vue, il en est plus d'une qui sort de l'établissement dans une situation qui serait fort intéressante si elle était plus légitime.

Dans le principe, en établissant cette colonie, on avait espéré pouvoir former, sans grands frais, une population agricole capable de rendre de véritables services. Mais on n'a point tardé à abandonner cette douce illusion [1]. On comptait que chaque condamné pourrait arriver facilement à gagner sa vie. Mais le nombre des incapables et des invalides était beaucoup trop grand, et la *Société néerlandaise de bienfaisance,* qui avait eu la généreuse initiative de ces colonies pénitentiaires, a dû les résigner entre les mains du gouvernement qui, chaque année, est obligé de débourser des sommes considérables pour leur entretien [2].

C'est en 1818 que furent fondés Veenhuizen et Ommerschans. Les années 1816 et 1817 avaient été désastreuses. La disette s'était changée en famine. Les petits cultivateurs et les ouvriers se trouvèrent réduits à men-

---

[1] Voir *Notice sur les colonies agricoles de la Société néerlandaise de bienfaisance,* par W. C. Staring.

[2] Les deux colonies de Veenhuizen et Ommerschans coûtent annuellement au gouvernement néerlandais près de trois cent cinquante mille florins. Ommerschans, qui est établi sur le même pied que Veenhuizen, renferme environ huit à neuf cents détenus.

dier leur pain, et la mendicité prit de telles proportions qu'elle devint un danger public. Quelques hommes de cœur eurent alors la pensée d'utiliser ces forces inactives et de donner du pain à ceux qui en manquaient.

Tel fut le point de départ de cette institution qui a été bien diversement jugée. Certains philanthropes, en effet, se demandent avec tristesse si c'est résoudre le terrible problème de la misère que de traiter comme des malfaiteurs ceux qui, poussés par la faim, ont tendu la main à la charité publique. D'autres, éclairés par un raisonnement plus économique que sentimental, prétendent qu'il faut juger une œuvre par ses résultats, et que, publique ou privée, la charité, quand elle fait naître la certitude de l'assistance, crée plus d'imprévoyants qu'elle ne soulage de malheureux.

C'est le langage que tenait M. Batbie, le 10 avril 1866, en ouvrant à l'Ecole de droit son cours d'économie politique, et que Pierluigi Bembo, podestat de Venise, tenait la même année à ses collègues des Lagunes. C'est également l'opinion que six ans plus tôt un économiste belge, M. E. Duceptiaux, consignait dans un de ses ouvrages[1], et qu'il y a dix mois à peine un des plus hauts fonctionnaires néerlandais m'exprimait à propos de cette même colonie de Veenhuizen.

---

[1] *L'Association dans ses rapports avec l'amélioration du sort des classes ouvrières.*

XIII

Les villages de Drenthe. — Rolde, Eext, Gieten, Borger et Exlo. — Une imprimerie rustique. — Egarés! — Le pasteur de Zwelo. — Koevordeu.

Nos excursions à l'ouest terminées, nous dirigeâmes nos bagages sur Zwolle, et, le sac au dos, nous nous mîmes en route pour les villages de l'est. Notre intention, ainsi que je l'ai déjà dit, était d'atteindre Eext en passant par Rolde, et de descendre sur Koevorden, en suivant la route qui s'étend parallèlement à la frontière allemande.

Je connais peu de routes en Europe qui soient plus agréables que celle d'Assen à Rolde. Comme ses sœurs de la Frise, elle fait de nombreux coudes et beaucoup de détours; mais personne ne songera jamais à s'en plaindre, tant les gentilles perspectives qui se succèdent ont d'attrait. Les grands arbres, les rustiques maisons et les haies vives qui bordent le chemin se groupent à ravir. Les tons vigoureux et tranchés se font valoir par le contraste. Tous les dix pas, on a sous les yeux un tableau tout fait, admirablement composé, et qui ravirait de joie un paysagiste. Parfois les haies et les arbres s'écartent brusquement, et laissent le regard faire une longue trouée dans la campagne. Ce sont alors de vastes champs qui apparaissent, dorés par les moissons,

décorés par les bluets et les coquelicots, ou bien de verts
pâturages, avec des vaches noires et blanches, impassibles et broutant l'herbe courte mais fournie.

Parfois aussi, une échappée laisse voir, dans le lointain, une lande inculte et aride, qui profile ses ondulations
noirâtres sur le ciel argenté, ou bien encore une série
de petits monticules disposés en bon ordre, qui, nous
reportant aux époques préhistoriques, viennent nous révé-
ler la présence d'un de ces mystérieux cimetières, dont
on ignore aujourd'hui quels furent les antiques habitants.

Ainsi tout semble se réunir pour intéresser l'esprit et
pour varier les sensations. Mais bientôt Rolde apparaît, et
l'enchantement augmente encore; car Rolde commence
la série de ces villages de Drenthe qu'adorent des artistes, et qui justifient bien cette affection, car il est impossible de rien voir de plus pittoresque.

Ces joyeux hameaux semblent, en effet, perdus au milieu des grands arbres, et, de leur nid de feuillage, on
voit émerger de tous côtés, sans apprêts et sans ordre,
des chaumières vraiment rustiques, avec de grands toits
descendant jusqu'à terre et de vieilles murailles, où la
brique aux tons chauds perce le crépi blanc.

Au centre de ce cadre joyeux, une église avec son clocher pointu et un petit cimetière gondolé et tout fleuri;
dans un coin, une forge avec la maréchalerie obligée, le
forgeron en culotte courte et en tablier de cuir; à terre les
essieux et les roues; attachés au mur les grands chevaux
noirs à queue traînante, qui piaffent en attendant leur

tour; point de rues, point de places, un carrefour perpétuel bordant une route qui serpente, avec des maisons
posées de travers et composant le plus charmant fouillis
de toits gris, de murs blancs ou rouges et de vieux arbres qu'on puisse imaginer.

Tel est Rolde; tels sont aussi Eext, Gieten, Gasselte
et Borger. Vous les connaissez, du reste, ces joyeux villages de la Drenthe! Ce sont eux qui ont inspiré les
meilleurs paysagistes de la vieille école hollandaise.

Cette maréchalerie dont nous parlions à l'instant, Wou-
werman l'a copiée dix fois, l'animant de ses brillants cavaliers, de ses indiscrets soudards et de ses servantes
rieuses. C'est à l'entrée d'un de ces jolis villages que Wa-
terloo a placé ses *Voyageurs au repos* et sa *Mère aux trois
enfants*. C'est là que le vieux Wynants est venu plus d'une
fois chercher ses inspirations, et que Jacob van Ruys-
daël, avant d'aller errer dans les gorges de la Norwége,
amoureux déjà de solitude, épris de la nature désolée,
est venu, lui aussi, peindre son *Champ de blé*. Mais personne mieux que Minderhout Hobbema n'a reproduit
avec une justesse parfaite et une tendresse amoureuse les
délicieux recoins de ces villages drenthois : justifiant ainsi
cette version locale qui le fait naître, non point à Anvers, comme le prétend Pilkington, non point à Haarlem, comme l'affirme Smith, pas même en Gueldre,
comme le supposent Van Eynde et Van der Willigen, ni
en Frise, comme le croient MM. Henri Heris et Charles
Blanc, mais à Koevorden, sur les frontières mêmes de la
Gueldre et de la Drenthe, sur la limite des deux pro-

vinces auxquelles il emprunta tous ses motifs et la plupart de ses sujets.

De Rolde à Borger, tous les jolis villages étagés sur la route ont ensemble un air de famille, et cependant tous se distinguent de leurs voisins par quelque particularité intéressante. En dehors, en effet, des *Hunnebedden*, et des cimetières antiques qu'on rencontre dans leur voisinage et qui suffiraient à leur concilier l'estime des archéologues, la physionomie de la campagne qui les entoure enlève toute monotonie à leur aspect. Les sites au milieu desquels ils s'élèvent sont toujours différents et variés à l'infini.

C'est ainsi qu'à Rolde tout indique l'abondance. Ses deux beaux dolmens sont placés au milieu de son *Esch*, c'est-à-dire enveloppés par des moissons dorées. C'est un gros arbre qui a démoli le plus important des deux ; et ce doyen de la plaine enveloppe presque entièrement dans les replis de son écorce un des énormes blocs qui composaient le monument. A cent pas de là, se dresse l'église, aimable construction du quinzième siècle, dont les gracieuses ogives et les robustes contre-forts dominent les champs fleuris d'alentour [1].

Pour Eext et Gieten, rien de semblable. L'un et l'autre sont situés au milieu d'un vrai désert. Plus de champs fertiles, plus de frais ombrages ; partout la

---

[1] Au pied de cette église, on a découvert, en 1839, des monnaies romaines, et en 1846 des urnes funéraires, qui indiquent la haute antiquité de ce joli village.

bruyère noirâtre, et à l'horizon quelques massifs de feuillage bleu; pas une âme sur la route, pas un cri, pas d'autre bruit que le bourdonnement des insectes et la cadence de notre pas. C'est au milieu de cette solitude désolée et de ce silence impressionnant que se dressent les monuments celtiques d'Ecxt et de Gieten, et les deux villages, qui sont à cinq cents mètres de là, semblent se cacher derrière un rempart de verdure, pour ne point assister à cette impitoyable désolation.

Une fois cette verte ceinture franchie, tout change de nouveau, et l'on retrouve la joyeuse physionomie, pittoresque et charmante, de ces hameaux fortunés, gais sans tapage, et jolis sans toilette, avec leurs vieilles maisons, leur jeune église, et, dans un coin de la route, une auberge proprette, silencieuse et recueillie, désignée par son enseigne de tôle, qui grince au-dessus de la porte, et par l'auge à moitié pleine qui attend le cheval fatigué.

A Gasselte et à Borger la campagne diffère encore. Elle est moitié landes et moitié champs, et de grands arbres, qu'on aperçoit au loin, indiquent des forêts prochaines. La route, elle aussi, s'accidente, les bruyères s'ondulent et forment de petites collines qui mouvementent la ligne de l'horizon. Rien de monotone, on le voit, dans ce pays au sol ingrat, à l'aspect sauvage, où l'homme lutte toujours pour vivre, et finit toujours par triompher.

Ajoutez encore à cela mille remarques et des propos joyeux, le bon accueil dans les auberges et les saluts le long de la route, sans compter les surprises qui apportent toujours une pointe de gaieté et bannissent la monotonie. A Gieten, dans l'auberge, au milieu des armoires luisantes et vernies, nous découvrons, accrochées en pleine lumière, deux détestables lithographies : le *Pont d'Arcole* et *Napoléon blessé devant Ratisbonne*. Légende napoléonienne, voilà bien de tes coups! A Gasselte, le tableau change. C'est un pauvre cabaret de campagne, encombré de rustiques buveurs et tenu par une jeune paysanne. Dans un coin l'enfant dort, et, pour pouvoir le bercer tout en servant la pratique, la jeune mère, allant et venant, tire une ficelle qui imprime au berceau de calmantes secousses.

A Borger, encore un incident fourni par la tendresse maternelle! C'est une malheureuse femme qui a perdu son fils, un enfant de deux ans, qu'on dit parti dans la bruyère. Et toutes les commères du hameau, espacées en tirailleurs, battent la plaine déserte en appelant le pauvre petit. Au milieu d'elles, la mère poussait de grands cris, et s'arrachait les cheveux. Son bruyant désespoir s'expliquait par l'énorme quantité de vipères à tête noire qui peuplent ces landes incultes. Chaque année, elles font maintes victimes. On comprend dès lors la crainte de ces braves gens et cette battue en règle. L'enfant se retrouva. Pendant qu'on le cherchait dans la bruyère, il était chez une voisine, gravement occupé à jouer avec un gros chat.

Dans ce même Borger, à l'auberge où nous trouvâmes un accueil tout cordial et une gracieuse hospitalité cam-

pagnarde, une autre surprise nous attendait encore, mais
d'un genre particulier, et d'une nature si spéciale, que la
chose est assez difficile à conter. Lecteur délicat et pudique,
tournez la page. Pour les autres, voici le fait : Il est
dans chaque habitation, vous le savez, un réduit plus ou
moins commode où l'on aime à se recueillir. En France,
on le désigne sous cet euphémisme d'« endroit où l'on
va seul ». A Borger, l'euphémisme serait sans valeur;
car le réduit compte plusieurs places, et apparemment on
s'y rend en compagnie. Il cesse d'être monocle, comme
chez nous, pour entrer dans la classe des binocles. Je
vous laisse à penser si nous nous amusâmes de cette
découverte, d'autant qu'elle était féconde en souvenirs. Constant se rappela qu'à Kanderstegg, en Suisse,
il avait constaté un pareil usage, et que, pendant une
nuit d'indisposition générale, il s'était rencontré à plusieurs reprises, dans cet hospitalier réduit, avec un des
membres les plus éloquents du parlement anglais.

Pour moi, cela me rappelait la Norwége. A Frederik-
shald, je m'étais trouvé associé à ces habitudes familières.
Mais là, l'hôtel étant plus grand, le siége était plus vaste.
Il était à trois places, auxquelles, par un délicat sentiment des besoins de l'enfance, on avait adjoint un siége
moins élevé et garni, lui aussi, d'une double ouverture.

Quelle que soit la sociabilité de Borger et de ses habitants, il nous fallut le quitter cependant pour nous diriger
sur Exlo. Mais cette journée, qui fut la plus pénible de tout
notre voyage, mérite d'être racontée avec plus de méthode.

A quatre heures, on vint nous réveiller, et le départ

eut lieu à cinq. Deux gardes-chasse nous accompagnaient pour nous montrer le chemin. Comptant arriver à onze heures à Odoorn et pouvoir y déjeuner, nous ne prîmes qu'une tasse de café noir et point du tout de provisions. Nous nous jetâmes tout de suite dans la bruyère pour voir de près les superbes *Hunnebedden* de Borger; puis ensuite, par une route de sable où l'on enfonçait jusqu'à mi-jambe, nous arrivâmes à Exlo. Jusque-là le chemin avait été presque agréable. La matinée était fraîche, et les vestiges des peuples disparus sont assez nombreux dans cette plaine désolée pour occuper les yeux et l'esprit.

Non-seulement les *tumuli* abondent et les monuments de pierre; mais on y rencontre encore d'immenses excavations circulaires, ayant la forme d'un énorme entonnoir, d'une parfaite régularité et comportant de cinquante à soixante mètres de rayon. Quelle peut être l'origine de ces étranges excavations? La légende les prétend creusées par des rondes infernales, un sabbat d'échappés de l'enfer ! L'aspect lugubre de ces sombres campagnes légitimerait presque cette fantastique explication; mais les archéologues, gent moins poétique, prétendent en trouver de plus plausibles. Selon les uns, ce sont d'anciens campements celtiques, creusés par les populations primitives pour les abriter des regards ennemis et de ce vent glacial que rien n'arrête dans ce désert. Selon les autres, on devrait y voir d'énormes citernes emmagasinant les pluies, seule eau potable qu'on puisse avoir dans ces arides solitudes. Toutefois, comme il est impossible de contrôler aujourd'hui l'exactitude de ces dires, on doit les prendre pour ce qu'ils valent, c'est-à-dire pour de simples suppositions.

A Exlo nous ne fîmes qu'une courte halte. Le hameau est charmant. Un vieux chroniqueur, Picardt, affirme qu'il date des premières années du neuvième siècle, et un grand cimetière celtique, qu'on traverse avant d'arriver à ses premières maisons, lui assigne une origine encore plus reculée. Toutefois, ce n'étaient ni les chaumières pittoresques, ni les sépultures préhistoriques qui nous attiraient. Nous venions à Exlo presque exclusivement pour voir un confrère.

Ce hameau de cent feux, perdu au milieu des bruyères, à peine relié au reste du monde et qui compte au plus trois cents habitants, possède en effet un imprimeur et une imprimerie, un journaliste et un journal. Et c'est une très-jolie gazette que la *Drentsche courant*, imprimée sur beau papier, avec de jolis caractères, ouvrant ses colonnes à des articles de fond et aux nouvelles locales, et consacrant sa quatrième page aux annonces. Souvent, elle est citée par les grandes feuilles d'Amsterdam, et je gage que plus d'une de celles-ci ne se doute guère du lieu où s'imprime cette gracieuse publication.

C'est dans une petite chambre fort claire que tout se fait : la rédaction, la composition, le tirage. Cette chambre aboutit à la salle à manger et confine à l'étable. Car s'il est glorieux de faire comparaître devant sa plume les puissants souverains de l'Europe, il n'en faut pas moins assurer l'existence matérielle. Tout en écoutant M. de Roo, le maître de cette champêtre imprimerie, nous admirions cette installation primitive, naïve même, mais ingénieuse et paisible, et mon esprit, franchissant la distance, s'en allait retrouver un de nos artistes parisiens, un de nos maîtres imprimeurs, mon vieux camarade Jouaust. Combien de fois, dans l'intimité de nos causeries, ne lui ai-je point entendu souhaiter une semblable retraite, où l'on pût, loin du bruit et des tracas, produire d'irréprochables chefs-d'œuvre! C'était la réalisation de son rêve.

Malgré le charme que nous avions à contempler cette villageoise « officine », le soleil nous avertit qu'il était temps de nous remettre en route. Dix heures sonnaient, la chaleur se faisait sentir, et il nous fallait gagner Odoorn pour y déjeuner. C'était un peu plus d'une heure de marche. Nous prîmes donc congé de l'aimable confrère, et nous continuâmes gaiement notre chemin; mais à Odoorn une première déception nous était réservée. Point d'auberge! Point de chaumière où nous pussions trouver à manger! La plupart des habitants étaient aux champs; pour les autres, il était ou trop tard ou trop tôt; car les campagnardes néerlandaises ne possèdent point les talents culinaires de nos villageoises françaises, qui, en un tour de main, savent préparer un petit repas appétissant. Nous essayâmes de nous consoler de notre jeûne forcé en visitant une vieille église, construite en partie avec des blocs de granit empruntés aux *Hunnebedden* d'alentour, et, faiblement réconfortés par ce repas d'archéologues, nous reprîmes notre course, décidés à pousser jusqu'à Zweelo, où notre passage était annoncé.

Il fallait, nous disait-on, encore deux heures de marche ; mais, en Drenthe comme en Frise, les heures sont élastiques. A une demi-lieue d'Odoorn, nos guides nous laissèrent, et, suivant les indications qu'on nous donna, nous prîmes une route qui s'engageait dans la bruyère.

Pendant la première heure tout alla bien. La route était ensablée, et l'on enfonçait jusqu'à la cheville ; mais elle serpentait devant nous, étalant au loin ses longs circuits poudreux. Nous pensions qu'elle nous mènerait à Zweelo, et nous avions pour garants de cette légitime espérance la carte de l'état-major, sur laquelle la voie est indiquée, et la rassurante affirmation du gouverneur de la province, qui avait bien voulu me certifier, pendant mon séjour à Assen, que les routes de la Drenthe étaient en assez bon état.

Malheureusement, notre espoir fut déçu. Une fois que nous eûmes franchi l'*Oranje kanaal,* le chemin se réduisit à une double ornière, tracée par quelque pesant chariot, et sillonnant, en pénibles zigzags, la bruyère inégale et pleine de fondrières. Bientôt même toute trace de roues cessa d'être visible, et nous cherchâmes en vain la route disparue. Le sable l'avait effacée. Nous continuâmes néanmoins. Bientôt la bruyère reprit, avec ses tiges enchevêtrées et le frôlement des couleuvres s'enfuyant à notre approche. Une nouvelle heure se passa de la sorte. Nous avancions toujours, sans qu'aucune trace de route ni même de sentier se montrât. Nous marchions droit devant nous, ne sachant où nous mènerait cette course pénible, perdus entre le ciel brûlant et la lande noire, accablés par la chaleur, écrasés par le poids de notre bagage, à jeûn depuis la veille, enfonçant à chaque pas dans le sable mouvant. Au loin, le désert; pas une habitation, par une forme humaine. Nous étions égarés. Enfin, vers une heure et demie, nous aperçûmes un clocher qui semblait jaillir d'un massif de feuillage. Constant, qui ne cessait d'interroger l'horizon avec la lorgnette, le distingua le premier. « Est-ce Zweelo? » me dit-il. « Je l'ignore, répondis-je; allons toujours là, et nous aviserons ensuite. »

C'était Zweelo! Une heure plus tard, nous arrivions aux limites de l'*Esch*. Il nous fallut encore traverser toute la culture du village, et ce n'est qu'à trois heures que nous atteignîmes les premières maisons.

La principale attraction qui nous amenait dans ce gentil hameau était le désir de visiter un homme d'esprit, le pasteur Lesturgeon. Mais, défaits par ces dix heures de marche dans la bruyère, accablés par la chaleur, épuisés de besoin et de fatigue, nous songeâmes tout d'abord à réparer nos forces et le désordre de notre mise. Nous nous fîmes donc indiquer l'auberge. Nous pensions y trouver le nécessaire; hélas! nous avions compté sans notre hôte, ou plutôt sans l'hôtesse, sorte de mégère qui refusa de nous recevoir. « Que voulez-vous? nous cria-t-elle... une chambre? il n'y en a point ici pour vous... Voici la porte. Sortez. » Nous eûmes beau protester contre cette indigne conduite, il nous fallut sortir, et, sans plus hésiter, nous allâmes chez le vénérable pasteur demander à sa bienveillante cordialité ce que l'aubergiste nous refusait pour notre argent.

L'accueil fut tout autre, comme bien on pense.
Quoique je n'eusse jamais vu M. Lesturgeon, je le connaissais de longue date. Je savais que c'était un homme
de bien doublé d'un érudit. J'avais échangé quelques
lettres avec lui, et il ne m'avait pas fallu longtemps pour
juger des qualités de son cœur et de la finesse de son
esprit. L'excellent homme entouré, de sa famille, habitait
une délicieuse villa, au milieu d'un beau jardin émaillé
de fleurs et ombragé de grands arbres. Il nous ouvrit sa
maison, sa cave et sa cuisine. Mal lui en prit, car nous
fîmes brèche partout. La cave surtout eut à subir de
rudes assauts. Quand nous lui eûmes raconté la façon
dont l'aubergiste nous avait accueillis : « J'en suis d'autant plus indigné, nous dit-il, que ces Mensingh sont
des gens à leur aise. Ils peuvent compter parmi les ri-
chards du pays, et le frère de cette femme qui vous a si
mal reçus est l'un de nos échevins. »

Le digne pasteur, quand il nous vit rafraîchis et restaurés, voulut nous faire lui-même les honneurs de son
domaine spirituel. Nous commençâmes, comme de juste,
par l'église, modeste construction d'architecture romane,
entourée d'un petit cimetière. Nous nous reposâmes dans
ce paisible asile de la mort, et c'est au milieu de ces
tombes modestes, dont quelques-unes fraîchement fermées, que nous passâmes les dernières heures du jour,
philosophant doucement, et oubliant, dans une intime
causerie, que nous nous voyions pour la première fois
et que peut-être nous ne devions plus nous revoir.

Le soir, nous rentrâmes à la maison, où la famille

réunie nous attendait. Mademoiselle Lesturgeon, charmante jeune fille, aimable et distinguée, me questionna
longuement sur Paris : Paris, ce pays magique, qu'elle
avait entrevu dans les livres et dont elle faisait une sorte
de paradis. « Que vos maisons doivent être belles, me
disait-elle, et quels jolis jardins vous devez posséder ! »
Il me fallut la détromper, lui raconter notre vie mesquine, nos habitations divisées par étages et par couches,
lui parler de nos cours étroites et obscures, et lui dépein-
dre nos rues sombres et sans air. Elle ouvrait de grands
yeux, et je m'en voulais de lui ravir une de ses illusions;
mais, le soir, elle me récompensa de ma franchise. « Si
vous n'avez point de jardin, me dit-elle avec un charmant sourire, vous devez en aimer encore davantage les
fleurs; permettez-moi de vous offrir celles-ci. » Et elle
me tendit un superbe bouquet qu'elle venait de cueillir.

A ce moment, son frère arrivait avec une voiture atte-
lée d'un excellent cheval. Puisque nous ne pouvions coucher à Zweelo, il voulait nous mener sans fatigue jusqu'à
Koevorden. L'heure du départ sonna. Nous dûmes nous
séparer, non sans regret, de cette aimable famille. Au
moment où la voiture s'ébranlait, M. Lesturgeon voulut
encore une fois nous serrer la main. « N'oubliez pas tout
à fait, nous cria-t-il, le petit village de Zweelo et son
modeste pasteur. » Nous lui fîmes la facile promesse de
nous souvenir de lui, et nous l'avons religieusement
tenue.

Il était près d'une heure du matin quand nous arrivâmes à Koevorden. Nous eûmes assez de mal à obtenir

12

une chambre. Tout le monde à l'auberge et dans la ville dormait d'un profond sommeil ; et dès qu'il nous fut possible d'en faire autant, nous imitâmes cet excellent exemple. Notre repos, du reste, était bien gagné.

Le lendemain, nous fûmes réveillés par un nain malicieux qui braillait à tue-tête une traduction fantaisiste de la *Fille de Madame Angot*. Le soleil envoyait ses rayons dans ma très-modeste chambre. J'en profitai pour l'examiner à fond. Quelle ne fut pas ma surprise d'apercevoir, accroché à la muraille, un vieux tableau d'excellente qualité ! C'était un portrait de famille. Le père, la palette au poing, jouait avec une aimable petite fille que la mère tenait sur ses genoux. Les costumes étaient curieusement traités et les physionomies d'autant plus intéressantes, que c'était le portrait de ce Rotius dont, deux années plus tôt, la généalogie m'avait si fort tourmenté [1]. Il n'y avait point, du reste, à s'y tromper, une superbe inscription levait tous les doutes. Mis en goût par cette matinale découverte, nous parcourûmes la ville avec l'espoir de rencontrer quelques précieux monuments. Mais notre attente fut trompée. A part une fort jolie maison, dont la gracieuse façade est conçue dans le goût des habitations groningoises et porte la date de 1631, il n'y a rien à citer. L'hôtel de ville est un lourd bâtiment moderne, badigeonné de blanc ; l'église, construite en 1641, est sans intérêt et sans caractère. Les rues, larges et assez mal pavées, aboutissent à une place irré-

---

[1] Voir le *Voyage aux villes mortes*, page 74.

L'église de Koevorden.

gulière. Il semble que toute la beauté de la ville se soit
réfugiée dans les superbes bastions qui l'entourent, et
dans les belles allées qui les ombragent, comme si
Koevorden n'avait jamais souhaité d'autre parure que
ses remparts.

Cela se comprend, du reste. L'histoire de la petite
cité est avant tout militaire. De tout temps elle fut moins
une ville qu'une citadelle, et même, à ce que disent
les vieux auteurs, elle doit le jour à un camp romain.
Bizot[1], du moins, nous décrit une ancienne médaille qui
semble l'attester et qui porte cette inscription : « *Covor-
dia capta Drentha a Romanis constructa anno Domini
X...* » Picardt[2], de son côté, veut voir en elle la *Villa
Cruptoricis,* dont parle Tacite. Le certain, c'est qu'en
1024, elle devint le lieu de résidence des comtes de
Drenthe, et que la suzeraineté de son territoire fut con-
cédée par l'empereur Henri II aux évêques d'Utrecht.

Le premier soin de ces nouveaux suzerains fut de doter Koevorden d'un château. Ils tenaient à s'assurer de
cette position qui, déjà à cette époque, passait pour un
point stratégique de première importance. Placée entre
deux marais inextricables, elle était pour ainsi dire la
clef du pays[3]. Toutefois, cette sage précaution tourna

---

[1] Bizot, *Medalische Hist. van Holland.*
[2] Picardt, *Antiquit. et Annales Drenthiæ;* Tacite, *Ann.,*
lib. V.
[3] « Car tous ceux qui veulent aller vers Allemaigne hors de
la Frise, des Ommelandes Drent et Vollenhove passent par là. »
Guicciardini, *Description des Pays-Bas.*

contre ceux qui l'avaient prise. Profitant des embarras
et des guerres continuelles auxquels furent assujettis
durant trois siècles leurs souverains épiscopaux, les
comtes de Drenthe secouèrent la suzeraineté des évêques, et, pendant près de deux cents ans, affectèrent
toutes les allures des châtelains indépendants.

Cette usurpation, toutefois, n'eut pas lieu sans réclamation de la part des évêques. Ceux-ci protestèrent
même plus d'une fois les armes à la main, notamment
dans l'hiver de 1288. Cette année-là, les troupes épiscopales profitèrent de ce que « tous marescages et frontières estoyent engelés et qu'on pouvoit passer partout
à cheval ou à chariot » pour investir la ville rebelle.
Mais « le dessein fust rompu par un vent soudain méridional et une grosse pluye[1] », qui forcèrent les gens
de l'évêque à une brusque retraite.

Ce ne fut qu'un siècle plus tard que la ville rentra
dans l'obéissance. Et voici en quelles circonstances :

Frédéric de Blanckenheim, qui était un « évesque
curieux d'agrandir son domaine et studieux de la
conservation de ses droits et juridictions, foeulletant
un iour de vieulx papiers et cartulaires, trouva certaines lettres vieles, autentiques et scellées, faisant
mention que la comté de Drenthe, avec la ville et le
chasteau de Coevorden, estoyent des appartenances de
l'évesché et que les devanciers de ceux qui pour lors le
possedoyent ne l'avoyent, par le passé, tenu que par

---

[1] *Grande Chronique de Hollande et de Zeelande.*

forme d'engagement pour certaines sommes de deniers redimiables, toutes et quantesfois qu'il plairoit à l'évesque de le rembourser[1] ». L'évêque fit alors offrir le remboursement des deniers en question. Le châtelain refusa, la ville fut occupée, le château investi, et après un siége de six semaines le vassal rebelle était obligé d'ouvrir les portes de sa forteresse et de se soumettre à son suzerain.

La ville et le château demeurèrent au pouvoir des évêques d'Utrecht jusqu'en 1552. Ils furent alors occupés par les troupes de Charles-Quint. Koevorden n'était, du reste, encore à cette époque qu'une simple ville ouverte, sans remparts ; et jusqu'à la fin des guerres de l'Indépendance elle resta telle ; car bien qu'occupée alternativement par Hohenlo, Cornput et Rheneberg, « par faulte de moyens et de bonne volonté[2] », on omit de la fortifier.

Éverard Ens, son dernier gouverneur espagnol, se montra, toutefois, plus prévoyant que ses prédécesseurs. Il renforça les remparts du château, et enveloppa la ville d'une redoute en terre, qui, en 1592, arrêta pendant six semaines le prince Maurice, l'armée des États et sa formidable artillerie. Koevorden fut prise néanmoins, et la nouvelle de cet heureux fait d'armes fut accueillie avec joie par les États qui, pour en consacrer le souvenir, firent frapper une médaille commémorative. Toutefois, Maurice ne s'endormit point sur ses lauriers. Sous ses ordres, d'habiles ingénieurs entourèrent Koevorden de

---

[1] *Grande Chronique de Hollande et de Zeelande.*
[2] De Meteren, *Histoire des Pays-Bas*, etc.

cinq solides boulevards, qui servirent de bases aux merveilleuses défenses dont, trente-six ans plus tard, Coehoorn
devait l'envelopper.

Dès lors, la ville passa pour imprenable. Elle ne
l'était guère cependant, car assiégée en 1672 par
l'évêque de Munster, « lâchement défendue par le colonel Burum et comme trahie par le colonel Broersma »,
elle capitula devant ce prélat guerrier, qui n'avait avec
lui que 18,000 hommes de mauvaises troupes.

Le triomphe des alliés ne fut pas, toutefois, de bien
longue durée. Au mois de décembre de la même année,
Rabenhaupt, qui opérait dans les environs avec une armée
des États, apprit que la garnison, se confiant dans l'excellence de la place, faisait assez mauvaise garde. Dès lors,
il résolut de profiter de la rigueur de la saison et de surprendre la ville. S'aidant d'un plan et d'indications que
lui fournit un nommé van Thienen qui, de marguillier de
l'église de Koevorden, était devenu ingénieur, il fit approcher peu à peu ses troupes des marais qui étaient gelés,
puis, par une marche forcée, les porta tout d'un coup
sous les remparts de la ville, où elles arrivèrent le 23 décembre à trois heures du matin. L'attaque, dirigée par le
colonel Eybergen, fut tellement vive que l'armée hollandaise emporta la place le même jour. Le soir il ne restait
plus de la garnison que 300 hommes qui, après s'être
comportés en braves gens, furent faits prisonniers et dirigés sur Groningue.

Cet heureux coup de main excita dans les Pays-Bas
une sorte de délire. Le grand Vondel se fit l'interprète

de la joie générale, dans un quatrain tout rempli de jeux de mots selon la mode du temps, et qui pendant plus d'un siècle demeura populaire :

> De Raven roepen : Kras, kras!
> Maer Ravenshooft roept : huiden!
> Men laet' de Klokken luiden
> Daer helpt noch sterkte, noch moeras[1].

Depuis lors, Koevorden n'eut plus à supporter qu'un seul siége, celui de 1813. Cette année-là, les troupes françaises qui l'occupaient se virent investies par les alliés. Mais la garnison, quoique peu nombreuse, tint bon et ne capitula que le 3 mai 1814, sur l'ordre du roi Louis XVIII, trente-quatre jours par conséquent après la prise de Paris et vingt-deux après l'abdication de Fontainebleau.

Aujourd'hui Koevorden a cessé d'être une place forte. Un système de défense tout spécial, et récemment adopté par les Pays-Bas, relègue parmi les inutilités ces forteresses frontières jadis considérées comme de première importance. On a donc démoli ses portes et éventré ses remparts. Mais, malgré soi, quand on erre sur cette savante colline, chef-d'œuvre de Coehoorn, qui entoure la ville de ses formidables bastions, on se prend à regretter que

---

[1] Les corbeaux crient : Demain! demain! — Mais la tête de corbeau dit : Aujourd'hui! — Les cloches peuvent sonner, — Ni fortifications ni marais ne peuvent rien.

Vondel joue sur le mot *kras* (*cras*), qui imite le cri du corbeau et, en latin, signifie *demain*, et sur le nom de Rabenhaupt, qui veut dire *tête de corbeau*.

ces beaux travaux soient appelés à disparaître. Ils étaient de véritables œuvres d'art. A ce titre, ils auraient mérité d'être conservés, alors même que tant de patriotiques souvenirs ne se rapporteraient point à leur existence.

CHAPITRE XIV.

Le vieux pays salien. — Deventer. — Son histoire militaire. — Édouard
Stanley et le colonel de Taxis. — Saint-Liévin et la *Bergkerk*. — Un
tableau de Terburg. — Le *Donat* de l'Athénée et le *Reynardus Vulpes*.
— *Kijkindepot*.

En quittant Koevorden, nous traversâmes Dalen, qui a
la réputation très-méritée d'être le plus beau village de
la Drenthe. Ses jolies maisons, ses allées de grands
arbres qui transforment les rues et les routes en tunnels
de verdure, lui ont valu le surnom de *Drentsche Haag*,
par allusion à la résidence royale des Pays-Bas, qui fut
pendant longtemps réputée par les voyageurs comme
étant le plus grand et le plus beau village qui fût au
monde.

Dalen passé, nous laissâmes à l'est les tourbières
de Noord et Zuid Berge, et au nord le village d'Emmen,
pour tourner brusquement à l'ouest et, en longeant le
drentsch kanaal, atteindre Hoogeveen et la voie ferrée.

Ce n'est point qu'Emmen et les tourbières de Nieuw-
Amsterdam ne méritent pas d'être visités.

Le premier, en effet, est un joli village, plein de
vieux restes celtiques. Ses *Hunnebedden,* les plus vastes,
sinon les plus intéressants de la province, ses ponts de
bois dont on attribue la construction aux Romains et

qui ne seraient autres que ces *Pontes longi* dont parle
Tacite, sollicitaient vivement notre attention. D'un autre
côté, Nieuw-Amsterdam était pour nous un curieux exemple de ce que l'activité humaine, quand elle est bien dirigée, peut produire dans ces pays de sables et de tourbe.

Il y a vingt ans, en effet, toute cette partie de la province ne formait qu'un vaste marécage, impraticable en
hiver et pestilentiel en été. Il y avait là 14,000 hectares,
qui étaient non-seulement sans valeur, mais encore un
danger perpétuel pour les environs.

Il suffit de l'initiative de deux hommes intelligents
pour changer la physionomie de tout ce pays désolé.
MM. Holthe tot Echten et H. F. Gorselaar, l'un propriétaire à Assen, et l'autre habitant d'Emmen, se
mirent à l'œuvre. Un tronçon du canal fut creusé, les
terres furent drainées, les lieux rendus habitables, et
l'exploitation des tourbières commença. Bientôt des propriétaires d'Amsterdam imitèrent cet excellent et lucratif
exemple. Ils mirent en exploitation 2,000 hectares nouveaux, installèrent une colonie, et ce village, qui n'a pas
vingt ans d'existence, compte aujourd'hui près de trois
mille habitants et possède une église et deux écoles.

Partout autour, le sol assaini par le drainage produit
du sarrasin, des pommes de terre, de l'orge, des fèves
et des légumes, et dans les tourbières, dont l'exploitation
se proportionne aux besoins du dehors et aux forces de
la colonie, on vient d'installer des appareils d'un de nos
compatriotes, M. Bocquet, lesquels, sous la direction
d'un ingénieur du pays, M. Corver, fabriquent un nou-

veau combustible, qui peut être employé par les machines
à vapeur et remplace utilement la houille.

Certes, ces antiquités d'une part, et ces nouveautés
de l'autre, étaient bien capables de nous attirer, mais
nous avions hâte d'atteindre Zwolle. Les routes sont, en
outre, si difficiles dans ce bon pays de Drenthe, les excursions si longues et si pénibles, que nous dûmes nous
refuser le plaisir de faire celle-là.

Ce n'était point, toutefois, que nous eussions le désir de
faire un long séjour à Zwolle. La capitale de l'Overyssel
ne devait nous posséder que quelques heures. Je connaissais la ville, je l'ai décrite autre part[1] ; nous ne pensions
donc nous y arrêter que le temps nécessaire pour présenter nos hommages au gouverneur de la province et
lui demander des lettres de recommandation pour les
bourgmestres des principales villes du vieux pays salien.
Mais nous avions compté sans l'excessive bienveillance et
la parfaite courtoisie du haut fonctionnaire auquel nous
nous adressions. Le baron Nahuys ne nous permit point,
en effet, de passer aussi rapidement dans sa jolie capitale.
Malgré notre hâte, et nos résolutions que nous croyions
inébranlables, il nous fallut accepter une gracieuse invitation qui nous réunit, à la table du gouverneur, à ce que
la province renferme de plus aimable et de plus distingué.

Cette hospitalière conduite ne nous surprit toutefois
en rien. L'affabilité du baron et de la baronne Nahuys
est connue de toute la Néerlande ; et le roi, en plaçant

[1] Voir le *Voyage aux villes mortes.*

un fonctionnaire d'une politesse aussi accomplie à la tête
de l'Overyssel, semble avoir voulu consacrer les prétentions d'une aimable province, qui, par ses origines et
ses traditions, se considère comme la plus affable et la
plus polie du royaume.

Tous les vieux auteurs regardent, en effet, les bords
de l'Yssel (*Issala* en latin) comme le pays d'origine des
Francs saliens. Oldenzaal (*Salia vetus*), la vieille ville
salienne, aurait été leur capitale. La seigneurie de Salland[1] et le village de Salicum justifiaient encore, au vieux
temps, cette prétention recueillie par Hadrianus Junius,
acceptée par Revius et consacrée par le lyrisme toscan
de Guicciardini. « L'isle de Crète, glorieuse pour le berceau de Iupiter, et la ville de Thèbes, superbe par la
naissance de Herculès, doibvent à bon droit donner place
à toi, ô Over-Issel. Car... en toy sont trouvez les sources
et les parents de la très puissante et célèbre nation des
Francs. »

Fondée ou non, cette prétention d'être le berceau de
la race à laquelle l'Europe doit la « politesse française »
a toujours réagi sur les populations de cette noble province, et il faut constater que nulle part, en Néerlande,
on ne trouve un accueil à la fois plus cordial, plus empressé et plus poli.

Nous ne fîmes donc à Zwolle qu'un très-court séjour
tout de plaisir, nullement d'études, et nous prîmes rapidement la route de Deventer.

---

[1] *Salland*, pays des Saliens.

DEVENTER.

C'est par l'Yssel que nous nous dirigeâmes vers cette épiscopale cité, qui joua un rôle si important dans l'histoire de la Gueldre.

L'Yssel est un beau fleuve, large et profond, bordé par de riches campagnes, de fertiles prairies et de puissants villages. A tout instant, des clochers en flèche apparaissent sur ses bords, entourés de joyeuses maisons et dominant les granges et les chaumières. C'est Hattem avec ses airs de ville ancienne; c'est Wijhe, Veessen et Olst qui se mirent dans le fleuve. Puis ensuite, les bocages entourant Diepenveen, Nijbroek et Terwolde, se dressent sur les deux rives comme le long d'une allée. Enfin, les clochers de Deventer apparaissent à l'horizon, fiers et robustes, vrais seigneurs surveillant leur domaine, tours épiscopales mitrées de campaniles ou de flèches pointues, ayant l'œil ouvert sur tout leur diocèse.

On les voit de bien loin, et leur masse imposante prévient en faveur de la vaillante cité; mais alors qu'elles ne se chargeraient point de cette aimable besogne, la jolie ville, dès qu'elle se montre, justifie bien la bonne opinion qu'on avait d'elle avant de l'avoir vue.

C'est, en effet, un magique panorama que celui qu'on aperçoit en approchant de Deventer. Le quai encore bordé de ses vieilles murailles, qu'ont éventrées de coquettes habitations, ombragé par places et dominé par une forêt de pignons pointus, de hautes tours, de clochers ambitieux, forme la plus jolie entrée de ville que l'on puisse souhaiter; pendant que, sur l'autre rive, de superbes plantations, des arbres de toute beauté, ali-

13

gnent leurs troncs majestueux et dressent leurs têtes
altières, comme s'ils voulaient lutter de force et d'élévation avec les clochers de l'autre bord.

Un pont de bateaux relie ces deux rivages si différents d'aspect, et qui se complètent si bien. Il jure
un peu, par ses allures primitives, avec la grande tournure du paysage. Jadis, il y avait là un vrai pont, belle
construction de bois qui remontait à la fin du quinzième
siècle et dont l'établissement n'avait pas coûté moins de
16,000 florins d'or (*Rijnsche goudgulden*) ; mais brûlé en
1521 et en 1578, emporté par les glaces en 1570,
coupé pendant le siége de 1592, il fut, cette année-là,
remplacé par le pont de bateaux qui, restauré et réparé
sans cesse, est encore en place aujourd'hui.

A la tête de ce pont, apparaissent des lambeaux de
vieilles murailles, glorieux débris des premières fortifications de Deventer. C'est ce gros mur de briques aux
assises titubantes qui supporta, l'an 1457, l'effort des
Bourguignons. La ville avait refusé de reconnaître pour
son légitime souverain David de Bourgogne, évêque
d'Utrecht et bâtard de Philippe le Bon ; et le vieux duc,
indigné de l'affront fait à son fils, avait juré de mettre la
ville à la raison. Heureusement le duc de Gueldre s'in-
terposa en temps utile. La cité rebelle fut sauvée de la
dévastation, et ses vieilles murailles purent encore pendant de longues années protéger ses habitants, et même,
en 1578, arrêter douze semaines durant les troupes des
États-Généraux qui apportaient l'indépendance.

Ce n'est point, toutefois, que la savante et populeuse

cité fût grande amie des Espagnols. Elle était néerlandaise et huguenote au fond du cœur, et par-dessus tout amoureuse de son indépendance. Aussi, une fois délivrée, refusa-t-elle de recevoir garnison, et ses bourgeois, organisés en milice, prétendirent garder eux-mêmes la ville et ses remparts. Mais en 1586, comme les Espagnols menaçaient de nouveau les bords de l'Yssel, le comte de Leycester obligea Deventer à recevoir quelques troupes. Il fit entrer 1,200 hommes dans la place. C'étaient, suivant l'expression d'un historien [1], « des Irlandais sauvages », gens rudes, grossiers, à demi nus, et qui avaient à leur tête un personnage assez extraordinaire pour que nous en disions quelques mots.

L'Anglais Édouard Stanley, qui commandait cette dangereuse cohorte, était un chevalier d'aventure. A la prise de Zutphen, il s'était illustré par une action d'éclat. Au moment où il cherchait à escalader le rempart, « on avait poussé du fort une pique contre lui pour le tuer; mais il la prit des deux mains et la retint avec tant de force que les ennemis, la voulant retirer à eux, le tirèrent lui-même dans le fort, où, ayant mis l'épée à la main, il écarta ceux qui l'attaquaient [2] ». Cet acte héroïque avait concilié à Stanley l'affection de Leycester. Il l'avait pensionné et nommé chevalier. Plus tard, ce héros de grand chemin, qui s'était glissé dans l'entourage du comte, devint son favori, et obtint de la sorte le commandement de Deventer.

[1] Leclerc, *Histoire des Pays-Bas.*
[2] *Ibid.*

Il était plus qu'imprudent de remettre en pareilles
mains une place aussi importante. Les États l'apprirent
à leurs dépens. Dès qu'il se vit maître de la ville, Stanley chercha à la vendre aux Espagnols. Étant tombé
d'accord avec le colonel de Taxis et le duc de Parme, le
29 janvier 1587, de très-grand matin, il se rendit chez
le bourgmestre, et demanda qu'on lui ouvrît les portes,
afin d'effectuer, disait-il, une sortie et de surprendre les
ennemis qui s'étaient approchés de la ville. On accéda
à son désir, et il sortit, annonçant qu'il rentrerait avant
une heure et priant qu'on voulût bien, dès qu'on le ver-
rait, ouvrir les portes de nouveau.

Il revint en effet à l'heure indiquée, mais avec le colonel
de Taxis et six compagnies espagnoles. Ces troupes pénétrèrent dans la ville, allèrent droit au marché, se mirent
en bataille et s'emparèrent de tous les postes. « Ce qui
se fit si coyement et avec si peu de bruit que personne de
la ville n'en ouyt rien, n'y ne s'en aperçeut [1]. » Les bourgeois, à leur réveil, furent singulièrement surpris. Quelques protestants effrayés voulurent s'enfuir et se précipitèrent en bas des remparts; mais le colonel de Taxis
parvint à rassurer la population; et celle-ci ne tarda
point du reste à s'apercevoir que les Espagnols du duc
de Parme étaient encore préférables aux Irlandais de
Leycester.

Quant à Stanley, il n'eut point à se féliciter de sa mauvaise action. Il avait livré la ville « moyennant certaines

---

[1] *Grande Chronique de Hollande et Zélande.*

sommes de deniers et autres promesses de belles merce-
des (qui depuis lui furent mal tenues) »; suspect à tout
le monde, il se réfugia en Espagne, où il mourut dans la
misère et dans l'obscurité.

Au colonel de Taxis succéda comme gouverneur de
Deventer le comte Herman de Berghen. C'est à lui qu'en
1591 le prince Maurice vint reprendre la ville. Le
9 juin, propre jour de la Pentecôte, le prince investit la
place, la fit battre par vingt-huit doubles pièces et la
somma de capituler. Le comte de Berghen répondit
« qu'il donnoit le bonjour à son cousin; mais quant à la
ville, qu'il la garderoit pour le roy son maître, tant que
l'âme lui batteroit au corps [1] ». Avant la fin de la
journée, Deventer avait reçu quatre mille boulets, et le
comte de Berghen, blessé au visage, faisait hisser le drapeau blanc. « Par ainsi, dit un auteur de ce temps [2], la
ville fut forcée en si peu de temps qu'on ouït aussitôt la
reddition que le siége. »

Rentrés en possession de Deventer, les États s'empressèrent d'en augmenter les fortifications et chargèrent un
habile ingénieur, Adriaan Metius, de la rendre imprenable. Mais, malgré toute sa science, Metius n'y réussit
guère, sans que le fait, toutefois, puisse lui être imputé
à crime. Il avait, en effet, compté sans la lâcheté du gouverneur Steeke qui, en 1672, épouvanté par le canon
de l'évêque de Munster, livra la place presque sans coup
férir.

[1] *Grande Chronique de Hollande et Zélande.*
[2] De Meteren, *Histoire des Pays-Bas.*

Fort heureusement pour son honneur militaire, le dernier siége que Deventer eut à soutenir fut singulièrement plus glorieux. Elle y était, du reste, préparée de longue main, et quand, dans les premiers jours de novembre 1813, elle fut investie par les alliés, tout était en état pour les bien recevoir. Le capitaine du génie Morlet avait augmenté ses défenses, et la garnison, quoique peu nombreuse, était décidée à bien faire. Aussi la place était-elle encore intacte, lorsque, le 15 avril 1814, les troupes françaises reçurent l'ordre de l'évacuer. Comme cet ordre était signé par le roi Louis XVIII, le commandant exigea qu'il lui fût confirmé hiérarchiquement, et ce n'est que le 26 avril, après le retour des officiers envoyés à l'état-major français, que les troupes commencèrent leur mouvement de retraite, sortant de la ville avec armes et bagages et les honneurs de la guerre.

Après une existence militaire aussi agitée, on pourrait craindre que Deventer ait été en partie détruite. Il n'en est rien, fort heureusement; et de nos jours c'est encore, comme au temps de Guicciardini, une « ville grande et spacieuse et pleine de toutes sortes de beaux édifices tant privez que publics ». Les quelques blessures que le canon des assiégeants lui a faites se sont bien vite cicatrisées, et la guerre a été indulgente pour elle, tout autant du reste que les années.

Deventer est en effet l'une des plus vieilles cités de toute la contrée. J. Revius[1], qui, au dix-septième siècle,

---

[1] *Daventriæ illustratæ sive historiæ urbis Daventriensis libri sex*, Leide, 1650.

écrivit son histoire, lui donne pour fondateur un certain Davon, homme puissant et honoré, instruit et pieux, ami de saint Lievin[1] qui mourut à Deventer même en l'an 770. D'autres lui assignent une origine encore plus ancienne, et la prétendent fondée, l'an 130 de notre ère, par les Cattes, tribu germanique qui, chassée par les Saliens, se réfugia en Espagne, où elle peupla la Catalogne. Dans ce cas, le nom de Deventer dériverait non point du château élevé par Davon (*Davo's slot*), mais du substantif *avonturium*[2], qui, dans la langue des Cattes, signifiait « fortune », et d'où nous aurions formé notre mot « aventure » si les Latins ne nous avaient transmis pour cela le substantif *eventum* et le verbe *advenire*.

Quoi qu'il en soit du reste, fondée au huitième siècle, ou bien au second, ce n'est guère qu'au onzième qu'on la voit apparaître et jouer un rôle de quelque importance. Baptisée par saint Lievin, c'est à un autre saint, Bernulphe, évêque d'Utrecht, qu'elle est redevable de sa cathédrale. Ce docte prélat, ayant en effet obtenu de l'empereur Henri III la juridiction spirituelle et temporelle sur la ville et son territoire, érigea à Deventer un chapitre de chanoines, y transporta vingt prébendes de l'église Saint-Sauveur d'Utrecht, et construisit la première église

---

[1] Saint Lievin ou Libuin convertit à la foi chrétienne tout le pays de Drenthe et d'Overyssel.

[2] Cette dernière tradition était pour ainsi dire officiellement adoptée il y a deux siècles, car le géographe Blaeu nous a conservé la teneur d'une inscription qu'on voyait de son temps sur l'une des colonnes de la porte de Brink, et qui revendiquait pour la gentille cité cette très-antique origine.

dédiée à saint Lievin (1046). Cet édifice, toutefois, ne fut pas de bien longue durée. En 1235, il fallut le rebâtir, et moins d'un siècle après (1334) le réédifier encore, car il était pour la seconde fois devenu la proie des flammes.

C'est cette dernière église que nous voyons aujourd'hui, mais restaurée et agrandie, et demeurée cependant, malgré les accroissements et les restaurations qu'elle a subis, l'une des plus belles églises des Pays-Bas.

Des constructions primitives, il ne reste que la nef centrale, soutenue par vingt-quatre piliers, et la crypte qui règne sous le maître-autel. Au quinzième siècle, on éleva deux autres nefs d'égale hauteur, et toutes trois furent alors recouvertes des belles voûtes en briques qui complètent si bien la noble tournure de l'édifice et ajoutent à la légèreté de ses lignes. C'est de cette même époque que date aussi la façade méridionale, construite en pierre de taille et très-richement ornée. Une tour assez belle, mais inachevée, se dresse au bout de celle-ci. On l'a couronnée en 1613 par un campanile à carillon, qui, malgré sa physionomie moderne, ne fait point mauvais effet; il est octogone avec les attiques et pilastres de rigueur, et porte, sur quatre de ses faces, quatre devises bonnes à méditer : FIDE DEO — CONSVLE — VIGILA — FORTIS AGE. Ce sont là des préceptes qui ont toujours leur valeur, même lorsqu'on les donne en l'air.

Si les apparences ne sont point trompeuses, cette grande et belle tour ne devait point être seule. On a certainement eu l'intention d'en ériger une pareille au côté septentrional, mais le projet fut abandonné de bonne

heure, et on la remplaça par une grande chapelle. Le
portail occidental, qui se trouve entre la tour inachevée
et la tour en projet, est à plein cintre. C'est une curiosité
architectonique; car, avec les portes de Saint-Pancrace à
Leyde et les fenêtres de l'abbaye de Middelbourg, c'est,
dans les Pays-Bas, le seul exemple connu de construction
à plein cintre au plus beau temps de l'architecture
ogivale.

A l'intérieur, l'église était jadis toute couverte de
peintures murales; mais, à l'époque de la Réformation, ces belles décorations ont disparu sous le badigeon
iconoclaste. On en découvre de loin en loin quelques
fragments. Au moment où nous visitions Deventer, on venait d'en retrouver un assez grand morceau, représentant
une sorte de jugement dernier avec des diables tourmen-
tant des pécheresses. Mais, en se détachant, la couche
de badigeon, qui n'a pas moins d'un demi-pouce d'épaisseur, emporte presque partout la peinture qu'elle recouvre. En sorte que ces vestiges de l'art ancien ne nous
parviennent que fort incomplets.

Heureusement, deux ou trois petits bas-reliefs, bien que
mutilés eux aussi, sont demeurés en meilleur état et peuvent nous donner quelque idée des richesses sculpturales
que renfermait jadis la cathédrale de Deventer. L'un
d'eux, fort curieux d'exécution, indique l'endroit où repose
un certain *Johan van Leyden*. Il faut avouer qu'on ne
s'attendait guère à voir Jean de Leide à cette place. Mais
toutes informations prises, ce Jean n'eut jamais rien de
commun avec le terrible Prophète de Munster. C'était

13.

simplement un respectable bourgmestre, qui décéda en
1435, le jour de saint Séverin; et, en compagnie de dame
Metchell son épouse, il attend en cet endroit la résurrec-
tion finale. Il n'y a point, on le voit, de confusion possible.

Cette grande église de Saint-Lievin n'est pas le seul
sanctuaire de ce nom que possède Deventer. A côté de
son Saint-Lievin protestant, la charmante cité peut montrer, en effet, son Saint-Lievin catholique ; construction
plus modeste, inachevée à ce que je crois, car elle ne
comporte que deux nefs se terminant à trois faces de l'octogone, mais qui, malgré la simplicité de lignes que lui
impose sa construction entièrement en briques, a cependant intérieurement très-bonne façon. Ses vitraux de
couleur, ses autels sculptés et dorés, ses peintures murales, bien que tout cela soit moderne, lui donnent, en
effet, un air d'austère recueillement qui fait toujours
défaut aux temples réformés.

Ce n'est qu'en 1803 que cette église a été rendue au
culte catholique. Jusque-là, elle avait été occupée par
les calvinistes, qui s'en étaient emparés en 1579. Auparavant, car sa construction remonte à 1338, elle avait
fait partie d'un couvent, peut-être celui des frères de la
Vie Commune, et plus probablement celui des Récollets,
fondé en 1335 par Éléonore d'Angleterre; car les deux
dates semblent coïncider trop exactement pour qu'on
puisse admettre une autre hypothèse [1].

---

[1] Cette église est désignée sur les vieilles cartes sous le nom
de *Broerkerk*, église des frères.

Quoi qu'il en soit, quand les catholiques en reprirent possession, ils se souvinrent que saint Liévin avait été le patron de leur cité naissante, qu'il y avait en l'année 760 établi la première chapelle, que c'était à sa protection manifeste que la jolie cité attribuait de n'avoir point été détruite en 882 par les Normands, et en 1178 par le duc de Gueldre, et c'est pourquoi, bien que le nom fît double emploi, ils lui consacrèrent leur unique église.

S'il y a doute sur l'ordre religieux dont dépendait jadis l'église catholique de Deventer, il n'en est pas de même de Saint-Nicolas, qu'on appelait aussi la *Bergkerk* (l'église de la montagne). Ici c'étaient les moines Prémontrés qui étaient en possession de la cure. Leur couvent, fondé en 1123, était le plus ancien de la ville, et leur prieur, comme curé de Saint-Nicolas, n'était guère appelé en ville que *pastoor op den Berg* [1]. Rassurez-vous toutefois. Pour visiter Saint-Nicolas, nous n'aurons point à escalader des cimes escarpées ni des pentes rapides à gravir. Ici tout semble montagne, même les collines, même les buttes, même moins que cela ; car on pourrait tailler dans la butte Montmartre des centaines de montagnes comme celle de Deventer.

La position de la *Bergkerk* ne manque point toutefois d'être fort pittoresque ; tant il est vrai que rien ne vaut que par le contraste et que, dans ce pays de plaines interminables, le moindre accident de terrain prend des allures fanfaronnes. L'église du reste, par sa silhouette

[1] Pasteur sur la montagne.

fortement accentuée, prête beaucoup de caractère au paysage environnant.

Elle fut érigée en 1198, par Thierry van der Are, évêque d'Utrecht; mais il semble que seules, les tours coiffées de leurs interminables toitures et la façade datent de ce temps. Ce sont en effet, avec les arcades du chœur où l'on trouve des traces de plein cintre, les seules parties qui soient à peu près romanes. Les colonnes élancées sans chapiteaux, à fleurons et bases rondes, les arcades de la nef qui sont très-rapprochées et les voûtes en briques datent très-probablement de 1463, époque à laquelle les bas côtés et le pourtour à sept faces furent bâtis. A l'intérieur, du reste, elle est nue et désolée. On dit qu'elle renferma jadis la tombe d'Éléonore d'Angleterre, morte à Deventer même en 1356. Nous la cherchâmes en vain. Sans doute elle aura été démolie. Il ne faut, du reste, demander à la *Bergkerk* ni peintures, ni statues. Elle a été grattée, poncée, plâtrée, badigeonnée et remise à neuf il y a trois ans à peine; et le seul défaut que lui trouve son *Koster*, c'est de n'être pas encore éclairée au gaz. Espérons que cela viendra.

Cette dévastation des églises de Deventer est un fait d'autant plus regrettable, qu'elles ont dû être jadis très-riches et très-ornées. De tout temps elles furent pourvues de prébendes considérables. Elles durent, surtout à l'époque où la ville fut gratifiée d'un évêque, recevoir une foule de précieux cadeaux [1]. Ce n'est pas toutefois

---

[1] Les Archives de la ville contiennent un grand nombre de titres

que l'épiscopat de Deventer vit luire de bien beaux jours.
Établi par Paul V, pour combattre les progrès du protestantisme, il n'eut qu'une courte durée et ne compta
que trois titulaires : Jean Mathieu, que sa mauvaise santé
força de déserter son siége, et qui, retiré chez les Récollets d'Oudenarde, fut cruellement maltraité par les huguenots ; Egidius de Monte (appelé aussi Gilles van den
Berg, ou encore Gilles Dumont), et enfin Gilbert Cœve-
rinx, doyen du chapitre de Bois-le-Duc, qui, institué
en 1589, ne put jamais prendre possession de son siége
épiscopal. Car déjà à cette époque, les provinces étaient
émancipées, et l'autorité religieuse s'inclinait devant l'autorité civile.

Cette victoire de l'autorité laïque nous fournit une
transition naturelle pour quitter la montagne et son
église, et redescendre au centre de la ville où les monuments municipaux nous réclament. C'est, en effet, sur
la place qui borde la grande église, ancien cimetière qui
porte encore aujourd'hui le nom de *Kerkhof,* que se dresse
l'hôtel de ville. Bien qu'au siècle dernier on considérât le
Stadhuis comme un édifice non des plus grands, mais ne

---

et de pièces relatifs aux principales églises de Deventer, et qui
attestent la richesse de ses anciens établissements religieux.

Nous citerons entre autres l'*Inventaris der reliquien en versier-
selen* (reliques et ornements) de Saint-Lievin dressé en 1566;

Le *Ligger van renten* (grand-livre des rentes) de la même
église ;

L'*Inventaris der goederen* (inventaire des biens) de la *Bergkerk* dressé en 1592, et celui du cloître de la montagne *Bergklos-
ter,* etc., etc.

manquant pas de beauté [1], j'avouerai cependant que sa
façade ne me séduit guère. Elle est de 1693. Dire sa date,
c'est dire son style, et les architectes hollandais ont rarement réussi dans leurs réminiscences grecques ou latines.
Heureusement, à peine a-t-on franchi le péristyle, qu'on
se sent tout de suite rassuré. On pénètre dans un grand
vestibule décoré dans le goût Louis XIV, mais dans le bon.
Ses murailles simplement blanchies font ressortir l'en-
cadrement de ses portes noblement sculpté. Sur ce fond
clair se détachent en nuances vives les écus armoriés des
vieilles corporations marchandes, et au milieu de ces
emblèmes d'industrie et de paix une dizaine de glaives
à deux mains viennent nous rappeler que le *magistrat*
de Deventer avait jadis le droit de haute et basse justice
sur tout le territoire de la riche cité.

C'étaient les douze échevins et les quatre conseillers
chargés de l'administration de la ville qui exerçaient ces
redoutables fonctions. Chaque année, le 22 février, une
assemblée de bourgeois procédait à leur élection. Ces
bourgeois-électeurs, qui juraient de choisir des magistrats intègres et n'avoir jamais en vue que le bien de la
cité, étaient au nombre de quarante-huit. Chaque
quartier en fournissait six, et la ville était divisée en huit
corps ou quartiers. Les priviléges de ces notables étaient
assez nombreux; ils avaient entre autres celui de s'as-
sembler quatre fois l'an, pour délibérer sur toutes les
affaires de la province, y compris les questions de paix et

[1] Les *Délices des Pays-Bas.*

de guerre, ce qui, au dire d'un écrivain de ce temps, leur donnait une grande autorité sur leurs concitoyens.

La salle où s'assemblait le conseil échevinal existe encore aujourd'hui. C'est celle où se réunit le conseil municipal. Grâce à un excellent tableau, à un véritable chef-d'œuvre datant de 1667, on peut se faire une très-exacte idée de ce qu'étaient, il y a deux siècles, ces assemblées de justice. Cette belle peinture, qui est encore accrochée dans la salle du Conseil, est le portrait des seize magistrats et des quatre secrétaires alors en fonctions. Chacun est à son banc. Les deux échevins de trimestre occupent le pupitre de la présidence, et les quatre secrétaires, la petite table en avant. Tous sont vêtus de noir, comme il convient à des juges. Chaque figure exprime un caractère, et sous chaque physionomie on peut lire une conscience. C'est Terburg qui peignit cette belle page d'histoire, merveille d'exactitude et d'observation enveloppée dans une lumière chaude et généreuse qui charme les yeux.

Le grand peintre était né à Zwolle en 1608, et il avait près de soixante ans quand il vint s'établir à Deventer où il avait de la famille. Il s'y maria avec une de ses cousines et y mourut treize ans plus tard sans laisser de postérité [1]. Il ne se doutait point, alors qu'il peignait ce chef-d'œuvre, qu'il s'assiérait, lui aussi, sous les glaives terribles de la loi et rendrait la justice à son tour. Il méritait bien du reste, ce grand artiste, d'être honoré par sa ville d'adoption, qu'il honorait assez par son talent

---

[1] En 1681. Voir Immerzeel de *Levens en Werken der Kunstschilders*, etc., etc.

et son caractère. Je souhaiterais fort, en effet, que
M. Ch. Blanc pût voir ce tableau magistral. Il ne trai-
terait plus Terburg de « peintre aimable et sans profondeur, qui ne s'éleva jamais jusqu'à la pensée et ne sentit
battre le cœur d'une femme qu'en apercevant une légère
coloration sur l'épiderme de ses joues [1] ».

Après cette merveille, il faut presque se faire violence
pour parler d'un tableau biblique signé Hardenberg, et
de quatre évangélistes de Henri ter Brugghen qu'on voit
dans la même pièce. Encore, pour ce dernier artiste,
faut-il en dire un mot, car il était né à Deventer; mais
à l'inverse de Terburg, il quitta la jolie ville pour s'en
aller vivre à Utrecht [2]. C'est de là que ses quatre tableaux
sont revenus dans sa patrie, offerts par son fils âgé de
quatre-vingt-dix-neuf ans. N'est-ce pas le cas de dire :
mieux vaut tard que jamais?

Avant de quitter le *Stadhuis*, il nous faut encore visiter
le cabinet du bourgmestre, homme charmant et magistrat
instruit, et la bibliothèque de l'Athénée, qui jouit d'une
célébrité méritée. Le cabinet municipal renferme trois
intéressants tableaux, représentant des vues de Deventer,
et une grande et belle cheminée. La bibliothèque, elle,
possède plus de six mille volumes, parmi lesquels un
nombre assez considérable de véritables raretés.

Ce sont d'abord un certain chiffre d'ouvrages orientaux [3]

---

[1] Charles Blanc, *Histoire des peintres* (école hollandaise).
[2] Né en 1588, il mourut à Utrecht en 1629.
[3] M. de Goeje en a dressé un catalogue qui se trouve compris
dans ses *Codices orientales*.

et de manuscrits, puis cent trente volumes incunables
contenant ensemble près de cinq cents pièces ou ouvrages différents, et dans le nombre deux perles ines-
timables, deux pièces uniques, deux trésors bibliogra-
phiques : un *Donat* xylographique et le seul exemplaire
connu d'un certain *Reynardus vulpes*. Le *Donat* a eu les
honneurs de la reproduction fac-similaire. Dans ses
Monuments typographiques, M. Holtrop l'a comparé à un
exemplaire identique conservé à la bibliothèque royale
de la Haye. Car ce qui fait la valeur du *Donat* de Deventer, ce n'est point d'être inconnu, mais d'être le seul
exemplaire complet qui existe. Quant au *Reynardus vulpes,* en tant que poëme, il remonte au treizième siècle,
et typographiquement on doit le tenir pour une œuvre
ignorée de l'imprimerie d'Utrecht. C'est du moins ce qu'a
établi avec beaucoup d'autorité un éminent bibliophile,
M. F. A. G. Campbell, dans la préface latine dont il a
fait précéder la réimpression, ou pour mieux parler, la
restitution qu'il a donnée jadis de ce livre si curieux [1].

On dit que noblesse oblige. On pourrait en dire autant
de la science. Il semble donc qu'on est en droit d'exiger que
le gardien de pareils trésors soit en état de les apprécier.
Sous ce rapport, hâtons-nous de le constater, la bibliothèque de l'Athénée est fort bien partagée. M. Van Eyck,
le bibliothécaire actuel, est non-seulement un conservateur attentif et soigneux, auquel nous devons de possé-

---

[1] *Reynardus vulpes, poema ante annum* 1280 *a quodam Bal-
dwino e lingua teutonica translatum recudi curavit* M. F. A. G.
Campbell (à la Haye, chez Martinus Nijhof, 1859).

der le catalogue complet de sa bibliothèque; c'est encore
un érudit et un chercheur, qui s'est préoccupé avec un
soin tout spécial des origines de l'imprimerie dans sa chère
cité, et dont les recherches ont été couronnées de succès.
Grâce à lui, nous savons aujourd'hui que c'est entre 1470
et 1475 que cette merveilleuse découverte fut apportée
à Deventer, et que la gloire en revient à un nommé
Rykert ou Richard Paffroed. Établi dans la jolie ville aux
environs de 1470, ce Paffroed aurait fait fonctionner son
imprimerie jusqu'en 1486, époque à laquelle il en céda,
selon toute probabilité, le matériel à un nommé Jacques
de Breda. Mais sans doute la nostalgie du métier le reprit, car il semble être rentré en scène vers 1488, avec
un matériel tout neuf. Dès lors, la cité de Davon possédait deux typographes [1].

Bien que cet antique établissement de l'imprimerie
atteste la culture des habitants de Deventer, il ne saurait toutefois expliquer la richesse relative de la bibliothèque de l'Athénée. C'est en effet à d'autres causes que
celle-ci est redevable des trésors qu'elle possède. Ces trésors proviennent de la bibliothèque d'Hardewijk, dont
l'Athénée hérita lorsque l'Académie, qui était le principal
ornement de cette petite ville, se trouva supprimée.

A cette époque, les livres qui composaient cette bibliothèque académique furent, par ordre du roi, divisés en deux
parts. L'une, le grand nombre, les livres ordinaires, allèrent à Arnhem, pendant que Deventer était assez heureuse
pour recevoir l'autre, celle qui renfermait les raretés.

[1] Voir Van Eyck, *De prototypographie te Deventer tot* 1500.

Tout à côté de la bibliothèque, et dans l'hôtel de ville même, se trouvent les archives, classées, rangées, étiquetées et décrites avec un très-grand soin par un archiviste soigneux. C'est plaisir de voir des documents aussi bien conservés. D'autant plus que, Deventer ayant été longtemps capitale de province et ville épiscopale, ses archives présentent forcément un intérêt considérable. Le catalogue ne mentionne pas moins de seize cent vingt-cinq pièces principales, parmi lesquelles plusieurs ne sont elles-mêmes qu'une réunion d'autres pièces. Il y aurait là tout un monde de curieuses coutumes, d'habitudes anciennes et de transactions intéressantes à remuer; mais d'autres soins nous réclament, et pour aujourd'hui nous nous bornerons à indiquer la source sans chercher à y puiser.

A deux pas de l'hôtel de ville en effet, et bâtie également sur le *Kerkhof,* se dresse une délicieuse construction, qui sert aujourd'hui de bureau de police. C'est devant sa façade qu'il nous faut tout d'abord nous arrêter. Elle est en brique et pierre, composée de cinq étages dont les deux plus élevés, compris dans le pignon, sont sans ouvertures et couronnés par une statue guerrière, portant sur son écu les armes de la ville, et qu'on prétend, je ne sais trop pourquoi, être la statue de Charles-Quint. Cette jolie façade, avec son pignon en escalier compliqué de gracieuses volutes, est du meilleur goût et du plus heureux style. C'est un vrai modèle à copier. Les portes du rez-de-chaussée, surtout celle du milieu, sont de véritables petits arcs de triomphe d'une

élégance parfaite et d'un goût achevé. Impossible de
souhaiter mieux.

Ce n'est point, du reste, la seule maison de ce temps
ni de ce genre qui soit à Deventer. On en pourrait citer
une demi-douzaine; une notamment, bâtie auprès du
Brink, et le palais de justice, charmante construction en
encoignure, ombragée de grands arbres. Mais le bureau
de police est la plus belle et la plus ornée. C'est un
vrai modèle de bon goût.

Les quinzième et seizième siècles ont laissé à Deventer
des traces moins nombreuses. La jolie cité n'a cependant point encore trop à se plaindre. Je n'en veux
pour preuve que le « Poids » et une maison de bois située
auprès du *Kerkhof.* Avec son pignon pointu, ses deux
étages débordants et ses huit consoles figurant de curieux
personnages, cette dernière offre d'autant plus d'intérêt
qu'elle constitue une véritable rareté, toutes les maisons
de bois datant du quinzième siècle ayant été démolies
avec un soin particulier, de crainte des incendies.

Le « Poids », qui s'élève sur cette belle place ombragée qu'on appelle le *Brink,* date de cinquante ans
plus tard (1528), ce qui ne l'empêche point d'avoir des
fenêtres trilobées, des tours et des tourelles, en un mot,
toutes les allures gothiques. Charmant édifice, du reste,
construit en brique et pierre, souvent restauré [1], mais
jamais défiguré, il fut complété, en 1643, par un escalier
à double rampe et un élégant perron qui font un excellent

---

[1] Notamment en 1620, 1755 et 1873.

effet. C'était du reste, au vieux temps, le rendez-vous de tous les commerçants de Deventer, le point où avaient lieu les transactions, et il fallait qu'il proportionnât sa magnificence à l'importance commerciale de la cité. Or, cette importance était singulièrement plus grande à cette époque qu'on ne se l'imagine généralement, car Deventer était déjà industrieuse et riche, et ses revenus étaient considérables. Indépendamment, en effet, de ce qu'elle retirait de son « Poids libre » dont elle était redevable au comte Florent V, elle s'était vue gratifiée de priviléges spéciaux par l'empereur Henri V; et, après lui, le comte Othon Ier, ensuite Renaud de Gueldre, et enfin les évêques d'Utrecht avaient cherché à se l'attacher en la comblant de bienfaits. Puis, elle avait fait partie de la Hanse, et son importance s'était encore accrue. On la voyait signer des traités avec le roi de Danemark et les souverains d'Angleterre. Il fallait bien que le sanctuaire où se concentrait sa vie commerciale, agricole et industrielle, que son « Poids » fût comme un reflet de son importance et de sa prospérité.

De nos jours, du reste, Deventer est encore une cité commerçante et industrieuse. Outre ses marchés, qui ont continué d'être très-importants, elle porte à son actif industriel des fabriques de tissus de coton, de laine et de soie, et surtout ses manufactures de tapis, qui sont célèbres dans l'Europe tout entière.

Nous pourrions, puisque nous parlons industrie, mentionner également la fabrication du pain d'épice de Deventer (*Deventerkoek*), et ses fabriques de vin. Ne riez pas ! On fabrique du vin à Deventer. L'usine est fameuse et le nom du marchand aussi. On ne s'en cache pas du reste. Les cartes d'hôtel le constatent avec une naïveté voisine du cynisme, et établissent une judicieuse distinction entre le vin naturel (*onversneden*) et celui qui ne l'est pas.

Mais nous voilà bien loin de nos monuments. Il nous faut pourtant y revenir; aussi bien le « Poids » a encore deux ou trois sculptures que nous ne pouvons passer sous silence. C'est d'abord le soleil, la lune et les étoiles, tout comme dans la lanterne magique, et ensuite deux curieuses figures, en haut relief, plaquées de chaque côté de l'édifice, l'une représentant un fort vilain personnage qui regarde dans une marmite; on l'appelle *Kijkindepot* [1]; l'autre, ce même personnage cuisant dans la marmite et regardant dehors; c'est *Kijkuitdepot*. Nous eussions bien voulu en savoir plus long, mais il nous fut impossible de rien apprendre au sujet de cette double œuvre d'art. Ce qu'on nous apprit par exemple, c'est qu'un immense chaudron pendu tout auprès, et dont le fond a été troué depuis par des balles, avait servi jadis à fricasser un faux monnayeur. Ce misérable fut cuit sur le *Brink*. C'était en ce temps-là le supplice réservé à ce genre de crime [2].

Cette exécution ne fut point du reste la seule qui eut

----

[1] « Coup d'œil dans le pot » et « coup d'œil hors du pot ».

[2] Il existe aux Archives de la ville de L.lle un dessin très-curieux, quoique enfantin, tracé en marge d'une sentence qui, le 12 juillet 1560, condamnait un faux monnayeur à être cuit dans un chaudron. Ce dessin nous initie à tous les détails de cette opération.

lieu sur le *Brink*. Indépendamment des criminels ordinaires, qui étaient suppliciés devant le « Poids », on y brûla un certain nombre d'hérétiques, notamment, en 1544, Marie van Beekum et sa sœur, et, en 1571, douze autres malheureux qui montèrent ensemble sur le bûcher. Je cite ceux-là spécialement parce que Jan Luiken nous en a conservé le souvenir [1].

A voir le *Brink* aujourd'hui, on ne se douterait guère de son sinistre passé. C'est une place gaie et coquette, toute bordée de gracieuses maisons, quelques-unes même fort anciennes et très-remarquables, et c'est précisément par la description de deux charmantes demeures situées sur cette jolie promenade que nous allons terminer notre longue visite à Deventer.

La première de ces maisons est un vrai bijou de la Renaissance. Elle se compose d'un petit corps de logis à un seul étage, dominé par un énorme toit et percé de fenêtres à meneaux, disposées entre deux frises ornées de cartouches et de grotesques. Touchant à ce corps de logis et y donnant accès, se dresse un fier portique avec une grande baie cintrée surmontée de deux étages décorés de fenêtres, de niches et de statues. La façade se termine en pinacle, avec un vaste mascaron à son sommet. Les niches sont couronnées par des attiques ou des cintres, et d'agréables guirlandes ou de gracieuses arabesques les relient à une série de cartouches portant des inscriptions. Les statues, il semble inutile de le dire, re-

---

[1] Voir *Schouwtooneel der Martelaren geetst door Ian Luiken.*

présentent une remarquable collection de très-rares vertus : le Courage, la Prudence, la Foi, etc., etc.; il fallait que le propriétaire qui fit bâtir cette charmante habitation (un M. Beter, si j'ai bonne mémoire) en eût une forte provision pour en faire un pareil étalage.

L'autre maison dont nous voulons parler est située non loin de là, également sur le *Brink*. Elle n'est pas bien vieille, puisqu'elle ne date que de 1739. De nos jours, elle est occupée par un marchand de nouveautés. Malgré son style bâtard, qu'on pourrait appeler le Louis XIV des Pays-Bas; malgré le lourd entablement qui la surmonte, malgré ses pots de fleurs et ses lambrequins, elle a, grâce à deux belles statues qui la couronnent, un air si vaillant et si noble, qu'elle fait exception pour son temps, et prouve qu'avec du goût, un bon architecte sait s'accommoder de tous les styles.

Certes, ce n'est point faire un mince éloge de Deventer que de dire qu'elle possède de semblables édifices. Ceux-ci sont la preuve indiscutable des sentiments artistiques de son intelligente population. Grâce à eux, la ville est à la fois gaie, agréable et instructive. C'est une de ces jolies cités qu'on aimerait à revoir et où l'on ne craindrait pas d'aller vivre.

XV

Apeldoorn. — Le Loo. — Une abdication. — Zutphen. — Pillage et
dévastation.— *Hollandsche tuin.* — Une lettre de Louvois. — Archives
et musée. — Sainte-Walburge et Notre-Dame.

Si Deventer est une ville à la fois coquette et gracieuse, remplie d'artistiques maisons et féconde en souvenirs, ses environs sont bien loin de la déparer. Ils lui
font au contraire une printanière toilette de charmantes
villas et de vertes prairies, de bosquets et de bocages,
au milieu desquels serpente l'Yssel argenté, toujours
calme et majestueux. Il y a cent courses à faire dans
cette contrée superbe; mais une surtout nous tentait.
C'était une excursion à Apeldoorn. Apeldoorn est, en
effet, l'un des plus beaux villages, non-seulement de la
Gueldre, mais encore des Pays-Bas; c'est là que se
trouve le Loo, résidence favorite et château préféré du
roi de Hollande. Et, pourquoi ne point l'avouer? une
attraction d'un autre ordre nous appelait encore sous
ces verts ombrages: de vieux amis que j'aime de tout
mon cœur, et que je désirais bien vivement revoir.

Il y a trois lieues de Deventer à Apeldoorn. Nous partîmes de grand matin, et nous les franchîmes de notre
pied léger, sans ennui et sans fatigue, suivant une route

14

ombreuse, toute bordée de cottages, de pelouses fleuries
et d'amples vérandas. Nous fûmes reçus à bras ouverts.
On nous servit un excellent déjeuner, auquel nous fîmes
fête ; puis nous voilà parcourant le village et flânant sous
les grands arbres de ce champêtre paradis.

En France, nous n'avons point idée de villages pareils.
Qu'on se figure de majestueuses allées d'ormes centenaires, le long desquelles sont disposées de gracieuses
habitations émergeant du feuillage sombre et des massifs
de fleurs. Toutes ces maisons luisantes et pimpantes ont
leurs portes ouvertes et leurs siéges dehors. Aucun mur
ne s'élève entre elles. Aucune barrière ne les sépare de
la route. Il semble que tout ce monde à la fois élégant
et simple vive en commun. On dirait une seule et même
famille installée depuis peu sous ces arbres séculaires,
et que l'intérêt et l'égoïsme n'ont point encore eu le
temps de diviser.

Apeldoorn cependant ne date pas d'hier. Othon III et
Lothaire III en parlent dans leurs lettres. En 1629, ce
beau village était assez riche pour que les bandes espagnoles, commandées par le comte Salazar, vinssent lui
rendre visite. Tout incendié et tout pillé qu'il fut alors,
il ne tarda pas, toutefois, à renaître de ses ruines, et en
1770 la princesse Frédérica Sophia, veuve de Guillaume V, le gratifiait de l'église que nous voyons aujour-
d'hui. Elle n'est pas belle cette église, elle est même
lourde et massive ; mais son austère pesanteur fait, au
milieu de cette douce verdure, un précieux contraste et
souligne la fraîche toilette des cottages qui l'entourent.

C'est par ces allées majestueuses qu'on arrive au château du Loo, bâtiment imposant dont l'immense façade
blanche est piquée par une multitude de fenêtres aux
persiennes presque noires. Une grande cour d'honneur
précède le palais. Un péristyle ouvrant sur cette cour
aboutit par un magnifique vestibule au grand escalier, et
celui-ci est entièrement tapissé de trophées et de pano-
plies. Des armures, des bannières et des drapeaux, quelques tableaux indiens peints par Radhen Salé, un peintre
de Batavia, en complètent la décoration.

Au premier étage, sont les appartements intimes et de
réception. Quelques pièces ont conservé l'ornementation
magistrale du dix-huitième siècle, mais c'est la grande
minorité. Dans les autres, le haut goût de l'hôte royal qui
s'est chargé de les embellir se manifeste par une foule
d'œuvres d'art et de meubles précieux.

Partout on sent la préoccupation artistique guidant le
choix des objets et disposant ceux-ci avec une affection
toute spéciale. Rien de froid ni d'officiel. La pensée intime
se révèle, on se sent au milieu d'une résidence aimée.

C'est au rez-de-chaussée que se trouve la salle à
manger, toute garnie de meubles de prix et de pieux
souvenirs. Au milieu des ciboires d'argent et des aiguières
de vermeil, on aperçoit le couteau du grand Taciturne,
une cuiller ayant servi à Guillaume III et le verre de
Guillaume V. Cette belle salle a encore conservé sa décoration primitive.

Tout auprès est située la bibliothèque, puis viennent
les appartements du prince Frédéric, oncle du roi, et

par une série de longs couloirs on arrive à la salle de spectacle. On achevait de la décorer au moment où nous visitions le palais, et l'on peut dire sans crainte qu'elle sera une des plus charmantes que l'on puisse rêver.

Mais toutes ces splendeurs sont bien loin d'égaler les beautés que déploient le jardin et le parc. Il est impossible de rêver rien de plus magnifique que cette merveilleuse végétation, ces pelouses, ces massifs de fleurs, ces hêtres noirs gigantesques, ces marronniers séculaires qui se succèdent ou se groupent, offrant partout des perspectives délicieuses et des horizons charmants. On marche de surprise en surprise et d'admiration en admiration. C'est une féerie perpétuelle.

En suivant pas à pas ces allées magnifiques, on arrive à l'ancien château, le petit Loo, comme on l'appelle maintenant, résidence accidentelle du jeune prince d'Orange. C'est une ancienne habitation féodale à màchicoulis et tourelles, qu'envahissent le lierre audacieux, le chèvrefeuille et les plantes grimpantes. Simple, gracieuse, et sans aucune prétention à l'officialité, cette jolie retraite fut élevée au commencement du seizième siècle par le seigneur Johan Bentink[1].

C'était d'abord un rendez-vous de chasse, un *Jachtslot*[2]. Ce devint ensuite une habitation seigneuriale, dont le propriétaire, en homme prudent et désireux de se concilier un puissant protecteur, fit hommage en 1537 au

[1] *Merkwaardige kasteelen in Nederland,* par J. van Lennep et W. J. Hofdijk.
[2] Littéralement château de chasse.

duc Charles de Gueldre. Celui-ci la rendit sous forme de
fief transmissible, soumis à la singulière redevance annuelle d'une corne de chasse et de deux lévriers [1] blancs.
Les deux fils de Johan Bentink étant morts sans postérité,
le Loo passa entre les mains de Zeger van Arnhem,
gendre de celui-ci. Puis le fief fut acquis par la famille
van Voorst, appartint ensuite aux van Isendoorn, aux
van Stepracht et finalement à la famille van Dornick qui
le céda au stathouder Guillaume III. Ce prince prit en
grande affection cette belle résidence, édifia le grand Loo,
ordonna ces merveilleuses plantations qu'on admire tant
aujourd'hui, et, pour décorer le nouveau château, fit appel
aux premiers talents de son époque. Le petit Loo, pendant
ce temps, voyait des tigres et des léopards remplacer ses
hôtes seigneuriaux. On y avait établi une ménagerie.

C'est en cet état que les troupes républicaines trouvèrent la résidence princière, quand en 1795 elles en-
vahirent le pays. Considéré comme propriété privée des
princes d'Orange, le Loo fut confisqué, le château converti en caserne, le mobilier et la ménagerie dispersés.
Seuls, deux éléphants jugés dignes de figurer au Jardin
des Plantes furent conservés par les vainqueurs, enfermés dans d'immenses maisons de bois, et dirigés sur
Paris. Le récit de leur voyage devenu presque légendaire
nous a été conservé [2]; ils se nommaient Hans et Parkie.
C'était encore à cette époque une grande rareté que de

---

[1] Van der Aa dit : « deux biches blanches », *witte hinden*, condition plus difficile à remplir.
[2] Voir *les Animaux célèbres et intelligents*.

                                        14.

voir de semblables animaux en Europe. Ceux-ci défrayè-
rent pendant longtemps la curiosité populaire et furent
pour nos savants une mine d'intéressantes observations,
jusqu'au jour où une fluxion de poitrine, résultat de
quelque imprudence, enleva à leurs admirateurs ces
deux pesants trophées de nos armes victorieuses.

Le roi Louis, pendant son court règne, essaya sinon
de rétablir le grand Loo dans sa splendeur première, du
moins de le rendre à sa primitive destination. Mais le
temps lui fit défaut pour achever son entreprise ou tout
au moins pour en profiter ; car si dans la suite on vit
errer sous ces nobles ombrages l'impératrice Marie-
Louise, la duchesse de Montebello et le brave Duroc, par
contre on n'y rencontra guère ce prince si bien inten-
tionné, qui trouva la couronne de Hollande trop lourde
pour son front.

A leur rentrée dans le pays, les princes d'Orange
furent tout naturellement remis en possession de leur
magnifique domaine. Guillaume Ier, qui l'aimait, y séjourna souvent, et c'est dans la grande salle du palais que
le 7 octobre 1840 eut lieu son abdication. En présence
de son fils et de son petit-fils, de ses ministres et des
membres du conseil d'État, le vieux roi remit la couronne au prince d'Orange. Le président du conseil donna
ensuite lecture de la formule d'abdication ; tout le monde
la signa, et l'on se sépara sans plus de cérémonie,
« *zonder pligtpleging of plegtigheid* », comme dit l'auteur
de la *Vie de Guillaume II* [1].

---

[1] Johannes Bosscha, *het leven van* Willem den Tweede.

Est-ce le souvenir de cette impressionnante cérémonie ou tout autre motif qui éloigna Guillaume II des ombrages du Loo? Il serait assez difficile de le dire. Toujours est-il que pendant la durée de son règne on ne l'y vit presque jamais. Heureusement, son successeur devait reporter sur cette belle résidence l'affection traditionnelle de sa famille, et lui rendre sa première splendeur. Nous avons vu ce que Guillaume III a su faire de ce noble château et de son parc merveilleux.

Les jardins et le parc de cette princière demeure sont adossés à une forêt immense, qui s'étend au nord et presque sans interruption jusqu'à Elspeet, et du côté de l'ouest jusqu'aux bruyères de Milligen. C'est là que, pendant l'été et le commencement de l'automne, ont lieu les grandes manœuvres de l'armée néerlandaise. Ces bruyères désolées, qui s'étendent à perte de vue, sont admirablement propices à ces guerrières évolutions. On peut suivre de l'œil le développement des corps d'armée, pendant que les chevaux et les hommes s'endurcissent à la fatigue sur ce sol inégal et mouvant. L'emplacement du camp est, lui aussi, fort bien choisi, quoique le soleil rôtisse du matin au soir ces arides bruyères et soit parfois très-fatigant. Mais cette situation, pour pénible qu'elle puisse être, n'est certes point au-dessus des forces de tous ces braves troupiers. Je n'en veux pour preuve que leur joyeuse allure et leur cordial entrain.

Une grande et belle route relie Milligen au Loo, à

Apeldoorn ensuite, et après avoir traversé le village se raccorde à la route de Zutphen, l'une des plus agréables qui soient dans tout le pays. Il faut trois grandes heures de marche, et même plus, pour atteindre cette dernière ville. Mais quelle que soit la fatigue, elle est bien vite oubliée, dès qu'on arrive au bord de l'Yssel.

Zutphen est, en effet, une des plus pittoresques cités qu'on puisse voir. Dès qu'on l'aperçoit de loin, elle fait l'effet d'un grand lac de toits rouges agités en tout sens comme des flots incertains. Puis, pour peu qu'on approche, on découvre une petite rivière, la Berkel, qui, coupant la ville en deux, baigne ses vieux remparts, et ouvre en tout sens des perspectives à rendre fou de joie un peintre et surtout un aquarelliste.

Tout d'abord c'est l'antique fossé et l'ancien mur d'enceinte qui s'offrent à la vue, celui-ci absorbé en partie par des maisons. Plus d'un *Zutphenaar*, en effet, s'est taillé dans la vieille muraille une habitation à son gré. Un lambeau de toit et quelques ouvertures, voilà un logis tout trouvé. Parfois on a fait un peu de toilette, badigeonné le mur, opéré un ravalement habile, et accroché des jalousies vert-pomme; mais le plus souvent la maison improvisée porte au front la marque de sa destination primitive, et l'empreinte de ses mâchicoulis est encore visible à l'ombre de son toit.

Ajoutez à cela un fouillis d'herbes et de fleurs, de barrières blanches inclinées et d'escaliers noirs vermoulus, de toitures rouges et de murailles grises, le tout émer-

Zutphen (les bords de la Berkel).

geant de petits jardins, qui mirent dans l'eau courante leurs lilas et leurs saules.

Puis, pour rendre le contraste plus frappant, de l'autre côté du fossé des maisons nettes et propres, peintes en beurre frais ou en gris, avec leurs lignes bien droites, leurs angles bien tranchants, de belles moulures au-dessus des fenêtres, toutes neuves, au goût du jour, et sortant des mains de l'ouvrier. C'est le derrière des hôtels de l'*Ijsselkade* dont les façades bordent la grande rivière.

A la fois majestueuses et coquettes, sévères avec une pointe de gaieté, ces belles maisons neuves sont l'orgueil de la petite ville. Pour nous, qui les trouvons un peu froides, beaucoup trop correctes, et disons le mot, légèrement prétentieuses, remontons le cours de notre petite rivière ; nous y rencontrerons mille motifs délicieux et des échappées pittoresques à foison. Voilà, du reste, le défilé des maisons branlantes qui recommence, avec leurs murs lézardés ; puis vient le marché au poisson situé au bord de l'eau, une bonne place à ce qu'il semble, mais trompeuse cependant, car les anguilles et les *plies* y viennent en voiture et s'en retournent en panier, au bras des ménagères. La vente se fait à la criée. Le crieur dit d'abord un haut prix ; puis, d'une voix monotone, il descend peu à peu, diminuant d'un *cent* chaque fois. Lorsque le petit lot est à la convenance d'un acheteur, celui-ci crie : « *Ia* », et le lot lui est adjugé, à moins que deux personnes ne prononcent en même temps le *Ia* fatal, auquel cas ce sont des lazzis, parfois même des discussions et des disputes.

Plus loin, nous trouvons des moulins, mais de vrais moulins avec leurs grandes roues à palettes, à moitié pourries par leur séjour dans l'eau et qu'il faut sans cesse réparer. C'est un pittoresque souvenir du vieux temps. A notre époque de minoteries à vapeur, on serait presque tenté de rire de ces doyens de la meunerie; et pourtant ils ont compté de beaux jours. Ils ont eu, eux aussi, leurs destins historiques. En 1312, le comte Reinoldt les donna à la ville[1], et celle-ci s'en montra reconnaissante et joyeuse, car ils étaient pour elle d'un grand rapport.

Après les moulins, voici des ponts avec des arcades cintrées qui supportent la rue passante et animée, et de chaque côté de cette rivière sans quai c'est toujours un curieux assemblage de toits branlants, de balcons de travers, de terrasses en planches, de gargouilles en plomb, d'escaliers vermoulus, de murailles décrépites et de folles verdures; et tout cela, haut en couleur et chaud de ton, continue de la sorte jusqu'à ce qu'une grande ruine, majestueuse et vaillante, vienne brusquement masquer la vue et arrêter le regard.

C'est une ancienne porte de la ville, de celles qu'on appelait *Waterpoort*. Assise sur deux piles énormes, traversant l'eau comme un pont, elle barrait la rivière et en défendait l'accès. Au-dessus de ses arches, qui dans le jour livraient aux bateaux un libre passage, règne une

---

[1] La lettre de donation figure dans les Archives de la ville de Zutphen.

longue galerie percée de fenêtres et de meurtrières, et
jadis couronnée de créneaux. Deux petites tourelles,
espèces de guérites crénelées, complètent sa physionomie
guerrière. Pauvre invalide, ruinée par les années, ses
briques désunies s'effritent au soleil, et sur sa vieille cuirasse lavée par la pluie le lierre et les glaïeuls promènent
leur jeunesse verdoyante et fleurie.

Au delà de cette vieille porte, s'élève le nouveau rempart, avec ses larges bastions et ses grands arbres, dominant la campagne qui s'étend au loin, plane et maré-
cageuse, mais toujours fertile.

Il enveloppe la ville de ses nombreux circuits, formant autour d'elle une promenade silencieuse qui suit
par place les anciens murs de la ville, car cette vieille
Waterpoort n'est point le seul vestige des antiques défenses. On voit encore en mainte place des restes de la
vieille muraille éventrée ou titubante, et dans le lointain
on aperçoit, émergeant du feuillage, la double plate-forme
de la *Drogenapstoren*. Malgré les ans et malgré les hommes, la vieille tour dresse toujours dans les airs ses
orgueilleux mâchicoulis, dominant un pittoresque fouillis de pignons, de clochers et de vieux arbres et mirant
son faîte altier dans les eaux croupissantes qui verdissent
à ses pieds. C'est un des recoins les plus charmants de
cette belle promenade.

De l'autre côté des remparts, la vue plane sur une
petite île toute bruyante et toute peuplée de maisons de
bois, de cabarets et de chantiers, entourée de gros
tjalks à la voile rouge, au mât pavoisé, et qui semble être

à la fois le quartier maritime et le port de la ville. On s'oublie volontiers à contempler ces lignes et ces couleurs, cette vie tranquille au milieu des maillets qui frappent, pendant qu'à l'ombre des grands hêtres les bruits de la ville nous arrivent adoucis et qu'au loin la campagne dorée étale au soleil ses opulentes moissons.

La richesse de cette campagne est depuis longtemps proverbiale. « Elle se réjouit de son ciel, s'écria le géographe Blaeu avec une sorte de lyrisme; l'atmosphère qui l'entoure et celle qu'on y respire sont à la fois fortifiantes et salubres. Les champs qui s'étendent à ses portes sont fertiles, et propres à engraisser les bestiaux aussi bien qu'à produire d'abondantes récoltes [1]. »

Cette pureté et cette salubrité tant vantées n'empêchèrent point toutefois Zutphen d'être, à maintes reprises, visitée par les épidémies. En moins de deux siècles, de 1458 à 1617, elle fut dix fois ravagée par la peste. Et chaque fois, le terrible fléau fit dans sa population des vides considérables.

Ce ne fut point cependant le plus cruel désastre qui, dans ces époques sinistres, s'abattit sur la charmante et joyeuse cité. Entre temps, en effet, la guerre lui rendait visite. Les siéges, les assauts, les massacres et les dévastations de toutes sortes venaient périodiquement l'assaillir.

En 1572, mise à sac par les Espagnols, qui voulaient

[1] *Theatrum urbium Belgicæ*, etc.

faire un exemple, elle fut presque complétement dé-
peuplée.

Bien que ses bourgeois n'eussent fait ni difficulté ni
résistance pour recevoir les troupes du duc d'Albe,
celles-ci ne furent pas plutôt entrées, qu'on se mit « à
meurtrir, à pendre, à estrangler et noyer à la rivière
une grande quantité de bourgeois, avec une infinité de
cruautés, tant sur les femmes et filles, voire sur les petits
enfants [1] ».

L'auteur de la *Polemographia* nous a, dans une émouvante gravure, conservé le souvenir des ces horreurs,
qu'il intitule : *Horrenda ab Hispanis commissa latro-
cinia.* « Ils pendirent par les pieds, nous dit-il, les officiers et les soldats, attachèrent ensemble les habitants
dépouillés de tout vêtement et les précipitèrent dans le
fleuve; d'autres chassés de la ville, tout nus, périrent de
froid dans la campagne [2]. »

Occupée par les Espagnols, il fallut que les troupes
des États vinssent l'assiéger de nouveau pour lui rendre
son indépendance. En 1586, Leicester l'essaya, mais en
vain. Le duc de Parme l'empêcha de pénétrer dans la
ville, en lui livrant une bataille « où les Anglois furent
rudement testonnez ». Ravitaillée et bien pourvue, Zutphen tint bon jusqu'en 1591, époque à laquelle Maurice
vint lui-même l'investir.

Cette fois elle fut enlevée par un véritable coup de
main. Le 22 mai, une quinzaine de soldats appartenant

[1] *Grande Chronique de Hollande et Zélande.*
[2] Voir la *Polemographia avraico belgira.*

15

à la garnison de Docsborg s'en vinrent, à la pointe du
jour, se poster devant la porte du grand fort, que les
Espagnols avaient établi sur la rive gauche de l'Yssel.
Ils étaient déguisés en gens de la campagne. Les uns
portaient du beurre, les autres du lait, des œufs ou du
fromage. A l'ouverture des portes, sous prétexte d'ap-
provisionner la garnison, ils pénètrent dans le corps de
garde, et, pendant que les soldats sans armes font leur
marché, ils se précipitent sur eux, tuent une partie de la
garde, font prisonnier le reste, et sont rejoints par
leurs camarades cachés dans les environs.

Le prince Maurice, apprenant le succès de « ceste gentille entreprise », accourt avec son armée, « en si grande
vitesse, qu'on voudroit à peine croire[1] », investit la ville,
s'apprête à la battre et la somme de se rendre. Faute de
munitions, surtout de sel et de poudre, la garnison,
désespérant de soutenir un long siége et « n'ozant aten-
dre le hazard d'un assault », capitula. Les Espagnols
sortirent, conservant l'épée et la dague et « autant de
bien qu'ils pouvoyent emporter sur leurs cols ». Et je
vous laisse à penser s'ils profitèrent de cette dernière

---

[1] Dans une seule nuit les pièces furent mises en batterie et les
redoutes élevées. Cette admirable promptitude doit être attribuée
presque uniquement à la présence d'un certain nombre de marins,
que Maurice avait emmenés avec lui. Ceux-ci, avec une adresse,
une bravoure et une énergie superbes, accomplirent ces rapides
manœuvres qui, à cette époque, semblaient tenir du prodige. On
voit par ce curieux exemple que le siége de Paris n'est pas le
premier fait de guerre de ce genre où les brillantes qualités
des matelots ont trouvé à se manifester.

condition pour soumettre la ville à un dernier pillage.

Cependant, malgré les maladies, malgré la peste et les épidémies, malgré la guerre, les assauts et les pillages, Zutphen était restée riche et florissante. Sa richesse, devenue proverbiale, était même passée en dicton :

> Nymegen de oudste,
> Roermond de grootste,
> Arnhem de lugtigste,
> Zutphen de rykste [1],

chantait-on alors dans toute la Gueldre, donnant ainsi à chaque ville la qualité qui lui convenait.

De nos jours encore, Zutphen est riche. Sa prospérité n'a point décliné. Elle est demeurée cité agricole et commerçante ; et, si nous en croyons la statistique, les sept cents bateaux qui viennent chaque année s'amarrer le long de ses quais, les dix mille bêtes à cornes qui encombrent ses marchés, les cinq mille moutons qui bêlent dans ses rues, et les huit mille cochons qui grognent en passant sous ses portes, nous disent assez qu'elle mérite toujours son surnom.

Du reste, n'aurait-elle plus cette richesse traditionnelle, qu'elle serait encore digne de toute notre attention. Bien qu'elle ne puisse en effet prétendre détrôner « Nimègue la plus vieille », elle est cependant « ville ancienne et

---

[1] Nimègue, la plus vieille ; — Roermond, la plus grande ; — Arnhem, la plus gaie ; — Zutphen, la plus riche. (*Geographische beschryving van de provincie van Gelderland.*)

noble entre toutes » ; car elle fut capitale d'un comté qui porta son nom.

L'histoire de ce comté n'est point, il est vrai, des plus importantes ni des plus claires dans ses origines. Selon Pontanus, qui s'est fait l'historien de ce pays [1], son premier seigneur titulaire aurait été un comte Reinier, qui vivait vers 833. Selon Berchemius [2], dès 810, un certain Wichard ou Wichman, appartenant à la maison de Saxe, aurait porté le titre de comte de Zutphen. Mais de l'avis de l'un et de l'autre, ce n'est guère qu'en 914 qu'il est fait mention sérieuse de notre comté, à l'occasion du mariage d'Adélaïde, « comtesse de Zutphen », avec Robert de Heusden.

Plus tard, par le mariage de Sophie, fille de Wichman, avec Othon de Nassau, comte de Gueldre, Zutphen et son territoire se trouvèrent une première fois englobés dans la province voisine. Ils ne tardèrent pas du reste à être définitivement absorbés par elle, quand celle-ci fut élevée à la dignité de duché. Et c'est ainsi que le comté de Zutphen figura parmi les titres et apanages de l'empereur Charles-Quint.

Mais rentrons dans cette « bonne ville et bien bâtie », comme l'appelle Guicciardini. Zutphen est en effet, dans ses beaux quartiers, élégante et même coquette. Ses rues sont larges et propres ; point trop droites, comme il con-

---

[1] Voyez *Historiæ Gelricæ.*

[2] *Vaderlandsch Woordenboek.* On peut aussi consulter la *Geschiedenis v. d. Stad Zutphen van de vroegste tijden tot* 1795.

vient à une vieille cité ; elles sont surtout fort animées et très-passantes. Elle a partout un air de franche gaieté. Il n'est pas jusqu'à son principal hôtel dont le nom n'ait quelque chose de plaisant et de joyeux, qui sort de l'ordinaire et sonne agréablement aux oreilles.

Il s'appelle l'*Hollandsche Tuin,* le « Jardin hollandais ». Jardin curieux toutefois, et bizarre s'il en fut ; sans bouquets et sans fleurs, sans un brin de verdure. Pour tout bocage, il ne possède qu'une cour étroite et sombre avec des guérites suspectes qui sont bien loin de tenir les promesses parfumées de l'enseigne. Il est vrai que les fleurs y sont remplacées par un bouquet de fraîches beautés, tourbillonnant, caquetant et jacassant dans les couloirs, et que le carillon voisin substitue, sinon avec avantage, du moins avec plus de tapage, ses vocalises aux douces chansons des rossignols absents.

Nous n'avons point toutefois, nous autres Français, le droit de médire de ces cloches babillardes. Si le carillon de Zutphen existe encore, ce n'est point la faute des *Zutphenaars* présents, encore moins celle des *Zutphenaars* passés ; c'est la faute de Louvois, le sévère ministre du brillant Louis XIV. Je m'explique.

Lorsque le 26 juin 1672, après cinq jours de tranchée ouverte, le duc d'Orléans eut emporté Zutphen d'assaut et fait la garnison prisonnière, les officiers d'artillerie de notre armée mirent, comme c'était le droit d'alors, l'*embargo* sur toutes les cloches, clochettes, sonnettes et objets de cuivre quelconques qui se trouvaient en ville ; et, comme c'était aussi l'usage, les auto-

rités furent invitées à racheter le tout moyennant une
indemnité, que ces messieurs de l'artillerie avaient fixée
à dix mille écus.

L'édilité, qui voyait là un moyen de se débarrasser de
toutes ses sonneries, clocheries et carillonneries, fit la
sourde oreille et proposa carrément la moitié de la somme,
offrant d'en écrire à M. de Louvois.

Écrire à M. de Louvois passait alors pour une démarche
très-audacieuse.

Le duc d'Orléans, bien qu'il n'eût point encore assisté
à cette scène épique que raconte madame de Sévigné[1],
connaissait le terrible homme. Il essaya donc de dissua-
der les édiles d'une aussi aventureuse démarche. « C'est
un procès perdu, leur dit-il, et vos cloches avec. » Les
braves magistrats persistèrent, et pour cause; ils écrivi-
rent donc. Et voici la réponse qu'à leur grand étonnement
ils reçurent du farouche ministre :

« Messieurs,

« J'ay receu la lettre que vous m'avez escrite, par laquelle vous me faites connoistre l'jmpuissance dans
laquelle vous estes de payer dix mil escus, pour les
droitz que les officiers d'artillerie ont sur vos cloches.
J'en ay rendu compte au Roy, et Sa Maᵉ a bien voulu mo-

[1] « Il y eut l'autre jour une vieille très-décrépite qui se présenta
au dîner du Roi. Elle faisait frayeur. Monsieur la repoussa et lui
demanda ce qu'elle voulait. Hélas! monsieur, lui dit-elle, je voudrais bien prier le Roi de me faire parler à M. de Louvois. Le Roi
lui dit : Tenez, voilà M. de Rheims qui le peut mieux que moi.
Cela réjouit fort tout le monde. » *Lettre du* 11 *septembre* 1676.

dérer cette somme à la moitié. Mais après cela, il faut que vous sortiez promptement de cette affaire. Je suis :

« Messieurs,

« votre affectionné serviteur,

« DE LOUVOIS.

« Saint-Germain, ce Xe Aoust.

« 1672.

« Les bourguemestres de Zutphen [1]. »

Vous voyez bien que c'est la faute de Louvois si le carillon de Zutphen vient réveiller la nuit les paisibles habitants de l'*Hollandsche Tuin*. Toutefois, malgré l'absence de jardin, les fleurs animées et les carillonnades, ou peut être à cause de tout cela, j'ai conversé un très-bon souvenir de cet aimable hôtel; mais c'est surtout, pourquoi ne pas le dire? grâce à un petit événement, passé sans doute inaperçu, et qui me mit cependant singulièrement le cœur à l'aise.

La chose eut lieu à table d'hôte. On parlait politique, et la conversation, par des méandres assez obscurs, vint à rouler sur une guerre possible et même probable entre les Pays-Bas et l'Allemagne. Un petit monsieur, joli garçon, vêtu de noir, coquet de sa personne, sec et tranchant, libéral à ce qu'il prétendait, et me faisant l'effet d'un tout jeune magistrat « fraîchement émoulu »,

---

[1] Cette intéressante lettre de Louvois est conservée aux Archives de Zutphen.

comme nous disions au collége, soutint qu'en cas d'attaque de la Prusse, toute défense serait inutile, toute résistance superflue, et qu'il vaudrait mieux capituler tout de suite, « parce que les conditions seraient meilleures ».

Je l'écoutai avec stupéfaction, ne lui faisant pas, je vous l'assure, l'affront de prendre au sérieux de pareils propos. Le brave garçon, la chose est certaine, soutenait un paradoxe. — Rien de moins et rien de plus. — Mais enfin, il se trouvait à cette table une douzaine de Néerlandais, parmi lesquels deux officiers, et la salle possédait cinq très-larges fenêtres. Et parmi ces braves gens, il ne se rencontra personne pour empoigner mon gaillard par les épaules, et, sans autre discussion, l'envoyer dans la rue faire connaissance avec le sol de sa patrie, dont chaque parcelle a été arrosée par le sang de ses ancêtres.

Franchement, le sentiment était peut-être égoïste, mais cette nonchalance m'a fait du bien au cœur. Chez nous, les choses ne se seraient point passées de la sorte. Même aux plus mauvais temps, même aux plus sombres jours, quand nous mangions ce pain sans nom, auprès duquel celui des galériens semble être de la galette, et même quand nous ne mangions plus, personne n'aurait osé en France tenir un pareil langage; car si quelqu'un avait pensé cela, les paroles se seraient arrêtées dans sa gorge... ou, si elles en étaient sorties... eh bien! les choses ne se seraient pas passées comme à Zutphen.

Certes, la froide raison et le calme bon sens sont deux belles choses; mais le patriotisme en est une autre non moins belle, et singulièrement plus noble et plus précieuse. C'est le mobile des plus grandes actions et des plus généreuses pensées. Quant au libéralisme, il a ses limites; et l'homme qui ne laisserait point devant lui frapper une femme ou blesser un enfant a le devoir de s'opposer à ce qu'impunément on soufflette sa patrie.

Mais assez de commentaires, n'est-il pas vrai? et revenons à nos carillons. Tout carillon suppose une tour ou un clocher, car il lui faut un piédestal en hauteur, pour pouvoir bavarder dans les airs. Or le piédestal du carillon de Zutphen, c'est la tour du « Poids ». Elle se dresse, au beau milieu de la ville, au centre d'une longue et large rue, vers laquelle toutes les autres convergent, et qui, en s'élargissant, constitue le marché. Ce « Poids », qui domine de sa masse imposante les étalages des campagnardes, les boutiques des bouchers et des *spekslagers*, la foule babillarde et la population bêlante, se compose d'une sorte d'avant-corps, d'architecture solide et sérieuse, édifié en 1618. Cet avant-corps est à deux étages, surmonté d'un long toit et précédé par une haute tour, dans le goût de celle de la *Westerkerk* d'Amsterdam. Le premier étage de cette tour, de plain-pied avec celui du corps de logis, forme une sorte de loggetta à laquelle aboutit un double escalier en pente rapide, qui donne à la façade un pittoresque aspect. Cette loggetta est l'antique « Perron » de la ville. C'est là qu'on communiquait au bon peuple les résolutions, les édits, les arrêts et les condamnations qui devaient, suivant l'usage, être « criés au Perron ».

15.

En 1660, cette agréable construction prit le nom de *Wynhuis* (maison au vin), à cause des droits qu'on y exerçait sur les liquides. Depuis lors, elle a conservé ce nom assez mal justifié, car elle abrite, à son rez-de-chaussée, un poste de police, qui, depuis la nouvelle loi surtout, doit être la terreur des ivrognes.

Au premier étage, le *Wynhuis* renferme les richesses artistiques de la ville. Celles-ci consistent en un très-gentil commencement de musée local, en une collection d'archives intéressantes et un embryon de bibliothèque. De cette dernière, nous ne dirons mot; car elle ne nous apprendrait rien de bien intéressant, ni de bien neuf. Les archives sont plus riches. Elles contiennent un millier de pièces, mises en bon ordre par M. Van de Velde, un homme de goût doublé d'un érudit. Les plus anciennes chartes remontent à la fin du dixième siècle; la plupart n'ont qu'un intérêt local. Dans le nombre, toutefois, il s'en trouve de curieuses, tant à cause de leur contenu que des illustrations qui les décorent. Parmi ces dernières, il faut citer une *Remontrance* du comte de Meurs au comte de Gueldre (20 novembre 1493), couverte de très-amusantes scènes et de petits personnages d'une grande originalité. Avec les autographes illustrés, se trouvent les autographes illustres. Ce sont : la permission octroyée par Maximilien et l'archiduc Philippe à la ville de Zutphen d'élever un pont sur l'Yssel; une lettre de Charles de Gueldre, accordant à un valeureux militaire, pour ses nombreux et vaillants services, une place de... bourreau; puis « la Lettre de pardon » envoyée en 1585

(après le pillage) par Philippe II à son bon peuple de
Zutphen, avec le grand sceau de cire noire, sinistre
comme son maître; enfin des lettres de Charles-Quint,
de Maximilien d'Egmont, de Gilles de Barlaymont, de
Marguerite de Parme, du prince d'Orange, du roi de Po-
logne Sigismond, de Huygens, de Onno Zwier van Haren
et de cent autres [1].

Le musée possède, lui aussi, quelques manuscrits re-
marquablement illustrés. Il renferme également de belles
armes, entre autres de superbes pertuisanes ; les anciens
sceaux de la ville, les sceptres des bourgmestres, pièces
d'orfévrerie fort bien travaillées, appartenant au seizième
siècle; des grès, ayant pour la plupart une valeur toute locale, et quelques verres de différentes provenances, gravés
aux armes de la ville. Parmi ceux-ci, il s'en trouve deux
au moins qui présentent pour les Zutphenaars un intérêt
tout particulier. Ce sont d'énormes gobelets, montés sur
un pied soufflé, veinés de blanc à l'intérieur, et imitant
assez bien les produits de Murano. Ils furent fabriqués,
à Zutphen même, en 1668, par un nommé Simon, natif
de Tournay, lequel avait installé dans la ville une importante verrerie. Encore une industrie d'art disparue !

Malgré les collections qu'il renferme, le « Poids »
n'est ni le plus intéressant, ni surtout le plus remarquable
des monuments que possède Zutphen. Nous ne dirons

---

[1] On peut avoir un aperçu des richesses que renferment les
Archives de Zutphen en parcourant le livre que M. I. A. Nijhoff a
consacré aux Archives de la province de Gueldre, *Kort Overzigt
van den Toestand der oude archieven in Gelderland.*

rien de l'hôtel de ville, édifice moderne et sans aucun caractère. Mais il nous faut longuement parler des trois églises
qui décorent la jolie ville, et dont l'une, Sainte-Walburge,
est justement célèbre au point de vue architectonique.

Elle se trouve tout auprès des remparts, sur une
place irrégulière, qui a cependant une agréable physionomie. Elle fut édifiée en 1105, mais en 1406 un incendie, qui éclata dans la tour, en entraîna la chute, et celle-
ci, en tombant, écrasa l'église et la détruisit en partie.
Sainte-Walburge fut alors reconstruite en style ogival,
avec des bas côtés ; mais en 1446 on éleva de nouveaux murs d'enceinte à la hauteur de la nef, de façon à
former trois nefs de hauteur égale, et l'on coupa les murs
intérieurs pour ne laisser que la carcasse. Ainsi transformée, Sainte-Walburge présente de grandes et nobles
proportions, en harmonie du reste avec la foule qui se
pressait jadis sur ses dalles sanctifiées par la prière. La
grande église de Zutphen, en effet, jouissait au quinzième
et au seizième siècle d'une très-grande renommée. On y
venait en pèlerinage, pour y adorer les reliques miraculeuses de saint Juste, jeune néophyte, martyrisé aux
environs de Beauvais, sous le règne de l'impitoyable Dio-
clétien.

Pour être exact, il faut avouer qu'elle ne possédait
point tout entier le corps du jeune martyr ; car, si nous
en croyons une vieille chanson, consignée par Aubertus
Mirœus dans ses *Fastes belgiques*. Trèves se vantait,
non sans raison, d'avoir le bon morceau, la tête, qu'elle
offrait à la vénération de ses visiteurs.

Ejus caput nunc habetur,
Magna Treviris reverentia ;
Sed corpus obtinetur
Diligenter in Zutphania.
Laudetur hinc Dei clementia !

Quoi qu'il en soit, c'est indubitablement à la présence
de ces saintes reliques que Zutphen est redevable de
posséder encore aujourd'hui deux superbes chefs-d'œuvre de ferronnerie et de fonte. Le premier est un de ces
lustres appelés « couronnes ». Il fut offert à l'église par
le comte Othon II, dit le Boiteux ; ce qui placerait sa
confection dans la seconde moitié du treizième siècle.
C'est un fort beau morceau de fer forgé, ayant la forme
d'une tiare, un peu maigre peut-être, mais d'une grande
élégance. L'autre pièce est un énorme baptistère, tout en
bronze, ayant la forme d'une coupe et monté sur un
large pied, reposant sur des lions accroupis et orné des
statues des quatre évangélistes. Le couvercle est surmonté d'un petit édifice à deux étages, tout hérissé de
statuettes et de pinacles, et terminé par un pélican dans
ses fonctions normales. Ce superbe monument en métal n'a pas moins de quatre mètres de haut, et le bassin
comporte plus d'un mètre de diamètre.

Mais Sainte-Walburge possède encore une autre curiosité, et celle-là peut-être unique. C'est une bibliothèque, non point comme celles de nos jours, avec de vulgaires rayons, des armoires et des tables, mais dans l'état
où les bibliothèques publiques étaient il y a trois cents ans.
Elle est située dans une salle basse, étroite, mal éclairée,

dont la voûte est soutenue par quatre vieux piliers ornés de chapiteaux curieux et d'animaux en bas-reliefs. Perpendiculairement à la muraille, s'allongent vingt doubles pupitres, chargés d'énormes *in-folio* tous retenus par une chaîne à la place qui leur est assignée. Il n'y a guère plus de trois cents volumes et point très-variés, comme le fait remarquer Blaeu [1], car la célébrité de ce réduit ne date point d'hier. Mais ces trois cents *in-folio* constituent un trésor véritable.

Outre les manuscrits qui s'y trouvent, plus de la moitié de ces vénérables bouquins sont, en effet, de précieux incunables. La plupart, de premier choix, proviennent des officines de Venise et de Cologne, œuvres des Baptista de Lortis, des Andreas Thoresanus, de Johannes Alemanus et de vingt autres, entre lesquels brille d'un vif éclat le nom de Petrus Schoiffer, dont on voit la fameuse Bible, datée de 1469. Parmi les ouvrages plus récents, il s'en trouve encore de bien précieux : par exemple, l'*Homère* imprimé à Bâle par Jean Froben, l'ami d'Érasme, la *Logique* d'Aristote, de notre Henri Estienne, et le *Prodigiorum ac ostentorum chronicon,* avec ses vignettes étranges et ses planches indiscrètes, qui semble singulièrement dépaysé dans ce milieu religieux et savant.

Hélas ! toutes ces richesses enfouies dans cette crypte sont remises à la garde d'un honnête sacristain, qui ne

---

[1] « ... Ad partem templi orientalem bibliotheca est publica, varietate librorum, mediocriter instructa... » Blaeu, *Theatrum,* etc.

semble guère se douter de l'importance de sa mission.
L'air pénètre rarement dans ce réduit; l'humidité y accomplit lentement son œuvre. Les volumes pourrissent
doucement, feuilletés de loin en loin par quelques in-
différents et parfois, pourquoi le taire? lacérés et souillés
par des mains sacriléges. Nous aurions voulu intéresser
le brave *Koster* au trésor qu'il possède, lui inspirer quelque amour pour ces merveilles qu'il a sous la main. Mais
nous perdîmes notre temps. L'excellent homme avait son
déjeuner sur le feu, et son esprit était ailleurs qu'à nos
sages exhortations.

Nous sortîmes fort attristés de ce réduit scientifique. Il
n'y a point d'illusion à se faire; toutes ces richesses typographiques courent de très-grands dangers. Les fabriciens
de Sainte-Walburge n'ont, en effet, jamais brillé par leur
esprit conservateur. Dix actes de vandalisme les accusent.
Jadis l'église était entièrement décorée de superbes vitraux
peints. Guicciardini, avec son goût italien, le constatait
presque à regret; il la trouvait obscure, mais il s'en conso-
lait, en rappelant que c'était « l'opinion des saincts personnages d'alors et de nos sages pères et ancestres, que
les lieux saincts et sacrez nous doivent, dez leur première
entrée, représenter une grande dévotion et contrition de
nos faultes, et nous rendre attentifs et diligens à l'orai-
son, sans premier faire vaguer nos yeux par trop de lumière ». Eh bien, dans ce siècle même, ces beaux vitraux
ont été détruits. Un charpentier eut un jour la belle idée
de remplacer ces grandes verrières par des fenêtres ordinaires, et l'on applaudit des deux mains à cette proposi-

tion saugrenue. Mais ce n'est pas tout. On montre au
musée deux superbes panneaux fort gracieusement décorés de charmantes figures, qui remontent pour le moins
au quinzième siècle. Ces panneaux portent des traces de
rabot et de clous. On les avait employés à doubler une
armoire. Après cela, tout n'est-il pas à redouter [1]?

Il semble, du reste, qu'autrefois c'était une joie véritable pour les magistrats de Zutphen, que d'associer
leur nom à une œuvre de destruction. Ainsi, Sainte-
Walburge, l'église qui nous occupe, est précédée par une
énorme tour à cinq étages, massive et presque sans ouvertures. A deux reprises, en 1406 et 1600, cette tour
a été incendiée. C'est le feu du ciel qui, chaque fois, s'est
chargé de cette sinistre besogne. Le corps des bourgmestres et échevins n'était donc pour rien dans l'affaire.
Eh bien, chaque fois, cependant, on a incrusté dans la
malheureuse tour une plaque commémorative portant le
nom de tous les magistrats en exercice. Franchement,
c'est pousser un peu trop loin l'amour de la célébrité.

Outre Sainte-Walburge, Zutphen, nous l'avons dit,
possède encore deux autres églises : celle des Dominicains, située au centre de la ville, et une autre, occupée
actuellement par les catholiques, qu'on appelle, si j'ai
bonne mémoire, Notre-Dame, et qui, sur les vieilles
cartes, est désignée, je ne sais pourquoi, sous le nom de
Nieuwstadskerk (église de la nouvelle ville).

---

[1] Les Archives d'Arnhem renferment un certain nombre de
pièces (notamment un inventaire de 1555) attestant l'ancienne
opulence de l'église Sainte-Walburge.

Ce qu'il y a de plus remarquable dans l'église des Dominicains, c'est la façon dont on y pénètre les jours ordinaires. Il faut traverser une enfilade de petites cours étranges, solitaires, closes de vieilles murailles tapissées et panachées de chevrefeuille, de lierre et de pétunia. Tout cela, chaudement coloré, représente les anciennes dépendances du cloître, dont le corps de logis principal a été transformé de nos jours en une caserne d'infanterie, à laquelle on arrive par un de ces passages que les Vénitiens appellent *sotto portico*.

A l'intérieur, l'église des Dominicains ne signifie pas grand'chose. Elle est entièrement en briques, ce qui l'oblige à une grande simplicité, que vient rendre encore plus apparente l'éternel badigeonnage en blanc. Comme dans la plupart des églises de couvent, son chœur se termine à trois faces de l'octogone, sans bas côtés, et les dix colonnes rondes, courtes et trapues, qui soutiennent sa voûte, ne sont pas faites pour lui donner grande élégance. A l'extérieur, elle signifie moins encore. Comme elle n'avait point de clocher, on a cru la compléter en la surmontant d'un campanile, qui a l'air de provenir d'un gâteau de Savoie, et l'embellir en la gratifiant d'une entrée latérale à colonnes et attique, qui est tout simplement horrible.

Mieux pourvue que celle des Dominicains, l'église de la *Nieuwstad* possède un clocher immense, énorme tour dans le style de celle de Saint-Walburge, avec des ouvertures ogivales, fort petites, en partie masquées par une maçonnerie de briques, et surmontée par une interminable toit pointu, qui en double presque la hauteur. Toutefois, l'intérieur ne répond guère aux proportions de ce majestueux clocher. C'est une construction lourde, à trois nefs très-basses, portées par d'énormes piliers à huit pans, et éclairée par dix fenêtres, fort heureusement décorées de vitraux qui habillent, si je puis m'exprimer ainsi, la nudité intérieure. Suivant le pasteur Jacob Clinge, elle daterait de 1361; suivant d'autres, de 1272. Les autels, la chaire, les ornements, tout est neuf, quoique de style gothique, et serait d'un très-bon goût, sans l'excès de dorures et de couleurs vives qui jure avec l'austérité du bâtiment.

L'église des Dominicains est au centre de la ville; celle de la *Nieuwstad* est, au contraire, tout près des remparts. Elle est entourée par les casernes, et tout auprès se trouve une des portes de la ville. En sortant par là, on ne tarde guère à rencontrer une délicieuse promenade, toute parsemée de massifs de verdure et de fossés sinueux transformés en pièces d'eau. Ce petit Éden, fort joliment aménagé et admirablement entretenu, aboutit d'un côté à l'Yssel, et de l'autre à une route magnifique, ombragée par des arbres superbes, laquelle s'éloigne en ligne droite du fleuve et remonte vers l'est, en traversant les riches campagnes qui avoisinent la charmante cité. Cette route, assez semblable à une majestueuse allée, conduit à la colonie agricole qui porte le nom de *Mettray hollandais*, et c'est de ce côté, si vous le voulez bien, que nous allons nous diriger.

XVI

Nederlandsch Mettray. — Hengelo. — Enschede. — Une brûlante his
toire. — Almelo. — Les ouvriers patriotes. — Oldenzaal. — Saint-
Plechelme. — Le *Hunnebed* d'Oldenzaal.

Le *Nederlandsch Mettray* est situé à une heure de
Zutphen. Nous n'en donnerons point ici une longue et
minutieuse description. C'est une copie réduite, mais
fidèle, de cette autre colonie située sur les bords de la
Loire, à quelques kilomètres de Tours, près du village
même de Mettray. Tout le monde en France connaît
cet établissement modèle, et, pour ceux qui ne l'ont pas
encore vu, il vaut bien la peine qu'on le visite.

Rien, en effet, n'est à la fois plus émouvant et plus
instructif qu'une promenade à travers ses jolies maisonnettes, au milieu de ses jardins et de ses pelouses, ou
qu'une excursion sur les terres qu'exploite la colonie. On
apprend en quelques heures, mieux qu'en lisant bien
des livres, quelle limite étroite sépare le bien du mal, et
comment il est possible de convertir en forces utiles pour
la société une activité qui eût été perdue, si même elle
n'était point devenue dangereuse !

Ici, les principes sont les mêmes, et leur application
est identique. Notre Mettray, du reste, fonctionnait déjà
depuis douze ans et avait montré l'excellence de son in-

stitution, quand un homme de bien, qui était en même temps un vaillant cœur, M. Suringar, eut la pensée généreuse de transporter dans son pays une institution qui donnait de si beaux fruits. Il connaissait M. Demetz, le fondateur de Mettray. Il savait quel dévouement et quelle bonté faisaient le fond de sa doctrine. Il avait subi le charme de cette parole à la fois persuasive et entraînante. Il devint apôtre à son tour. Il plaida la cause de ces pauvres enfants, reconnus innocents par la loi et détenus cependant comme des coupables. Il s'adressa à une source intarissable, la charité néerlandaise, et le 21 juin 1851 il posait la première pierre de l'établissement auquel nous allons rendre visite.

Des liens de famille et d'affection, rompus seulement par la mort[1], m'avaient longtemps attaché au fondateur de notre Mettray, et j'avoue que ce ne fut point sans une certaine émotion que je retrouvai sur le sol hollandais la reproduction fidèle de l'établissement généreux auquel il avait voué son existence. C'étaient les mêmes principes appliqués d'une façon identique, la même division par petites maisons, prenant chacune le nom d'une famille, et alignant, le long d'une verte pelouse, leurs façades simples mais élégantes. C'étaient, à la base du parallélogramme, les ateliers et l'administration; à son sommet, l'église. Tout cela réduit et restreint, car le *Nederlandsch Mettray* ne compte que dix chalets et ne renferme que cent vingt enfants, le quart à peine de ce que contient son modèle.

[1] M. Demetz est mort à Paris, le 2 novembre 1873.

Chacune de ces gracieuses demeures porte, à son fronton, le nom de celui qui l'a donnée, car toutes sont des donations particulières, de pieuses fondations. Le roi en a fait construire trois, auxquelles il a donné les noms d'Anna Paulowna, de Guillaume II et du prince Mauritz. C'est à la feue reine mère qu'on doit celle qui porte le nom de son petit-fils, le prince Alexandre. Les autres ont été construites par les soins du prince Frédérick, des villes de la Haye et de Rotterdam, et de trois familles privées, les familles Valkart, Boelens et Dubois.

Chacune de ces maisons est habitée par un groupe d'enfants formant une famille, et cette reconstitution de la vie intérieure, du *home,* chez de pauvres déshérités, qui ne l'ont guère connu que sous son plus mauvais jour, produit les meilleurs résultats. Tous ces jeunes colons ont fort bonne façon sous leurs vêtements de travail. Leur visage gai, leur figure ouverte, leur attitude toujours convenable témoignent de leur retour aux bons instincts.

Comme chez nous, c'est l'exploitation agricole qui fait le fond de leurs travaux. On met en application le grand principe qui guida M. Demetz : « améliorer la terre par l'homme et l'homme par la terre. » Et quoique cette exploitation ne soit point des plus vastes, — elle ne compte que soixante-deux hectares, — elle suffit néanmoins, avec les occupations horticoles qui en dépendent, l'entretien de l'écurie et le soin des bestiaux[1], à

[1] La colonie possède quinze vaches, deux taureaux, un bœuf, six génisses et huit veaux, presque tous animaux de races françaises. Ses écuries renferment en outre trois chevaux et un pou-

tenir en haleine toute cette jeune population. En outre, —
cela, du reste, existe dans le Mettray français, —beaucoup
de ces jeunes gens s'adonnent à des professions indus-
trielles, qui, de loin ou de près, ont rapport à l'agriculture ou à l'entretien de la colonie. Il y a là des charrons,
des forgerons, des cordonniers, des tailleurs, etc., etc. Il
y a même des artistes en herbe, car dans la grande salle
d'honneur que nous visitâmes en compagnie du vénérable
directeur, nous trouvâmes accrochés à la muraille un
certain nombre de dessins plus ou moins heureux, qui
montrent que les arts ne sont point oubliés dans l'enseignement général.

Si les principes généraux qui régissent le Mettray
hollandais sont exactement empruntés à l'institution française, et si leur application est à peu près la même
que chez nous, il n'en est pas ainsi pour la façon dont
l'établissement pourvoit à ses besoins et recrute son
jeune personnel. En France, c'est la bienfaisance publique qui a fondé Mettray, et qui pourvoit en grande partie
à son entretien ; mais elle est aidée dans sa tâche par
l'État, qui lui paye une pension par chaque enfant dont
elle se charge. Cela, du reste, est de toute justice.
L'établissement ne reçoit que de jeunes garçons qui, bien
qu'acquittés comme ayant agi sans discernement, doivent
cependant, aux termes de l'article 66 du Code pénal, être
élevés dans des maisons de correction, aux frais de l'État.

lain pour les besoins de la ferme, et un âne pour aller au marché vendre ou acheter des provisions.

Il est donc tout naturel que chaque fois qu'on le décharge de l'entretien d'un de ses pensionnaires, l'État rembourse à celui qui l'élève ce que lui-même aurait dépensé pour cela.

Le *Nederlandsch Mettray* est, au contraire, entièrement et absolument une œuvre de bienfaisance privée. L'État n'a rien à démêler avec lui au point de vue financier. Il lui confie des enfants, mais ne lui paye aucune pension. Ce sont des souscripteurs et surtout des agglomérations qui subviennent à toutes ses dépenses. Trente-quatre villes et villages contribuent à son entretien, et si, parmi ces aides généreux, nous voyons de grandes villes comme Amsterdam, Leeuwarden, la Haye, Rotterdam et Utrecht, il y a aussi de simples bourgs et même des hameaux comme Zeist, Apeldoorn et Velp [1]. Tous ces souscripteurs ont une petite part, directe ou indirecte, dans l'administration. Ils peuvent placer là des enfants, qui restent encore un peu sous leur surveillance. Tous les garçons, en effet, ne sont point sous le coup du fatal article 66. Il y a aussi des orphelins et des insoumis ; ce qui n'existe pas dans la colonie modèle où les premiers ne sont point admis, et où les seconds sont sévèrement cantonnés dans un local à part, nommé la *maison paternelle*.

Il résulte de cette différence d'administration et de moyens d'existence que l'autorité est plus relâchée au

---

[1] M. Laurillard, dans un journal hollandais, *Eigen haard*, a publié récemment un article sur le *Nederlandsch Mettray*, rempli de faits intéressants. (Voir 1875, n° 34.)

Nederlandsch Mettray que dans son modèle français. La discipline y est moins rigoureuse, la règle beaucoup moins sévère. Les enfants n'y sont point menés militairement, comme sur les bords de la Loire. Et, il faut malheureusement l'avouer, pour faire des hommes de tous ces pauvres déclassés, il est indispensable d'avoir la main un peu ferme.

Le directeur actuel comprend, du reste, parfaitement ce besoin de discipline. Il a déjà, sous ce rapport, relevé le niveau de la colonie; toutefois, il ne pourrait point dire ce que proclamait, il y a quelques années à peine, l'illustre fondateur de notre Mettray. « Voilà trente-trois ans, s'écriait M. Demetz, au Congrès de l'*Alliance universelle,* que Mettray existe, et nous n'avons 'pas eu à signaler au ministre de l'intérieur une seule évasion. » Au *Nederlandsch Mettray,* les évasions sont assez fréquentes. Dans ces derniers temps, il est vrai, on y a remédié. « J'ai mis, me disait spirituellement l'aimable directeur, davantage de lard dans la soupe, et les mauvais sujets ne m'ont plus faussé compagnie. » Ne pouvant les prendre par le cœur, on les a pris par l'estomac. Le moyen dénote un esprit pratique, et qui ne se fait guère d'illusions sur nos sentiments humains. Mais réussira-t-il toujours?

Quoi qu'il en soit, le *Nederlandsch Mettray* est une institution excellente, fort bien entendue, qui ne peut que donner de bons résultats, et la patrie hollandaise doit se montrer éternellement reconnaissante envers la mémoire de M. Suringar, son vénérable et généreux fondateur.

Cet homme de bien a tenu à reposer auprès de ses chers enfants. Son modeste tombeau se dresse au milieu du petit cimetière du *Nederlandsch Mettray,* et son ombre bienfaisante semble planer sur cette belle et bonne institution. Toutefois, il est un autre nom que j'ai cherché partout dans la colonie, mais vainement : c'est celui de M. Demetz. S'il est beau d'honorer l'œuvre dans celui qui l'a accomplie, il n'est guère moins beau d'honorer l'idée dans celui qui l'a conçue, et j'aurais voulu retrouver un portrait, un mot, un trait rappelant le cœur généreux qui, le premier, eut la pensée de cette œuvre si noble, dont lord Brougham disait en plein parlement : « Mettray est une création qui suffit à la gloire d'un peuple et pour tout un siècle. »

Après notre visite au *Nederlandsch Mettray,* nous n'en étions point quittes avec la contrée. Pour rester fidèles à notre programme, il nous fallait visiter les petites villes qui se trouvent près de la frontière : Almelo, Enschedé, Oldenzaal, et en étudier avec soin la physionomie et le caractère. Dans ce but, nous allâmes nous établir à Hengelo, village intermédiaire, situé au centre des pays que nous voulions parcourir, et d'où nous pouvions rayonner dans toutes les directions.

Hengelo est une sorte de bourg industriel, moitié campagnard, moitié ouvrier, pas très-ancien, sans traits particuliers et sans histoire. Il existait il y a deux siècles et demi, et même, à cette époque, était déjà pourvu d'une église, car, le 3 juillet 1609, le *Drossaard* de la Twenthe faisait informer contre lui, à raison de messes

16

qui avaient été dites sur son territoire[1]. Cinquante ans plus tard, le 26 mai 1650, il était gratifié d'un marché de chevaux et de bêtes à cornes qui devait chaque année se tenir le soir de la Saint-Michel[2].

Ce ne sont guère là de glorieux souvenirs.

Hengelo cependant est situé au milieu d'une contrée riche ; aussi les maisons nouvellement bâties et qui bordent sa rue principale sont-elles élégantes, et dans le goût de celles qu'on construit de nos jours à Arnhem et Zutphen, le long de l'*Ysselkade*. A cette rue principale, ancienne route transformée en boulevard, viennent se raccorder une douzaine de rues campagnardes, aux maisons pittoresques, généralement composées d'un rez-de-chaussée en briques, surmonté d'un vaste grenier en bois. En fait de monuments, nous ne découvrîmes que deux églises, l'une construite au siècle dernier, vers 1750, avec les prétentions antiques qui étaient de mise à cette époque, et qui parut sans doute aux habitants d'alors une sorte de chef-d'œuvre architectonique, car ils firent hommage de son portrait au gouvernement de la province[3]. Quant à l'autre église,

---

[1] La copie de l'*information* existe aux Archives de Deventer.

[2] Aux Archives de Gueldre et du comté de Zutphen à Arnhem. — Depuis que ces lignes sont écrites, j'ai trouvé dans la *Kronijk van Arnhem* mention d'une pièce qui semblerait assigner à Hengelo une origine plus ancienne. Il est question dans cette pièce, datée de 1405, d'un registre des biens de l'abbaye de Saint-Sauveur, tenu par un certain GÉRARD DE HENGELO, bourgeois d'Arnhem.

[3] Cette vue de l'église et du presbytère d'Hengelo se trouve encore aux Archives d'Arnhem.

occupée par les catholiques, c'est une merveille de mauvais goût. Elle appartient à ce style hétéroclite qui signale à l'indignation de tous les gens de bien le commencement de notre siècle, et qu'on a appelé par dérision le *style troubadour*; mais elle est encore inférieure aux produits les moins bons de cette époque. Il est grand temps que Hengelo, qui est fortunée et dont les usines actives produisent chaque année de gros bénéfices, répare cette bévue du vieux temps.

De semblables merveilles n'étant guère capables de nous retenir bien longtemps, nous nous dirigeâmes sur Enschédé. Pour ne point sembler, elle non plus, très-ancienne, cette active cité est cependant singulièrement plus vieille qu'Hengelo. Dès le treizième siècle, son nom est inscrit dans l'histoire, et l'on peut dire « en lettres de feu », car, en 1288, elle fut brûlée par Othon II, trente-quatrième évêque d'Utrecht, en manière de représailles. Elle ne tarda pas toutefois à renaître de ses cendres. Un siècle plus tard, elle était reconstruite, et les évêques, ses suzerains, sans doute pour faire oublier le cruel traitement de leur devancier, la gratifiaient de nombreux priviléges. Jusqu'au seizième siècle elle s'accrut, et Guicciardini en parle comme d'un « bourg d'importance ». En 1597, Maurice l'occupa, mais omit de la fortifier, et dès lors elle demeura ville ouverte et sans remparts.

Cela, du reste, importait peu à l'active petite cité. Sa force n'était point dans ses instincts belliqueux, mais dans son esprit travailleur et ingénieux. Elle ne cherchait point à effrayer, mais bien à plaire; elle dédaignait les armes pour les gracieux atours. Malheureusement, sa jolie parure de vieilles maisons et de coquettes demeures ne devait pas parvenir jusqu'à nous. Le 7 mai 1862, le feu, qui avait si péniblement marqué ses origines, faillit encore une fois l'anéantir complétement. En quelques heures, les deux tiers d'Enschédé devinrent la proie des flammes, et, de la tour de l'hôtel de ville où nous étions montés, on nous fit suivre des yeux la marche dévastatrice de ce terrible incendie. Elle est marquée en toits rouges et en façades neuves sur l'espèce d'échiquier qu'on aperçoit de cette hauteur. L'hôtel de ville lui-même n'échappa point au fléau, non plus que l'église, vieille basilique romane construite en pierre de taille et légitime orgueil de la petite ville. Le feu vint jusque dans ce sanctuaire poursuivre les habitants qui avaient entassé là ce qu'ils possédaient de plus précieux, et tous ces pauvres incendiés, qui croyaient avoir arraché quelques biens à la fureur des flammes, les virent disparaître dans cette nouvelle fournaise. De l'antique église, en effet, il ne resta plus que le clocher.

Ce clocher, qui existe encore, et qui aurait une assez fière tournure si on ne l'avait coiffé d'un campanile octogone, pseudo-gothique et de fort mauvais goût, est le seul monument ancien qui soit demeuré dans la ville. L'autre église, occupée par les catholiques, est presque neuve, ce qui n'empêche point toutefois son architecture d'être gracieuse et d'un style agréable. Malheureusement, on n'en peut dire autant de l'hôtel de ville qui, reconstruit tout récemment lui aussi, en 1863, est conçu dans ce genre hybride que les Anglais appellent le *style cockney*. Il est surmonté par une manière de beffroi, du haut duquel on découvre une vue magnifique.

La campagne tout autour est, en effet, riche et fertile, coupée de bois et dorée par les moissons. Le regard franchit sans façon la frontière, et va se promener sur le territoire allemand. Mais il est bien vite ramené du côté de la Hollande, par cent villages qui égayent la plaine, et par les grands clochers de Delden et d'Oldenzaal que l'on distingue au loin.

Quelle que soit la richesse de ces fertiles campagnes, ce n'est point là pourtant qu'Enschédé puise ses plus gros revenus. C'est avant tout une cité industrielle. Ses étoffes de coton, en effet, sont fort estimées, et elle ne compte pas moins de six filatures à vapeur faisant marcher 58,750 broches, et de treize tissages occupant près de 3,500 métiers[1].

Ajoutons à cela que son développement industriel, bien que, depuis vingt années, il ait presque doublé, n'est pas cependant l'unique préoccupation de ses fabricants. Intelligents et charitables autant qu'habiles, ils ne considèrent point l'ouvrier comme une machine humaine, mais plutôt comme un précieux collaborateur. Aussi, s'efforcent-ils d'améliorer son sort et d'assurer par d'utiles institutions son avenir et son repos. C'est ainsi

[1] Ce sont les nombres qui existaient en 1874. En 1873, 72, 70 et 69, ils étaient un peu plus considérables. Ils ont été presque constamment en diminuant. Mais il ne faut point oublier que l'industrie cotonnière néerlandaise traverse en ce moment une crise assez sérieuse.

16.

qu'une société de secours, possédant seize mille florins de rente, a été instituée pour venir en aide aux malades et aux blessés, pendant qu'une école, qui porte un nom significatif (*fabriekschool* [1]), se charge de prodiguer aux enfants les bienfaits de l'instruction, cette santé de l'esprit.

Enfin, comme après tous les travaux, aussi bien ceux de l'école que ceux de l'atelier, le repos est une bonne chose, on vient de créer, aux portes mêmes de la ville, un beau jardin public, qu'on a appelé le « parc du peuple » (*Volkspark*); promenade superbe, agréablement vallonnée, avec une rivière artificielle, des massifs de fleurs, de petits ponts chinois et un café-restaurant immense. Quand les arbres seront poussés, cela formera un parc délicieux. En attendant, à l'époque de la canicule, la chaleur doit y être rude, et c'est sans doute à son intervention qu'on doit attribuer l'énorme quantité de liquide qui s'y absorbe en quelques mois. En deux cent cinquante jours en effet (dans ces pays industriels, les chiffres vous poursuivent partout [2]) on n'y a pas débité moins de trente mille litres de bière, de trois cents bouteilles d'eau de Seltz, de cent cinquante-quatre kilos de café et de cinq cents livres de sucre. Calculez un peu ce que ces deux derniers chiffres représentent de demi-tasses.

Si à Enschédé tout est neuf, habitations, rues et bou-

---

1 572 enfants ont suivi les cours de cette école en 1872. Le nombre des élèves en 1873 s'est élevé à 631.

2 La plupart des chiffres cités sont empruntés au rapport annuel que publie la Chambre de commerce d'Enschédé sous le titre de *Verslag van de kamer van koophandel en fabrieken*.

levards, on en peut dire à peu près autant d'Almelo.
Ses maisons propres et coquettes, ses rues larges et tranquilles, ont l'air de dater de cinquante ans au plus. Il
n'y a guère qu'un vieux lambeau d'église, respecté par
le feu, qui vienne prouver que la place est occupée
depuis au moins quelques siècles [1].

Mais ici encore, les apparences sont trompeuses. Afri-
dus, l'historien de Saint-Ludger, parle d' « Almaloh ».
La gentille cité existait donc au neuvième siècle de notre
ère. Au treizième et au quartorzième siècle, elle commence à faire parler d'elle. Dans les archives de Deventer [2], on retrouve maintes pièces relatives à ses seigneurs,
les Heekeren, sires de Rechteren et Almelo, à leur château et à la ville elle-même. En 1318, les « dicts seigneurs » font hommage de leur fief à Renaud le Roux,
duc de Gueldre. En 1363, le « dimanche d'avant Pa-
ques », en 1314 et en 1405, ils concluent des conven-
tions avec les évêques d'Utrecht. En 1421, Egbert, seigneur d'Almelo, accorde à la ville le droit de se pourvoir
de magistrats ; et dès lors, la cité émancipée devient
presque indépendante de ses suzerains. Ceux-ci se can-
tonnent dans leur château, partageant leur temps entre
la chasse et l'administration de leurs immenses propriétés.
En 1664, ils font reconstruire leur manoir « à la mo-

---

[1] Cette absence de monuments n'a point empêché un auteur du
siècle dernier de publier deux volumes sur les antiquités d'Almelo. — Voir *Almelosche oudheden*, par M. J. W. Racer, Kampen, 1785.

[2] Voyez *Inventaris van het Deventer archief*. Deventer, 1870.

derne », avec ses deux grandes ailes, ses pilastres et ses
attiques, tel que nous le voyons du reste aujourd'hui; et,
de nos jours, c'est encore un descendant des Rechteren,
le comte Adolf, l'un des plus aimables châtelains néerlandais, qui en est le légitime propriétaire.

Mieux que cela! La vieille famille a non-seulement
conservé le château, elle possède encore, ce qui est singulièrement plus important, la presque totalité de son
ancien domaine. L'*Ambt Almelo*, comme on l'appelle,
constitue une commune enveloppant la ville d'Almelo
et son territoire, comme le département de Seine-et-Oise
enveloppe celui de la Seine. La ville, étranglée, pour ainsi
dire, dans ses limites étroites qu'elle ne peut franchir
sans changer de juridiction, menace à chaque instant de
déborder sur le domaine qui l'enserre. Déjà même elle
a commencé. Les morts cette fois ont précédé les vivants
et franchi les premiers la fatale barrière. Après avoir
vécu sous le sceptre du bourgmestre de la ville, ils s'en
vont reposer sous la paternelle surveillance de son rival.
Mais il ne faudrait guère connaître l'esprit municipal de
ces petits pays pour croire qu'une désertion aussi grave
ait pu s'accomplir sans grandes luttes et sans de nombreuses contestations.

Nous désirions visiter l'*Ambt Almelo,* et ce fut son gracieux propriétaire qui voulut bien nous le montrer en
détail. Dans un charmant *dogcar*, attelé de deux chevaux de race, l'aimable comte nous promena pendant
deux heures sur ses propriétés, nous faisant parcourir
ses bois majestueux, ses champs couverts de fertiles mois-

sons, ses verts pâturages et ses *polders*. Nous visitâmes
également ses fermes et ses métairies, sans cesse amé-
liorées, augmentées, enrichies, et cette tournée nous
intéressa d'autant plus que nous nous trouvions en présence d'un nouveau genre d'exploitation agricole : le gentilhomme propriétaire exploitant lui-même de grandes
étendues avec de grands moyens.

Le soir, lorsque nous rentrâmes en ville, Almelo avait
pris un aspect très-vivant. Les ateliers s'étaient vidés, et
les rues s'étaient remplies ; car sur quatre mille habitants, la gentille cité compte plus de deux mille ouvriers
employés aux filatures, au tissage et aux industries qui
s'y attachent (blanchisserie, teinturerie, etc.) [1]. Toute
cette laborieuse population est néerlandaise d'origine, et
surtout d'habitudes et de cœur. Sa tenue, ses mœurs, son
langage, son caractère, tout est foncièrement hollandais.
Quant à ses aspirations, elle vient de donner une preuve
frappante de leur sincère patriotisme. Voici à quelle
occasion.

Depuis quelques années, les fabricants d'Almelo avaient
contracté l'habitude de payer leurs ouvriers en monnaie
allemande, à cause de la dépréciation considérable que
cette monnaie subit dans tous les pays limitrophes. Cela
dura quelque temps, non sans difficultés. Mais un jour,
les ouvriers déclarèrent « qu'ils étaient Néerlandais, et
qu'ils voulaient être payés en argent de leur pays ».
Certes, cette prétention semblait assez plausible ; néan-

---

[1] L'industrie de la filature occupe à Almelo 44,000 broches, et
le tissage 2,150 métiers.

moins les patrons refusèrent. Une grève éclata. On fit venir de la troupe. Mais on ne put rien obtenir par l'intimidation. Les ouvriers furent en partie réduits par la misère. Tout s'accommoda pourtant à la fin ; mais ces braves gens aimèrent mieux supporter une perte et payer un change que de continuer à recevoir les thalers allemands. C'était placer leur patriotisme au-dessus de leur intérêt. Combien de populations riches et bourgeoises n'en sauraient faire autant !

Le quatrième point vers lequel nous devions porter nos pas était Oldenzaal. La vieille ville salienne ne dément point son origine, quant à sa tournure pittoresque du moins, car, comme importance, on ne se douterait guère aujourd'hui qu'elle fut jadis une capitale. Elle a cependant compté de glorieux destins.

Fondée 700 ans avant Jésus-Christ, elle fut d'abord habitée par les Teutons, qui en firent une sorte de sanctuaire. Ils érigèrent en effet tout auprès de la ville un temple consacré à leur dieu Tanfana, temple qui existait encore au temps de Germanicus. Plus tard, les Teutons furent remplacés par les Francs, qui agrandirent Oldenzaal et la choisirent comme capitale. Puis, quand la marche des populations germaines s'accentua vers l'Occident, les Francs furent remplacés par les Huns, qui, si nous en croyons Marcellinus, cédèrent à leur tour la place aux Saxons.

Ce sont ces Saxons que saint Pléchelme essaya de convertir par la douceur, et que Charlemagne convertit par d'autres moyens. Oldenzaal se trouva de la sorte placée sous la main des Carlovingiens, et Louis le Débonnaire la comprit dans le comté de Twenthe, dont il donna l'investiture à Baudouin de Clèves. Déjà dans ce temps-là, on ne l'appelait point autrement que *Salia vetus*, « la vieille ville salienne ».

Cent cinquante ans plus tard (970), le comte Balderic, son noble possesseur, ayant été nommé évêque d'Utrecht, réunit son fief de famille à sa dignité nouvelle, et de ce jour-là l'antique capitale se trouva incorporée à l'évêché.

Elle n'eut point à s'en plaindre du reste. Balderic la dota d'une église qu'il gratifia de riches prébendes, et, à la considération de saint Bernulphe, l'empereur Henri III lui concéda d'importants priviléges (1049). C'est de ce temps-là que date son profond attachement aux évêques et à la religion catholique, attachement qui dure encore de nos jours, mais dont elle fit surtout preuve pendant les guerres de la Réforme.

Oldenzaal, à cette époque, était une ville importante, riche et forte. Un vieux chroniqueur, messire François Le Petit, nous la dépeint « grande et bien peuplée, ayant trois doubles murailles, et autant de fossez », et de Meteren, l'exact et ponctuel annaliste, nous la montre « ville assez raysonnable, n'ayant point de rivière, mais de bonnes haultes murailles et beaucoup de tours à l'antique ». Les États la regardaient comme un point stratégique de grande importance ; aussi s'efforcèrent-ils de se l'attacher; mais ce fut en vain. Deux fois leurs généraux s'en emparent, Hohenlo en 1580, et le prince Maurice en 1597; mais chaque fois, les bourgeois, qui « estoyent affectionnez à l'Espaignol», leur glissent entre les mains; elle demeure l'un des derniers boulevards du catholicisme, et ce n'est qu'en 1626 que le prince Maurice peut en avoir tout à fait raison.

Cette année-là, le 25 juillet, elle est tout à coup investie par dix-sept compagnies de cavalerie. Le lendemain, le comte Ernest-Casimir de Nassau arrive avec l'infanterie et le matériel de siége. On bat la ville sans retard. Le 2 août, la brèche étant faite, on somme le baron de Moncle, qui commande la garnison, de se rendre à discrétion. Pendant qu'on parlemente, un malentendu amène une panique; quelques coups de fusil sont tirés; des deux côtés on crie à la trahison; l'assaut est donné, la ville envahie, et la bataille s'engage dans les rues. On était résolu de part et d'autre, et la journée fut sanglante. Débordés par les assiégeants, les Espagnols se réfugièrent dans l'église, où ils soutinrent un nouveau siége. On fut deux jours avant de les déloger de vive force. En punition et comme exemple, Oldenzaal fut démantelée, ses fortifications rasées, et depuis lors elle est demeurée ville ouverte [1].

L'église porte encore de nos jours des traces nombreuses du terrible combat qui s'est livré autour d'elle. Les murs de la partie méridionale sont criblés de trous, et un boulet se prélasse incrusté dans la façade. Nous

---

[1] La nouvelle de cette victoire fut accueillie avec joie dans toutes les Provinces-Unies; et Grotius, se faisant l'interprète de la satisfaction publique, la célébra par un quatrain latin qui nous a été conservé.

considérions avec une sorte de respect les glorieuses cicatrices de cette vaillante basilique, pendant que le doyen, vénérable ecclésiastique aux cheveux blanchis par l'âge, nous retraçait avec une fougue juvénile le détail de l'action. Tout à coup, nous montrant son église : « Elle est à nous, s'écria-t-il, avec une sorte d'enthousiasme fanatique, et de notre vivant personne ne pourra nous la reprendre.

— Mais personne ne vous menace, fit observer de Constant, et les catholiques sont en Néerlande aussi libres qu'ailleurs et aussi maîtres de leurs biens.

— Le danger n'est point de ce côté, répondit le fougueux doyen. Il est là ! Et il étendit son bras dans la direction de l'Allemagne.

— Fort bien, ne pus-je m'empêcher de murmurer; à Almelo, ce sont les ouvriers; ici, c'est le clergé ! Combien il est fâcheux que M. Kirchhoff ne soit pas des nôtres ! »

Sans insister davantage, nous pénétrâmes dans l'église, qui est un intéressant spécimen du style roman. Elle fut édifiée au milieu du onzième siècle, sous les auspices de saint Bernulphe, à la place de l'oratoire en pierre construit un siècle plus tôt par Balderic de Clèves, et dédié par lui à saint Sylvestre. Elle est bâtie dans le genre des basiliques des bords du Rhin. Son chœur fut dans le principe fermé par un hémicycle, avec une niche pareille à chaque bras du transept. A l'intérieur, elle présente un haut intérêt architectonique, car elle montre clairement quelle influence les matériaux employés

17

peuvent exercer sur l'architecture. Saint-Plechelme, en effet, diffère considérablement de toutes les basiliques de son époque que nous pouvons voir encore aujourd'hui dans le diocèse d'Utrecht. La plupart de ces églises construites en tuf, dont le poids spécifique est relativement peu considérable, n'ont pour soutenir leurs murs que des colonnes légères ou de minces piliers. Ici, au contraire, la pierre est un grès jaune, fourni par les carrières de Gilhuis situées à deux ou trois lieues de distance, et l'architecture est pesante, les piliers sont épais et les murailles massives.

A moitié détruite par le grand incendie qui ravagea la ville en 1492, la basilique édifiée par saint Bernulphe fut à la fin du quinzième siècle très-agrandie et fortement restaurée. C'est alors qu'on remplaça tout le bas côté méridional par la construction ogivale visible encore aujourd'hui, qu'on ajouta au nord le bâtiment faisant fonction de sacristie, et qu'on acheva la tour.

Rendue en 1809 au culte catholique, Saint-Plechelme subit à cette époque une nouvelle restauration. On la pourvut d'un autel, de chaises, de prie-Dieu; mais on ne put lui restituer aucun de ses anciens ornements, et les lustres sont à peu près le seul vestige qui reste de son mobilier primitif. Plus heureux toutefois sous le rapport de ses précieuses reliques, le clergé a pu conserver et transmettre jusqu'à nous le chef de saint Plechelme et la châsse qui le renferme. Bien qu'on fasse remonter à saint Balderic la confection de cette châsse, elle ne doit guère être plus vieille que le quatorzième siècle [1]. Elle a la forme de la tête du saint crossé et mitré, et appartient par son style et son austérité à la belle époque gothique. Elle est entièrement en argent, avec la chape et la mitre dorées et couvertes d'émaux multicolores. La crosse est surtout d'un travail exquis. Dressé sur un piédestal à l'entrée du chœur, cet austère visage, qui semble à la fois exhorter les fidèles et les réprimander, produit une impression d'autant plus vive sur la foule paysanne, qu'elle sait que sous cette précieuse enveloppe se trouve la tête du vénérable saint. Ce trésor est du reste conservé avec une excessive sollicitude. On ne le laisse voir qu'une fois l'an. Par une heureuse coïncidence, il se trouva que c'était précisément le jour de l'exposition qu'avait lieu notre visite. Nous pûmes donc voir non-seulement la châsse, mais encore la foule agenouillée chantant les louanges de son saint protecteur, et assister au pieux défilé des habitants d'Oldenzaal, parés de leurs plus beaux atours pour la solennité.

Tous ces braves gens endimanchés, tous décorés d'une petite croix, se répandaient comme une sainte procession à travers les rues pittoresques de ce grand village, formant des groupes aux carrefours, longeant les rues et s'arrêtant au seuil de leurs maisons agrestes, moitié villas et moitié chaumières, ou bien causant au

[1] C'est également l'opinion du R. P. Pitra. (Voir la *Hollande catholique*.)

bord des grands puits, aux margelles vacillantes et fendues par les ans.

Saint-Plechelme n'est pas la seule église que renferme Oldenzaal. Les réformés, quoique peu nombreux, y possèdent un petit temple assez singulier. Il fut bâti en 1809, à l'époque où la vieille basilique fut rendue aux catholiques. Est-il nécessaire de le décrire? On se le figure aisément, ce petit sanctuaire façon antique, avec son bagage obligé de pilastres, de cintres et d'attiques, avec ses guirlandes et son dôme en miniature. Tel qu'il est toutefois, il n'a rien de disgracieux, et c'est un fort intéressant spécimen de cette architecture à réminiscences. Un jardin l'entoure, fleuri, sablé, calme et paisible, et un mur entoure le jardin avec deux gros piédestaux supportant les vases de rigueur, et une petite grille de circonstance. Ce lieu de repos a si bien le caractère de son époque, que malgré soi, quand on le considère, on s'attend à en voir sortir quelque belle « merveilleuse » coiffée à la Titus, avec les bras nus et la taille sous les bras, accompagnée d'un galant hussard au col phénoménal et au colbach immense.

Dans le voisinage de Saint-Plechelme, se trouve encore un autre monument religieux. Mais celui-là appartient aux cultes disparus, dernier vestige des premiers habitants de ce sol fertile. C'est un *hunnebed,* antérieur sans doute à la présence des Teutons. Il se dresse à dix pas du transept du nord, dans un recoin charmant, pittoresque au possible. Le profil de l'église, moitié byzantine et moitié gothique, les maisons qui se penchent, les

grands arbres qui entourent un puits énorme et ombragent la table colossale de ce *hunnebed,* doyen des monuments humains dans la contrée, composent un délicieux
tableau, plein de calme et poétique tranquillité. C'est
un de ces décors qui restent gravés dans l'esprit, et où
l'on aime à placer les scènes qu'on trouve dans les
vieux livres.

XVII

Doesburg. — Dœtinchem. — Le *Kruisberg.* — Les invalides de Bronbeck.
— La Suisse néerlandaise. — Rosendaal. — Zonbeek et Biljoen.

En quittant Oldenzaal, l'objectif que nous nous pro-
posions d'atteindre était singulièrement éloigné; nous
voulions aller d'un trait jusqu'à Arnhem. Toutefois, sur
notre chemin se trouvaient deux villes intéressantes,
Doesburg et Dœtinchem, et dans le voisinage de cette dernière une colonie pénitentiaire que nous étions désireux
de comparer avec le *Nederlandsch Mettray.* Nous résolûmes donc de pousser d'un trait jusqu'à Dieren, là de
faire un crochet, de visiter en passant Doesburg, d'aller
jusqu'à Dœtinchem, de parcourir les environs et de séjourner pendant le temps nécessaire à l'établissement du
Kruisberg.

Doesburg est située au bord de l'eau. C'est une place
forte et même très-forte autant que nous en pûmes
juger. Elle appartient à la ligne de défense de l'Yssel, et
il faut traverser la rivière sur un pont fort bizarre,
moitié pont de bois et moitié pont de bateaux, pour parvenir jusqu'à elle. On la dit fort ancienne, fondée par
Claudius Drusus, le fils adoptif d'Auguste, qui, lorsqu'il
creusa cette fosse célèbre, à laquelle il donna son nom,

peupla tout ce pays de colonies et de châteaux. *Drusi burgum*, le bourg ou le château de Drusus, telle est l'étymologie de ce nom de Doesburg. Il est certain, en outre, qu'en tant qu'agglomération urbaine, elle peut compter parmi les plus vieilles de la contrée; car dès 884 elle fut pillée par les Normands, et dès 1230 élevée à la dignité de ville par Othon le Boiteux, comte de Gueldre et de Zutphen, qui la gratifia de nombreux priviléges [1].

Les antiques maisons, aux arcades trilobées, aux pignons de travers, s'y rencontrent encore en grand nombre, moins fréquemment toutefois que les habitations neuves et coquettes, avec de vastes magasins chamarrés, de grandes glaces immaculées, des stores de couleurs voyantes et aussi des figures curieuses et souriantes plaquées contre les carreaux. La rue, du reste, offre la contre-partie de ces regards indiscrets et de ces lèvres chuchotantes. Ce sont messieurs les militaires de tous grades, peignés, brossés, cirés, tirés à quatre épingles, qui promènent leur désœuvrement et flânent le nez au vent, l'œil aux aguets, le tout pour la plus grande joie des filles à marier, des servantes naïves et des ouvrières sensibles.

---

[1] Un édit du comte Othon, daté de 1230, accorda à la ville le droit de tenir un marché hebdomadaire et une foire annuelle. Un second édit appelé *vrijheidsbrief* (lettre d'affranchissement) fut adressé par le même comte sept ans plus tard (en 1237 par conséquent) aux magistrats de la ville.

Ces deux pièces mentionnées dans le *Kort overzigt van de toestand der oude archieven in Gelderland,* sont conservées aux archives de Doesburg.

Au milieu de ces rues propres et bien percées, se dresse l'église, dont les proportions sont vastes et belles. Elle fut construite en 1340, sur l'emplacement d'un autre sanctuaire ruiné par un débordement de l'Yssel. Le magistrat qui la fit reconstruire la plaça sous le vocable de saint Martin. Mais la malechance sembla s'acharner après ce pauvre temple, car en 1483 et en 1548 il fut en partie brûlé, et le 1ᵉʳ septembre 1717, le jour même de la kermesse, le feu prit de nouveau dans son clocher. A l'intérieur, la Réformation se chargea de détruire ce que l'incendie n'avait point dévoré, et, de nos jours, l'église Saint-Martin n'offre d'autre curiosité que le tombeau de Gérard Mercator, le savant cosmographe qui mourut à Doesburg même en 1594.

Longtemps après qu'on a franchi les portes de la ville, on voit encore se profiler dans la campagne les redoutes gazonnées et les ouvrages avancés qui surveillent la route. Celle-ci se borde bientôt de bosquets et devient aussi fraîche et aussi feuillue, qu'en entrant et sortant de Doesburg elle est sèche et dénudée. A peu près à moitié chemin de Dœtichem, se dresse le château de Keppel. On l'aperçoit de la route, planté au milieu de verts massifs, sur les bords du vieil Yssel. Il a l'air à la fois imposant et coquet. Son avant-corps à pignon, ses assises de brique et de pierre, ses clochetons bulbeux lui donnent les allures d'un vieux soudard, retiré des batailles pour s'adonner à la vie pastorale. Deux lieues plus loin, Dœtichem apparaît, ayant l'aspect d'une aimable petite ville ressemblant par plus d'un point à sa vaillante voisine, mais moins peuplée, moins fringante et moins ancienne aussi.

La première date où l'on voit inscrit dans l'histoire le nom de la *Villa Dutthinge* est le 23 mars 838, jour de la consécration de son église par l'évêque Balderic. Ce sanctuaire, dont il ne reste plus rien, fut remplacé au treizième siècle par une seconde église, qui ne fut guère plus heureuse; car, brûlée en 1527, ses murs seuls demeurèrent debout. Reconstruite en grande partie à cette époque, c'est elle que nous voyons encore aujourd'hui, réparée, restaurée et malgré cela fort délabrée.

La seconde date importante à laquelle il est question de notre petite cité est 1100. Cette fois, il s'agit de la construction de son mur d'enceinte, dont on peut apercevoir encore quelques lambeaux du côté du vieil Yssel. Enfin, au quatorzième siècle, elle nous apparaît riche et généreuse, car Pontanus vante ses libéralités à l'égard de l'abbaye de Bethléem [1].

Elle n'a point toutefois l'orgueil de ses voisines, qui se parent galamment de coquets édifices. Son hôtel de ville (le seul monument qu'elle possède) fut détruit par l'incendie de 1527, qui dévora l'église. Reconstruit dans

---

[1] Voir Pontanus, *Historiæ Gelricæ*. Cette abbaye de Bethléem, dont nous aurons à reparler quand nous serons arrivés à Arnhem, fut fondée par le comte Henri de Gueldre, dans les environs de Dœtichem.

cette même année, il fut de nouveau rasé par l'effroyable
tempête de 1724; et c'est sans doute à ce double désastre qu'il faut attribuer la pénurie de ses archives [1].
Dœtichem, du reste, ne joua jamais un rôle bien important dans les fastes de la contrée. Calme et paisible elle
fut pendant trois siècles, et calme et paisible elle est
encore aujourd'hui, se contentant de la gloire modeste
d'avoir vu naître dans ses murs le diplomate Christian
Verhuell, qui figura dans la députation fameuse chargée
d'offrir à Louis Bonaparte la couronne des Pays-Bas, et
son frère, l'amiral Charles Verhuell, que, dans ses jours
d'abandon, la reine Hortense appelait son « beau téné-
breux ».

C'est dans les environs de Dœtichem que s'élève le
Kruisberg, au milieu d'un site accidenté. Son nom, du
reste, qui signifie « montagne de la croix », l'indique
assez, bien qu'en Hollande le mot *berg* n'ait point toujours une signification très-élevée. Donc, la colonie est
installée au pied d'une gentille colline plantée d'arbres,
en fort bon air, dans une agréable situation, ayant bien
plutôt l'apparence d'un château ou d'une maison de plaisance que l'aspect d'une prison. C'est, du reste, un ancien
domaine, qui n'a changé de destination que depuis quelques années [2]. Mais en renforçant les murs, en construi-

1 Les principales pièces conservées ne remontent pas au
delà du seizième siècle; ce sont les *magistratresolutien* depuis
1562, le livre des arrêtés depuis 1588, et celui des contrats
depuis 1660.

2 Depuis 1866. Dans un excellent almanach publié cette année

sant des bâtiments nouveaux, on a évité tout ce qui pouvait donner une physionomie lugubre à cette triste demeure. Point de grilles, point de créneaux, point de garnison ; quelques gardiens, un portier, de grandes cours, de vastes fenêtres ; des portes entr'ouvertes ; mais une surveillance de toutes les minutes, et la répression immédiate de tous les écarts, suffisent à contenir cette jeune population.

Ce n'est point, toutefois, que ces détenus soient des garçons bien recommandables, et dans lesquels on puisse avoir une grande confiance. Nous ne sommes plus, en effet, en présence d'êtres irresponsables, ayant agi sans discernement. Nous avons sous les yeux des condamnés, c'est-à-dire des criminels : la plupart voleurs, d'autres incendiaires, quelques-uns assassins. Cependant ils vont et viennent dans ces grandes cours et même font de longues promenades dehors, sous la surveillance de leurs gardiens. Avant d'arriver à la porte du *Kruisberg,* nous en avons rencontré des escouades se reposant au bord de la route. D'autres travaillaient à ferrer le chemin, d'autres encore arrachaient des herbes. Il en est même qui sont occupés aux champs à faire les foins ou à cultiver des légumes. Ce n'est pas cependant que la colonie

par la *Maatschappij van weldadigheid* (Société néerlandaise de bienfaisance), et appelé ERICA, on trouve un article très-complet sur la colonie du *Kruisberg.* Cet article est signé par un écrivain très-compétent et fort bien renseigné, M. A. F. Eilerts de Haan. Il renferme une foule de détails statistiques et autres, que je crois devoir omettre ici, de peur de fatiguer le lecteur.

soit comme *Mettray* un établissement agricole. Elle n'exploite que vingt-cinq hectares, ce qui est bien peu eu
égard à sa population. Mais pour augmenter l'exploitation, il faudrait s'étendre trop loin, et la surveillance
deviendrait presque impossible. Or, bien que les tentatives d'évasion ne soient guère nombreuses, on en
compte cependant de loin en loin, et le défaut de surveillance les rendrait plus fréquentes.

Le directeur s'offrit fort gracieusement pour nous
guider dans les différentes parties de l'établissement.
Nous visitâmes d'abord les ateliers où travaillent les
jeunes détenus. Ces ateliers sont clairs, bien aérés;
l'enfant y apprend un métier complet et sort de prison
en état de gagner sa vie. Beaucoup même arrivent,
avant leur sortie, à pouvoir subvenir à leur entretien, et
comme ils ont droit à une remise sur leur excédant de
travail, ils s'amassent une petite épargne pour ne pas se
trouver sans ressources au moment du départ. Ensemble,
du reste, ils ont fait leurs preuves, et le directeur nous
montra, non sans un certain orgueil, la chapelle de la
colonie, construite et meublée entièrement et absolument
par ses détenus.

Disons toutefois que les métiers de maçon et de cou-
vreur, qu'on ne trouverait point assez facilement et assez
régulièrement à exercer, sont ceux qu'on leur enseigne le
moins. Beaucoup, du reste, n'auraient point la force nécessaire pour une pareille besogne, car, sur cent cin-
quante-cinq pensionnaires que contenait l'établissement
au moment de notre visite, il y en avait trente-huit âgés de

moins de treize ans. Que de tristes réflexions provoquées par ce chiffre !

On apprend donc à ces enfants des métiers sédentaires. La confection des meubles, celle de la ferblanterie, la profession de tailleur et de cordonnier sont celles qu'on leur enseigne de préférence.

Nous ne dirons rien de la nourriture ni du coucher. Le régime est le même que dans les grandes prisons [1]; ce sont les mêmes plats peu appétissants et la même claustration nocturne dans de petites cellules en fer assez semblables à des cages.

Cependant, il ne faut pas s'y tromper, le *Kruisberg* constitue une amélioration considérable sur ce qui se pratiquait jadis en Néerlande et se pratique encore aujourd'hui dans tant d'autres pays. C'est un peu le système de *Mettray* étendu, élargi et appliqué non plus seulement aux irresponsables, mais encore aux criminels conscients. Au lieu de s'étioler dans un milieu malsain, d'où il ne peut sortir que chétif et corrompu, l'enfant élevé au *Kruisberg* se développe heureusement sous tous les rapports. Si sa nature n'est point absolument rebelle, il peut sortir de là amélioré et même corrigé. Il entre dans la société non plus comme un paria, perdu de vices, malingre et n'espérant de plaisirs que dans la satisfaction de ses mauvais instincts. Il s'y présente avec la conscience d'une faute commise, mais avec la certitude que, grâce à une vie de travail et d'honnêteté, il peut faire oublier le passé et reconquérir l'estime de ses concitoyens. C'est

[1] Voir l'ouvrage cité plus haut.

presque le *mens sana in corpore sano,* que prônait l'école de Salerne.

Nous pûmes, du reste, à deux jours d'intervalle et par une curieuse coïncidence, constater l'excellence de ce système de vie en plein air et sur des enfants et sur des vieillards; et vraiment on ne saurait trop en vanter les bons effets.

En quittant le *Kruisberg,* en effet, nous nous dirigeâmes tout droit sur Arnhem, où nous arrivâmes un samedi soir. Or, comme nous avions promis au brave général Smidts, gouverneur des Invalides de Bronbeck [1], que notre première visite, en arrivant à Arnhem, serait pour son établissement, nous profitâmes de notre journée du dimanche pour aller passer quelques heures avec lui.

A ce mot d' « Invalides », toute une armée de souvenirs, n'est-il pas vrai? envahit notre esprit. On revient malgré soi aux jours de l'enfance, on revoit l'Esplanade, le vaste Hôtel, les grandes salles, la marmite colossale, la célèbre marmite! puis les petits jardins rocailleux, avec l'inévitable statue de plâtre, coiffée du chapeau légendaire; ensuite les énormes canons, et, rôdant dans le quartier, des vieux, bien laids, estropiés pour la plupart, le nez rouge et l'œil égrillard, promenant leur oisiveté malsaine dans les cabarets d'alentour, ou bien usant la journée sur les bancs de l'Esplanade.

C'est là le tableau peu flatteur, mais parfaitement

---

[1] Le *Kolonial militairinvalidenhuis,* établissement des invalides de l'armée des Indes.

exact, de ce qu'était jadis l'hôtel des Invalides de Paris.
A Bronbeek, il s'en faut de beaucoup que l'aspect soit le
même. Le *Kolonial militairinvalidenhuis* est situé à une
petite heure d'Arnhem, dans cette partie de la Gueldre
qu'on appelle la « Suisse néerlandaise ». La route qu'on
suit pour s'y rendre est des plus belles, ombragée de
grands arbres, bordée de ruisseaux limpides et de délicieuses villas, dont les jardins admirablement soignés
viennent, sans barrières ni clôtures, s'étaler jusqu'au
bord du trottoir. Un mot fera comprendre le luxe de ces
habitations. Elles appartiennent presque toutes à de riches nababs, revenus avec des tonnes d'or des Indes
néerlandaises.

L'hôtel habité par les invalides s'élève au milieu d'une
pelouse magnifique, tout entourée de grands arbres, et
égayée par une rivière artificielle. Devant la façade, se
trouve un gracieux pavillon précédé, comme de raison,
par une large véranda et qui, après avoir été, il y a bien
longtemps, habité par le comte de Chambord, sert aujourd'hui de résidence au gouverneur. C'est sur le seuil
de ce pavillon que le général Smidts nous attendait, toujours aimable, empressé et cordial, l'œil joyeux et le
sourire aux lèvres, et je ne pus remarquer sans une
certaine émotion que, pour fêter notre venue, il avait
arboré le drapeau français au sommet de son hospitalière
demeure. Le général tint à nous faire lui-même les honneurs de son établissement, et à nous montrer en détail
ses dépendances et son installation.

Les invalides sont au nombre de deux cent dix, parmi

lesquels quarante sous-officiers. Ils habitent un vaste
bâtiment élégamment construit en brique et en fer, gaiement badigeonné en gris, et qui n'a ni l'air d'une caserne,
ni l'apparence d'un hôpital. Ce bâtiment est divisé en
deux étages très-élevés et parfaitement aérés : le rez-de-
chaussée, où se trouvent les services généraux, salles à
manger, salles de conversation, café, salle de billard et
deux autres pièces où nous reviendrons : la chapelle et la
bibliothèque ; puis le premier, qui sert d'habitation aux
invalides.

Toutes les pièces de ces deux étages sont desservies
par deux longues galeries, dont les murs sont tapissés
d'armes et de drapeaux enlevés à l'ennemi. Quelques-
uns de ces trophées sont d'une extrême richesse. Ces
armes, du plus beau travail, montées en or, enrichies de
diamants, couvertes de merveilleuses ciselures, reposent
agréablement les yeux de ces vieux militaires qui les ont
conquises au prix des plus cruelles fatigues et de leur
sang. Au rez-de-chaussée, se trouvent les canons, dont
plusieurs sont excessivement remarquables. Ces galeries
servent de promenoir aux invalides, quand le temps ne
leur permet pas de se livrer à leurs rustiques occupations, ou d'aller faire un tour dans le parc.

Celui-ci ne comprend pas moins de neuf hectares entièrement clos. Il est arrosé par une gentille rivière dont
le cours sinueux est accidenté de gracieuses cascades.
Les cygnes blancs comme de la neige, et les canards aux
mille couleurs, s'ébattent joyeusement sur ses bords, ou
sillonnent son courant. Les invalides sont très-fiers de

leur rivière. On pourrait presque dire qu'ils en sont amoureux. Mais cet amour n'est pas tout à fait platonique, car en échange de leurs bons soins, et grâce à la pisciculture, le gentil cours d'eau leur prodigue des truites et des carpes dont ils sont fort gourmets.

Ce n'est, du reste, point la seule ressource qu'offre à ces braves gens leur installation à la campagne. Ils ont une vacherie, avec douze bêtes à cornes, qui leur fournit le lait et le beurre à profusion ; une porcherie, avec cinquante grognards qui, à tour de rôle, se convertissent en saucisses succulentes, en lard et en jambons. Qu'on ajoute à cela un potager bien entretenu, une basse-cour bien garnie avec une provision d'un millier de lapins, et l'on ne s'apitoiera guère sur l'ordinaire de la maison.

Toute cette exploitation est conduite avec un ordre parfait et une propreté exquise, et il est de même pour la cuisine et le reste de l'établissement. C'est, d'ailleurs, une qualité de tout ce vieux monde. Aucune négligence dans la tenue, un soin méticuleux de sa personne et en même temps un air de contentement qui surprend et qui charme. Comme nous demandions l'explication de ce double phénomène si rare chez les vieilles gens :

« C'est, répondit notre aimable *cicerone,* que nous avons ici une discipline de fer. Ces gaillards que vous voyez appartiennent à toutes les nations du globe (il y a là dedans des Espagnols, des Belges, des Allemands, des Russes et des Français), et il faut que pas un d'eux ne puisse s'affranchir de la règle. En conséquence, nous avons adopté un principe duquel nous ne nous écartons jamais. Toute notre organisation repose sur cette double base : travail et distractions. Chacun de nos hommes doit à ses camarades la somme de travail que ses forces lui permettent. Indépendamment de notre exploitation agricole, nous avons ici tous les corps d'état, des forgerons, des charrons, des menuisiers, des bottiers, des tailleurs ; nous avons même un atelier de reliure. De cette façon, nous augmentons le bien-être de la maison, et, nos dépenses étant amoindries, nous pouvons reporter sur les distractions de ces braves l'argent que nous épargnons à leur entretien, et leur prodiguer, été comme hiver, les plaisirs qui leur sont chers.

« Je ne vous parle pas des trente ou quarante journaux qu'ils reçoivent, des jeux de quilles ou de dominos, des parties de billard et des promenades en musique. Tout cela est de droit. Mais, outre cela, nous avons encore des concerts, des conférences, des soirées théâtrales, des soirées gymnastiques et des soirées littéraires. Dès que nous apprenons qu'il se trouve à Arnhem un prestidigitateur ou un virtuose, il est mandé ici. A défaut d'artistes étrangers, le café-concert nous envoie régulièrement son personnel de chanteurs et de chanteuses.

— A ce que je vois, mon cher général, ne pus-je m'empêcher de dire, pour compléter cette liste, il ne vous manque guère que de donner des bals.

— Y pensez-vous? Il nous faudrait pour cela admettre des femmes dans l'Hôtel, et elles en sont sévèrement exclues...

— Comment, vous pensez que ces vieux débris...

— Pourraient prendre feu? — Certainement... il n'y a pas d'heure pour les braves », ajouta en souriant l'aimable général.

N'ayant rien à objecter, nous nous mîmes également à rire. Le fait est que cette existence à la fois laborieuse et joyeuse ne peut manquer d'être agréable pour ces braves gens habitués à la discipline, et surtout d'être fort hygiénique. On vit vieux, en effet, à Bronbeek. La plupart des invalides ne consentent à quitter leur aimable résidence, pour accomplir le grand voyage, qu'à un âge très-avancé. Cependant, pour être admis dans cette retraite, il faut avoir au moins quarante années de service. Or le service des Indes est affreusement pénible. On est continuellement en expédition. Les fatigues sont effroyables, le climat terrible, et les joies qu'on goûte à l'hôtel des Invalides sont assez chèrement acquises.

A tous les plaisirs que nous avons énumérés plus haut, on doit encore ajouter ceux que ces braves gens se procurent avec leurs petites finances; ils touchent, en effet, une haute paye de 1 fr. 50 par semaine, et les sous-officiers reçoivent le double. Cela n'est pas très-considérable, mais il faut remarquer que, bien nourris, bien logés, bien divertis, ils n'ont guère que le genièvre et le tabac qui ne leur soient pas fournis par l'administration. Or, en Hollande, ce sont des choses peu coûteuses, et l'on peut s'en donner de trop pour peu d'argent. La meilleure preuve, du reste, que cette existence est très-confortable, c'est que des gens qui n'y sont nullement contraints s'en accommodent volontiers. Dernièrement, en effet, il est mort à Bronbeck un invalide qui était un vrai richard. En visitant son sac, après son décès, on y découvrit deux cent mille francs en titres au porteur et cinq cents francs en or. Il était adjudant sous-officier, et personne ne se doutait qu'il possédât une pareille fortune. Né en Suisse, il avait d'abord servi dans l'armée helvétique, et avait pris sa démission comme sous-lieutenant. Ensuite, il était entré dans l'armée papale, et là aussi avait quitté volontairement le service avec le grade de lieutenant en second. Puis, quelques années plus tard, il s'était engagé dans l'armée des Indes comme simple soldat, avait fait campagne, avait gagné ses petits grades, et, blessé dans une rencontre, s'était fait admettre parmi les invalides de Bronbeek. Certes, c'est là une existence singulière, et qui semble cacher quelque mystère. Le secret, toutefois, en fut soigneusement gardé, et le rentier invalide l'a emporté avec lui dans la tombe.

Nous avons, on s'en souvient, réservé tout à l'heure deux pièces de l'hôtel, la bibliothèque et la chapelle; c'est par elles que nous allons terminer notre visite. La bibliothèque renferme environ douze à treize cents volumes qui sont à la disposition des invalides et dont ceux-ci usent largement. Un bibliothécaire est chargé de tenir tout en ordre et de contrôler les entrées et les sorties, car les livres ne sont prêtés que contre reçu. Quant à la chapelle, qui est fort simple et très-modeste, elle sert à la fois la célébration des deux cultes dominants : le culte catholique et le culte protestant. La

chaire du pasteur est en face de l'autel. Tous deux sont
munis de grands rideaux verts. Quand le prêtre officie,
on voile la chaire du *predikant;* et l'on voile l'autel
quand le pasteur monte en chaire pour expliquer la parole de Dieu. Je vous laisse à faire tels commentaires
qu'il vous plaira sur cette promiscuité touchante. Pour
moi, je fus particulièrement ému de cette simplicité. Dans
un pays où les catholiques et les protestants ne sont rien
moins qu'unis, elle m'a paru indiquer la solution d'un
gros problème. Mais, hélas! est-il donc besoin d'être invalide pour avoir au fond du cœur un peu de charité
chrétienne et un peu de tolérance?

Nous avons dit que Bronbeek est situé dans cette partie de la Gueldre qu'on appelle la « Suisse néerlandaise ». Bien que ce surnom puisse paraître légèrement
ambitieux, il faut convenir qu'il est parfaitement justifié.
Toute la contrée qui s'étend au nord d'Arnhem est couverte de grands bois et très-accidentée. Certes, il n'y faudrait pas chercher des cimes escarpées, ni des neiges
éternelles; mais elle a un petit air sauvage d'autant
moins à dédaigner que ses collines, ses sources et ses
fraîches cascades semblent jaillir d'un océan de prairies
et de bruyères, et ce contraste leur prête un charme
qu'on retrouverait difficilement autre part.

Il n'est donc pas surprenant que l'aristocratie de la
Gueldre se soit tout d'abord établie dans ce délicieux coin
de la province, et l'ait peuplé de châteaux élégants. Plus
tard, son exemple fut suivi par le patriciat des provinces
voisines. On vint en excursion sous ses grands arbres, on

y demeura quelques jours; de là ces grands chalets de Beekhuizen, de Rosendaal, de Duinoog, sortes de caravan-sérais analogues à ceux de l'Oberland. Puis ces promenades accidentelles et cette hospitalité d'aubergiste devinrent insuffisantes. On voulut s'installer définitivement au milieu de cette nature tourmentée. Les maisons de plaisance s'élevèrent de toutes parts. Les villas et les cottages sortirent de terre comme par enchantement, coquets, gracieux, pimpants, mais incapables toutefois de faire oublier les seigneuriales demeures qui les avaient précédés.

Parmi celles-ci, la plus belle comme situation et la plus illustre est incontestablement Rosendaal, château gracieux, situé au fond d'une gorge, entouré de collines boisées, ombragé de hêtres gigantesques, et dont le parc avec ses beaux lacs, ses sources limpides et ses blanches statues, fut plus d'une fois comparé à la vallée de Tempé:

Roosendaalsche Tempé, o pronkcieraad der Hoven [1]!

Il faut dire, du reste, pour expliquer cette véritable magnificence, car tout s'explique ici-bas, que depuis des siècles ce superbe domaine est entre les mains de la même famille, et que depuis des siècles ses propriétaires, fiers de leur domaine, dont ils portent le nom, ont travaillé à l'embellir. La gracieuse châtelaine qui ha-

---

[1]   Tempé de Rosendaal, ornement des résidences!
C'est par ce vers ampoulé que J. d'Outrein commençait son poëme écrit au siècle dernier, à la louange de Rosendaal. Voir la note à la page 312.

bite de nos jours cette belle résidence est, en effet, la dernière descendante de l'illustre famille de Rosendaal. Or, comme on n'improvise point les arbres centenaires, c'est à cette suite continue de soins et d'embellissements, maintenue comme une tradition, que cette *vallée des roses* [1] doit d'avoir été changée en l'un des plus merveilleux parcs qu'on puisse imaginer.

Dans le principe, le château de Rosendaal fut un véritable manoir, avec créneaux et mâchicoulis. Une vieille tour qui demeure encore debout, mirant dans les fossés sa robuste encolure, nous dit assez quelle fut la force de ses murailles et les assauts qu'il pouvait supporter. Avec l'artillerie ces défenses devinrent inutiles. Dominé de toutes parts, le castel n'eût point été tenable. On le convertit alors en lieu de plaisance et de repos, puis on embellit le parc en y édifiant des ponts à surprises, des portiques à jets d'eau cachés, des grottes, des cascades et des fontaines. De vieux tritons en marbre prêtèrent leurs urnes traditionnelles aux sources limpides, pendant que l'ombre des bosquets se peuplait de nymphes discrètes. Il fallait bien rendre ce gracieux asile digne des augustes visites qu'il allait recevoir. Guillaume III, en effet, séjourna à différentes reprises sous ces verts ombrages. Le roi d'Angleterre n'oubliait point les compagnons du prince d'Orange, ni les amis dévoués du stathouder. Il aimait à se retrouver au milieu de ceux qui l'avaient aidé à gravir les marches

---

[1] *Rosendaal* signifie *vallée des roses*.

d'un des plus beaux trônes du monde. On montre encore
à Rosendaal un souvenir de son dernier séjour, ou plutôt
de celui de la reine Marie. C'est un paravent entièrement
brodé à la main, et qui fut offert à la châtelaine de Rosendaal par les dames d'honneur de la reine d'Angleterre [1].

Avant la visite de Guillaume III, bien longtemps avant
cela, Rosendaal avait possédé dans ses murs un autre
personnage illustre. Renaud III, duc de Gueldre, y fut
amené en 1361 par son frère dénaturé, qui l'y tint
« serré en une étroicte prison » pendant près de dix
longues années [2]. On voit encore le cachot où ce malheureux demeura. C'est une espèce de logette pratiquée
dans l'épaisseur du mur, ne recevant de jour que par
une imperceptible fenêtre grillée. Un homme de corpu-
lence ordinaire peut à peine s'y mouvoir; une douzaine
de marches qu'il faut descendre et deux portes bardées
de fer interdisaient tout espoir d'évasion. On frémit à
la pensée qu'une créature humaine a pu être cloîtrée si
longtemps dans un espace aussi étroit. Quand le pauvre

---

[1] Cette royale visite eut le privilége de mettre en émoi la muse
d'un docte professeur, Johan d'Outrein, qui était *predikant* à Dort.
Ce poétique pasteur publia en 1699, à Amsterdam, un long poëme
intitulé *Wegwyzer door de Heerlijkheid Roozendaal,* où il célébrait en vers pompeux les beaux sites de ce superbe domaine. Le
livre eut, paraît-il, un vrai succès, car en 1718 on en donnait une
troisième édition enrichie d'un très-grand nombre de planches fort
intéressantes, et qui montrent sous ses divers aspects la résidence
telle qu'elle était à cette époque.

[2] Pontanus, *Historiæ Gelricæ.*

homme fut délivré, il était perclus, et son immobilité forcée lui avait donné un tel embonpoint qu'il ne put franchir les portes. On dut, pour le faire sortir de là, les élargir à coups de hache [1].

Un autre beau domaine de cette Suisse néerlandaise, qui possède, lui aussi, un nom gracieux et une belle situation, c'est Zonbeek (la source du soleil). Il appartient à l'un des plus riches propriétaires de la Hollande, le baron de Heeckeren. Le parc renferme de beaux ombrages, des ruisseaux, des étangs, des cascades, et un belvédère d'où l'on découvre un panorama merveilleux qui s'étend jusqu'à Clèves. Sa situation, toutefois, est loin d'être aussi pittoresque que celle de la *Roosendaalsche Tempé*. Quant au château, c'est une habitation tout à fait sans caractère.

C'est ce qu'on ne pourrait pas dire, par exemple, de Biljoen, dont l'aspect, au contraire, a quelque chose de guerrier et même d'un peu moyen âge.

Ce joli castel, situé sur le territoire de Velp, se compose d'un grand massif de maçonnerie flanqué aux quatre angles de quatre gracieuses tourelles, dont on a fort malheureusement remplacé les toitures en poivrière par une coiffure bulbeuse d'un singulier effet. Tel qu'il est cependant, entouré de douves profondes, avec son joli

---

[1] Un érudit chercheur, **M. G. Van Hasselt**, a publié en 1808, sous le titre de *Roozendaal als de prachtigste bezitting van de geldersche graven en hertogen*, un résumé de tous les documents qu'il a pu rencontrer, concernant la résidence de Rosendaal. Ces pièces vont de 1304 jusqu'en 1793.

pont qui seul donne accès à l'intérieur, il a un petit air
cavalier et galant qui sent la bonne époque. La construction actuelle ne remonte cependant point au delà
de trois siècles; mais un autre manoir existait sans
doute avant celui-là, car le fief de Biljoen est l'un des
plus anciens de toute la province. Son acte constitutif
fut signé par l'empereur Henri IV, de turbulente et héré-
tique mémoire, en l'année 1076. C'est même la plus ancienne charte, et l'une des plus belles, que possèdent
les Archives de la Gueldre.

Il y a quelques années, Biljoen avait un charme qu'il
n'a plus. Il s'élevait au milieu de bois magnifiques dont
les allées rappelaient nos plus belles forêts. Il renfermait
en outre de précieuses collections, et c'était un régal
pour les amateurs de la belle nature et pour les artistes
qu'une excursion à ce joli petit château. Aujourd'hui,
rien de tout cela n'existe plus. La mort impitoyable est
venue frapper à la porte du petit manoir.

> ... Omne sacrum mors importuna profanat,
> Omnibus obscuras injicit illa manus...

Son souffle a passé sur Biljoen. Le château a été mis en
vente. Un moment on eut l'espoir que, trésors d'art et
grands bois, tout serait conservé. La noblesse gueldroise
et le patriciat de la contrée regardaient ce château comme
un bien provincial, dont la possession intéressait la Gueldre tout entière. On s'était concerté, on allait l'acquérir.
Un étranger survint. C'était un Allemand, âpre et person-

nel, sans souci du pays, de l'art, ni de la nature. Les collections furent dispersées; les arbres centenaires s'effondrèrent sous la cognée du bûcheron; le manoir devint une maison bourgeoise, la forêt un désert.

« Il a suffi qu'il en vînt un dans le pays, nous disait M. Van T... avec qui nous considérions ce désastre, pour tout détruire. Jugez de ce que ce serait s'ils s'abattaient en bandes sur notre pauvre Gueldre.

— Ce n'est pas moi, répondis-je, qui vous souhaiterai jamais d'en faire l'expérience. »

XVIII

Arnhem. — « *Vir bonus* » — L'*Arnhemse fabrique*. — Saint-Eusèbe et
Sainte-Walburge. — La maison du diable. — Le carnaval de 1525. —
Plaisirs et distractions. — *Gelre! gelre !* — Le Rhin et le Waal.

Si au vieux temps déjà l'on disait *Arnhem de Lugtiste*,
« Arnhem la Joyeuse », que dire aujourd'hui?

Depuis cinquante ans, cette gracieuse cité s'est parée
de mille charmants atours. Ses vieux remparts se sont
tranformés en boulevards superbes, ses places d'armes
en parterres fleuris, et ses anciens fossés forment aujourd'hui une gracieuse rivière peuplée de coquets îlots
et ombragée d'arbres centenaires.

Ce n'est plus seulement comme au temps de Guicciardini « une bonne et grande ville, chef de l'Estat et Seigneurie de Weluwe »; c'est la capitale de toute la province, et une capitale aristocratique, coquette et pimpante,
une ville de distractions et de plaisirs.

Située au milieu d'un pays accidenté, baignée par le
Rhin calme et majestueux, bien percée, bien bâtie, en
bon air, elle semble avoir été prédestinée par la nature
et par les hommes pour être en quelque sorte le *buen
retiro* des Pays-Bas. C'est du reste ce qui est arrivé. On
fait sa fortune à Amsterdam, à Rotterdam, ou mieux encore à Java, et l'on vient goûter à Arnhem les plaisirs

d'un repos bien gagné, les douces joies de la retraite.
Aussi l'aspect de la coquette cité tranche-t-il sur ce
qu'on sait de la Hollande.

Ce ne sont plus les gracieuses habitations d'Amsterdam ou de Hoorn, de Leeuwarden ou de Groningue, aux
formes élégantes, aux sculptures précieuses, mais qui,
grâce à la brique, conservent un aspect austère ; ce ne
sont plus ces pignons pointus, ces toits en pente rappelant
le climat du Nord et les pluies froides de l'hiver ; ce ne
sont plus ces portes étroites, ces perrons en granit, ces
chaînes et ces bornes faisant à la maison une sorte de
rempart, et défendant de toute promiscuité banale ce
home si cher à la race batave.

Partout, au contraire, les demeures revêtent des teintes
claires, des nuances tendres, des tons frais, et partout
les toits en terrasse, défiant la pluie et bravant les nuages,
complètent cette toilette de printemps. Pendant ce
temps, les fenêtres grandes ouvertes, les terrasses, les
vérandas et les jardins semblent faire bon marché de
l'existence privée et dévoilent au passant les douces joies
de l'intérieur.

Bien mieux, la présence à Arnhem d'un grand nombre
de familles indiennes imprime à ses plus récentes constructions un caractère exotique très-marqué. Une quantité d'entre elles affectent des allures italiennes, d'autres vont encore plus loin, et semblent rappeler Batavia.
On dirait qu'ils espèrent, ces créoles échappés du pays du
soleil, que l'astre divin, reconnaissant de loin les demeures
des pays où il règne, voudra leur conserver plus long-

18.

temps ses rayons. Qu'on embellisse ces villas d'arbres
rares et de fleurs tropicales, qu'on les tapisse de plantes
adroitement nuancées, et l'on aura le ravissant décor dans
lequel s'amuse et s'agite la population d'Arnhem. Voilà
la scène; passons maintenant aux acteurs.

Un vieil auteur, Pontanus, nous les décrit : « *cives
humani ac bonarum litterarum amantes.* » C'est presque
le « *vir bonus dicendi peritus* » si cher aux anciens. Il
est vrai que Pontanus était lui-même né à Arnhem, et
qu'à ce titre il peut nous être suspect. Mais il cite des
exemples, et nous montre un grand nombre de personnages de son temps occupés à des travaux littéraires. Il
faut donc nous rendre, et d'autant plus volontiers, que
la tradition s'est conservée. De nos jours, les érudits ne
sont pas plus rares à Arnhem que de son temps.

« Pour leur courage, ajoute le vieil annaliste, il est
assez prouvé par leurs braves actions. » A notre époque
calme et paisible, c'est là une qualité plus difficile à constater; mais il est à croire que là encore les traditions se
sont sainement maintenues, et que, le cas échéant, les
habitants d'Arnhem feraient bravement leur devoir.

Toutefois, malgré les grandes qualités d'érudition et
de bravoure de sa population, la charmante cité n'a produit ni génie littéraire, ni esprit scientifique, ni héros qui
l'aient beaucoup illustrée [1]. A l'exception d'un barbouil-

---

[1] Il nous faudrait, pour être exact, mentionner ici la naissance
de l'empereur Henri III le Noir, qui vit le jour à Oosterbeek en
1027. Mais Arnhem, à cette époque, n'était encore qu'un village,
et n'avait sur la contrée voisine aucun droit seigneurial.

leur de quatrième ordre [1], elle ne peut non plus revendiquer aucun peintre connu. Même au quinzième siècle,
quand elle était cité ducale, elle devait emprunter ses
artistes aux villes de la Flandre et de l'Overyssel. Ses
archives sont là-dessus pleines de curieuses révélations.
Nous la voyons en 1459 mander dans ses murs un
peintre brabançon, Clais Van Braband, auquel, moyennant cinq florins, elle faisait exécuter un tableau pour
orner son hôtel de ville. Certes, c'était le bon temps pour
faire voyager les disciples de saint Luc.

Les industries d'art n'étaient pas non plus floris-
santes. En 1522, le duc de Saxe, voulant, en souvenir
de sa défunte femme [2], donner aux Frères de Saint-
Nicolas une marque de sa générosité, était obligé de s'a-
dresser à un peintre de Zwoll pour avoir un vitrail
qu'il paya trente-six florins d'or [3]. Dans tout le seizième
siècle, nous ne voyons ni orfévres illustres, ni brodeurs
célèbres, ni ébénistes de renom s'établir à Arnhem.
Il nous faut arriver au siècle dernier pour trouver une
industrie d'art, une fabrique de faïences, et encore son
existence est-elle plutôt soupçonnée que bien établie. Si
cette fabrication venait à lui être restituée, ce serait pour
Arnhem un beau fleuron ajouté à sa couronne murale ;
car les produits que nous revendiquons en son nom sont

[1] Wemmer Noott, très-médiocre talent, aux œuvres duquel
Immerzeel ne consacre que deux lignes.

[2] Dame Christine, duchesse de Saxe, reine de Saxe, Suède et
Norvége, morte le 6 mai 1522, et enterrée dans la grande église.

[3] *Kronyk van Arnhem.*

d'une finesse exceptionnelle, d'un émail superbe, d'un beau blanc laiteux et couverts de dessins d'une délicatesse charmante. Ils appartiennent tous à l'époque Louis XV, et les ornements qui les enveloppent sont de gracieuses rocailles d'un style fort élégant. Quelques-unes de ces pièces sont marquées d'un coq. Jusque-là on les avait attribuées tantôt à Delft et tantôt à Amsterdam, mais sans produire aucune pièce sérieuse à l'appui. Une plaque que je vis un jour à Bruxelles chez un collectionneur, M. Évenepoel, et qui représente une rivière avec une fabrique dans le lointain, me mit sur la trace d'un nouveau centre de production. Elle porte, en grosses lettres, les mots ARNHEMSE FABRIQUE, et un coq perché sur une haute branche accompagne cette inscription. Le style et les ornements me fixaient sur l'époque. Les mots écrits sur la plaque me parurent orthographiés par une main française. Un Néerlandais eût écrit *Arhemsche fabriek* ou *fabrijk*. Un étranger, ignorant les mystères de la langue, devait au contraire guider sa plume sur son oreille, et écrire selon la prononciation. Il ne s'agit plus maintenant que de découvrir dans les archives de la ville si, de 1740 à 1775, il a existé à Arnhem une fabrique de faïences. J'ai intéressé à ma découverte les deux archivistes, celui de la province et celui de la ville, deux chercheurs érudits; on ne tardera pas à savoir la vérité, et peut-être pourra-t-on porter à l'actif artistique de la gracieuse cité non-seulement la plaque de M. Évenepoel, mais encore la merveilleuse cafetière de M. Van Romondt d'Utrecht, les jolis plats de M. Fétis de Bruxelles, la superbe fontaine

de M. Paul Dalloz, et cent autres pièces célèbres qui sont
l'ornement des premiers cabinets.

Peu fertile en grands hommes non plus qu'en œuvres
d'art, Arnhem est mieux servie cependant au point de
vue architectonique : non pas qu'elle possède un grand
nombre de monuments remarquables ; mais elle en renferme deux ou trois qui méritent toute l'attention des
archéologues et des artistes. Le plus important est
l'église Saint-Eusèbe. La construction en est relativement récente, car la première pierre en fut posée en
1451 à l'occasion de la visite du Cardinal-Légat. Il est
à croire, du reste, que les travaux furent poussés avec
une rapidité merveilleuse. Dès l'année suivante, en effet,
il est question d'une visite du duc de Gueldre à la
cathédrale (*ad cathedram*), et les archives nous racon-
tent que le 23 septembre de cette même année un chanoine de Leyde, Jean de Hanen, faisait hommage au
trésor de Saint-Martin (c'est le nom que portait alors
notre église) d'un vase en argent de grande valeur.
Enfin il est au moins présumable que dès l'année 1453
le gros œuvre était complétement terminé, car les bourgmestres jugèrent l'église en état de recevoir les reliques
de saint Eusèbe. Celles-ci y furent transportées en grande
pompe, le mercredi qui suivit l'Assomption, et à partir
de ce jour l'église Saint-Martin abdiqua son nom, pour
prendre celui du bienheureux prélat dont elle venait de
recevoir les dépouilles.

Malgré la rapidité de son érection, Saint-Eusèbe a sa
place marquée parmi les églises les plus vastes et les

plus belles de la Néerlande. Sa réputation ne date pas
d'hier. Blaeu, dans un temps où l'architecture gothique
n'était que faiblement goûtée, la qualifie d'ouvrage magnifique (*opere magnifico*). Et elle mérite cet hommage,
car, malgré l'époque tardive de sa construction, ses lignes
générales sont d'une grande noblesse et d'une élégante
pureté.

Elle se compose d'une haute nef très-élevée et de
deux bas côtés sans chapelles. Le chœur, qui se termine en semi-hexagone, est enveloppé par un pourtour
semi-décagone, et présente une particularité très-rare,
celle de n'avoir été édifié qu'après la nef. Les voûtes de
la nef et du transept, en effet, construites en brique,
et divisées en caissons fort gracieux, sont achevées
depuis quatre siècles, alors que celles du chœur font
défaut, sans qu'il y ait apparence qu'elles se soient
écroulées. Du moins M. Eyck Van Zuylichem, qui s'est
livré à une inspection détaillée du monument, déclare
qu'il n'a pu découvrir aucune trace d'un endommage-
ment postérieur; et ce qui semblerait, du reste, confirmer les observations de cet érudit architecte, c'est
qu'il n'existe pas de contre-forts à l'extérieur du chœur,
tandis que la nef et le transept en sont pourvus.

A l'intérieur, l'église est entièrement badigeonnée, ce
qui est un vrai malheur. Ses fenêtres ont été également
privées de leurs vitraux coloriés qui étaient, paraît-il,
fort intéressants. Seuls, quelques écussons des anciennes
corporations suspendus aux murailles viennent animer
un peu cette aveuglante monotonie. Contre la clôture du

chœur, se trouve le mausolée de Josse Sasbout, le premier chancelier auquel Charles-Quint confia le gouvernement de son duché de Gueldre, et qui du reste n'exerça pas longtemps ces très-hautes fonctions. J'ai rapporté autre part [1] les lignes éloquentes qu'on lit sur cette tombe. Rarement un sage, traçant sa propre épitaphe, fut plus heureusement inspiré. Ajoutons que le sculpteur s'est montré digne du poëte, et que ce mausolée est un chef-d'œuvre d'élégance et de goût, en même temps que de réalisme. Jamais le ciseau, à l'aide des ornements les plus délicats, ne compléta mieux une sombre et philosophique pensée.

Au milieu du chœur s'élève un autre monument, celui-là beaucoup plus grand, plus intéressant et plus vaste, le tombeau du comte Charles d'Egmont, dernier duc de Gueldre. C'est à cette place qu'en 1538, courbé par la vieillesse, vaincu, humilié, sans espoir de reconquérir ce duché qu'il avait conquis d'abord, perdu ensuite et pour lequel il avait bataillé pendant plus de cinquante ans, c'est là que Charles d'Egmont vint chercher le repos qu'il n'avait guère connu durant toute sa vie.

Son mausolée consiste en un vaste piédestal de marbre noir, sur lequel le duc armé de toutes pièces est étendu les mains jointes et les paupières baissées. Six lions l'entourent, soutenant avec leurs griffes les armoiries de sa famille, et, dans seize niches pratiquées au socle

---

[1] Voir *Voyage aux villes mortes du Zuiderzée* (conclusion).

du piédestal, se trouvent seize statues représentant les saints apôtres et les évangélistes. Toutes ces sculptures sont d'un beau travail, un peu lourd peut-être, mais qui sent la bonne époque et le grand style.

Une autre statue du comte, également de grandeur naturelle, mais celle-là à genoux, se voit encore dans le chœur. Elle est bizarrement placée dans une sorte de niche, je dirais presque de cage, suspendue à six mètres du sol. On ne s'explique guère cette position étrange. Que va faire, à cette hauteur et sur ce piédestal insolite, un seigneur à genoux en tenue de combat?

Il nous faut dire aussi quelques mots de la chaire. C'est un élégant morceau d'architecture de la bonne époque. Elle est octogone avec une jolie colonne pseudo-corinthienne au sommet de chaque angle. Les panneaux sont couverts de cartouches et de mascarons d'une exquise finesse. Autour d'elle se groupent les bancs de l'auditoire commodément, je dirais même douillettement disposés, tant on a pris soin du bien-être des fidèles. Comme notre équipage de Drenthe, ils sont à la fois hiérarchiques et digestifs, digestifs surtout, car des petits rideaux de laine viennent tempérer l'éclat du jour en même temps qu'ils garantissent les assistants des refroidissements et des courants d'air. Quelle différence entre cette piété confortable et les églises italiennes, où les fidèles agenouillés sur les dalles nues, absorbés par la prière, semblent faire corps avec le marbre qui meurtrit leurs genoux!

Extérieurement, Saint-Eusèbe est aussi élégante et

noble qu'à l'intérieur. Elle est construite en brique avec
des ornements en grès qui ont beaucoup souffert et qui
réclament une restauration. Ses deux façades latérales
donnent sur deux places spacieuses, dont l'une, le marché,
est assez vaste, fort gaie et serait très-pittoresque si elle
n'était bordée de grands monuments prétentieux, lourds
et froids, qui, édifiés pendant l'occupation française, ont
le caractère déplaisant des bâtisses officielles du commencement de notre siècle.

C'est sur ces deux places que se trouvent les entrées
principales de l'église, formées par de beaux portails
situés aux extrémités du transept. Une troisième porte
est pratiquée à la base de la tour. Elle ne sert guère
toutefois, car elle aboutit à une rue bizarre, très-colorée,
mais étroite et mal famée, qui constitue pour l'église un
bien singulier voisinage. Quant à la tour, elle est fort
belle, mais elle est surtout célèbre par sa hauteur.

L'autre vieille église appartient aux catholiques. On
la nomme Sainte-Walburge. Suivant M. Eyck Van Zuylichem, elle aurait été édifiée en 1328 ; suivant d'autres,
en 1421. Bien qu'au point de vue architectonique la
première de ces deux dates paraisse la plus probable,
ne connaissant point les preuves sur lesquelles on l'ap-
puie, j'ai cru devoir de mon côté fouiller les vieux documents ; et voici la seule pièce que j'aie découverte. Elle
est datée de 1391, et je la traduis littéralement : « Il a
été fourni aux Messieurs de Sainte-Walburge, en la ville,
pour leur construction, cinquante-deux mille briques. »
Cette année-là, l'église n'était donc pas achevée, et ce

serait, dans ce cas, la seconde date qui est la bonne.

Quelle que soit, du reste, l'époque de sa construction, Sainte-Walburge est fort intéressante. Elle est entièrement construite en brique, et par conséquent fort simple. Sa forme est un carré long, qu'on a agrandi dans ces dernières années, en entourant son chœur d'une clôture polygone. Malgré ses piliers carrés et sa nudité intérieure, elle ne manque pas d'une certaine élégance. Malheureusement, pour augmenter le nombre des places, on a coupé par un étage les bas côtés de la nef, et dénaturé ainsi le caractère général. Au moment où nous la visitions, les badigeonneurs l'occupaient (ces gens-là vous poursuivent partout en Hollande). Les tableaux avaient été décrochés, et nous eûmes la curiosité de les examiner de près. Dans le tas, c'est le cas de le dire, nous découvrîmes une peinture charmante. C'étaient les deux volets réunis d'un triptyque ancien, œuvre d'un de ces grands peintres flamands, disciples ignorés de Memmeling ou de Van Eyck, et qui furent peut-être les interprètes les plus expressifs de la foi chrétienne. Ces deux panneaux étaient fatigués, légèrement éraillés, mais encore fort précieux et très-intéressants. L'un des barbouilleurs qui nettoyaient l'église vint nous annoncer qu'on allait tout à l'heure lessiver cette frêle peinture. Nous protestâmes contre ce massacre. Nous essayâmes de lui faire comprendre qu'il allait commettre un sacrilége. Il sourit niaisement d'abord ; puis, voyant notre insistance, il finit par nous promettre de respecter ce pauvre petit tableau. Nous nous éloignâmes à moitié rassurés, et pourtant *il* est douteux que le brave homme ait tenu sa promesse.

Après ces deux églises, le seul monument ancien que possède Arnhem, c'est son hôtel de ville; nous l'allons visiter, non pas qu'il soit bien beau, mais il est intéressant. A l'extérieur il possède une physionomie étrange, bizarre, où l'art toutefois n'a pas grand'chose à revendiquer. A cause de certaines cariatides assez grossières et représentant des satyres, on l'appelle dans le peuple *Duivelshuis* (la maison du diable). J'aurais plutôt compris ce surnom motivé par le souvenir de celui qui en fit jadis sa résidence favorite, le farouche Maarten Van Rossem, général de Charles d'Egmont, sorte de brigand déguisé en soldat, qui promenait partout le carnage et la dévastation. Un mot, du reste, le fera connaître. Il avait coutume de dire que, « de même que le *Magnificat* est l'ornement des vêpres, l'incendie est la parure des champs de bataille [1] ». Il ne vécut guère toutefois dans sa maison d'Arnhem, et n'eut même pas la satisfaction d'y mourir; car il succomba à Anvers, sottement et sans gloire. Lui qui avait bravé cent fois la mort au milieu des combats, expira à table, en mangeant gloutonnement un pigeon, dont il se délectait, « cujus esu delectabatur », nous dit malignement le vieux Pontanus.

La municipalité n'habite. pas depuis bien longtemps cette bizarre maison du terrible Van Rossem. Au commencement de ce siècle, l'hôtel de ville était encore sur

---

[1] ... *Sicut canticum Magnificat exornat vesperas, ita incendia bellum.* (Pontanus.)

le *grootemarkt*. En 1804, il fut démoli pour faire place au palais du gouvernement et au « temple de la justice », qui étalent aujourd'hui leur masse prétentieuse sur ce joyeux marché.

Malheureusement, l'époque n'était guère favorable aux restaurations et aux appropriations, et la municipalité, en prenant possession de son nouvel hôtel de ville, en dénatura la façade et en détruisit le caractère. Le grand toit fut enlevé, on suréleva d'un étage le corps principal, on surmonta le tout d'une sorte de terrasse, et l'on barbouilla la façade en gris bleu. A l'intérieur, il ne reste plus rien des anciennes dispositions, et nous ne franchirions pas le seuil, si nous ne devions trouver là les archives, le musée et la bibliothèque.

La bibliothèque est assez considérable. Elle comprend environ quinze mille volumes. Comme nous l'avons appris en visitant Deventer, Arnhem a hérité d'Harderwyk, et c'est de là que proviennent ses plus fortes richesses. Malheureusement pour les délicats, si le lot est assez important comme nombre, il ne compte pas d'incunables illustres, et peu de manuscrits extraordinaires. Un seul, parmi ces derniers, mérite l'attention des artistes, le livre du monastère de Bethléem. C'est un superbe manuscrit du treizième siècle, magnifiquement relié, qui provient de cette fameuse abbaye de Dœtichem, dont nous avons déjà parlé. Les plats de la reliure sont garnis en argent, avec des médaillons et des ornements parsemés de cabochons en cristal de roche et de rubis. Sur le recto se trouve un curieux bas-relief en ivoire.

Cette superbe reliure, précieuse à tant de titres, vaut, du reste, à ce manuscrit de n'être point conservé à la bibliothèque, mais bien au musée, au milieu de maints autres objets de prix.

Dans le nombre, il faut citer d'abord une collection complète des gobelets des *Gilden* ou corporations, vidre-comes gigantesques qui ont pour la plupart figuré en 1867 à Paris, à l'Exposition universelle, dans les vitrines de l' « histoire du travail ». Comme de juste, c'est le gobelet des taverniers qui domine les autres par l'ampleur de ses dimensions. A côté de ces riches et joyeux souvenirs des banquets du vieux temps, appa-raissent les sceptres des corporations, ceux des bourg-mestres et échevins, les plaques des tambours, et une collection de menus instruments de torture qui consti-tuent un vrai trésor municipal. Puis viennent les sceaux des abbayes, ceux de la ville à toutes les époques et ceux du duché de Gueldre, qui côtoient les cachets du « département de l'Yssel supérieur ». Enfin, une petite collection d'objets curieux de toutes sortes, et notam-ment de vieux vases, parmi lesquels il s'en trouve de romains, découverts aux environs de Nimègue.

Si c'est au couvent de Bethléem que le musée est rede-vable de son plus beau joyau, c'est également ce cloître fameux qui a fourni aux archives leurs chartes les plus belles. J'entends aux archives de la province, car les archives de la ville, auxquelles nous reviendrons tout à l'heure, ont été au contraire enrichies par la succession d'Harderwyk. M. Oosterbeek est actuellement l'érudit gouverneur de ce vaste domaine. C'est lui qui a succédé à M. Nyhoff dans le titre d'archiviste de Gueldre, et il nous montra, avec une grâce parfaite, ces trésors paléographiques, qui méritent certainement une plus longue visite que celle que nous pouvions leur faire.

Ces archives comprennent, en effet, tous les titres relatifs à l'histoire du comté et duché de Gueldre, depuis le douzième siècle jusqu'au traité de Venlo : les livres des comptes des ducs depuis 1329, les livres des fiefs, les procès-verbaux du Landdag, les résolutions des États provinciaux, etc., etc. En les suivant pas à pas, on pourrait reconstituer, pour ainsi dire jour par jour, la vie de toute la contrée.

A ces documents provinciaux, il faut ajouter ceux non moins précieux provenant de l'abbaye de Bethléem, véritable trésor comptant plus de quatre cent cinquante chartes de la plus belle écriture, ornées de leurs sceaux, et dont cent douze datent du treizième siècle [1] et plus de cent cinquante du quatorzième.

Les archives de la ville, qui font un tout à part et sont placées sous l'habile direction de M. le pasteur Sannes, ne remontent pas aussi haut et n'ont pas cette importance. Bien qu'on prétende, en effet, que l'Arnhem que nous voyons de nos jours fut fondée par les Romains, qu'elle n'est autre que l'*Arenacum* dont parle Tacite, ou l'*Harenatum* de l'itinéraire d'Antonin ; bien que Peu-

---

[1] La plus ancienne est de 1200. Il ne faut pas oublier que nous avons indiqué plus haut une charte datant de 1076, relative à Biljoen, et qui se trouve également aux archives de la Gueldre.

tinger et la *Table théodosienne* la signalent sous le nom
d'*Arenatum*, il faut croire que sa splendeur antique ne
fut pas de longue durée. Au dixième siècle, en effet,
elle n'était qu'un village sans conséquence, que l'empereur Othon mentionnait à peine dans ses lettres[1], et il lui
faut attendre au 13 juillet 1233 pour que le comte
Othon daigne l'élever à la dignité de ville, l'entourer de
murailles et la munir de priviléges. Cet acte porte même
une mention assez intéressante : « *In morem cæterarum
civitatum liberarum*, dit-il, *ac præsertim oppidi Zutpha-
niensis.* » Ce qui montre qu'Arnhem avait été précédée
dans ces titres, dignités et priviléges, par bon nombre
d'autres cités ses voisines.

A partir de cette maîtresse pièce, pour ainsi dire
constitutive de l'existence municipale, les archives contiennent une foule d'autres documents des plus intéressants, et où l'on peut suivre pas à pas l'histoire de
la brillante cité. C'est la collection de tous les Actes
depuis 1423, le livre de Bourgeoisie depuis 1435, le
registre des Arrêts depuis le commencement du quatorzième siècle, les règlements des *Gilden* et *Schrutte-
rijen*[2] depuis 1582, et cent autres documents du plus
haut intérêt.

Nous n'essayerons pas, toutefois, de reconstituer à

---

[1] La pièce dans laquelle est faite cette première mention porte
la date du 18 décembre 996 (et non 997, comme l'écrit Van der
Aa); elle est reproduite intégralement dans l'*Oorkondenboek der
Graafschappen Gelre en Zutphen,* publié par le baron L. A. J.
W. Sloet (la Haye, 1872).

[2] Corporations et gardes bourgeoises.

l'aide de ces précieux documents l'histoire d'Arnhem
« la Joyeuse ». Il nous faudrait, pour cela, refaire celle
de la Gueldre entière, c'est-à-dire raconter toutes ces
guerres de clocher, les luttes de famille et les combats
de rue qui pendant quatre siècles ensanglantèrent ce
beau pays. Il faudrait retracer ces haines vigoureuses
des Bronckhorst et des Heeckeren; montrer des femmes
trahissant leurs maris, des frères martyrisant leurs frères,
un fils dénaturé, Adolf d'Edgmont, qui enlève son père
et le « mène cinq lieues d'Allemagne à pied, sans chausses
et par un temps très-froid, et le met au fond d'une tour
où il n'y avait nulle clarté que par une petite lucarne [1] ».
Il faudrait vous faire assister à ces égorgements, à ces
pillages qui inspirèrent à Pasquille Mérus [2] ses lamenta-
tions tardives et aux Gueldrois leur sombre devise si
pleine pourtant de bonne humeur :

> Hoog van Moed,
> Klein van Goed,
> Een Zwaard in de hand [3],
> Is t'wapen van Gelderland.

Car jamais le malheur ni la détresse n'empêchèrent les
Arnhemois de boire ni de chanter, de boire surtout. Les
vieux livres et les comptes de la ville en font foi; et si
les œuvres d'art n'y figurent guère, par contre le vin y

---

[1] Ph. de Commines, *Mémoires*.

[2] *Pasquili Meri Chroniçon seu commentarium quodam.... de
bellorum calamitatibus*, anno 1572.

[3] Beaucoup de courage — peu d'argent — un glaive en main
— Telles sont les armoiries de Gueldre.

tient une place magistrale. A tout instant la « purée sep-
tembrale » fait l'objet d'arrêts, de décisions et même
d'annonces à l'église. Ouvrons les vieux comptes, nous
verrons à quels passe-temps le duc et la duchesse de
Gueldre s'adonnaient pendant le carnaval de l'année
1525. « Le lundi du carnaval au soir, notre honorée Dame
s'est amusée au cabaret avec les conseillers d'Arnhem,
des dames et des demoiselles. D'abord il a été donné au
ménétrier, pour sa musique, 1 karolus d'or; au forgeron, qui a dansé suivant la vieille coutume, 1 florin
d'or; au garçon forgeron, 7 sous; les paillasses ont eu
pour leurs gambades du lundi et pour leurs discours du
mardi 1 karolus d'or; les garçons brasseurs, pour
Monseigneur et Madame, ont reçu, suivant la vieille coutume, 3 harengs : fait la somme de 5 florins d'or et
6 sous [1]. »

Vous voyez qu'on n'engendrait pas la mélancolie. Le
lendemain, mardi gras, c'est encore bien autre chose.
C'est là qu'on voit apparaître les quarteaux de vin (*quar-*

---

[1] Je suppose que les personnages mentionnés ici sont le duc
et la duchesse, quoiqu'ils ne soient désignés que par les mots :
« *Mijn gen : Heer ind Vrouw*. »

Cette pièce excessivement curieuse, et qui a été publiée en 1790
dans la *Kronijk van Arnhem*, est écrite en vieux gueldrois avec
une orthographe difficilement intelligible même pour les personnes du pays. J'ai dû traduire certains mots à peu près, ces
mots ayant disparu de la langue, et n'étant plus usités de nos
jours ni même compris. Ainsi j'ai pensé que « in t'wynhuis » signifiait cabaret; cela désigne peut-être l'établissement municipal
appelé *maison au vin;* de même pour *Boetzemaickers,* paillasse,
à cause de sa ressemblance avec *Poetzenmakers,* bouffon; etc.

19.

ten wyns), les tonneaux de bière (*vat bijers*) et les gâteaux au sucre (*zuycker-koicken*). Mais tirons un rideau sur ces vieilles agapes qui expliquent trop bien les gobelets démesurés enfermés dans les vitrines du musée. De nos jours, du reste, tous ces excès se sont singulièrement régularisés, et le carnaval se passe à Arnhem aussi convenablement et aussi paisiblement qu'ailleurs. Toutefois, la jolie ville et ses habitants ont conservé l'amour de la bonne chère et des plaisirs. Fidèles aux louables traditions des ancêtres, les Arnhemois ont encore pour le vin cette généreuse estime du vieux temps. S'ils ne le prennent plus en excès comme jadis, ils se rattrapent sur la qualité, et le Rhin leur apporte les produits des meilleurs crus qu'on récolte sur ses rives.

Il leur prodigue aussi son onde verte ou glauque, suivant la saison, mais on n'en fait guère usage pour la boisson. « Moi goûter de cette eau-là! me disait un Arnhemois que je félicitais de posséder de l'eau courante. Quand je pense que les Allemands se sont peut-être baignés là-dedans, pouah!... cela me soulève le cœur. »

Arnhem, du reste, a d'autres passions plus nobles que l'amour de la bouteille, et les distractions que sa société préfère ont une allure singulièrement plus relevée. Peu de villes, en Europe, sont mieux fournies qu'elle en lieux de plaisirs. A l'exception d'une coquette église bâtie dans le quartier neuf, tous les édifices élevés depuis cinquante ans dans ses murs sont consacrés aux réunions aimables. Comme de juste, elle compte une douzaine de clubs et de *societeiten ;* c'est l'indispensable parure de toute ville néerlandaise. Mais, ce qui est plus rare, elle possède, pour occuper ses soirées d'hiver, un théâtre charmant, parfaitement aménagé, fort joliment décoré, pendant que l'été un jardin délicieux, consacré aux Muses « *Musis sacrum* », ouvre alternativement à la haute société ses salles de concert et ses parterres fleuris. Enfin, pour les grandes chaleurs, les ingénieux Arnhemois viennent de se faire construire ce que l'on appelle une *buitensocieteit,* un club hors la ville. Sur une haute colline dominant le Rhin, et d'où l'on voit se dérouler un panorama magnifique, un architecte néerlandais, M. Oudtshoorn, a entassé avant de mourir tout ce que ses cartons renfermaient de portiques écrasés, de portes surbaissées, de profils déprimés et de lourdes coupoles. Tout cela est bien pesant, mais la position est si belle qu'on oublie de s'en chagriner.

Ce fut un conseiller municipal, l'aimable M. de T..., qui nous initia gracieusement à toutes ces distractions urbaines et champêtres. Il en est d'autres encore, celles-là plus accessibles aux étrangers et qui n'en sont pas moins fort agréables. Ce sont celles de la rue. Arnhem est, en effet, une des rares villes de la Hollande où les promenades et les boulevards fassent spectacle aux yeux. Cela tient à cette population oisive que nous signalions au commencement de ce chapitre, et surtout à cette foule exotique qui a rapporté des lointains pays des habitudes de vie extérieure, tout à fait contraires aux coutumes hollandaises.

En outre, l'éloignement de certains quartiers neufs, qui

s'étendent jusque dans la campagne, et rejoignent presque les villages de Velp et de Rosendaal, ainsi que la
villégiature dans les châteaux environnants, donnent à la
charmante ville un regain de visiteurs en équipage, qui
l'animent et l'égayent.

A tout instant, on rencontre un élégant panier conduit par quelque jolie *freule* abandonnant au vent son
voile bleu, ses boucles blondes et ses rubans. Ou bien,
c'est un landau, véritable corbeille fleurie renfermant
une demi-douzaine de *bambini,* au regard éveillé, aux
lèvres toujours riantes, vêtus de rose ou de blanc. Dès
qu'on entre à Arnhem, ce contraste de vie extérieure vous
frappe. Il n'est même pas besoin d'y entrer, il suffit d'y
passer; et il est presque impossible de traverser sa gare
sans y voir tourbillonner un essaim de blondes et fraîches beautés, en quête de quelque amie voyageuse.

Après les gracieux tableaux que je viens de retracer,
on ne sera guère surpris que nous n'ayons abandonné
qu'à regret cette *lugtiste* Arnhem, pour nous diriger sur
Nimègue. Nous la quittâmes cependant, et par un temps
affreux, car il nous fallut remonter le Rhin au milieu des
éclairs, de la pluie et de la grêle. Le vieux fleuve, tourmenté, écumeux, gonflait sous nos pieds ses flots noirs,
pendant qu'au-dessus de nos têtes l'artillerie céleste
nous aveuglait de ses lueurs phosphorescentes et nous
assourdissait de ses lugubres éclats. Nous atteignîmes
ainsi l'embouchure de l'Yssel, évitant avec soin les
grands trains de bois, dont les conducteurs, affolés par la
tourmente, cherchaient un abri le long du rivage. Puis,

nous continuâmes entre deux rives planes et monotones, car le Rhin, en entrant dans la Néerlande, abdique ses bords escarpés et ses castels fanfarons. Il semble comprendre que les allures féodales ne valent rien dans ce pays de bon sens égalitaire et d'indépendance bourgeoise. Il devient néerlandais en franchissant la frontière, et Van Goyen pourrait signer tous les paysages qui défilent entre Arnhem et Pannerden.

La tempête continuait toujours. Les nuages noirs roulaient avec un fracas effroyable. L'obscurité augmentait à chaque minute, et voyant cette plaine sans fin, courbé sous la rafale, malgré moi, je repensais à cette nuit légendaire à laquelle la Gueldre doit son nom.

C'était en l'année 878, la dernière du règne de l'empereur et roi de France Charles le Chauve. Un soir du mois de janvier, on vit paraître au milieu de cette verdoyante contrée « une furieuse, horrible et espouvantable beste qui devoroit les hommes et les bestiaulx » ; elle avait les yeux « ardans et étincellans comme chandelles et souvent iettoit un cry effroyable, comme si elle avoit prononcé ce mot : *Gelre! gelre!* » Le pays devint promptement inhabitable. Tout le monde fuyait devant le monstre ; on désertait les champs, on abandonnait les châteaux. La terrible bête n'épargnait personne, et le seigneur du Pont eut bientôt lui-même à souffrir de ses dévastations. Ce seigneur avait deux fils, Wyckard et Luppold, qui demandèrent à leur père la permission d'aller combattre le monstre. Le père les bénit ; ils partirent. A ce moment le ciel, comme s'il eût voulu éprouver leur courage, s'obscurcit tout à coup ; la terre trembla, une épouvantable tempête se déchaîna sur tout le pays. Les deux frères, l'épée à la main, continuèrent d'avancer. Bientôt, ils atteignirent l'antre de la bête. Ses yeux brillants la trahirent dans l'obscurité. Alors, s'embrassant tous deux pour s'exciter à bien faire, ils l'assaillirent au nom de Dieu et la tuèrent. Le peuple acclama les deux héros. Il leur offrit la suzeraineté de tout le pays ; et les deux frères, en souvenir de leur action valeureuse, donnèrent à la contrée le nom que le monstre prononçait encore dans son agonie [1].

Mais l'orage s'est apaisé, et nous arrivons sans accident au confluent du Wahal, à la pointe de Pannerden, où le Rhin se divise en deux grands bras pour gagner deux embouchures différentes. Nous longeons le fort de Schenck, abandonné maintenant, et qui passait jadis pour un point stratégique de premier ordre. « Rien ne peut entrer dans les deux fleuves, ni en sortir, écrivait un auteur du siècle dernier, sans la connaissance du commandant de ce fort important, qui peut être appelé la clef ou le centre de communication entre l'Allemagne et la Hollande [2]. »

En outre, on le croyait imprenable, ce qui ne l'empêcha point d'être pris trois fois en moins de quarante ans. La première fois, le 28 juillet 1635, les Espagnols l'enlevèrent par surprise. L'année suivante, Maurice vint

[1] *Grande Chronique de Hollande et Zélande.*
[2] *Les Délices des Pays-Bas.*

le reprendre et l'assiéga six mois. Enfin, en 1672, ce qui avait coûté six mois au prince d'Orange ne coûta que huit heures au vicomte de Turenne ; l'attaque de l'armée française fut si brillante et si rapide que la garnison prit peur, et l'on vit Schenk

> De ses fameux remparts démentir la fierté,

et ouvrir ses portes aux troupes du grand roi. Six jours auparavant (12 juin 1672), du haut de ses bastions, le gouverneur du fort avait pu assister de loin à ce fameux passage du Rhin chanté par Boileau et illustré par les pinceaux de Parrocel et Van der Meulen.

C'est, en effet, un peu plus haut sur le fleuve, à un endroit nommé le *Tolhuys,* qu'eut lieu ce célèbre événement, action de quatrième ordre, au dire de Napoléon, mais qui n'en eut pas moins les conséquences d'une grosse victoire.

Toutefois, nous n'allons pas aujourd'hui jusque-là, nous doublons brusquement la pointe de Pannerden. Nous longeons le fort de ce nom, sorte de mamelon hérissé de canons. Nous nous engageons dans le Wahal, et, après une course d'une heure entre des rives ombreuses, nous apercevons au loin la silhouette de Nimègue, qui se détache sur le ciel enflammé.

XIX

Le chevalier Temple à Nimègue. — Le *Valckhof*. — La chapelle de Charlemagne. — Insurrections et batailles de rue. — L'hôtel de ville et le musée. — La paix de Nimègue. — Les *Houtenrokken*. — Saint-Étienne. — *Sic vos non vobis*.

« Nimègue est situé sur le penchant d'une montagne, sur la rivière du Wahal, qui arrose la basse ville et la sépare du Betaw, qui est un pays plat, situé entre le Wahal et le vieux Rhin, qui en font une île. C'était autrefois la demeure de ces peuples que les Romains appelèrent Bataves, qui étaient si braves et si jaloux de leur liberté, que les Romains les prirent en alliance, lorsqu'ils subjuguèrent tous les autres habitants des provinces des Gaules et d'Allemagne voisines de ces peuples. Betaw et Wahal étaient les vieux noms allemands que les Romains changèrent en *Batavia* et *Vahalis*, comme Clèves et Cologne sont des mots latins changés en allemand. Betaw, en vieux allemand, signifie terroir gras; comme Velow, qui est un grand pays de bruyère de l'autre côté du Rhin, signifie terre infertile. Je ne puis pas déterminer si Nimègue vient de *Neomagus,* ou *Neomagus* de Nimègue; mais il paraît, par le vieux château qu'on y voit encore et par plusieurs restes d'antiquités qu'on y a trouvés, que

c'était une colonie romaine. Cette ville est située en bon
air, environnée de trois côtés par de grandes plaines de
bruyère, toujours sèche, bien bâtie, et habitée par de
bonnes gens. »

C'est en ces termes que le chevalier Guillaume Temple, baronnet, seigneur de Seheene et ambassadeur de
S. M. le roi d'Angleterre, décrivait la ville de Nimègue,
à la fin du dix-septième siècle. Il venait alors, de la part
de son maître, présider comme médiateur ce congrès
des grandes nations européennes qui devait aboutir à
l'un des plus fameux traités qu'on ait signé dans les
temps modernes. Pour être succincte, la description n'en
est pas moins fort exacte, et telle était la ville de Nimègue en 1676, telle elle est encore de nos jours. Toutefois, le diplomate anglais aurait pu ajouter que lorsqu'on
arrive par le Wahal ou par les grandes plaines de la Betuwe, le panorama qu'elle déroule à l'horizon est des
plus beaux qu'on puisse souhaiter. Il ne s'agit plus, en
effet, d'une cité plate, d'une ville horizontale comme
toutes celles que nous venons de parcourir. Nimègue, à
cheval sur une jolie colline, étage ses gracieuses maisons
les unes au-dessus des autres; partout les pignons, les
tourelles et les toits pointus se dressent comme pour
mieux voir. Et ce fouillis confus de lignes à la fois bizarres
et gracieuses, de masses chaudes de ton et joyeusement
colorées, se trouve encadré sur la gauche par une colline verdoyante, couverte de grands arbres; tandis que
sur la droite, il se termine brusquement par le profil
imposant et superbe de l'église Saint-Étienne.

Il est vrai que le chevalier Temple n'eut point, comme nous, le loisir de contempler tout à son aise ce panorama superbe. Une politesse de MM. les bourgmestres faillit coûter la vie au puissant médiateur. Son carrosse, attelé de six vigoureux chevaux, avait pris place dans le grand bac qui sert à traverser le Wahal, lorsque le canon se mit à tirer ses salves d'honneur. « Mes chevaux furent si épouvantés de ce grand bruit, et de celui que les planches faisaient sous leurs pieds, écrit l'illustre diplomate, que je craignis qu'ils ne m'emportassent dans l'eau; mais par l'aide de mes domestiques qui avaient mis pied à terre pour les conduire, nous gagnâmes heureusement le bac. De sorte que n'y ayant plus aucun danger à craindre, nous traversâmes facilement de l'autre côté. »

Cette attention des magistrats était certes des plus galantes, mais elle était aussi des plus naturelles. C'était un très-gros événement pour Nimègue que la réunion de ce congrès. Toutes les autres villes lui en avaient disputé l'honneur, et celui-ci avait été accordé à l'ancienne cité impériale, comme une sorte de dédommagement des pertes que la guerre lui avait fait subir [1]. Aussi il fallait voir de quelle façon ces députés si désirés étaient accueillis. « Quoique les ambassadeurs de France fussent incognito et sans train, nous raconte Saint-Didier [2], on peut dire néanmoins qu'ils firent une entrée publique

[1] *Les Délices des Pays-Bas.*
[2] *Histoire des négociations de la paix de Nimègue*, par le sieur de Saint-Didier.

par le grand concours de peuple que la curiosité de
voir des ambassadeurs si désirés avait attiré hors de la
ville, sur les remparts, dans les rues et aux fenêtres. »
On doit ajouter, il est vrai, que ces ambassadeurs, qui
arrivaient « iucognito et sans train », « étoient escortés
par un grand nombre de charrettes chargées de ballots,
qui tenoient depuis la porte de la ville jusqu'aux maisons des ambassadeurs ». Il est croyable que, de nos
jours, un pareil incognito ferait encore une très-forte
impression sur la population de Nimègue.

Heureusement, nous ne traînions point à notre suite
un semblable matériel, et nous pûmes, passant inaperçus, parcourir dans tous les sens, cette bonne et vieille
ville, « *in primariis civitatibus prima* », comme Blaeu l'appelle, gravir ses rues en pente, suivre ses ruelles tortueuses aux maisons titubantes, qui s'en vont dégringo-
lant de tous côtés, ou escaladent péniblement et à grand
renfort d'escaliers les aspérités du mamelon.

Nimègue, en effet, est partagée en deux par une grande
rue à laquelle viennent se raccorder presque toutes les
autres, qui descendent d'un côté vers le Wahal et de l'autre
vers la campagne. C'est le long de cette maîtresse voie
que se trouvent les principaux monuments. Vers le milieu de son parcours, elle traverse le *grootemarkt,* touchant presque à la belle église Saint-Étienne, et frôlant
l'école latine. Plus loin, elle longe l'élégante façade de
l'hôtel de ville et s'en va aboutir à un parc délicieux qui,
depuis près d'un siècle, a remplacé les créneaux de l'antique *Valckhof.*

Ce *Valckhof*, dont le nom, au dire de Pontanus et de Blaeu, dérive de Waelhof (résidence ou château sur le Wahal), est incontestablement le plus ancien établissement de la contrée. Il fut le berceau de la civilisation de ce pays, et c'est à lui que Nimègue doit d'exister. Suivant la tradition, en effet, Celtes, Teutons et Gaulois occupèrent tour à tour cette colline et s'y fortifièrent. Un des rois du pays, nommé Magus, eut l'idée d'ajouter à la citadelle une ville qui portât son nom. Maga fut construite par ses soins. Mais les Celtes, envahissant la contrée, détruisirent la ville. Toutefois, un de leurs rois, nommé Baton, « se plaisant en l'assiette du lieu et en l'ancienneté remarquable d'iceluy, le fit restaurer et remettre sus, l'agrandissant et fortifiant de triples murailles; et ainsi de ce sien renouvellement, elle fut appelée Noviomagus [1] ».

Les Romains, toutefois, ne lui conservèrent pas ce nom. Tacite la désigne sous celui de forteresse des Bataves (*Batavorum oppidum*), et elle mérita véritablement ce titre, quand Claudius Civilis en eut fait le dernier rempart de l'indépendance nationale. On montre encore la place d'où le général révolté assista à la défaite de ses troupes. C'est une sorte de gracieux belvédère qui domine la Bétuwe et le double cours du Wahal, et d'où l'on aperçoit, perdus dans les brouillards du vieux Rhin, les clochers d'Arnhem et sa ceinture de gracieux coteaux. Dix bourgs et cinquante villages animent cette

[1] Guicciardini, *Description des Pays-Bas.*

belle presqu'île, champ de bataille transformé en une
contrée riche et féconde.

Le château, dont ce belvédère était jadis une terrasse,
a été entièrement démoli, et on l'a remplacé par une
charmante promenade. De ces nobles bâtiments où
vingt empereurs habitèrent avec leur cour; de ces salles
d'apparat où les ambassadeurs étrangers vinrent s'incli-
ner devant les successeurs catholiques des césars païens;
de ces chambres somptueuses où dormirent Charlemagne,
Louis le Débonnaire, Charles le Chauve, Othon Ier, saint
Henri, Conrad III, l'empereur Sigismond et l'empereur
Albert; de ces somptueux lambris qui assistèrent à la naissance de Henri VI et entendirent ses premiers vagisse-
ments ; de ces antiques portes où défilèrent les paladins
partant pour la Terre sainte, où Renault III, Charles le
Téméraire, Charles d'Egmont, Maximilien d'Autriche,
Charles-Quint et Philippe II furent complimentés par les
bourgmestres de Nimègue, il ne reste aujourd'hui que
deux modestes débris; et encore en sommes-nous rede-
vables à un vénérable antiquaire, à M. In de Betouw,
qui en 1799, lorsqu'on démolit tout le reste du château,
sauva par prières ces deux modestes souvenirs d'une
grandeur disparue pour toujours.

Le plus vaste, mais le moins complet de ces antiques
restes, est l'abside d'une ancienne chapelle, peut-être
contemporaine de la restauration que Charlemagne fit
subir au château en 774. Elle est en forme d'hémicycle,
recouverte par une demi-coupole dont le cintre superbe
a su résister à l'action dévastatrice des hommes et aux

injures du temps. Une crypte voûtée, faiblement éclairée
par des ouvertures circulaires, s'étendait, suivant l'usage
ancien, sous le chœur, et cinq fenêtres étroites trouant
les épaisses murailles répandaient sur l'autel un jour
sombrement ménagé. Telle est cette belle ruine précédée
par deux superbes colonnes de marbre blanc, dont le
chapiteau franchement corinthien suffirait à indiquer la
haute antiquité, si la calotte hémisphérique (sa voûte
en cul-de-four, pour me servir de l'expression technique),
analogue à celles des basiliques italiennes, ne permettait d'assigner une date à peu près certaine à sa
construction.

L'autre débris est au moins aussi vieux, mais il est
mieux conservé. C'est une petite construction octogone,
qui a été décrite avec soin par M. Oltmans [1], et dont je
n'indiquerai qu'à grands traits la curieuse physionomie.
Construite du reste avec des matériaux de second ordre,
et même en partie avec des débris d'édifices antérieurs et
de monuments antiques, elle est d'une très-grande simplicité de lignes et d'ornements. A l'intérieur, elle est enveloppée par une double galerie soutenue par des arcades
cintrées pour le premier étage, et par des arcades géminées pour le second. Les deux galeries, celle du rez-de-
chaussée et du premier étage, sont voûtées. Mais la plus

---

[1] *Description de la chapelle carlovingienne et de la chapelle
romaine du château de Nimègue*, par Alexandre Oltmans, Amsterdam, 1847. — En 1840, M. Mertens a donné également une
description, et même fait une restitution de la chapelle romaine,
dans l'*Allgemeine bauzeitung* publiée à Vienne par Förster.

grande partie des voûtes, ainsi qu'un certain nombre d'ouvertures extérieures, ont été refaites à une époque très-postérieure et dans le style ogival. Cette très-curieuse construction est nommée la Chapelle romaine.

A une époque où la science architectonique n'était pas encore très-répandue, il s'est trouvé, en effet, un certain nombre de savants pour lui attribuer une origine antique. On a vu en elle un ancien temple païen. Berchemius a même prétendu que ce temple aurait été bâti en l'honneur de Julius Prudens, vétéran de la dixième légion, dont le tombeau était situé tout auprès; Paul Merula y vit un sanctuaire consacré à Janus; Gerardus Neomagus, un sanctuaire consacré aux mânes; quant à M. In de Betouw, le véritable sauveur de cet intéressant monument, il le crut voué au dieu Thor.

Une autre opinion veut que la Chapelle romaine ne remonte point au delà du huitième ou neuvième siècle; il faut avouer que les arcades géminées du second étage avec leurs chapiteaux romans primitifs (en termes techniques, coupoles retournées) donnent à cette opinion une grande vraisemblance. Cette seconde version étant admise, il resterait à déterminer quelle fut dans son origine la destination de ce petit sanctuaire.

On prétend généralement, et nous pourrions dire universellement, que c'est l'ancienne chapelle impériale où l'empereur allait entendre la messe, et l'on pousse la confiance dans cette assertion jusqu'à montrer la place qu'occupait le trône de l'illustre monarque. En y réfléchissant un peu, on ne tarde pas à s'apercevoir que ce ne peut être là qu'une fausse attribution, et cela pour plusieurs raisons, dont la première est l'étroitesse du lieu.

Il ne faut, en effet, guère connaître cette grande époque, le bagage de femmes et d'enfants qui entouraient les princes, le nombre des grands dignitaires, des prélats et des paladins qui les escortaient partout, pour s'imaginer que tout ce monde magnifique et sa suite obligée aurait pu tenir dans un aussi étroit réduit.

Le *Walckhof*, en effet, n'était pas un logis de passage, et Nimègue un séjour de raccroc. La vieille ville avait le titre de deuxième cité impériale de la basse Allemagne ; on l'appelait le « pied de l'Empire », et, dans l'ordre hiérarchique, elle n'avait au-dessus d'elle qu'Aix-la-Chapelle. Quand, en 829, il s'agit de tenir une diète pour restituer à Louis le Débonnaire son titre d'Empereur, c'est elle qui fut choisie. Elle était donc en état d'héberger trois rois, un empereur et leurs cours respectives. Quant au palais, il était digne de ses hôtes. Un auteur [1] prétend que son nom dérive de *Falckenhof* (palais des faucons), à cause de ceux que Louis le Débonnaire y faisait élever pour sa chasse. Le souverain avait donc l'habitude d'y séjourner et de chasser dans les environs. Eginhard [2], le compagnon de Charlemagne et l'historien de sa vie, nous dit que l'empereur fit bâtir deux magnifiques palais (*operi egregii*), l'un près de Mayence et l'autre à Nimègue, au-dessus du Wahal (*alterum Noviomagi super Vahalim*

---

[1] H. Cannegieter, *De ara Noviomagum Gelriæ reperta.*
[2] *Vita et gesta Caroli Magni.*

fluvium). C'est ce même palais que le vénérable Radevicus, chanoine de Freisingen, appelle « *nobile palatium opus fortissimum* » et que le moine Lambertus, qui habitait en 1047 le cloître de Hirschfeldt, nommait avec complaisance «une demeure royale, ouvrage admirable et incomparable » (*regiam domum miri et incomparabilis operis*). On sait enfin que lorsque Charles le Téméraire s'empara de Nimègue et du *Valckhof*, il fit à ses troupes les recommandations les plus expresses d'avoir à respecter cet antique palais. Nous sommes donc en présence d'une résidence impériale de premier ordre.

Toutes ces raisons n'ont point échappé à M. Oltmans, qui, tout en étudiant l'édifice du *Walckhof,* me paraît avoir étudié avec un soin non moins grand l'époque où il fut construit. Aussi ne peut-il dérober à son esprit la grandeur du spectacle que devait offrir cette cour pompeuse. « Qu'on se figure, s'écrie-t-il avec une sorte de lyrisme, ce monument à son inauguration, brillant de ses mosaïques et de ses fresques , rempli du cortége somptueux des pairs et des grands de l'empire qui entouraient le trône de Charles le Grand , et retentissant des cantiques et des hymnes sacrés, entourés par les nombreux prélats qui entouraient le chef de l'Église. » Le tableau est superbe, je l'avoue, mais il me paraît singulièrement difficile de le faire tenir dans une chapelle de six mètres soixante-douze de diamètre.

D'autres raisons viennent, du reste, se joindre à l'étroitesse et à l'exiguïté de ce sanctuaire, pour combattre l'idée de sa pompeuse destination. C'est le mauvais choix

20

des matériaux employés, très-inférieurs comme qualité à ceux de la grande chapelle, et enfin l'isolement de ce petit édifice qui, sur les anciens plans, apparaît tout à fait séparé des autres bâtiments, alors qu'au contraire la grande chapelle était enclavée dans l'un deux.

Mais, dira-t-on, si ce n'était pas là une chapelle royale, qu'était-ce? — La réponse n'est pas difficile.

C'était un baptistère. Au huitième et neuvième siècle, en effet, on baptisait par immersion. Le néophyte se déshabillait, entrait dans un vaste bassin et recevait le baptême comme Jésus dans le Jourdain. Pour ne pas scandaliser les fidèles qui fréquentaient l'église, on avait dans le voisinage un petit sanctuaire où ces cérémonies s'accomplissaient en compagnie restreinte. Nombre de ces baptistères existent encore, quelques-uns même sont fort célèbres. Tous ceux qui ont visité l'Italie ont admiré le baptistère de Saint-Jean de Latran à Rome, ceux de Florence et de Pise. Tous sont construits sur un modèle sinon semblable, du moins presque identique avec la chapelle octogone de Nimègue, avec cette différence toutefois qu'ils sont infiniment plus grands, plus élégants d'architecture, plus riches comme matériaux et plus ornés.

Le nombre des églises octogonales est, au contraire, excessivement restreint, et l'on n'en cite que deux : Saint-Vital à Ravenne et la petite église d'Othmarsheim en Alsace. Le dôme d'Aix-la-Chapelle, qui se rapproche beaucoup de ce modèle, est à seize côtés. Or il n'est même pas très-certain que, dans le principe, ces églises n'aient pas été elles aussi des baptistères, car leurs dimensions étroites s'accordent bien mal avec le titre d'église et surtout avec celui de cathédrale que prend le *Domkirche* d'Aix-la-Chapelle.

Du reste, si l'on veut se rappeler que c'est fort peu de temps après la venue du pape Léon III dans la contrée que la chapelle octogone a dû être construite[1], que Charlemagne célébra fort souvent les pâques à Nimègue, notamment de 804 à 808; que chaque fois il reçut un certain nombre de chefs saxons qu'on y baptisa, on verra que notre attribution a toutes les apparences de la plus stricte vérité. Enfin ces apparences sont confirmées par une tradition. Jusque dans ces derniers temps, on avait prétendu qu'un *baptistère* en métal précieux était enfoui au milieu de ce sanctuaire. Il y a quelques années, on a fait des fouilles, et tout naturellement on n'a rien trouvé. La tradition s'était à moitié trompée; elle avait pris le contenant pour le contenu.

Ce dernier détail, qui a bien son importance, nous fut donné par un aimable magistrat, M. Pabst Van Bingerden, qui est en même temps un archéologue de mérite. C'est en sa compagnie que nous étudiâmes ces ruines à la fois si intéressantes et si curieuses. A l'intérieur aussi bien qu'à l'extérieur la chapelle, octogone est aujourd'hui dépourvue de toute son ancienne décoration, et même du placage de pierre ou de marbre qui devait la revêtir. Pour lui donner quelque intérêt aux yeux du public, on l'a convertie en musée, où sont déposés nombre d'objets antiques trouvés dans les environs. Il n'est pas jusqu'à l'escalier de bois qui conduit du centre de l'édifice à la galerie

---

[1] *Annales Nomiovagi.*

supérieure [1] qui n'ait lui aussi une petite valeur archéologique. Celui-là a vu monter plus de gens qu'il n'en a vu descendre. C'est l'ancien escalier de l'échafaud.

En quittant ce vénérable petit édifice, nous ne pûmes nous empêcher de remarquer combien le souvenir de Charlemagne est demeuré vivace dans tous les pays où il a séjourné. Il semble que la mémoire de ce grand Français remplisse tous les cœurs, comme son nom emplit toutes les oreilles. Il ne faut pas s'y tromper; c'est cette affection admirative et inconsciente qui a transformé en chapelle royale le baptistère de Nimègue, pour le seul plaisir d'avoir un piédestal où l'on pût placer ce prince vénéré.

Ce n'est point, du reste, le seul souvenir du grand empereur qu'on retrouve à Nimègue. Tous les soirs, on entend la grosse cloche de la ville, une sorte de bourdon, tinter une sonnerie qui n'est autre que l'ancien couvre-feu. On appelle, je ne sais pourquoi, cette sonnerie aujourd'hui sans motif la « prière de Charlemagne ». Il y a quelques années, le bourgmestre, homme fort sensé, voulut en abolir l'usage. On supprima donc ce couvre-feu inutile, pensant faire plaisir à tout le monde; mais il n'en fut pas ainsi. De tous côtés des plaintes s'élevèrent, on protesta contre cette dérogation aux vieilles coutumes, et la sonnerie de la « prière de Charlemagne » dut être rétablie.

---

[1] La chapelle octogone, ce qui vient encore confirmer l'attribution que nous lui avons donnée, n'a point, comme Saint-Vital de Ravenne et le *Domkirche* d'Aix-la-Chapelle, d'escalier en maçonnerie. Pour gagner sa galerie supérieure, on était obligé d'y grimper par une échelle.

Toutefois, il faudrait bien se garder de conclure de cette double réminiscence que les habitants de la vieille ville aient jamais des sujets aimants, respectueux et soumis. Loin de là! il semble, au contraire, qu'un éternel souffle d'austère indépendance ait continuellement balayé la colline sur laquelle trône Nimègue. Toujours elle fut en hostilité sourde ou bien ouverte avec ses suzerains; toujours ses habitants se montrèrent mal dociles et batailleurs. « Le temps passé, nous dit Guicciardini, ils ne se soucioyent que de seulement manier les armes. » « Délivrés de toutes entraves, libres de toutes conditions serviles, ses citoyens, ajoute Blaeu, ne peuvent être obligés ni contraints à quoi que ce soit. Ils se montrent extraordinairement tenaces pour tout ce qui regarde la liberté de leur cité ou ses priviléges. » Eux-mêmes n'avaient-ils point inscrit sur l'une des portes de leur ville : « MELIUS EST BELLICOSA LIBERTAS QUAM SERVITUS PACIFICA » ? Ces vaillantes qualités n'empêchaient certes pas cette urbanité à laquelle Temple rend un cordial hommage, et qui de nos jours est encore un des apanages de Nimègue[1]. Mais il semble, tant on voit ses habitants toujours en révolte contre ceux qui se prétendaient leurs maîtres, que tout l'esprit de sauvage indépendance de la vieille Batavie soit demeuré intact sur ce joli coteau.

Parfois même cet esprit de révolte entraîna cette population impressionnable à se rendre complice de mauvaises

---

[1] *Voyage en Hollande dans les années* 1806 et 1808. L'auteur s'exprime ainsi : « L'urbanité des habitants de cette ville mérite qu'on en fasse mention. »

20.

actions. C'est ainsi que ses bourgeois prêtent leur concours au comte Adolf, aidant ce fils dénaturé à s'emparer du duc de Gueldre, son père. Et le « vieil homme tout esplouré » demande comme une grâce à n'être pas conduit à Nimègue, tant il redoute la « populace et bourgeoisie ».

D'autres fois, dignes fils de cette population batailleuse qui avait tenu tête au duc de Bourgogne et forcé Charles le Téméraire à entrer par la brèche, ils résistent aux troupes qui occupent leur ville et les chassent au besoin.

« L'an 1585, la ville de Nimègue estoit fort en bransle, nous dit un chroniqueur de ce temps ; les bourgeois prindrent conseil comment ils pourroyent chasser la garnison qu'il y avoit en la ville ; et pourtant, se trouvèrent quelque 50 hommes de mesme résolution, lesquels, le sixième de mars, se saisirent de l'Arcenal et du marché, enfermèrent les soldats ez corps de gardes, et persuadèrent aux autres bourgeois que les soldats s'estoyent mutinez et vouloyent piller la ville. » Sur quoi tout le monde court aux armes, on se jette sur la garnison, on la bouscule hors des portes, et les bourgeois proclament hautement qu'ils n'ont plus besoin de militaires, et qu'ils sauront défendre eux-mêmes leur cité.

Une pareille conduite ne faisait pas l'affaire des États. Ils chargent le comte de Meurs et le colonel Schenk de reprendre Nimègue. Ceux-ci, croyant avoir affaire à de pauvres guerriers, essayent quelques coups de main, mais sans succès, et l'un d'eux coûte la vie au malheureux colonel. A la tête de quelques compagnies, il avait

nuitamment traversé le Wahal et pensait surprendre la
ville dans un profond sommeil. Déjà ses soldats commençaient à débarquer sans bruit et se croyaient maîtres
de la place, quand tout à coup un cri retentit! Dans le
voisinage du quai l'on célébrait une noce; un des danseurs
sort pour prendre le frais; il aperçoit les bateaux et les
troupes qui débarquent; il appelle ses amis, tous se précipitent armés comme ils peuvent, fondent sur les soldats
et les accablent de projectiles de toutes sortes. Au bruit
de ce tumulte, les fenêtres s'ouvrent; hommes, femmes
et enfants, tout le monde se joint aux assaillants. On fait
pleuvoir les meubles et les pots. Les jeunes filles elles-
mêmes descendent dans la rue à peine vêtues, et se
mêlent à la bagarre. L'une d'elles, nommée Clara Wan-
ray, qui faisait partie de la noce, saisit une trompette et
sonne la charge. Effrayés par ce bruit, trouvant une
résistance insolite où ils espéraient une victoire facile,
mis en désordre par ces coups qui pleuvent sur eux de
toutes parts, les soldats s'enfuient vers la rivière et se
précipitent dans les bateaux; mais ceux-ci, trop chargés,
s'enfoncent, et le lendemain le Wahal roulait dans ses
flots argentés une centaine de cadavres [1].

Parmi ceux que rejeta le fleuve, se trouvait le corps de
Martin Schenk. Les habitants, non contents de voir leur
ennemi mort, voulurent encore se venger sur son cadavre
de leur émotion de la nuit. Ils le coupèrent en quatre
morceaux, qui furent exposés publiquement jusqu'au jour

[1] *Annales Noviomagi.*

où le marquis de Varambon, gouverneur de la ville, les fit recueillir et placer dans une tour.

Pour que la ville rentrât sous la discipline des États, il fallut que le prince Maurice vînt l'assiéger lui-même. Il l'investit le 13 juillet 1591, et bien que les assiégés n'eussent aucun espoir d'être secourus, ce ne fut que le 11 octobre qu'ils consentirent à une capitulation honorable.

Quand en 1672 les Français parurent dans le pays, il en fut encore de même. Attaquée l'une des premières, Nimègue ne se rendit que tardivement, et cette fois encore son « magistrat » obtint pour elle toutes les concessions qu'on était en droit d'espérer.

Il ne faudrait pas croire cependant que ce « magistrat », qui parlait avec tant de dignité aux ennemis de la ville, qui stipulait si hautement pour ses bourgeois des conditions honorables, et qui savait imposer au vainqueur le respect des vaincus, fût toujours très-respecté par les citoyens de Nimègue. En 1702, pour ne citer que cet exemple, lorsqu'on apprit la mort de Guillaume III, le peuple prétendit qu'il fallait changer les échevins et bourgmestres. Il y eut alors un grand tumulte. On déposa les anciens magistrats et l'on en nomma de nouveaux. Mais les anciens, appuyés par les États, s'étant présentés à l'hôtel de ville pour protester, la populace se saisit d'eux. Le premier bourgmestre, Willem Roukens, fut publiquement décapité sur la grande place, et quelques échevins furent pendus aux fenêtres du *Stadhuis*.

Ceci se passait les 7 et 8 août 1705, et nous pouvons

encore voir aujourd'hui la place où eurent lieu ces exécutions sommaires. La façade de l'hôtel de ville que nous avons sous les yeux remonte, en effet, à 1554, et n'a point été modifiée depuis [1]. Comme l'explique son époque, elle est de bon goût dans sa simplicité, et ne manque ni de caractère, ni d'élégance. Nimègue, du reste, était assez riche au seizième siècle pour se payer de beaux monuments.

Trois cents ans plus tôt, son suzerain, Guillaume II,

Qui fut comte vingt ans, et sept ans roy romain,

l'avait mise en gage pour l'énorme rançon de 21,000 marcs d'argent. En 1544, redevenue ville impériale, appartenant à la Hanse, « adonnée à la marchandize », elle pouvait certainement faire largement les choses. L'hôtel de ville donc fut édifié en pierre de taille, comportant deux étages, un rez-de-chaussée surélevé et un premier, avec sept fenêtres de façade à chaque étage. Celles du rez-de-chaussée, précaution qui n'était guère superflue, furent armées de grilles formidables qui existent encore. Elles sont en outre surmontées par un gracieux attique, duquel s'échappe une tête sculptée en haut relief. Les fenêtres de l'étage supérieur sont simples et presque carrées. Au-dessus, s'étend un vaste entablement orné d'une suite de médaillons représentant les bustes des principaux empereurs bienfaiteurs de Nimègue.

A l'intérieur, on pénètre tout d'abord dans un large vestibule ayant la forme d'un parallélogramme allongé, dont le sommet est occupé par les sièges de justice de

[1] *Chronijk van Nijmegen.*

l'ancien tribunal. Ces siéges, vieux de trois siècles, sont
surélevés de quelques marches qui permettaient aux
juges de dominer le prétoire; ils ont pour dossier une
belle boiserie, toute couverte de sculptures élégantes et
d'ornements délicats. Au bas des marches se trouve
la balustrade où venaient s'appuyer les avocats et les
plaideurs, et au-dessus du siége présidentiel se dresse la
justice avec ses attributs traditionnels, et, à ses pieds,
cette belle et sage inscription : UTRAMQUE PARTEM AUDITE.
Trois grandes portes, noblement encadrées dans de
belles boiseries, complètent la décoration architectonique
de cette grande et noble salle.

Qu'on ajoute à cela une horloge très-curieuse, chef-
d'œuvre de mécanique en même temps que monument
fort gracieux, qui marque les ans, les mois, les jours,
les heures, les minutes et les secondes; qui pour un peu
plus indiquerait l'âge des échevins, le nombre des habitants, le chiffre des décès et des naissances; qui est décorée à son sommet par un carillon en miniature, et à
son centre par les signes du zodiaque entourés de légendes d'une gauloiserie tout hollandaise, dont la mère
permettrait difficilement la lecture à sa fille; qu'on ajoute
encore un tableau qui porte, non sans raison, le titre
assez bizarre d' « Énigme de Nimègue », et représente
une jeune fille qui, par suite de combinaisons matrimo-
niales, se trouve être la mère, la grand'mère, la fille, la
mère, la tante et la sœur des enfants de son père, et l'on
aura une idée de ce beau vestibule, qui possède vraiment
un très-grand caractère.

Indépendamment de cette première salle, le rez-de-chaussée du *stadhuis* de Nimègue contient un secrétariat tout tapissé·de cuir de Cordoue; le cabinet du bourgmestre, entièrement lambrissé d'élégantes boiseries de grand style, et deux pièces superbes, la salle des mariages et celle du conseil. Bien que celles-ci fussent occupées, et même très-occupées, au moment de notre visite, car on était dans « la fièvre des élections municipales », M. le bourgmestre, avec une courtoisie parfaite, voulut bien nous en permettre l'accès. Elles sont l'une et l'autre tendues de vieilles tapisseries de la plus belle qualité. Et chacune d'elles possède une de ces antiques cheminées monumentales, dont le manteau, chargé de peintures allégoriques, repose sur deux colonnes de marbre noir. Ainsi décorées, ces deux pièces, à la fois riches et sévères, ont un aspect vraiment magistral, quelque chose d'imposant, je dirais presque d'auguste.

Au premier étage, se trouve le musée, collection d'antiquités fort complète et très-bien disposée dans une grande et belle salle largement éclairée. On y arrive par une longue galerie, toute garnie de monuments romains et de fragments épigraphiques, incrustés dans la muraille, comme à la galerie lapidaire du Vatican. Tous les objets que renferme le musée ont été recueillis soit à Nimègue, soit dans les environs; ils présentent donc à ce titre un double intérêt. La série (car ils ont été catalogués avec beaucoup de soin et de méthode[1] com-

---

[1] Le catalogue explicatif (*Beschrijving de van Geemeente Verza-*

mence avec l'âge de la pierre polie; elle continue avec celui du bronze dont nous remarquons quelques intéressants échantillons, mais point assez nombreux pour nous retenir longtemps. Puis viennent ensuite les documents romains en quantité très-considérable. C'est toute une suite d'urnes cinéraires, de beaux plats et de jolies coupes, de petites lampes, d'écuelles et de briques avec la marque des légions, et une curiosité de haut ragoût, un masque en terre blanchâtre sur les côtés duquel on voit encore les trous destinés à recevoir les rubans.

Le second groupe appartient aux bronzes. Ici, ce n'est plus le Vatican, c'est le musée Borbonico de Naples, qui nous revient à l'esprit; car nous sommes en présence de tout un assortiment de fibules, d'anneaux et de crochets, de statuettes, d'animaux emblématiques, d'amulettes et de hochets, de seaux, de pots, de vases, d'aiguières et de bassins, qui rappellent Pompéi et ses mines inépuisables. Parmi ces derniers objets, il nous faut citer deux bassins d'une excessive élégance; l'un cannelé et l'autre gravé, dont la frise représente un curieux motif de chasse. Puis viennent les lampes de bronze, les sonnettes, les miroirs, les clef, les médailles, qui sont fort nombreuses, et les armes, qui sont fort rares; et enfin les bagues, les cachets, les pierres gravées, les pierres trouées, et tous ces menus bibelots en ivoire, débris ordinaires et souvenirs pour ainsi dire for-

meling te Nijmegen), dressé par MM. le docteur Scheers et Abeleven, est fort complet et ne compte pas moins de 215 pages.

NIMÈGUE (le grand Marché).

cés que l'occupation romaine a partout et toujours laissés après elle.

Fait assez surprenant, le moyen âge, qui est l'époque de vraie grandeur de Nimègue, est la partie faible de son musée. A l'exception de quelques *Iakobakannetjes,* de quelques armes dévorées par la rouille, de sceaux et de vieilles chartes, je ne vois à citer qu'une étoffe brodée, bannière ou devant d'autel, d'un travail fort remarquable.

La Renaissance est plus heureuse. Elle se présente avec toute une série de grès historiés, curieux de formes et intéressants de détails, et quelques verres peints. Ensuite, viennent les trésors des *Gilden,* les emblèmes, les gobelets, les cornes à boire toutes couvertes de médailles, les vêtements des présidents ou syndics, chamarrés de broderies, les étendards et jusqu'aux livres de messe et aux livres de comptes. Citons dans le nombre le livre de prières des boulangers, magnifique missel de 1482, enrichi de superbes miniatures, et le livre de comptes des forgerons, qui contient une recommandation fort utile, celle de choisir toujours pour secrétaires des personnes ayant une bonne écriture.

Le trésor municipal, qui occupe une autre vitrine, renferme les sceptres des bourgmestres, une pèlerine faite de pièces de monnaie, dont je ne me rappelle plus très-exactement la signification, et nombre d'autres objets. Ajoutez à cela des hallebardes, le trône de Guillaume V, des épées à deux mains ayant servi aux officiers des hautes œuvres, et deux curieux instruments nommés

21

Houtenrok [1], dont je me réserve de vous expliquer tout à l'heure la destination, et vous aurez une idée de ce charmant musée, fort bien organisé, je le répète, fort bien tenu, et que beaucoup d'autres collections municipales pourraient prendre pour modèle.

La passion de l'archéologie n'est, du reste, pas neuve à Nimègue. A une époque où l'on se souciait fort peu généralement de ces nobles débris, la vieille ville possédait déjà des antiquaires. Dès le seizième siècle, elle s'enorgueillissait de compter parmi ses enfants « Iean Valkembourg, bourgeois de la ville, homme prenant plaisir aux antiquailles et amy de la vertu », qui avait déjà commencé à rassembler dans sa maison les éléments d'une collection d'antiquités romaines.

Dans une salle située à l'étage supérieur et que nous visitâmes ensuite, on nous montra un tableau qu'on attribue à Rubens, grasse et solide peinture représentant un roi David et dont l'attribution n'est rien moins que certaine. On nous fit voir également une vue de Nimègue et de l'antique *Valckhof,* attribuée à Van Goyen, et que je croirais plutôt d'un de ses élèves, un bon portrait de Guillaume III, et deux grandes allégories, l'une signée de Stevens Palamedsz et l'autre de Rutger Van Langevelt [2] (1670), un enfant de Nimègue, dont je ne connaissais, je l'avoue, pas encore de tableau.

Ces deux grandes toiles, de très-honnête facture, re-

---

[1] Jupon de bois.
[2] Né en 1635 à Nimègue, mort à Berlin en 1695.

présentent la cité impériale s'acquittant de ses redevances vis-à-vis de l'Empire. Cela nous parut bien pompeux, car il semble que ces redevances ne devaient pas peser lourdement sur la richesse urbaine. Elles consistaient, à ce que dit Guicciardini, en un gant plein de poivre qu'il fallait envoyer tous les ans à Aix-la-Chapelle ; ce que Frédéric Sandius explique, je crois, d'une autre façon. Au lieu d'un gant plein de poivre, il parle d'une paire de gants blancs de cuir de cerf et deux livres de poivre que la ville aurait dû envoyer chaque année, non pas à Aix-la-Chapelle, mais à Liége, pour être libre de « Tonlieu » sur toute la Meuse. Au fond, il importe peu, et c'est beaucoup de couleur pour une mince redevance.

Dans cette même pièce, se trouvent les portraits de quelques-uns des plénipotentiaires qui signèrent le fameux traité de Nimègue. Ce sont le médiateur Temple, d'Estrades, Guillaume Van Haren, Bevernink, Bevilaqua et un personnage à mine peu aimable, qui, selon la légende inscrite dans un coin du tableau, serait « EEN DER VIER AMBASSADEURS VAN SPANJE », un des quatre ambassadeurs d'Espagne, probablement Jean-Baptiste Christyn, qui fut ensuite chancelier de Brabant.

Ce dernier n'est point, du reste, le seul dont la figure soit rébarbative. Tous les autres sont un peu dans le même cas. Rien qu'à les voir, on comprend ces complications d'étiquette, de cérémonial et de préséance qui, pendant deux années, firent traîner en longueur ces interminables négociations. Grosses difficultés que Temple appelle si plaisamment des « impertinences ». Il faut lire d'un bout à l'autre le curieux récit de toute cette campagne diplomatique, pour savoir à quelles insanités des gens d'esprit peuvent être amenés par de simples questions de susceptibilité et d'amour-propre. Car pendant qu'à Nimègue on « byzantine » sur « le pas et les visites », la guerre ravage le pays, on bombarde les villes, on pille les villages, et le sang coule à flots. Le bruit du canon et les lueurs de l'incendie ne sont même pas capables de tirer ces diplomates de leur impassible sérénité. Et c'est comme poussé par une puissance irrésistible que Temple nous fait cet aveu, hélas! éternellement vrai, « que les intérêts de ceux qui gouvernent sont toujours différents des intérêts de ceux qui sont gouvernés [1] ».

Disons, toutefois, que dans toutes ces négociations deux puissances se montrèrent, comme bon sens et esprit pratique, bien supérieures à toutes les autres. La France et les Provinces-Unies, en dépit de tous les obstacles qu'on suscitait entre elles, parvinrent à se mettre d'accord, et un beau jour les médiateurs s'aperçurent qu'on avait traité sans leur médiation. Ils en furent profondément blessés; mais ils n'avaient que la juste récompense de leurs services. Temple l'avoue dans ses Mémoires; il espérait ruiner la France en éternisant la guerre, et en

[1] *Mémoires de ce qui s'est passé dans la chrétienté depuis* 1672 *jusqu'en* 1679, par le Ch. Temple. Un grand esprit de cette époque, Leibnitz, nous a aussi laissé, relativement à ces négociations, un double document qui nous permet d'apprécier à leur juste valeur toutes ces graves puérilités. Ce sont ses *Entretiens de Philarète et d'Eugène* (Duisbourg, 1676) et le *Cæsarini Furstenerii de jure suprematus.*

fermant ainsi « tous les canaux par lesquels d'immenses richesses coulaient dans ce florissant royaume, qui est, dit-il, plus favorisé de la nature que tous les autres du monde ».

Heureusement, ce beau projet fut éventé. Les ambassadeurs de France surent parer le coup dont la déloyauté du médiateur anglais menaçait leur patrie. Ils redoublèrent d'attention et d'habileté, et quand on fut d'accord, on apporta « tant de diligence pour finir le traité, que tous les articles furent mis au net et prêts à être signés entre onze heures et minuit ». Il ne restait plus au chevalier Temple qu'à déclarer « que la conduite des Français avait été admirable dans toute cette affaire », et au chevalier Jenkins, son collègue, qu'à répéter le dicton italien : « *Gli Francesi pazzi sono morti* [1]. »

Un autre fait se rapporte à ces négociations de Nimègue, qui, bien qu'il soit d'un ordre très-différent, n'en a pas moins son importance. C'est au cours des formalités préparatoires du traité que la langue française, qui devait quelques années plus tard devenir la langue diplomatique du monde entier, fut, pour la première fois, considérée comme l'égale de la latine. Voici à quelle occasion. Les ambassadeurs de Louis XIV présentèrent leurs pleins pouvoirs dans leur langue maternelle. Les envoyés danois protestèrent, disant qu'il fallait que ces pouvoirs fussent traduits en latin, ou qu'ils se croiraient obligés de présenter les leurs en langue danoise. Mais ils

[1] Les Français écervelés sont morts.

ne trouvèrent personne pour appuyer leur réclamation. Les pleins pouvoirs rédigés en français furent considérés comme bons et valables, et dans le cours des débats les ambassadeurs du grand roi employèrent à maintes reprises leur langue nationale, sans susciter de nouvelles protestations.

Notre visite à l'hôtel de ville était terminée, et nous allions prendre congé du bourgmestre, quand notre *cicerone* nous fit remarquer dans une salle du rez-de-chaussée la grande armoire où sont contenus les titres de la ville. C'est un vaste meuble en bois, doublé de fer et tout hérissé de barres d'acier, de cadenas et de serrures. Il faut, paraît-il, un habile serrurier et plusieurs heures de travail pour pouvoir l'ouvrir. Jadis, quand on voulait consulter un des documents enfermés dans ce tabernacle municipal, le corps des échevins était réuni, la garnison et les bourgeois prenaient les armes, les portes étaient fermées, et les artilleurs placés sur les remparts à côté de leurs pièces. C'est qu'il renferme les priviléges de la puissante cité, et ces priviléges, que toutes les autres villes jalousaient, étaient bien dignes d'exciter leur convoitise. Il y avait d'abord la grande charte signée le 31 août 1230 par Henri VII. Cette charte octroyait à Nimègue les mêmes droits et priviléges qu'Aix-la-Chapelle et les cités les plus favorisées de l'Empire avaient reçus de ses prédécesseurs, et la faculté de faire circuler librement ses valeurs et marchandises soit par terre, soit par eau, sur toute l'étendue de l'Empire. Confirmé par Richard, roi des Romains (1257), ce grand privilége fut augmenté par l'empereur Rodolphe Ier (1282), qui mit, en outre, ses chers habitants de Nimègue (*delecti cives Nri Noviomagenses*) à l'abri des molestations, arrestations et attaques à main armée, et par Henri VII (1316), qui leur accorda le droit de justice sans appel. Mais il nous faudrait citer presque tous les empereurs, rois, ducs et princes souverains qui eurent quelques droits sur Nimègue, si nous voulions donner la liste de ses bienfaiteurs. Tous contribuèrent à la grandeur, à la puissance de la riche cité. Tous se relâchèrent en sa faveur de leurs exigences habituelles; tous, jusqu'à M. de Turenne, « maréchal-général des camps et armées du roy », qui, dans les « articles accordez aux Borgemaistres, Échevins, Conseil et Communauté de la ville de Nimègue, le 9 juillet 1672 », concède aux habitants le pouvoir de séjourner en ville, d'y rentrer, d'en sortir, sans atteinte à leurs biens où à leurs personnes, et décide que « l'artillerie appartenante à la ville demeurera pour la garde d'icelle et ne pourra estre transportée que du consentement du magistrat ». Certes nous voilà bien loin du carillon de Zutphen [1].

Il nous reste encore à dire un mot de ces jupons de bois (*houtenrokken*) que nous avons aperçus tout à l'heure au musée. Mais ces meubles singuliers, en forme de tonneau, plus étroits au sommet qu'à la base, peints aux couleurs de la ville et décorés de ses armes, munis

[1] Voir les *Annales Noviomagi*, et l'*Inventaris, van het oud archief handvesten en onuitgegeven charters van Nijmegen*.

d'un collier de fer et de chaînes, nous conduisent tout droit au grand marché. C'est là, en effet, qu'on en habillait les demoiselles fautives. Sans autre vêtement que celui-là, on les exposait aux risées du public, et on les promenait par la ville, avec un grand cortége de mauvais garçons et de tapageurs de toutes sortes. Pour les courtisanes, on était encore plus sévère. On les enfermait dans une cage à claire-voie, « vêtues seulement de leur pudeur », et l'on excitait le bon peuple à les couvrir de boue et d'immondices de toutes sortes.

De nos jours, ces coutumes barbares n'existent plus. Les mœurs se sont adoucies. On est devenu plus tolérant. On nous a même affirmé qu'à Nimègue la civilisation avait fait sous ce rapport des progrès tout spéciaux ; mais pour être très-exactement renseignés sur ce point, il nous eût fallu questionner un officier de la garnison, et malheureusement nous n'en connaissions aucun qui pût nous répondre.

Le *Groote markt,* où avaient lieu ces exécutions et beaucoup d'autres encore, est une fort jolie place, très-coquette, presque entièrement bordée de vieilles maisons à pignons pointus, que domine le grand clocher de Saint-Étienne. Dans un coin, s'élève l'ancien « Poids » de la ville, qui sert aujourd'hui de corps de garde. C'est une charmante maison carrée à pignon historié, datant des premières années du dix-septième siècle. Tout auprès de ce corps de garde, se trouve une maison percée à sa base de deux grandes baies, couronnées par un arc surbaissé datant pour le moins du quinzième siècle. Ce portique est surmonté par une habitation plus jeune de cent ans, mais gracieuse de dessin et intéressante, qui comporte deux étages. C'est par cette porte curieuse et originale qu'on pénètre sur la place où s'élève Saint-Étienne ; place étroite et étrange, en pente, qui semble close de tous côtés par des rangées de vieilles maisons, toutes tremblantes sur leurs bases, décrépites et fendillées, dont l'aspect est on ne peut plus pittoresque. Cela constitue un tout complet sans tache et sans disparate.

Le plus intéressant de ces vieux bâtiments, qui forment une sorte de rempart à l'église, est incontestablement l'école latine. Elle a deux étages et un grand toit. Chaque étage comporte onze fenêtres, et chaque fenêtre, inscrite dans un arc surbaissé et trilobé, était jadis séparée de sa voisine par une élégante statue posée sur une large console. Ces statues représentaient les apôtres et les anges. Elles furent mises en place en 1544, et marquaient l'achèvement de la construction [1]. A l'époque de la Réformation, on les mutila. Aujourd'hui les consoles sont, elles aussi, dans un fort triste état, et l'on peut en dire autant d'une frise délicieusement fouillée qui terminait gracieusement la façade.

L'école latine, du reste, n'a point eu seule à souffrir dans ce petit recoin. La grande église Saint-Étienne, sa voisine, est là avec ses murs effrités, rongés par la pluie, émiettés par le vent, pour montrer ce que font les injures de l'âge. Il n'en pouvait, du reste, guère être

[1] Voir la *Kronijk van Nijmegen.*

21.

autrement, car la pierre de ses revêtements extérieurs, très-molle et sans consistance, n'offrait pas à l'action du temps une résistance suffisante. Aussi a-t-on bouché par des murs de brique les trous qu'avaient creusés les vents, la pluie et les années.

Saint-Étienne, d'après les vieilles chroniques, fut élevée au treizième siècle [1]. Dès 1254, Guillaume, roi des Romains, ayant reconnu qu'une unique paroisse, située hors les murs (sans doute la grande chapelle du château), présentait des inconvénients graves, avait résolu d'en faire édifier une au centre de la cité, et donné pour cela le terrain nécessaire. C'était un ancien cimetière où l'on disait qu'aux premiers temps de la foi l'on avait enseveli les chrétiens. En 1273, le sanctuaire était achevé, et le 7 septembre, Albert le Grand, évêque de Ratisbonne, venait le consacrer à la Vierge et à saint Étienne, proto martyr [2].

Toutefois, la plus grande partie de l'église que nous voyons aujourd'hui ne date que du quinzième et peut-être même du seizième siècle. Elle se compose d'une grande nef fort vaste, avec de larges bas côtés ; le tout conçu dans de nobles proportions, mais gâtées par le plafond en charpente, qui a remplacé les belles voûtes primitives. Les chapelles du pourtour ont la forme d'un pentagone. Le transept, très-large et pourvu de bas côtés, aboutit à un porche jadis tout couvert de sculptures et qui, aujourd'hui encore, a conservé une tournure élégante

---

[1] Voir les *Annales Noviomagi*.
[2] Voir la Chronique de Berchemius.

et hardie. De la façade, il ne reste plus rien que la tour, et celle-ci est peut-être tout ce qu'on a conservé du premier édifice. Cette tour s'élève sur un petit tertre en pente, ancien cimetière où l'herbe pousse verte et drue. Celui-ci domine à pic une ruelle étroite, dont les maisons en contre-bas semblent être à genoux devant la vieille église, situation pittoresque et qui ne manque pas d'originalité.

Intérieurement, Saint-Étienne renferme quelques anciens bas-reliefs décapités par la Réformation, empâtés par l'inévitable badigeon, gracieux et fins malgré cela; quelques bonnes boiseries des premières années du dix-septième siècle, et le vaste mausolée de Catherine de Bourbon, mère du dernier duc de Gueldre et femme de cet Adolf dont la triste mémoire fut si chère aux bourgeois de Nimègue.

Ce mausolée se compose d'un vaste cube de marbre noir, très-simplement orné de quelques moulures et décoré de plaques de bronze gravé. Les plaques qui occupent ses quatre côtés sont couvertes de saints personnages, entremêlés avec les armoiries des puissantes familles de Valois-Bourbon et des d'Egmont, ducs de Gueldre. La table supérieure représente l'effigie de cette douce princesse, simple et charmante figure, oubliée par l'histoire, et qui semble s'efforcer de passer inaperçue au milieu de ces meurtres, de ces rapts et de toutes les vilaines actions qui s'accomplissent autour d'elle.

C'est à la cour de son beau-frère, Charles le Téméraire, qu'elle avait rencontré le jeune comte d'Egmont. Celui-ci en devint amoureux ; il obtint sa main, et le « dimanche 18 décembre 1463, en la ville de Bruges, se firent, en l'hôtel et aux dépens du duc de Bourgogne, les nopces de Monseigneur Adolphe, lors fils unique de Monseigneur Arnoult, duc de Gheldres, avec mademoiselle Catherine, fille de madame la duchesse de Bourbon. Le comte de Charolois étoit pour lors à Roterdam, et la comtesse à la Haye, où le 25 décembre elle régala le même Adolphe son beau-frère, qui l'y étoit allé voir avec sa femme [1]. » Elle faisait alors ses visites de noces. On l'appelait « Madame de Gheldres la jeune ». Longtemps encore elle demeura à la cour de Bourgogne, où elle était tendrement aimée. Mais quand, à la suite de l'enlèvement et de l'incarcération du vieux duc de Gueldre, elle vit son mari excommunié par Paul II, mis au banc de l'empire et menacé par le duc de Clèves et par son propre beau-frère Charles le Téméraire, alors elle retourna près de lui pour partager son sort.

C'est à Nimègue qu'elle mourut, en 1469, « *fatalem annum* », année fatale ! comme dit le vieux Pontanus [2], et le 22 mai son corps fut déposé dans l'église Saint-Étienne.

Il n'était point dans sa destinée, toutefois, de trouver sous cette plaque de bronze le repos éternel auquel elle avait droit. Il semble que jusqu'au delà de la mort elle ait été poursuivie par cette fatalité qui pesa sur sa vie.

---

[1] Phil. de Commines, *Mémoires.*
[2] Pontanus, *Historiæ Gelricæ.*

Il y a quelques années, en effet, on ouvrit le mausolée.
On y trouva les restes de la pauvre princesse enfermés
dans une petite boîte et relégués dans un coin, pendant
qu'à la place qu'elle aurait dû occuper, se prélassait un
duc de Saxe, en grand costume et dans une vaste bière.
On dirait presque que c'est pour elle que Virgile a
écrit son fameux « *Sic vos non vobis...* », et le charmant
Ovide ce vers qu'il adressait aux mânes de Tibulle :

Ossa quieta, precor, tuta requiescete in urna.

XX

Grave. — Le vieux duc Arnold. — La défense de Chamilly. — Un mot
de Carnot. — L'église Sainte-Élisabeth. — Le charnier.

Nous quittâmes Nimègue de très-grand matin et
nous prîmes la route de Grave, longeant les remparts de
la turbulente cité et franchissant les redoutes gazonnées
qui s'étendent au loin dans la plaine. De tout temps ces
vaillantes fortifications furent pour la ville de Charlemagne un grand sujet de fierté, et, au siècle dernier,
lorsque lady Montague traversa la contrée, ce fut la
première curiosité sur laquelle on attira son attention.

La Sévigné anglaise admira de confiance. « Les savants
dans l'art de la guerre en font de grands éloges », écri-
vit-elle sur ses tablettes [1]. La phrase ne l'engageait pas
beaucoup.

Les fortifications franchies, soudain le pays prend un
autre aspect. On sent qu'on change de province. La campagne se ravine, et affecte des allures sauvages qu'elle
n'avait pas dans la grasse Betuwe. Les arbres rabougris
contorsionnent leurs tiges. Entre les champs dorés, arra-
chés par le travail à la stérilité naturelle du sol, appa-

[1] *Letters of lady Mary Wortley Montague.*

raissent des plaques de bruyères, et des clairières éventrées où les sables étalent leur teinte claire. Les moissons
ne jaillissent plus sans effort de la terre féconde. Il a
fallu le labeur incessant des générations disparues pour
fertiliser le sol ingrat et rebelle.

Si la contrée s'est modifiée, la population s'est, elle
aussi, transformée d'une façon absolue. La route est belle.
Des paysannes la suivent, portant des paniers de légumes
ou des corbeilles de fruits. Leur charge est posée d'une
façon bizarre sur une sorte de coussinet attaché à la ceinture. Tout en marchant elles parlent, et en parlant elles
s'agitent. Les gestes accompagnent les propos, et les regards soulignent les gestes. Les cheveux sont plus foncés,
le teint plus brun, les regards plus brillants. Une activité
inusitée dans la Gueldre, et surtout dans les provinces
septentrionales, se lit dans toute leur personne. La toilette, elle aussi, diffère absolument. La robe est vaste,
largement plissée, avec les manches bouffantes comme
on les porte en Belgique, et le casque d'or, la cornette
étroite et le serre-tête noir ont été remplacés par un
large bonnet, sorte de coiffe volumineuse, tantôt noire,
tantôt blanche, souvent garnie de dentelles, et qui n'est
cependant ni coquette ni gracieuse.

Après deux heures de course on atteint la Meuse, et
Grave se dresse sur l'autre bord. Son vaillant aspect
répond bien à ce qu'on sait de sa glorieuse histoire. De
grandes murailles de brique couronnées par des tertres
de gazon, et laissant à peine voir quelques toits et un
clocher en ruine; à droite et à gauche des bastions for-

-midables étageant leurs robustes défenses, telle est, au premier abord, la physionomie de cette héroïque cité célèbre dans les fastes militaires de l'Europe moderne. A ses pieds la Meuse argentée roule ses petits flots. On la traverse, comme à Nimègue, dans un grand bac que fait mouvoir le courant. C'est la force centrifuge utilisée pour le passage des rivières. Nous prenons place dans ce bac avec des braves gens des environs qui se rendent au marché, et leur compagnie nous rappelle ces soldats déguisés qui surprirent le fort de Zutphen : « Aucuns accoutrez en paysans et paysandes se trouvèrent au point du jour devant la porte du grand fort, chargez de beurre, d'œufs, de formage et autres denrées, demeurans appuyez surs bastons comme sont les paysans quand ils se reposent, attendans l'ouverture de la porte. » Tant il est vrai que les hommes passent, que les générations se succèdent et que les habitudes restent les mêmes.

La traversée faite, on débarque au pied des remparts. On passe sous une longue voûte sombre et sonore, on suit une rue proprette et l'on se trouve tout à coup au centre de la petite cité, sur la place principale. C'est là que s'élèvent les monuments, ou du moins ce qui en reste : l'Hôtel de ville, une construction convenable, « *een net gebouw* », comme disent les descriptions de la ville [1], et un large fragment de l'antique Sainte-Élisabeth.

La plupart des maisons qu'on aperçoit sont modernes. Les plus anciennes ont un siècle de date. C'est à peine

---

[1] *Geschied en aardrijkskundige beschrijving der provincie Noordbraband* (1845).

si l'on en peut trouver qui aient le double de cet âge. Il
n'en faudrait pas conclure toutefois que Grave soit une
ville moderne. Elle existait au treizième siècle, et constituait à cette époque un franc-alleu dépendant de la famille
de Cuyck, l'une des plus anciennes du Brabant. En 1322,
Otto, seigneur de Cuyck et Heverlee, en faisait hommage à Jean III, duc de Brabant, qui le lui restituait
l'année suivante, sous forme de fief, pour qu'il en jouît
suivant les coutumes du duché.

Plus tard, les ducs de Gueldre prétendirent à la suzeraineté de Grave. La ville avait un château dont ils
firent leur résidence. C'était une grande maison carrée,
entourée par un large fossé plein d'eau que bordait un
long mur flanqué de quatre tourelles. Il fut détruit par le
bombardement de 1674. Sa physionomie, qui nous a
été conservée par d'anciennes estampes, n'avait rien de
bien somptueux. A l'intérieur, toutefois, il était sans doute
richement décoré, car, à maintes reprises, il abrita des
hôtes illustres. En 1460, la reine d'Écosse, Marie, y
séjourna. Nous savons même qu'elle y fut souffrante,
car une vieille note retrouvée dans les archives d'Arnhem
nous apprend « qu'en cette année J. Adriaenss, l'apothicaire, fut, par ordre écrit du duc, envoyé à Grave,
avec les médecines ordonnées par M. Philips, auprès de
la reine d'Écosse malade [1] ». Il faut croire que le docteur et l'apothicaire étaient d'habiles gens, car la princesse ne mourut pas cette fois-là, mais quatre années

---

[1] Voir la *Kronijk van Arnhem*.

plus tard, à Bruges, « où, le jeudy 9 février, le duc de Bourgogne, estant en la ville, y fit faire en l'église Saint-Donas les obsèques de la Reyne d'Écosse[1] ».

Pendant que la pauvre reine s'éteignait à Bruges, une bien sombre tragédie s'accomplissait au château de Grave. Le vieux duc de Gueldre, son père, apprenant le triste sort de sa fille, était venu chercher dans sa retraite favorite un adoucissement à sa douleur. Il y fut rejoint par son fils, l'ambitieux comte Adolf, avec lequel il était en froid, mais qui, à la faveur d'une désolation commune, voulut tenter un rapprochement. Le vieux duc ouvrit à cet enfant prodigue sa maison et son cœur. « Mais toutes ces réconciliations n'étoient que toutes faintises, car le prince Adolf, à la poursuyte mesme de sa mère et de quelques autres boutefeux, contre toute piété, machina d'appréhender son père et d'emprendre le gouvernement[2]. »

Un soir que le vieux duc avait fait comme de coutume sa partie d'échecs, son fils lui proposa de « danser avec les dames ». Mais il refusa, prétextant qu'il voulait se coucher. On le laissa partir, et le bal commença. Bientôt, grâce au bruit des pas et de la musique, les conjurés sont introduits dans le château et s'en vont à la chambre du vieux duc « hurter si chauldement, comme si eussent voulu enfondrer l'huys. Le duc leur crya de son lict :

[1] Voir les *Mémoires de messire Philippe de Commines*, annotés par Godefroy, Bruxelles, 1733. Cette reine était fille d'Arnold duc de Gueldre, et de Catherine de Clèves.
[2] *Grande Chronique de Hollande et Zélande.*

« Enfans, laissez-moy à repos, ie ne sçauroy danser pour
« le présent, une autre fois ie l'amenderay. » Ce dit, ils
poussèrent l'huys outre, et avec des espées desgaignées,
s'escrièrent qu'il se rendît prisonnier. Le duc, ce voyant,
demanda incontinent où estoit son fils (car le poure
home, qui fort l'aymoit, avoit peur que mal lui fût
advenu, et que ce fussent ennemis venus pour les
prendre tous deux). Le prince survint, disant : « Mon
« père, rendez-vous prisonier, car il fault maintenant
« qu'ainsi se fasse. » Le père regardant son fils, tout esplouré et les larmes aux yeux, luy répondit : « Mon fils,
« que me faictes vous? » J'ai tenu à copier ce simple récit
dans toute sa naïveté, car je connais peu de pages qui
soient plus émouvantes.

Le vieux duc, enlevé si brusquement à son cher château de Grave, devait y revenir neuf ans plus tard, mais
c'était pour y mourir, et l'on voit dans l'église le monument où il repose encore aujourd'hui.

Le premier hôte illustre dont, après la mort du vieil
Arnold, Grave reçut la visite, fut Charles le Téméraire.
Le nouveau seigneur de la vaillante ville s'empressa de
confirmer tous les priviléges qu'elle tenait de ses prédécesseurs. C'était le vrai moyen de se bien faire venir de
ses habitants. « Car les bourgeois de Grave, nous dit un
auteur du siècle dernier, avaient autrefois de si grands
priviléges, qu'un étranger se trouvait heureux d'épouser
la fille d'un citoyen, sans autre bien que l'acquisition du
droit de bourgeoisie [1]. » Ces droits et priviléges, si géné-

[1] M. de Cantillon, *les Délices du Brabant et de ses campagnes.*

reusement et si largement octroyés, n'ont rien, du reste,
qui doive nous surprendre[1]. Cette ville était regardée
alors comme la clef de tout le pays, et les Brabançons
attachaient à sa possession une telle importance, que les
ducs leurs souverains devaient, lors de leur investiture,
faire serment de ne jamais se désister de leurs prétentions sur Grave. Aussi, malgré son annexion par Charles
le Téméraire, la ville et son domaine ne tardèrent point
à revenir aux ducs de Brabant, d'où, par mariage, ils
passèrent ensuite entre les mains de Guillaume le Taciturne, et, pour punir ce dernier, furent confisqués en
1568 par le duc d'Albe, comme apanage d'un prince
révolté.

Reprise par le comte de Leycester, mais lâchement
défendue par le seigneur de Hémert, qui paya plus tard
de sa tête son manque de bravoure[2], elle retomba au
pouvoir des Espagnols, qui la gardèrent jusqu'en 1604.
Cette année-là le prince Maurice vint l'assiéger en personne, et s'en rendit maître après un siége de deux mois,
où il déploya sa science habituelle, et dont Blaeu, dans
une de ses belles estampes, nous a conservé l'historique
et les plans. Le vicomte de Turenne, lui, fut mieux servi

---

[1] Pour se faire une idée de la quantité de priviléges que possédait
Grave, il faut parcourir le *Memorial of beschrijving der Stad
Grave*, vaste compilation publiée à Utrecht en 1753, et qui ne
compte pas moins de 975 pages grand in-4º.

[2] La même année, Hemert et deux de ses capitaines, Banck et
Korf, étant venus à Utrecht, furent arrêtés, jugés et décapités
pour crime de lâcheté.

par les circonstances. En 1672, il enleva la ville en quelques jours. Une partie de sa garnison l'avait abandonnée pour aller porter secours à Bois-le-Duc, qu'on croyait devoir être assiégé. Quand elle revint, il était trop tard ; la place était investie, et le marquis de Joyeuse, averti de l'approche de ce renfort, se porta à sa rencontre et le tailla en pièces.

Les troupes françaises n'occupèrent Grave que pendant deux années. Mais quand elles la quittèrent, cette petite cité de trois mille habitants était devenue fameuse entre toutes par le siége héroïque qu'elle venait de supporter. C'est le marquis de Chamilly qui avait été chargé de défendre la place ; il disposait de quatre mille hommes et de trois cent vingt-cinq pièces de canon. Les troupes de Louis XIV, en se retirant, découvraient complétement la ville, et Rabenhaupt, vainqueur de Koevorden, vint l'assiéger dans les premiers jours de juillet.

Grâce à un érudit brabançon, il nous fut permis de suivre sur ces remparts, devenus à jamais illustres, l'histoire retracée jour par jour de cette superbe défense, que Napoléon regardait comme un des plus beaux faits d'armes des temps modernes, et de relire sur les bastions mêmes où elle avait été écrite la correspondance échangée entre les deux généraux ennemis.

Cette correspondance commence d'une façon toute courtoise, à la manière de Fontenoy : « Il ne tiendra pas à moi, écrit Rabenhaupt, le 23 juillet, que nous n'entretenions bon commerce dans l'affaire que nous avons à démêler ensemble. » Ce à quoi Chamilly répondait le même jour : « J'aime beaucoup mieux avoir affaire à vous qu'à un autre, dans l'envie que j'ai de pouvoir mériter l'estime d'un aussi galant homme que vous [1]. » Mais ces aménités ne durent guère ; après un mois de siége, voyant que ses troupes n'ont pu encore approcher de la place, et que « les soldats étoient rebutés de la vigoureuse défense de la garnison [2] », le général hollandais conseille à son adversaire de capituler : « On vous accorderoit présentement des choses plus avantageuses qu'on ne feroit pas dans un autre tems. Songez-y, je serois fâché qu'il arrivât malheur à un aussi galant homme que vous. » Chamilly s'indigne d'une pareille proposition. « C'est sur ce pié-là, répond-il, que je vous conseille, comme votre serviteur, de décamper plus tôt que plus tard, et de n'attendre pas de fâcheuses extrémités. »

Rabenhaupt alors s'impatiente. Il veut provoquer dans la place ce qu'on a nommé plus tard « un moment psychologique » ; il bombarde Grave. Le château est détruit, l'église s'effondre, les maisons brûlent. Chamilly, poussé par un mouvement d'humanité, essaye de sauver

---

[1] P. Hendrikx, *Geschied en aardrijkskundige beschrijving der Stad Grave*, 2 volumes, Grave, 1845.

[2] Temple, *Mémoires de ce qui s'est passé dans la chrétienté.* Le témoignage du diplomate anglais est d'autant plus précieux que sa partialité à l'égard de la France touche à la déloyauté. Parlant du prince d'Orange (Guillaume III), il dit à deux reprises : « Par son courage et les *méthodes ordinaires* qui se pratiquent dans les siéges, il prit Grave sur la fiñ d'octobre », et encore : « Sans lui (le prince), ils (les soldats des États) *n'auraient jamais emporté* cette place, comme ils firent dans une saison si avancée. » Nous verrons tout à l'heure la façon dont la place fut *emportée.*

les femmes et les enfants; il demande qu'on les laisse s'éloigner. Rabenhaupt refuse; sa lettre est arrogante. « Vous devez, dit-il en terminant, éviter de fâcher messieurs les États généraux. » Le gouverneur lui répond par un spirituel persiflage : « J'avois permis aux femmes qui vouloient se retirer de sortir, lesquelles vous avez renvoyées, et que je reçois volontiers, ne manquant de rien dans la place pour leur subsistance et la nôtre; outre que nous nous trouvons assez de vigueur pour elles et pour nous, n'ayant pas été surpris qu'à votre âge vous ne les ayez pas voulu recevoir. »

Le bombardement n'amenant aucun résultat, Rabenhaupt essaye d'un autre dissolvant. Il se radoucit et transmet au gouverneur des nouvelles alarmantes des diverses armées françaises qui tiennent la campagne. « Vous avez fait, dit-il en finissant, tout ce qu'un brave gouverneur peut jamais faire; votre garnison vous a bien secondé : je suis prêt à en rendre de bons témoignages à toute la terre et tels que vous méritez. » Mais ce dernier moyen n'a guère plus de succès. Chamilly dit n'avoir pas encore assez fait pour mériter l'estime de son adversaire, met en doute les nouvelles qu'on lui transmet, et termine en priant qu'on lui fasse passer la *Gazette de Hollande*. « Je ne pense pas, dit-il, que vous la teniez suspecte. »

Le 9 octobre, Rabenhaupt écrit encore, mais il est exaspéré et perd toute mesure : « L'intention des Hauts et Puissants États Généraux étant telle, que vous devez satisfaire pour tâcher de mériter d'eux quelque quartier;

car pour moi, je vous diroi que votre opiniàtreté ne m'oblige pas à leur en demander pour vous. » Cette fois l'indignation se fait jour dans la réponse du gouverneur. « Je ne veux pas de quartier ni d'eux, ni de vous, écrit-il. Je vous attends de pié ferme au passage de notre avant-fossé ; nous verrons vous et moi de quelle manière nous saurons nous y prendre. » C'est sur cette noble et énergique provocation que se clôt cette correspondance.

Chamilly reçut encore une lettre, mais celle-là n'émanait pas du camp ennemi ; elle était de Louis XIV. Elle apportait l'ordre formel de capituler. « Monsieur de Chamilly, disait le roi, la vigoureuse défense que vous et les officiers de mes troupes, qui sont en garnison dans Grave, avez faite jusques ici, et la valeur avec laquelle vous avez soutenu les efforts des ennemis, me donnent tant de satisfaction que, ne pouvant me résoudre à la perte de tant de braves gens, je préfère leur conservation aux avantages que je puis tirer d'une plus longue résistance. » Puis venait le libellé des conditions auxquelles la place devait être rendue. « Entendant, ajoutait la lettre, que si l'on ne vouloit vous les accorder, vous vous défendiez autant que vous pourrez et portiez les choses aux extrémités que vous jugerez à propos. »

Un moment Chamilly espéra que les conditions qu'il proposait seraient rejetées, tant ses exigences furent grandes. Mais on n'eut garde de lui rien refuser. Ce siége avait coûté seize mille hommes aux assiégeants, sans qu'ils eussent pu obtenir le plus mince avantage. Le prince d'Orange était obligé à tout instant de payer de sa

personne. « Sans la grande ardeur du prince qui les
menoit lui-même à l'assaut et les rassuroit par sa présence, quand ils s'ébranloient », les soldats auraient
refusé de marcher.

Quand il sut que tout était accepté, le pauvre gouverneur eut un moment de désespoir. « Quoi ! s'écria-t-il
en pleurant, faut-il remettre une place entre les mains de
ses ennemis, qui sont rebutés, et qui n'ont eu encore
aucun avantage sur nous ! » Sa capitulation était cependant la plus honorable qu'on pût souhaiter. C'était, en
quelque sorte, un hommage rendu aux soldats et à leur
chef. Hélas ! que n'en avons-nous jamais signé que de
semblables ! Le premier article comportait : « Que la garnison sortiroit, tant cavalerie qu'infanterie, avec armes,
chevaux et bagages, tambours battants, enseignes dé-
ployées, balle en bouche et mèche allumée par les deux
bouts. » Et tout le reste était à l'avenant. Les assiégeants
s'engageaient à céder des voitures pour les malades et
blessés ; ils devaient en outre convoyer l'artillerie par
eau jusqu'à Charleroi, fournir une escorte à la garnison,
lui faire, aux frais des États, des distributions de vivres
pendant toute la route, rendre les prisonniers sans
rançon ; enfin, une amnistie générale était accordée à
tous les habitants. Chamilly justifiait ainsi cet axiome
militaire que Carnot devait formuler cent vingt ans plus
tard : « Dans la défense des places fortes, la valeur et
l'industrie ne suffisent point l'une sans l'autre, mais elles
peuvent tout étant réunies. »

Ce héros cependant, si nous en croyons Saint-Simon,

22

n'avait guère la tournure de son emploi. C'était, d'après le portrait qu'il en trace, « un gros et grand homme, le meilleur, le plus brave et le plus rempli d'honneur; mais si bête et si lourd qu'on ne comprenoit pas même qu'il eût quelques talents pour la guerre ». Ce témoignage, toutefois, est peut-être bien un peu sujet à caution. Vingt fois, en effet, dans ce siége mémorable, Chamilly eut des mots superbes et fit des actions d'éclat qui le placent au rang des plus brillants officiers.

Un jour, il était à table, on vient lui annoncer que l'ennemi s'est emparé d'une tranchée, ouvrage sans importance du reste; à ces mots, il se lève, demande son épée, et, s'adressant à ses officiers : « Debout, messieurs! leur dit-il; allons déloger l'ennemi, ensuite nous reviendrons prendre le dessert. » Il sort, groupe sept cents hommes de ses meilleures troupes, fait ouvrir les portes, se précipite comme une avalanche sur les soldats de Rabenhaupt, les bouscule, les rejette en dehors des tranchées, en tue la moitié et reconduit les autres, l'épée dans les reins, jusqu'aux ouvrages élevés par l'armée des États. Une heure après, il était de retour, et reprenait son dîner comme si de rien n'était.

Une autre fois, le 17 octobre, à sept heures du soir, le prince d'Orange, payant comme toujours largement de sa personne, dirigea une attaque sur un avant-poste de la place; l'avant-poste fut emporté. Il avait, du reste, été défendu avec une rare énergie, et les deux capitaines du régiment de Normandie, MM. de Morinval et Gonthier, avaient été tués dans l'ouvrage même. On en apporte la nouvelle à Chamilly; et comme l'officier qui lui parlait le voyait soudainement pâlir : « Mais, monsieur, lui dit-il, ne voulez-vous rien perdre après trois mois de tranchées? — Non, répondit-il, je les délogerai tout à l'heure »; et il les délogea.

A son retour en France, le roi le reçut, le complimenta et lui permit de lui demander une grâce. Chamilly pouvait réclamer un titre, un grade, une fortune; il se borna à solliciter la liberté de son ancien colonel, alors prisonnier à la Bastille. Il savait par une pareille démarche mécontenter le roi et retarder son avancement; mais il n'écouta que son cœur, et sa bonne pensée lui valut de n'avoir le bâton de maréchal qu'en 1703, lorsqu'on créa dix maréchaux d'un coup, sans doute, comme le fait remarquer Saint-Simon, « dans la crainte d'en manquer ».

Notre héros ne compta point, du reste, que des succès guerriers. « C'est à la sotte vanité de M. de Chamilly, écrit l'abbé Saint-Léger, que nous avons l'obligation de posséder les *Lettres portugaises*. » C'est à lui, en effet, que furent adressées ces fameuses lettres, qui respirent « un amour si démesuré » et qui devaient révolutionner le style épistolaire du dix-septième siècle. Mais n'insistons pas là-dessus, de peur que cette aventure, qu'il traita en officier de cavalerie, ne nous gâte ce beau portrait, et revenons à notre glorieuse citadelle de Grave.

Aussi bien, du reste, un autre siége nous réclame, celui de 1794. Cette fois les rôles sont intervertis; ce sont les Hollandais qui occupent la ville et les Français qui la pressent. Vigoureusement attaquée, elle est encore bra-

vement défendue, mais cette fois avec moins de bonheur.
C'est le 13 octobre que l'investissement a lieu ; le 7 novembre, on somme la garnison de se rendre. Le général
de Bons répond en loyal soldat : « La place qui m'est
confiée est en bon état, la garnison est très-brave, j'espère me montrer digne de la commander. » Le siége est
alors poussé avec ardeur. Le 7 décembre, nouvelle som-
mation et nouveau refus. Le 10, le bombardement commence ; le 20, les habitants font supplier le gouverneur
de capituler, il refuse énergiquement ; le 23, les soldats
français recueillaient cinq ou six bouteilles qu'on avait
jetées dans la Meuse ; chacune d'elles renfermait un
papier contenant cet appel déchirant : « Nous bourgeois
et citoyens de Grave, prions la Nation tout en général
de nous envoyer un trompette. Nous vous assurons que
la ville vous sera accordée à son arrivée. Sans cela nous
sommes tous malheureux et réduits à la mendicité.
Signé : Nous citoyens de Grave ! » Le lendemain 24, de
Bons faisait hisser le drapeau blanc [1].

On comprend qu'après de pareils événements les monuments anciens et les vieilles maisons soient rares à
Grave. Le plus âgé de tous, l'église Sainte-Élisabeth, porte
les traces de ces luttes héroïques. Commencée en 1290,
son existence architectonique fut des plus accidentées.
Dès le quinzième siècle, en effet, on dut reconstruire son
chœur, détruit par un incendie. En 1674, ce fut le tour

---

[1] Voir *Geschied en aardrijkskundige beschrijving der stad
Grave.*

de la nef qui s'effondra sous les boulets de Rabenhaupt.
Cette nef toutefois ne fut pas reconstruite ; on masqua
l'ouverture du transept par un mur plat, et le chœur
demeura, comme à Utrecht, séparé de la tour. En 1794,
les boulets français pénétrèrent dans ce qui restait de
l'église, mais sans faire d'autres dégâts que de crever les
murs et de briser le mausolée du vieux duc Arnold.
Enfin, le 2 septembre 1874, le feu éclata dans le clocher,
et celui-ci ne présente plus maintenant qu'une grande
ruine, hautaine et fière, qui semble raconter au loin les
désastres successifs sous lesquels a succombé en partie
la grande église de Grave.

Intérieurement, Sainte-Élisabeth renferme encore de
nos jours quelques bons morceaux de sculpture. La chaire,
bien que conçue dans le goût maniéré du cavalier Ber-
nin, est fort remarquable. L'autel appartient à ce style
pompeux qui signale la seconde moitié du dix-huitième
siècle, et dont l'église *dei Gesuiti* à Rome est le prototype
achevé. Seulement la splendeur est ici mensongère. Les
marbres sont en bois peint et les ors sont en cuivre.
Il n'est pas jusqu'au tableau qui surmonte le maître-
autel, et donné comme étant de Van Dyck, qui ne soit
une copie.

A l'exception d'une petite peinture flamande, datée de
1528, panneau mortuaire d'un nommé Jacop de Haen,
tous les autres tableaux nous ont semblé médiocres, moins
mauvais cependant que le monument du duc Arnold de
Gueldre. Élevé en 1493, ce pauvre mausolée, détruit
en 1794, fut reconstruit en 1802, dans le genre « trouba-

22.

dour » qui sévissait à l'époque. On se figure aisément la
pyramide obligée, les casques, les glaives et les étendards
qui le décorent et semblent encore plus ridicules quand
on sait quel « pauvre vieil homme tout esplouré » repose
sous ces harnois de victoire.

A l'extérieur, Sainte-Élisabeth est enfermée dans les
murs d'un ancien cloître dont les bâtiments démolis ont
fait place à une sorte de *Campo Santo*. L'herbe des cimetières y croît verte et touffue. Les plantes folles s'élancent
le long des murailles et vont s'accrocher à des saillies
d'ogive, à d'anciennes consoles qui supportaient jadis la
retombée des voûtes. Entre les herbes, on aperçoit de
grandes dalles en pierre bleue, avec des personnages dans
leurs beaux atours ou des armoiries sculptées en bas-relief,
et, dans un angle de ce petit enclos, un purgatoire en
terre cuite, fantasmagorie ridicule et puérile, fait pendant
à un véritable charnier, tout rempli d'ossements humains.
C'est là qu'on met le regain de ce funèbre jardin saturé
de cadavres. Les crânes blanchis, les tibias, les fémurs
y sont jetés pêle-mêle, et leur amas représente peut-être
dix générations. Les sexes et les âges y reposent dans une
instructive promiscuité, les défenseurs de 1674 à côté de
ceux de 1794; et si Chamilly et le brave de Bons revenaient en ce monde, ils seraient bien en peine de distin-
guer leurs soldats.

XXI

Le Mookerheide. — Venlo. — Saint-Martin. — *Vanitas vanitatum...* —
Cacophonie. — Une ambitieuse inscription. — Les enfants de Venlo.

En quittant Grave, nous nous dirigeâmes sur Venlo en
remontant la Meuse. C'est un assez joli trajet, un peu
long peut-être, et qui manque d'accidents et d'incidents,
mais qui n'est pas dépourvu d'intérêt quand on est décidé
à tout observer et désireux de tout connaître. La montée
du grand fleuve se fait sur des petits bateaux à vapeur qui
vont de Rotterdam jusqu'à Maëstricht, et qui mettent
deux ou trois jours à faire la route. On y trouve assez
maigre société, et les distractions n'y seraient pas nombreuses, si l'on n'avait, pour en tenir lieu, le cours de
la rivière et ses rivages verdoyants.

Grave, en effet, est environnée de grandes prairies, coupées par des bosquets, bordées par de vieux arbres, et
dont Blaeu célébrait déjà la fraîcheur et la fertilité.
C'est surtout sur la rive gauche du fleuve que s'étendent
ces riches pâturages. De l'autre côté, au premier coude
que fait la Meuse, au-dessus du joli village de Mook, on
aperçoit ces mamelons arides et couverts de bruyères
sauvages qui portent le nom sinistre de Mookerheide,
nom lugubre surtout pour les oreilles néerlandaises, car

il leur rappelle une défaite terrible et la mort de trois chefs valeureux.

C'est là, c'est sur cette bruyère toujours aride malgré le sang qu'elle a bu, qu'en 1574 les comtes Louis et Henry de Nassau et le prince Christophe, fils de l'électeur palatin, furent surpris par les Espagnols et massacrés sans qu'on ait jamais pu connaître les causes de ce malheur inexplicable. Il n'y a guère chance, en effet, de faire la lumière sur ce terrible drame, car les historiens du temps n'ont pu se mettre d'accord, et ceux qui les ont suivis, bien qu'ils eussent en main tous les documents imaginables, diffèrent tout autant dans leurs appréciations.

Rheidanus pense que, trompé par ses espions et ne sachant pas que l'ennemi avait passé la Meuse à Grave, le comte fut surpris dans un terrain défavorable. Grotius croit devoir attribuer sa défaite à la mutinerie de ses troupes, qui, en face de l'ennemi, réclamèrent le payement de leur solde. Selon Meteren, le comte avait trop divisé ses soldats; ses différents corps étaient cantonnés à trop grande distance, et il ne put opérer sa concentration à temps. Mais tous, même les historiens du parti espagnol, Bentivoglio et Strada, s'accordent sur un point, la bravoure et l'énergie dont les chefs firent preuve. Tous moururent en braves gens, dans la mêlée, et tellement confondus avec leurs soldats, qu'après le combat on ne put retrouver leurs cadavres.

Mookerheide passé, les deux rives reprennent leurs calmes attitudes; ce sont de nouveau des pâturages, des champs, des bosquets et des villages, Middelaar, Oeffelt,

Heijen', Afferden et Bergen, dont on aperçoit tour à tour
les clochers pointus ; de loin en loin une ruine, puis un
couvent avec des religieuses, ce qui nous indique combien
nous avons changé de latitude. Nous sommes, en effet,
dans la Gueldre catholique. A mesure que nous avançons,
le caractère s'accentue, jusqu'à ce qu'enfin Venlo nous
apparaisse au loin, perdu dans la verdure, se dissimulant
derrière ses grands bastions à moitié démolis, et étalant
le long de la rivière le reste de ses vieux murs et quelques
maisons neuves.

Venlo n'est pas ce qu'on peut appeler une belle ville.
Elle n'a pas de grandes places ni de belles promenades,
pas de boulevards somptueux. Ses rues ne sont pas
bordées d'édifices remarquables. Elles ne sont pas non
plus très-droites ni régulièrement percées. Mais telle
qu'elle est, cette aimable cité possède pour l'archéologue
un intérêt spécial. Elle marque une brusque transition.
En franchissant ses murs, on entre dans un nouveau
milieu. On pénètre dans la province de Limbourg, la
seule qui ne forme pas un tout compacte avec le reste,
et qui n'a ni la même religion, ni les mêmes traditions, et
disons-le, ni les mêmes mœurs, ni le même langage que
ses sœurs. Néerlandaise de cœur tout autant que les
autres, la province de Limbourg semble former l'arrière-
garde de ce généreux pays, si spécial, si particulier, si
original dans le bon sens du mot, et se placer là avec ses
nuances atténuées, comme s'il était besoin de ménager
les transitions. Certes, on retrouve avant tout et surtout
dans ces populations frontières, les grandes qualités de

la race batave; mais elles semblent répudier encore plus violemment tous les caractères germaniques, pour s'approprier une foule de traits empruntés à ces autres provinces, qui portèrent, elles aussi, le nom de Pays-Bas et restèrent jusqu'à la fin du siècle dernier sous le sceptre de la maison d'Autriche.

Venlo n'est point une ville ancienne. On a bien essayé de la dire fondée en l'an 95 de notre ère, par je ne sais quel Valuas, noble, riche et puissant seigneur, « *edel, rijk en magtig Heer* [1] »; mais la première mention qui soit faite d'elle ne remonte pas au delà de l'an 900, où elle figure parmi les titres de Wichard de Pont, avoué de Gueldre. Et ses archives fort complètes et fort correctement ordonnées, dans lesquelles nous pouvons fouiller à loisir, ne nous diront rien d'elle avant le treizième siècle [2]. Il faut, en effet, arriver à septembre 1272 pour apprendre qu'elle possède un juge (*rechter*), des échevins et des bourgeois. Une autre pièce du 18 août 1339 nous parle de ses bourgmestres, échevins et de son conseil. Mais Venlo est encore un village (*dorp*), et ce n'est que le 1er septembre 1343 qu'elle devient ville par la grâce du duc Renault, troisième du nom, qui l'entoure de murailles et la dote de priviléges.

Quant à son nom, d'après les linguistes du pays [3], il

---

[1] Voir *Geschiedenis en beschrijving van Venloo*. L. Y. E. Keuler. Venlo, 1843.

[2] Voir le catalogue des archives. *Inventaris der Oorkonden en Bescheiden van de gemeente Venloo*.

[3] Et notamment M. Franquinet, le savant archiviste de la pro-

viendrait non pas du problématique Valuas, mais du mot
hollandais *veen,* qui signifie marécage, et de *lo,* qui en
vieux langage signifie bois ou forêt; témoin ce distique
de Walther de Vogelweide qui date du treizième siècle :

> Sumer mache uns aber fro
> Du zieriest anger un lo [1].

Incorporée au duché de Gueldre, Venlo resta, même
dans le malheur, fidèle à ses suzerains. Aussi fut-elle
assiégée par Marguerite, tante de Charles-Quint; ce qui
lui valut du reste une page glorieuse dans l'histoire, car
elle résista héroïquement aux troupes impériales. Réunie
en 1543 à la couronne d'Espagne, elle subit le sort commun à toutes les villes de cette contrée, fut tour à tour
prise et reprise, occupée tantôt par les troupes des États,
tantôt par celles de la maison d'Autriche, jusqu'en 1715,
où, par le traité des Barrières, elle demeura définitivement acquise aux Provinces-Unies.

Tous ces faits d'armes, auxquels il convient d'ajouter
le siége de 1794, ont laissé, comme bien on pense, fort
peu de monuments intacts, et la grande église, le plus

---

vince de Limbourg. Voir ses études *Sur quelques noms de lieux
dans le duché de Limbourg,* Maëstricht, 1854.

[1] « Été, rends-nous joyeux; tu ornes le champ et le bois. » Au
dixième siècle, Folcuin, abbé de Lobbes (Lobach), se servait du
même mot pour expliquer l'étymologie de son abbaye, et ce serait ce radical *lo* qui, passé dans la langue latine, serait devenu
laia et traduit en français *laye,* ce qui nous permettrait de traduire Saint-Germain en Laye par Saint-Germain en forêt, explication fort plausible.

ancien et le plus vénérable de tous, a été l'un des plus
éprouvés. Il serait même bien difficile de déterminer
aujourd'hui quel fut exactement son plan primitif. Inau-
gurée en 1458 par un enfant de Venlo, Guillaume, évêque
de Nicopolis et archidiacre de Brünn, elle fut placée sous
le vocable de saint Martin. Aujourd'hui c'est un vaste
temple, avec trois nefs d'égale hauteur surmontées de
belles voûtes ogivales. Les fenêtres, d'un beau style, sont
garnies de vitraux modernes, mais d'une agréable couleur.
La chaire est habilement sculptée, mais appartient à
l'époque rococo. Les boiseries qui entourent le baptistère
sont d'un meilleur temps ; elles remontent aux premières
années du dix-septième siècle. Le baptistère est de la
même époque. C'est un superbe morceau de bronze, en
forme de coupe, monté sur un pied bulbeux et orné de
têtes d'ange. Le couvercle, arrondi, est surmonté par une
foule de pinacles, reliés par des arcs entremêlés de feuillages qui forment un berceau, sous lequel Jésus reçoit de
saint Jean-Baptiste le premier sacrement. Au-dessus
Dieu le Père apparaît, prononçant les paroles évangéli-
ques : « Celui-ci est mon Fils. »

Saint-Martin renferme aussi quelques tableaux intéressants, mais nous aurons occasion d'y revenir tout à
l'heure.

Tout auprès de l'église se trouvent un certain nombre
de vieilles maisons, possédant pour la plupart de curieuses
façades. Comme les maisons hollandaises, elles ont le
pignon allongé sur la rue. Parfois ce pignon, au lieu d'être
à arêtes lisses ou à redans, est ondulé et forme des courbes

bizarres. Une façade dans ce goût, datée de 1588, avec les fenêtres inscrites dans un arc surbaissé, avec quelques armoiries et des mascarons en pierre sculptée incrustés dans la brique, nous sembla surtout digne d'être signalée à l'attention des archéologues. Mais ces façades à pignons pointus sont la minorité. La plupart des maisons n'affectent plus la disposition en hauteur si uniformément adoptée dans les provinces du Nord. Les habitations, au contraire, s'étendent en largeur, et en prennent à leur aise. Elles sont, en outre, blanchies à la chaux ou badigeonnées en couleurs claires et souvent précédées d'une cour ou d'un avant-corps percé d'une énorme porte cochère.

Un grand nombre de ces *Sotto portico* aboutissent dans des ruelles aux maisons frustes et branlantes, dont les murailles délabrées et lépreuses feraient la joie d'un aquarelliste. D'autres conduisent à d'anciens sanctuaires, car ce qu'on trouve à profusion dans Venlo, ce sont les vieilles églises et les antiques chapelles. A chaque instant, on se heurte à quelques-unes de ces saintes demeures, transformées les unes en caserne, d'autres en magasin. Dans notre fureur de tout voir, nous visitâmes une chapelle qu'on avait convertie en dépôt de poudrette et de guano. Je vous laisse à deviner quelle odeur avait remplacé le parfum de l'encens, et quels jurons de charretier faisaient trembler ces voûtes, où avaient jadis retenti les superbes accords du plain-chant. N'est-ce point le cas de dire : « *Vanitas vanitatum.....* »

Tout en parcourant la ville, nous regardions curieusement sa population. Ce brave monde a l'air aimable

23

et souriant, la figure ouverte, bonne prestance du reste,
mais rien de terrible ni d'effrayant. Cela dérangeait un
peu nos impressions, car le peuple de Venlo possède,
grâce à son histoire, une réputation assez farouche. De
tout temps, en effet, il se montra batailleur, altier, impa-
tient du moindre joug. Quand il n'avait pas à repousser
les efforts des ennemis, c'est à sa garnison qu'il cherchait
volontiers dispute ; et celle-ci avait très-rarement le dernier mot. « Ceste bourgeoisie de Venloo, écrivait au seizième siècle un consciencieux chroniqueur [1], a tousiours
esté ennemie et moqueuse de tous gens de guerre de quel
party qu'ils fussent. Je les ay veu iusques à trois fois en
divers temps, en l'une desquelles i estoye, chasser leur
garnison, aussi bien d'un party que de l'autre. »

Suivant qu'ils appartiennent à l'un ou l'autre camp, ce
sont les Italiens, les Espagnols, les Anglais ou les Allemands auxquels ils s'en prennent. En 1586 [2], le duc de
Parme s'empare de la ville et y met forte garnison ; en
1590, toutes ses troupes étaient expulsées par les bourgeois, qui, « non contents de s'en être despêtrés, leur disent
mille pouïlles ». Même chose avait eu lieu dix ans plus tôt.

Il faut lire dans les auteurs du temps les coups de
main de cette population turbulente et entreprenante, qui,

[1] Messire François le Petit.

[2] Il existe à la bibliothèque royale de la Haye une plaquette
excessivement rare qui donne le journal de ce siége. Elle fut
publiée à Anvers, l'année même de la prise de Venlo (1586), et
porte le titre de *Beschrijuinghe der Stadt van Venloo*. Sous le
titre se trouve une petite vignette représentant le duc devant les
remparts de la ville.

par plus d'un point, ressemble à celle de l'indocile Nimègue. Les amusements auxquels elle s'adonne montrent, du reste, quel était son esprit. C'est en 1588, dans
cette douce et placide cité, qu'en guise de récréation furent
inventées les bombes. Le bon peuple était plongé dans
une admiration béate à la vue de ces projectiles, qui
éclataient en l'air. A chaque fête on en faisait une grande
dépense, jusqu'au jour où, ayant de la sorte incendié la
moitié de la ville, on s'aperçut que ces terribles engins
pouvaient être employés à tout autre chose qu'à la célébration des réjouissances.

Aujourd'hui l'humeur est moins batailleuse et les distractions sont plus calmes. La population vit en excellente
intelligence avec l'armée néerlandaise, qui possède à Venlo
une école de cavalerie, et même il est fort présumable que
si la garnison devait quitter la ville, son départ attristerait
plus d'un joli visage, et ferait couler quelques pleurs.

Le soir nous crûmes avoir l'explication de ce remarquable changement. Après un détestable dîner, retirés
dans nos chambres, nous nous apprêtions à goûter un
repos bien mérité, quand tout à coup les vitres se mirent
à vibrer avec une violence extraordinaire. Des effluves
d'harmonie arrivaient jusqu'à nous, faisant trembler les
parquets et secouant les murailles. Le trombone écor-
chait l'air, le cornet à piston rugissait et l'ophicléide
mugissait sans mesure. Nous nous précipitâmes à la fenêtre. De l'autre côté de la rue, une rue étroite s'il en fut,
quelques amateurs, appartenant à une « Philharmonie »
quelconque, s'exerçaient les poumons sur ces cuivres

sonores. Ils dépensaient sans doute dans ces distractions assourdissantes le trop-plein de leur fougue guerrière ; et puissance de l'harmonie ! celle-ci, bien qu'absente, adoucissait leurs mœurs. Ce beau concert dura jusqu'à minuit. Bon nombre de passants s'étaient amassés sous les fenêtres et ne ménageaient pas les quolibets, montrant qu'ils avaient l'oreille singulièrement plus juste qu'on ne l'aurait pu croire d'après ce curieux échantillon.

Le lendemain, de grand matin, nous reprîmes nos courses, encore un peu assourdis par la cacophonie de la veille. Il ne nous restait plus à visiter que l'hôtel de ville. C'est vers lui que nous portâmes nos pas. Le *stadhuis* de Venlo s'élève sur une gentille place carrée d'une régularité parfaite, propre à faire plaisir, mais bien douloureusement pavée. Cette place est entourée de maisons fort simples, mais gracieuses et joyeusement coloriées en beurre frais et en gris souris. Tout monument qu'il est, le sanctuaire municipal n'a pas été lui non plus épargné par le badigeon. Il a revêtu une belle couleur jaune serin qui ne l'empêche point toutefois, grâce à ses deux tourelles octogones et à son perron à double rampe, d'avoir une physionomie assez pittoresque. Construit en 1595, il servit jadis d'habitation à l'archiduc Albert, et celui-ci n'y a guère laissé, comme trace de son passage, qu'une prétentieuse inscription, qui prouve que la modestie n'est pas toujours la qualité dominante des princes :

IVSTVS SVBJECTIS, PRVDENS MIHI, FORTIS IN HOSTES
IMPERO, CONSVLO, STO, LEGIBVS, ORE , MANV.
CLARVS AVO, ALBERTVS, PATRE FRATRE QVE, CÆSARE, REGE,
SVM PATRE, REGINA MATRE, ISABELLA SA. T. A.

A l'intérieur, le *stadhuis* restauré en 1609, et refait au
dix-huitième siècle quand Venlo fut définitivement cédée
aux Provinces-Unies, n'a conservé qu'une seule pièce
offrant quelque intérêt. C'est la *raadzal,* ou salle du conseil, qu'on pourrait appeler plus exactement salle des
capitulations, car on en signa quatre au moins dans cette
jolie pièce. Elle est entièrement tendue en cuir de Cordoue aux reflets chauds et dorés, et décorée d'une cheminée monumentale et de quelques bons tableaux.

Parmi ceux-ci, il faut mentionner une sorte de jugement dernier, placé au-dessus de la porte d'entrée, et qui
(n'étaient quelques fautes d'anatomie) pourrait être
attribué à Rubens et doit être de l'un de ses élèves. Un
portrait du Christ et un de la Vierge, appartenant à l'école
florentine, viennent ensuite, bonnes et sérieuses peintures
qu'on a malheureusement placées à contre-jour. Puis,
aux deux angles de la pièce, se trouvent deux curieux
monuments de la fin du seizième siècle ou des premières
années du siècle suivant. Ce sont deux vastes cartouches,
de fort joli dessin et d'élégante tournure, dont l'un renferme une de ces horloges compliquées qui disent tout
excepté l'heure exacte, et l'autre une peinture allégorique
représentant la Justice et la Paix qui se donnent la main.

Enfin, pour compléter la décoration de la pièce, les
magistrats, en bons et fidèles citoyens de Venlo, ont
accroché au mur le portrait de quelques célébrités nées
dans la ville. C'est d'abord un Michel Mercator, qui
m'est absolument inconnu, et qui fut sans doute un
parent de l'illustre géographe enterré à Doesborg. Puis

c'est Hubert Goltzius, latiniste et helléniste qu'il faut
bien se garder de confondre avec Hendrik Goltzius, le
célèbre peintre; et enfin Ericius Putenaus (ou, si l'on
aime mieux, Hendrik Van de Putten, ou encore Henri
Du Puy), dont tous les érudits connaissent les œuvres
principales.

Ses travaux sur la bibliothèque Ambrosienne de Milan
et sur l'invasion des barbares en Italie eussent, en effet,
suffi à lui acquérir une juste célébrité, si son pamphlet
sur la couronne royale (*Isaaci Casauboni corona regia*),
en lui valant l'inimitié du roi Jacques, n'eût mis le sceau
à sa réputation. Tant il est vrai qu'un peu de persécution
aide toujours à la gloire [1].

Parmi les enfants de Venlo, il en est encore deux dont
j'aurais voulu voir le portrait dans ce sanctuaire municipal. C'est le peintre Jan Van Cleef, qui devrait être au
moins représenté là par une de ses œuvres, et le collectionneur Fodor, le fondateur de ce musée d'Amsterdam
qui porte son nom. C'était un amateur assez connu dans
le monde des arts pour qu'on l'admît dans ce sanctuaire
de famille. Mais si Van Cleef n'est pas représenté à l'hôtel de ville, il l'est à la grande église par deux bons

---

[1] L'irascible monarque ne craignit pas de réclamer de son
frère et cousin l'archiduc Albert « justice et réparation contre la
personne d'Iricius Puteanus, professeur en l'Université de Louvain,
pour le libelle diffamatoire qu'il a osé escrire et publier contre
nous et par lequel il s'est efforcé malicieusement et calomnieuse-
ment de flestrir notre réputation ». Heureusement il ne fut pas
tenu compte de ces exigences, et Dupuy conserva sa chaire à
l'Université de Louvain.

tableaux, une « Annonciation » et un « Saint Georges ».
Quant à M. Fodor, sa ville natale lui garde peut-être
rancune de ce qu'il a enrichi la capitale d'une collection
qui aurait dû revenir à son lieu de naissance, lequel, par
parenthèse, en avait singulièrement plus besoin ; et, en
cela, Venlo n'a peut-être pas tout à fait tort.

XXII

Roermond. — Le catholicisme flamand. — Les sanctuaires. — Un chef-
d'œuvre de patience. — Le *Munster*. — Saint-Christophe. — Poé-
sies patriotiques. — Une coutume soldatesque.

Si Venlo surprend le voyageur qui descend des provinces du Nord, en lui révélant tout un monde de préoccupations et d'habitudes nouvelles, on peut dire que
toutes les impressions que l'on a ressenties en la visitant
se trouvent, dès qu'on pénètre dans Roermond, affirmées
et confirmées avec une force toute particulière.

Jamais, en parcourant Roermond, on ne se figurerait
être dans une ville de la vieille Gueldre, compagne
d'Arnhem et de Zutphen, et dont la qualité rimait avec
celle de Nimègue dans le couplet qu'on n'a pas oublié. La
politique, en l'arrachant à son ancienne province et en
la réunissant au Limbourg, s'est trouvée d'accord avec
la géographie et l'ethnographie. En Gueldre elle devait
faire tache. En Limbourg elle est rentrée dans son milieu
moral, intellectuel et religieux, au sein de sa famille, si
je puis m'exprimer ainsi.

Et d'abord Roermond est, avant tout, une ville catholique et épiscopale, mais non pas à la manière italienne
ou française, c'est-à-dire avec une forte dose d'indifférence et même de scepticisme chez les fidèles, une bonne

provision d'indulgence dans le clergé, et un peu de laisser-
aller de part et d'autre. Elle est catholique et épiscopale
à la manière flamande, c'est-à-dire d'une façon étroite,
inquiète, intolérante et militante. Il semble, en effet,
que dans ce bon pays des Flandres le calvinisme ait dé-
teint sur le catholicisme, tant celui-ci est devenu sombre
et réservé. Il n'a plus cet aspect joyeux, accueillant et
bienveillant qu'on lui voit dans le midi de l'Europe. Consi-
dérant le voisinage de l'« ennemi » comme une perpétuelle
menace, se sentant contrôlé et surveillé par les protestants qui l'entourent, se croyant mal compris, le clergé
prend des allures austères, une sévérité d'attitudes, un
abord peu communicatif, que nous ne lui connaissons
guère chez nous. Au lieu d'être un pacificateur prêchant
la concorde, il devient un soldat du Christ, excitant à la
croisade. Il ordonne à ses ouailles de se serrer autour
de lui pour éviter la contagion, et, pour asseoir plus soli-
dement son empire sur les esprits, il entend régenter les
intérêts et dominer où il n'a que faire. On a vu, dans
cette petite ville de Roermond, l'évêque, du haut de son
siége, présider aux élections municipales et lancer des
mandements contre les candidats libéraux. Le clergé, à
sa suite, entrait carrément dans la bataille, sans songer
qu'il en sortirait amoindri.

Le résultat de ces luttes mesquines, où les intérêts
divins sont trop intimement associés aux intérêts maté-
riels, est d'augmenter encore l'austère réserve du clergé.
Sachant qu'à toute heure il doit être prêt à combattre
pour le spirituel et le temporel, il est soldat avant

23.

tout, et ignorant quels seront exactement les adversaires
du lendemain, il évite de se lancer trop avant dans une
société qui lui est suspecte à tant de titres.

Non-seulement on ne voit pas ici, comme en Italie,
les ecclésiastiques fréquenter le café et aller au théâtre,
ce qui paraîtrait un affreux scandale, mais ils se retirent
même du monde et pratiquent à peine ces relations
aimables et journalières qui en font en France de joyeux
commensaux et des partners agréables. Ils se replient,
au contraire, sur eux-mêmes; leur foi alors s'exalte; la
pratique leur apparaît comme le seul moyen d'affermir
le sentiment religieux, et dès lors ils multiplient les
sanctuaires.

Dans les environs de Roermond, ces sanctuaires abondent; on en voit de tous côtés. Le long des routes, les
petites chapelles apparaissent tous les cent pas avec
leurs lampes, leurs statuettes de cire et leurs fleurs arti-
ficielles. Quelques-unes de ces madones font des miracles; à celles-là on bâtit des églises, et bientôt à côté
de ces églises s'élèvent de superbes couvents.

Nous visitâmes une de ces vierges miraculeuses, la
plus célèbre des environs. Il y a trois siècles, on la
trouva dans un puits. Le berger qui l'en sortit l'accrocha
à un arbre. Dès le seizième siècle, cet abri trop rustique
fut remplacé par une modeste chapelle, qu'on a transformée de nos jours en une jolie petite église romano-
byzantine. On y vient en pèlerinage de vingt lieues à la
ronde, et au moment de notre visite on achevait tout
auprès l'installation d'une énorme maison de religieuses.

Nous eûmes la curiosité de voir de très-près cette statue de la madone. C'est une gentille petite sculpture en bois, d'un bon travail, annonçant le commencement du dix-septième siècle. Elle est élégante et gracieuse. Malheureusement on n'en peut dire autant de toutes celles qu'on rencontre en chemin, non plus que de ces gigantesques crucifix qu'on aperçoit dans les rues de Roermond.

Ces grandes images de bois peint, d'un travail plus que sommaire et d'un goût fort contestable, sont particulièrement choquantes dans cette aimable petite ville, car, depuis de longues années, celle-ci est en possession de fournir toutes les églises et tous les sanctuaires, à cent lieues à la ronde, d'objets de sainteté, retables, statues, autels, châsses et le reste. Roermond possède, en effet, plusieurs ateliers où l'on fabrique tous ces objets. Ses sculpteurs et ses peintres jouissent d'une réputation très-méritée. Quelques-uns, dans le nombre, sont même de très-remarquables artistes. On nous fit visiter l'atelier de l'un d'eux, M. de Leeuw, qui achève en ce moment un chef-d'œuvre de patience et d'habileté. C'est un portrait de la reine des Pays-Bas. Ce portrait, en bois sculpté, est entouré d'un cadre formé par des nymphes gracieuses, des amours bouffis et des guirlandes de fleurs. Le tout ne mesure guère plus de vingt centimètres de haut. C'est un prodige de finesse et d'exécution délicate. Les nymphes n'ont pas plus de quatre à cinq centimètres, et l'on peut compter les fossettes de leurs joues et les ongles de leurs doigts. Les camées de leurs bijoux sont des portraits reconnaissables. Avec la loupe nous découvrîmes, délicatement posées sur des roses, des mouches que nous n'avions pas vues tout d'abord, et qui sont presque imperceptibles à l'œil nu. Je ne suis pas bien convaincu qu'avec un microscope nous n'aurions pas découvert les insectes parasites de ces mouches, car rien n'a été oublié.

Mais c'est assez parlé de ces faits accessoires, il faut nous occuper de la ville elle-même. Quoique Roermond soit fort jolie et bien percée, on ne reconnaîtrait guère en elle cette « très-grande » cité dont il est question dans le vieux couplet gueldrois. Il faut qu'elle ait singulièrement décru depuis ce temps, ou que les autres aient beaucoup grandi, car elle est la moins considérable des quatre. Guicciardini nous dit qu'en son temps, elle était « cité bien peuplée, riche, belle en édifices ». Pontanus nous la dépeint « ville agréable, riche, spacieuse, excellant en monuments sacrés et civils, publics et privés ». Et c'est le jugement qu'on pourrait encore porter sur elle, si la guerre, et surtout le feu, ne lui avaient ravi une partie de sa parure monumentale.

Le plus terrible des incendies qui la ravagèrent, celui du 31 mai 1665, fut causé par une imprudence. Il éclata pendant une procession qu'on faisait pour l'anniversaire de la dédicace de la ville. Les bourgeois, en armes, suivaient le pieux cortége, et tiraient, en signe de réjouissance, quelques coups de fusil. L'un de ceux-ci mit le feu à un toit de chaume. En un instant, l'incendie se propagea avec une extrême rapidité, réduisant en

cendres un grand nombre de maisons, des églises, des
couvents et le palais épiscopal [1]. Un peu plus, la ville
tout entière était dévorée par ce brasier, et Roermond
finissait comme elle avait commencé; car si elle manqua
de périr au milieu d'une cérémonie religieuse, c'est à
un établissement religieux qu'elle est redevable de
l'existence.

Jusqu'au commencement du treizième siècle, en effet,
sur l'emplacement qu'elle occupe aujourd'hui, on ne
voyait qu'un château, ou plutôt un simple rendez-vous
de chasse. A cause de l'embouchure de la Roer, petite
rivière qui se jette à cet endroit dans la Meuse, on l'avait
appelé Roermond [2]. En 1218, Gérard III, comte de
Gueldre, à l'instigation de Richarde de Brabant, sa mère,
qui devait en être la première abbesse, substitua au
château un superbe couvent [3]. Ce couvent fut concédé
aux dames nobles de l'ordre de Cîteaux. Pour cultiver
leur domaine, ces nobles dames eurent besoin d'un personnel assez nombreux; bientôt, pour loger les travailleurs, quelques maisons furent construites à l'entour de
l'abbaye. « Et, en peu d'années, nous dit Pontanus,
cette agglomération prit un tel accroissement, que c'est
là qu'on doit faire remonter la véritable origine et la
célébrité de la ville. »

[1] Voir les *Délices des Pays-Bas*.

[2] Roermond signifie bouche de la Roer.

[3] L'épitaphe de Gérard III, enterré à Roermond dans l'église
du *Munster*, raconte en détail les origines et la fondation de ce
couvent.

Cette magnifique abbaye, berceau de notre jolie cité, n'est pas malheureusement parvenue jusqu'à nous. Entamée par l'incendie de 1665, elle fut complétement démolie en 1797; mais si le cloître et ses dépendances ont à peu près entièrement disparu, l'église nous est restée, et constitue encore aujourd'hui un monument des plus curieux, et nous pourrions ajouter des plus rares, car, à l'exception de l'église des Apôtres à Cologne, il n'existe peut-être pas en Europe une autre basilique où l'on rencontre le style romano-byzantin des bords du Rhin mélangé à celui de la transition. Toutefois, et c'est une opinion absolument personnelle que j'exprime ici, il me semble que ces monuments de la transition sont moins beaux et surtout moins impressionnants que ceux des grandes époques. A mon sens, l'architecture doit avant tout exprimer des idées; c'est là son premier devoir. Or, ces idées sont d'autant plus saisissantes, que les moyens employés sont plus purs et plus corrects. Les compromis peuvent être plus ou moins heureux, plus ou moins agréables à l'œil, ils manquent presque toujours de puissance et plus souvent encore de clarté. Ces réserves faites, je n'éprouve, du reste, aucune difficulté à reconnaître que le *Munster* de Roermond est une curiosité archéologique de premier ordre, et qui mérite l'attention de tous les gens compétents.

Comme la plupart des chapelles abbatiales, c'est un monument de médiocre grandeur; mais elle est admirablement conservée dans sa forme primitive, qui est celle d'une croix latine. Les dispositions architecturales sont, du reste, à peu près les mêmes que dans les basiliques du onzième et du douzième siècle. La nef est complétée par deux bas côtés, sur lesquels règne une galerie (*empor-kirche*), mais le tout s'arrête aux bras du transept, où la galerie se termine par un mur troué d'une niche, qui jadis servit sans doute à placer des petits autels. Tout le corps de l'église est bâti en style plein cintre, à l'exception de l'abside du chœur et de celles qui terminent les bras du transept, lesquelles ne sont point hémisphériques, mais pentagones (ce qu'on ne voit jamais dans les basiliques du onzième et du douzième siècle, non plus qu'à l'église des Apôtres). A l'intersection de la nef et du transept, s'élève une coupole octogone qui complète la décoration de cette partie de l'édifice. Enfin, à l'extrémité occidentale, se dresse un bâtiment construit dans le style ogival primaire, avec des fenêtres en lancettes qui indiquent une époque très-postérieure. Ce bâtiment, qui se raccorde assez bien aux galeries intérieures, constitue une sorte de jubé au-dessous duquel se trouvait autrefois la principale entrée de l'église, aujourd'hui murée, probablement pour combattre l'affaissement dont cette partie donne des signes [1].

Merveilleusement conservée à l'intérieur, Notre-Dame du *Munster* est malheureusement moins bien partagée

---

[1] M. Eyck Van Zuylichen a écrit une courte notice sur cette église, et M. Schayes, dans son *Histoire de l'architecture en Belgique,* en a donné également une description, mais assez incomplète et qui semblerait indiquer qu'il n'avait pas visité le monument qu'il décrit.

quant au dehors. L'abside n'a pas beaucoup souffert.
Sa coupole élégante, cantonnée de deux tours, est
demeurée à peu près intacte. Mais il n'en est pas de
même de la partie occidentale, qui, démolie, puis reconstruite tardivement, ne présente plus de traces des constructions primitives. Pour les restaurations qu'on exécute
en ce moment, on en est donc réduit à de pures conjec-
tures. Ces restaurations, toutefois, sont conduites avec
une prudence excessive, et nous devons reconnaître que
l'autorité compétente a fait preuve de beaucoup plus
de tact et de discernement qu'on n'en trouve ordinaire-
ment. Non-seulement elle s'est tout d'abord adressée à
un architecte de talent, qui depuis longtemps a fait ses
preuves, mais encore elle a pris soin de faire contrôler
les projets de son architecte par le savant dont les connaissances spéciales lui offraient plus de garanties, et
nous avons vu avec infiniment de plaisir les plans de
M. de Kuypers contre-signés par M. Viollet-le-Duc. Il
n'y a donc pas à se plaindre de l'intelligence de la com-
mission qui préside aux travaux, non plus que de son
zèle. Ce dernier devrait plutôt même être réprimé
qu'excité, car il va quelquefois un peu trop loin, et
prodigue à la vieille église des embellissements dont
elle n'a que faire. C'est ainsi qu'en examinant attentive-
ment les chapiteaux nouvellement réparés des colonnes
qui entourent le chœur, nous découvrîmes, mêlées à
d'autres ornements, des petites têtes excessivement modernes, avec favoris et lunettes, qui, placées en cet
endroit, faisaient un très-ridicule effet. Ces portraits

peuvent être fort ressemblants; mais ce sont là des fantaisies d'un goût plus que douteux, et l'on fera bien de les faire disparaître, pour éviter que le fameux dicton *Nomina stultorum...* ne reçoive une variante très-facile à deviner.

Heureusement le *Munster* renferme d'autres monuments plus anciens que ceux-là et d'un « meilleur costume », comme on eût dit jadis. Tout d'abord il nous faut parler du magnifique tombeau où reposent le fondateur de l'église, Gérard III, comte de Gueldre et Zutphen, et sa femme Marguerite de Brabant. Les deux statues couchées sur ce vaste mausolée sont deux précieux restes de la sculpture du treizième siècle. Elles sont toutes deux fort simples de pose et d'exécution. Le comte et la comtesse sont étendus l'un près de l'autre, sur une dalle de marbre noir, portée par douze colonnettes à chapiteaux dorés. Leurs têtes doucement posées sur un coussin doré, leurs yeux à peine clos, leurs traits calmes, leurs physionomies douces et honnêtes respirent la bonté. La lèvre supérieure du comte, qui déborde légèrement l'inférieure, la fossette qui creuse son menton, donnent à ce portrait un grand accent de vérité, en même temps qu'elles semblent esquisser un sourire, comme si le bon seigneur s'était gaiement endormi pour l'éternité. Il est habillé d'une longue robe bleue plissée et d'un manteau vert rejeté en arrière, avec non pas l'épée au côté, mais l'escarcelle; ce qui vaut mieux quand on fait construire des églises. La comtesse est vêtue de blanc avec un manteau doré, et porte sur la tête une

cornette à mentonnière. Elle a l'air placide et semble se
reposer d'une vie saintement remplie. Tous deux ont la
main gauche sur le cœur, les cheveux dorés et un gros
médaillon suspendu au cou.

Non loin de là, se trouve une autre belle œuvre. C'est
un retable magnifique. La partie centrale, qui est divisée en six compartiments, est remplie par des petites
scènes sculptées et peintes, représentant les principaux
épisodes de la Passion ; les deux volets sont couverts de
peintures excellentes dont l'une, le jardin des Oliviers,
rappelle la belle gravure de Goltzius que tout le monde
connaît. Le portrait de saint Pierre surtout est frappant
de ressemblance. Si nous en croyons les archéologues
du pays, l'église de *Munster* aurait possédé jadis bon
nombre d'autres monuments tout aussi précieux, dont
son clergé se serait dessaisi par ignorance, indifférence
ou avarice. Ce beau retable lui-même n'aurait été sauvé
que par suite de son délabrement. Mais ne nous hâtons
pas de dire : « A quelque chose malheur est bon » ; car
un des anciens de la ville prétendait, il n'y a pas encore
bien longtemps, se rappeler que, lorsque cette belle
œuvre « se trouvait comme objet de rebut dans le jubé
de l'église, des curieux en détachaient sans remords les
figurines et les emportaient [1] ». ·

Ce superbe tombeau et ce retable magnifique, tous
deux aujourd'hui fort habilement restaurés, sont à peu

---

[1] *Publication de la Société historique et archéologique dans
le duché de Limbourg.*

près les seuls objets de prix qui soient demeurés dans le *Munster*. Ce n'est, en effet, que pour mémoire qu'on peut mentionner un tableau de qualité modeste, divisé en seize compartiments, représentant les diverses scènes de la Passion, et un portrait d'évêque, peinture fort ordinaire et dont je n'aurais même pas fait mention, sans une inscription qui intéressera peut-être quelqu'un de mes lecteurs. Sur la bande inférieure du cadre, il y a, en effet, ces sept mots, que je transcris textuellement : PATRON CONTRE LA PIERRE ET LA GRAVELLE. Le nom du saint, je n'ai pu le découvrir, mais je pense qu'en écrivant aux fabriciens ou au sacristain, il serait facile de le connaître.

Le *Munster*, cette église si curieuse et si intéressante, n'est pas, comme on pourrait le croire, la cathédrale de Roermond. C'est une simple succursale. A l'époque où l'évêché fut institué, elle appartenait aux religieuses de l'ordre de Cîteaux. L'évêque installa donc son chapitre dans une autre église située sur le marché et « dédiée au benoist Saint-Esprit ». C'était la paroisse de la ville, et elle méritait par son ancienneté l'honneur que lui faisait Guillaume Lindan, « prélat très-docte et honorable, comme l'appelle Guicciardini, lequel a escrit plusieurs bons livres, mis en lumière pour le prouffit et usage des hommes et de la postérité ». Il est, en effet, question de cette dernière église dans une charte de 1279; elle était donc, comme construction, à peu près contemporaine du *Munster*. En 1659, elle menaçait ruine. On consulta les architectes d'alors, qui la trouvèrent hors d'état d'être consolidée et restaurée. Elle fut condamnée; et le jeudi saint, le chapitre abandonna le vieux sanctuaire, appelé à disparaître, pour se transporter à l'église Saint-Christophe, où il réside encore de nos jours.

Cette dernière église, beaucoup plus récente, car elle ne date que des premières années du quinzième siècle [1], est entièrement conçue dans le style gothique. Elle présente cette particularité que jusqu'au transept elle se compose d'une nef avec deux doubles bas côtés augmentés de chapelles latérales qui, à partir du transept, se convertissent en trois nefs d'égale hauteur, sans pourtour. Deux de ces nefs se terminent à trois faces de l'octogone. La troisième, celle de droite, est coupée par un chevet droit percé d'une large fenêtre. Saint-Christophe est entièrement construite en brique; c'est dire qu'intérieurement et extérieurement elle est d'une grande simplicité. Fort heureusement on lui a conservé de fort beaux confessionnaux, une chaire datant du dix-septième siècle, qui est très-remarquable, et plusieurs peintures dont un grand tableau, vaste et sérieuse composition appartenant à l'école de Rubens. Enfin, tout récemment, on a décoré ses fenêtres de beaux vitraux modernes. C'était, en quelque sorte, un tribut que la ville se devait à elle-même, car son nom n'est pas sans avoir figuré dans les fastes de la peinture sur verre [2].

[1] Une charte, conservée aux archives de la ville, fixe 1410 comme date de la construction de l'église et du clocher.

[2] Voir la *Notice sur les peintures sur verre en Belgique*, par M. O. Kelly de Galway.

A l'extérieur, l'église Saint-Christophe reproduit exactement sa disposition intérieure. La principale entrée est située sous une espèce de porche, à l'extrémité du transept méridional. La partie occidentale est occupée par une haute tour carrée, contemporaine de l'église. Cette tour est flanquée à son sommet de quatre petites tourelles dominées par un campanile central de forme très-originale. Ce clocher, ce porche et cette grande église ont un aspect tout à fait pittoresque.

Du côté du nord, Saint-Christophe est bordé par un ancien cimetière, qui aboutissait jadis aux remparts, dont on voit encore là un vaillant débris. C'est une vieille et noble tour de brique, aux murailles épaisses, sans ouvertures, et dont les redoutables mâchicoulis semblent toujours menaçants. Elle appartenait jadis à la seconde enceinte de la ville, celle qui supporta une dizaine de siéges et quatre ou cinq assauts. Roermond, en effet, fut encore plus éprouvée que les autres cités de Gueldre; car non-seulement elle fut attaquée par les ennemis de ses suzerains, mais encore par ses suzerains eux-mêmes, à cause de la fidélité qu'elle gardait à ses légitimes seigneurs. Adolf de Gueldre, en effet, ne lui pardonnera jamais d'être restée fidèle à son malheureux père, et pour se venger de ces nobles sentiments, il fit des incursions continuelles sur son territoire, et mit tout à feu et à sang [1].

---

[1] « ... *Quotidianas in agros Ruremundensium excursiones instituit ferro, flammaque rem agens...* » Pontanus, *Historia Gelricæ.*

A des époques plus récentes, en 1572, 1577, 1632, 1637, 1702, 1795 et 1797, sept fois par conséquent en deux cent vingt-cinq ans, Roermond fut assiégée et prise. L'un des plus désastreux parmi ces siéges fut celui de 1572, où la ville fut pillée. En 1632, bien qu'elle n'eût que trois cents hommes de garnison, l'attaque par la brèche dura quatre jours entiers et coûta la vie au comte Ernest Casimir de Nassau. Enfin, en 1637, la pauvre Roermond fut « réduite à l'obéissance de Sa Majesté Catholique, après avoir esté furieusement attaquée cinc iours durans par quatre endroicts, tourmentée par trois, et pressée par un assaut général auquel elle ne pouvoit résister[1] ».

Par contre, les deux occupations qui paraissent avoir laissé le moins de traces funestes sont celles de 1672 et de 1795. A cette dernière date, les idées révolutionnaires, que les troupes françaises apportaient avec elles, semblent même avoir été particulièrement du goût des Roermondois. Partout on installa des clubs à l'instar de Paris : les « Patriotes » aux Pénitents, sous la présidence du juge de paix Schommers; les « Jacobins » aux Récollets. On peut s'imaginer si les discours allèrent leur train, d'autant mieux que tous les sentiments libéraux se doublaient d'une haine profonde contre les « Impériaux », comme on disait alors. Un seul exemple fera voir à quel

---

[1] *La Réduction des villes de Vanloo et de Ruremonde à l'obéissance de Sa Majesté Catholique.* Bruxelles, 1637. La lettre d'où ce passage est tiré est datée « du camp devant Ruremonde, 7 septembre 1637 ».

diapason étaient montés les esprits. « Un vieux monsieur, Maertins », faillit être massacré, parce qu'on le
soupçonnait d'avoir caché chez lui des drapeaux autri-
chiens.

Grâce à une triple chronique récemment retrouvée,
on connaît, presque jour par jour, l'histoire de cette intéressante époque [1]. On en pourrait raconter les émouvantes journées et en retracer aussi les patriotiques
cérémonies. La plus belle de ces solennités fut celle du
2 pluviôse, où l'on planta l'arbre de la liberté. Un poëte
du cru, inspiré par un démocratique enthousiasme, sus-
pendit le lendemain aux branches du peuplier libéral
un écriteau sur lequel il avait tracé ce quatrain, qui
montre plus d'excellentes intentions que de véritable
lyrisme :

> Passant, qui me regarde en ce lieu prospéré,
> Tu dois savoir pourquoi ici je suis planté.
> Bénis mon institution, le jour qui m'a vu naître,
> Et jures, à mes pieds, de n'avoir plus de maître.

Lorsque les régiments français qui étaient en garnison
à Roermond partirent pour l'Italie, le même poëte sus-

---

[1] Cette triple chronique fut découverte il y a quelques années,
dans l'étude de M. Ch. Guillers, notaire à Roermond. C'est le
journal de trois personnes différentes qui, sans se connaître, avaient
pris soin de relater tous les événements s'accomplissant sous
leurs yeux. Ces trois personnages sont : 1º la demoiselle Van
Elsacker, dont le journal va de 1769 à 1819; 2º Pieter Hen-
drick Scheurs (1794-1799); et 3º le chef de magasins Ramoekers
(1781-1802).

pendit au même arbre un autre quatrain qui, celui-là, offensait un peu moins la prosodie :

> Arbre chéri de l'homme libre ,
> Les Français en ces lieux t'ont planté.
> Ils vont apprendre au bord du Tibre
> A propager la liberté.

La population ne se borna point, du reste, à ces adieux poétiques. Elle fit la conduite aux troupes qui s'en allaient, leur criant : « Au revoir! » Le clergé lui-même s'associa à ces marques de sympathie. Pendant tout le temps de l'occupation il avait fait, du reste, excellent ménage avec l'armée républicaine. Hoche, à son passage dans le pays, habita chez le curé de Maesbracht. Vandamme logea également à Roermond chez un ecclésiastique. Quant aux troupes, elles avaient reçu les ordres les plus sévères de respecter tout ce qui touchait au culte; et le moindre manquement à la discipline était rigoureusement puni.

Un jour, quelques soldats, en l'absence de leurs chefs, brisèrent le grand crucifix de Mérum. Les paysans de ce village, indignés et furieux, se précipitèrent sur les soldats, en tuèrent un, en arrêtèrent un autre, et, après avoir garrotté ce dernier, le conduisirent à Roermond, où ils se présentèrent avec leur prisonnier devant le général. Celui-ci rassembla ses soldats dans la rue Basse, et là, sur le front de la troupe, fit couper les cheveux au soldat sacrilége, et, aux applaudissements de la foule, le renvoya de l'armée.

En 1673, les rapports entre l'armée française et le

clergé roermondois avaient également été empreints d'une
grande cordialité. Cette fois, nos soldats n'apportaient
pas dans le pays des idées révolutionnaires, mais seulement l'usage de la pipe [1]. Dans la fréquentation de
leurs nouveaux amis, les ecclésiastiques prirent si bien
l'habitude de fumer, que quelques années plus tard,
en 1677, l'évêque Reginald Cools dut, par un mande-
ment, défendre au clergé de Roermond l'usage immo-
déré du tabac, qu'il qualifiait de coutume soldatesque :
« *tabaci more militari immodicum usum.* »

Il serait assez difficile de préjuger l'accueil qu'on ferait
aujourd'hui à nos soldats, s'ils revenaient dans le pays,
et cela importe peu, car ils n'ont guère de chance d'y
revenir. Ce qu'il est aisé de constater, par exemple,
c'est la gracieuse amabilité avec laquelle les Roermondois
reçoivent les étrangers qui viennent amicalement frapper
à leur porte. L'hospitalité est pratiquée par eux de la
façon la plus cordiale et la plus obligeante. Pour ma
part, je n'oublierai jamais les heures charmantes passées
chez un des jeunes échevins de cette gentille cité, ni les
joyeuses excursions qu'il nous fit faire dans les environs
de Roermond.

---

[1] M. Louis Figuier mentionne cette particularité, que c'est
pendant le siége de Maëstricht (1672) que l'usage de la pipe se
généralisa dans l'armée française; jusque-là on s'était borné à la
prise. (Voir *Année scientifique et industrielle*, 1866.)

XXIII

En quittant Roermond, nous approchions singulièrement du terme de notre voyage. Maëstricht n'était plus qu'à quelques lieues, et, sous peine de sortir de Néerlande, il nous était interdit d'aller plus loin. La vieille cité gallo-romaine est située, en effet, sur l'extrême limite du royaume. A l'est, au sud et à l'ouest, elle est entourée par des provinces étrangères, et au nord seulement un mince lambeau de territoire la rattache à la mère patrie.

Si l'on voulait décrire soigneusement Maëstricht, il faudrait lui consacrer au moins tout un volume. Il en faudrait même davantage, car on en a déjà écrit plusieurs sur son histoire sans que tout ait été dit. Chaque pas que l'on fait à travers ses rues suscite, en effet, mille souvenirs. Il n'est point de place, point de monument, qui n'ait un fait à raconter, qui ne rappelle une anecdote ou la mémoire d'un glorieux personnage. A chaque coup de pioche qu'on donne dans son sol, celui-ci semble vouloir redire quelles races l'ont foulé, quels peuples l'ont cultivé, habité, embelli, couvert de monuments, quelles générations l'ont abreuvé de leur sang et sont mortes pour le défendre.

A la place même où l'on débarque, à l'endroit où s'élèvent les bâtiments de la station du chemin de fer, on a trouvé, en construisant la gare, des substructions romaines. Trois grandes jattes en terre rouge et un barillet de verre attestaient en outre la présence en ces lieux des antiques Latins. Partout autour, dans la campagne, on rencontre des preuves éloquentes de leur séjour. Ce sont des ruines de villas, des fragments de mosaïques, des urnes funéraires, des tombeaux en partie détruits qui viennent perpétuer le souvenir de ces illustres conquérants [1].

Longtemps avant eux, du reste, à cette époque dont l'histoire n'a pu être refaite, le pays était occupé par des peuplades nombreuses, et les silex taillés qu'on rencontre fréquemment sur la montagne Saint-Pierre nous disent assez que les races primitives avaient déjà fait des environs de Maëstricht un lieu de séjour préféré, constamment habité par leurs tribus errantes.

Dès qu'on approche de la ville, de fiers bastions viennent évoquer de plus récents souvenirs. Ce sont les remparts de **Wijck**, le faubourg de Maëstricht, la fraction de la cité qui occupe la rive droite de la Meuse. Son nom, qui signifie « refuge », a une sorte d'éloquence. Il

---

[1] Les antiquités romaines trouvées à Maëstricht ont été décrites par M. C. Loomans, l'éminent directeur du musée de Leyde. Voir *Romeinsche Oudheden gevonden te Maastricht*.

semble qu'on le lui ait donné parce que, la ville perdue, les habitants pensaient encore trouver là un asile assuré.

Il y a quelques années, Wijck possédait une autre enceinte [1], beaucoup plus vieille et aussi plus curieuse. C'était celle contre laquelle étaient venus se briser les efforts des Espagnols, celle dont Strada avait vu « les fossés remplis par le sang des assiégeants ». Elle enveloppait toute la ville, et chacune de ses pierres pouvait raconter quelque acte d'héroïsme ; car ce n'étaient pas seulement les bourgeois qui avaient défendu pied à pied le sol de ces remparts, mais aussi les femmes, intrépides compagnes de leurs maris intrépides. En 1632, et avant cela, en 1579, on vit en effet les vaillantes Maëstrichoises, organisées en bataillons, accepter avec joie les plus rudes fatigues. Elles se réunissaient au son du tambour, et, armées de pelles et de pioches, elles s'en allaient, enseigne en tête, réparer les brèches sous le feu de l'ennemi [2].

Un pareil exemple électrisait les hommes. En 1579, pour ne parler que de ce siége, les Espagnols avaient été « tant de fois chassez des ramparts, qu'ils n'en ozoyent plus approcher pour les assaillir [3] ». Les assiégés, au dire même de Strada, « ne désespéraient point encore, bien que les troupes couronnassent leurs murailles ».

---

[1] Cette enceinte fut détruite de 1867 à 1869, malgré les protestations de tous les archéologues de la province. M. Alex Schaepkens a dans une suite de lithographies conservé le souvenir des portes principales.

[2] Voir Loyens, *Brevis et succincta Synopsis*, etc. Bruxelles, 1672.

[3] Voir la *Grande Chronique*, etc. — Meteren, *Histoire des Pays-Bas*. — Strada, le Clerc, Bentivoglio, etc., etc.

Maastricht (les anciens remparts).

Aussi, ne pouvant enlever la place de force, le duc de Parme eut-il recours à la ruse. Il ouvrit des négociations avec les assiégés, et profitant de ce que les bourgeois, confiants dans sa parole, étaient devenus « tant plus floches et ne faisoyent le devoir à leur garde », il introduisit une nuit quelques troupes par surprise et emporta la ville d'assaut.

Exaspérés par l'héroïque résistance des assiégés, ses soldats se conduisirent comme de véritables bêtes fauves, « tuant tout ce qu'ils rencontrèrent, trois heures de long, sans y rien épargner, hommes ni femmes, jeunes, vieux, tant que le prince eut commandé de cesser la tuerie ; lors ils commencèrent à prendre les bourgeois prisonniers et à les rançonner [1] ». Ce sont là de ces victoires qui faisaient dire au vieux Guillaume Baudart (qu'on ne saurait pourtant accuser de sensibilité) : « *Victus flet et victor non gaudet* », le vaincu pleure, et le vainqueur n'ose pas se réjouir.

Ce n'était pas, du reste, la première fois que Maëstricht était éprouvée par un semblable désastre. Trois ans plus tôt elle avait déjà opposé aux Espagnols une pareille résistance, subi un pareil assaut et une aussi horrible dévastation. Une gravure ancienne nous a conservé le détail de cette épouvantable tuerie [2], et la notice latine qui l'accompagne est pleine des plus douloureuses révélations.

Heureusement tous les siéges que Maëstricht supporta

[1] *Grande Chronique de Hollande et Zélande*, etc.
[2] Voir la *Polemographia,* déjà citée.

ne se terminèrent pas d'une façon aussi lamentable.
Cinq fois, en moins d'un siècle et demi, la vaillante cité
sut repousser ses ennemis ligués contre elle : en 1284,
1304, 1334, et deux fois en l'année 1408. Les armées qui
vinrent l'attaquer furent obligées de lever honteusement
le siége et de se retirer poursuivies par ses héroïques
bourgeois [1]. Mais, alors même que ces nobles faits
d'armes n'existeraient pas, la seule défense de 1676
suffirait pour l'illustrer à jamais.

Au mois de juillet de cette année-là, pendant qu'on
négociait à Nimègue, le prince d'Orange vint mettre le
siége devant Maëstricht. Il espérait en avoir d'autant
plus facilement raison, que le maréchal d'Estrades, qui
était à la fois gouverneur de la ville et plénipotentiaire
au Congrès, se trouvait forcément absent. Mais il avait
compté sans la bravoure du commandant en second, le
chevalier Calvo, « un Catalan résolu », comme l'appelle
Temple, qui avait pris le parti de pousser les choses aux
dernières extrémités. « Messieurs, avait-il dit aux ingénieurs de l'armée, je n'entends rien à la défense d'une
place. Tout ce que je sais, c'est que je ne veux pas me
rendre. »

Le prince d'Orange fit ouvrir la tranchée vers la fin
de juillet, et de suite « le siége fut poussé avec tant de

---

[1] L'histoire des principaux siéges de Maëstricht a de tout
temps préoccupé les érudits du pays. Parmi les publications relatives à ces faits de guerre, on doit mettre au premier rang deux
excellentes études de M. Franquinet : les *Siéges de Maëstricht en
1407 et 1408*, et l'*Histoire du siége de la ville de Maëstricht
en 1748*.

vigueur et l'on donna des assauts si terribles pendant
trois semaines, que l'on faisoit des gageures à Nimègue
dans lesquelles on donnoit beaucoup d'avantage que
Maëstricht seroit pris dans un certain temps. Nous ne
remarquâmes jamais, ajoute Temple, auquel nous em-
pruntons ces lignes, que le maréchal d'Estrades voulût
gager le contraire, ni qu'il crût que la place se défen-
drait aussi bien qu'elle le fit[1]. » Néanmoins, et malgré
les « terribles assauts », la ville tenait bon. Les assaillants, partout et toujours repoussés, commençaient à refuser de marcher aux remparts. Bientôt, le prince fût
obligé de payer hardiment de sa personne. Un jour,
voyant ses soldats se débander devant une sortie des assiégés, il « courut au secours avec une valeur incroyable, et repoussa nos gens l'épée à la main, jusque dans
les portes ; il fut blessé au bras, et dit à ceux qui avoient
mal fait : Voilà, messieurs, comme il falloit faire ; c'est
« vous qui êtes la cause de la blessure dont vous faites
« semblant d'être si touchés[2]. » Mais tant d'efforts généreux furent dépensés en pure perte. Le maréchal de
Schomberg approchait. On n'osa pas lui livrer bataille,
et les assiégeants, se retirèrent précipitamment abandonnant tout leur matériel.

A la cour de France, on était fort inquiet de Maës-

---

[1] *Mémoires de ce qui s'est passé dans la chrétienté*, etc.

[2] Madame de Sévigné, *Lettre du 31 juillet* 1675. La spirituelle
marquise était, à cette époque, au mieux avec M. de Pomponne,
alors ministre des affaires étrangères, et par conséquent fort bien
renseignée sur tout ce qui se passait à Maëstricht.

tricht. Aussi, quand on sut sa délivrance, ce fut une grande joie. « M. de Louvois courut apprendre ce bon succès au roi ; l'abbé de Calvo était avec lui ; Sa Majesté l'embrassa tout transporté de plaisir, et lui donna une abbaye de douze mille livres de rente, vingt mille livres de pension à son frère, et le gouvernement d'Aire avec mille et mille louanges qui valent mieux que tout le reste [1]. »

Louis XIV attachait, en effet, une importance extrême à la conservation de Maëstricht ; car, outre les avantages que la possession de cette place assurait à son armée, il se souvenait de lui avoir, trois ans plus tôt, fait une visite triomphale et en avait conservé le meilleur souvenir. Son entrée victorieuse de 1673 avait, en effet, été célébrée de toutes les façons. Elle avait

> Fait couler presque autant de rimes que de larmes.

A peine avait-il franchi la première avancée, qu'on lui remettait un poëme, poëme étrange s'il en fut, rédigé en langue provençale par le jésuite Jean Berthet, savant critique, astronome, poëte à ses heures et fin courtisan en tout temps. Ce poëme était fort concis et fort simple, et cependant il fit plaisir au roi. Le voici du reste dans sa teneur exacte :

> San Peïre eme sa testo rase
> Diguet davant Maestric l'autre jour à San Pau :
> Per commbattre aujourd'hieu presto me toun espace ;
> Dins dous jours, per intrar, te presterai ma clau [2].

---

[1] Madame de Sévigné, *Lettre du 2 septembre* 1676.
[2] Saint Pierre avec la tête rasée — disait devant Maëstricht

Nombre d'autres poëmes, adresses, pétitions furent présentés au roi sur son parcours ; il en est un toutefois qu'on n'osa pas lui soumettre et qui fut pourtant composé en ce même jour. C'est une chanson dialoguée, dans laquelle la pauvre Maëstricht, conversant avec Louis, se plaint amèrement des rigueurs de la guerre. Cette complainte est trop longue pour trouver place ici, car elle n'a pas moins de huit couplets. Du reste, le roi ne l'entendit pas, où s'il l'entendit, il ne la comprit guère, car elle est en hollandais, et puis les oreilles royales devaient bourdonner encore au souvenir du superbe *Te Deum* chanté à Saint-Servais.

Un moment cependant on avait craint que cette pompeuse cérémonie ne pût avoir lieu avec l'éclat accoutumé. Depuis un mois, en effet, le directeur de la chapelle royale avait disparu ; c'était un Liégeois nommé Dumont. On l'avait cherché partout sans succès. On le retrouva dans Maëstricht. Amoureux d'une jolie Maëstrichoise, il s'était échappé pour lui faire sa cour, et, surpris par l'investissement, il était demeuré dans la ville pendant toute la durée du siége. Le roi le démêla dans la foule respectueusement rangée sur son passage. « Quoi ! c'est vous, Dumont ! lui dit-il d'un ton sévère. Que faisiez-vous donc au milieu de mes ennemis pendant que j'assiégeais cette ville ?

l'autre jour à saint Paul : — Pour combattre aujourd'hui prête-moi ton épée ; — demain, pour entrer, je te prêterai ma clef.

Allusion à ce fait, que l'assaut fut donné le 29 juin, jour de la Saint-Pierre, et que la capitulation eut lieu le lendemain, jour de la Saint-Paul.

— Sire, répondit l'adroit maître de chapelle, je composais un *Te Deum* pour le succès des armes de Votre Majesté. »

Le roi sourit et passa outre. Ce Dumont n'est pas, du reste, le seul artiste qui pénétra avec l'armée française dans les murs de Maëstricht.

Le lendemain du jour où le roi fit son entrée, quelques acteurs érigèrent une tente sur le grand marché et commencèrent à y donner des représentations. C'était une grosse nouveauté, car jamais encore on n'avait joué la comédie à Maëstricht. Les habitants firent bon accueil aux comédiens. De leur côté, les Français ne leur marchandèrent pas leurs sympathies; et comme Louis XIV honora par deux fois la baraque de sa présence, les affaires de ces braves gens ne tardèrent pas à prospérer.

La tente demeura pendant cinq ans sur le grand marché. Plus tard, les habitants, qui avaient pris goût à ces représentations, obtinrent qu'une salle de l'ancien hôtel de ville fut consacrée à ces divertissements et convertie en théâtre. Mais cette salle était fort petite; aussi quand, en 1748, les Français, sous les ordres du maréchal de Saxe, occupèrent de nouveau la vaillante cité, comme ils apportaient une recrudescence de spectateurs, les comédiens réclamèrent un plus vaste local. On convertit alors en salle de spectacle un grand manége, qui demeura fidèle à sa nouvelle destination jusqu'en 1786, époque à laquelle les États cédèrent à la ville l'église des Jésuites[1],

[1] Cette église ainsi que tous les biens appartenant aux jésuites avaient été confisqués en 1638 par les États généraux. Cette

qui fut transformée en théâtre, et c'est là que, de nos jours encore, ont lieu les représentations.

Mais, sans y prendre garde, nous voilà parvenus au centre de la cité. Vite, il nous faut retourner en arrière ; mille souvenirs, en effet, nous attendent le long du chemin. Et d'abord, pour passer de Wijck dans Masëtricht, il nous faut traverser le pont, ce fameux pont auquel Maëstricht doit d'exister. La vue qu'on a de ce côté est, du reste, assez belle pour qu'on s'y arrête un instant. Il est difficile, en effet, de souhaiter un panorama plus agréable et plus chaudement coloré. Les vieilles maisons, les monuments anciens, les remparts et les églises mélangent joyeusement leurs lignes accidentées, leurs formes élégantes ou bien austères, leurs couleurs gaies ou sombres, leurs briques et leurs pierres. C'est un fouillis charmant auquel ne manquent ni les grands arbres, ni le gazon vert, ni surtout les hauts clochers, les tours majestueuses aux profils antiques, aux murailles brunies par les siècles, qui semblent veiller sur la cité bruyante, comme des frères aînés surveillant leurs jeunes frères.

Partout l'animation règne, la vie bourdonne, et la vieille rivière, qui roule sous nos pieds ses petits flots argentés, semble participer à cette joie générale. Elle porte gaiement ce fardeau de pierres qui la traverse

année-là, le père J. B. Boddens, recteur des jésuites, et le père Vinck, gardien des récollets, ayant eu connaissance du complot que le brasseur Landsman avait tramé avec quelques bourgeois pour livrer la ville aux Espagnols, avaient été arrêtés, mis à la question, décapités, et les deux ordres auxquels ils appartenaient avaient été chassés de la ville.

depuis tant de siècles, et ses ondes rapides s'engouffrent
sous les grandes arches avec un sifflement étrange qui
ressemble au bruit d'un baiser ; c'est que la ville aime le
fleuve et le fleuve aime la ville.

C'est, en effet, à cette place même où nous sommes
que Maëstricht commença d'être. Ce fut d'abord une tête
de pont fortifiée par les Romains. Le passage de l'ancienne chaussée qui allait de Tongres à Cologne l'atteste
assez, ainsi que les substructions des villas antiques.
La tradition affirme même que c'est à la place où s'élève
Wijck que les Bataves, conduits par Claudius Civilis, ex-
terminèrent, au quatrième siècle, les légions de Vespa-
sien[1]. La tête du pont devint bientôt ville, et même ville
forte, car saint Servais, ne se trouvant point en sûreté à
Trongres, y transporta son siége épiscopal pour le mettre
à l'abri des incursions des Saxons et des Huns qui, sous
la conduite de Balamir, s'avançaient déjà à grands pas
vers le Rhin. La présence du saint prélat semble avoir
porté bonheur à sa nouvelle résidence ; à partir de ce
jour, elle grandit et prospère. Tout le monde, du reste,
rend justice à sa superbe position. Blaeu nous la dépeint

---

[1] Cette opinion a été récemment contestée, notamment par un
archéologue belge, M. Caumartin, s'appuyant sur ce que le récit
de Tacite, auquel il est fait allusion, représente les troupes de
Labeo combattant celles de Civilis dans un défilé. « Maintenant,
dit M. Caumartin, je vous demande : où trouver l'apparence d'un
défilé dans une plaine unie comme la main qui s'étend de Wijck
jusque bien loin au delà d'Amby ? » Cette question vaudrait la
peine d'être étudiée, mais c'est un soin que nous laissons aux archéologues de Limbourg.

« *oppidum opportune prorsùs et commode situm* ». Avant lui, de Meteren la citait comme « une ville laquelle importoit grandement pour sa situation », et Guicciardini la vante comme « une cité bien et commodement située ». Son pont, en effet, était de trop grande importance, et donnait de trop gros revenus pour que tous les riverains de la Meuse ne cherchassent pas à s'en emparer et, une fois les maîtres, à s'en assurer la possession.

Ce pont, du reste, n'est point un inconnu pour nous. Il a son état civil[1], malheureusement incomplet, parce que les archives de Maëstricht et de ses églises ont été maintes fois dispersées. Mais nous savons qu'en 1139 l'empereur Conrad II en fit donation au chapitre de Saint-Servais, « avec son usage et son utilité, à charge de l'entretenir et de partager les revenus non absorbés par l'entretien en deux parts, l'une pour le prévost de la ville, l'autre pour le chapitre ». Le pont était en bois, et il faut croire que le chapitre s'acquitta assez mal de la première des deux clauses; car, en 1275, vermoulu et pourri, il s'écroula au moment où la procession de Notre-Dame passait dessus, et cet accident coûta la vie à plus de quatre cents personnes[2].

Il fut reconstruit en bois, à la place où il est aujourd'hui[3], et plus tard en pierre (1581 à 1585). C'est

---

[1] Voir A. Schaepkens, *Archives avec sceaux du pont de la Meuse.*

[2] Voir G. D. Franquinet, *Notices historiques sur la ville de Maastricht.*

[3] Le premier pont reliait les deux rives à la hauteur de la porte Notre-Dame.

lui que nous voyons encore, mais renouvelé plus d'une
fois, arche par arche et morceau par morceau [1].

Ce serait refaire l'histoire de Maëstricht que de raconter tous les faits importants dont ce pont fut témoin :
bombardements, tueries, massacres, fêtes religieuses,
processions, cérémonies, entrées triomphales et réjouissances de toutes sortes. Parmi ces dernières, l'une des
plus brillantes fut, à coup sûr, la belle fête nautique
donnée par la ville au czar Pierre le Grand.

C'est le 28 juillet 1717 qu'eut lieu cette fête. La
veille, à quatre heures du soir, le czar avait fait son entrée dans Maëstricht; ce même jour, il avait visité le fort
Saint-Pierre ainsi que les remparts, et assisté à un
souper offert par les magistrats à l'hôtel de ville. Le
lendemain eut lieu l' « *attaque du fort sur la Meuse* ». Ce
fort était une sorte de tour carrée, construite sur un
pivot et plantée au milieu du fleuve. Plusieurs nacelles
chargées de bateliers l'attaquaient en même temps, et les
assaillants s'efforçaient de l'escalader. Mais deux hommes
placés à l'intérieur de la tour la défendaient avec des
fusils et des grenades, et aussi en la faisant pivoter, ce
qui renversait les échelles et les bateliers qu'elles portaient. Ce jeu dura deux heures et amusa beaucoup le
czar. Après quoi l'empereur quitta la ville pour aller dîner
au château de Canne, et partit ensuite pour la Hollande [2].

[1] Il a été entièrement renouvelé de 1698 à 1714. (Voir *An-
nuaire de Limbourg*, 1826).

[2] Le récit du séjour du czar à Maëstricht nous a été conservé
par le registre aux ordres de la garnison. (Voir *Annales de la Société historique et archéologique*.)

Le pont qui nous a si longtemps retenu, pour fort intéressant qu'il soit, n'est cependant ni le plus curieux
édifice, ni la plus vieille construction que possède Maëstricht. Celle dont l'ancienneté présumée est la plus considérable est certainement la *Helpoort* ou porte de l'Enfer. Je dis « ancienneté présumée », parce que l'époque
de la construction de cette porte infernale a fourni matière à de grosses contestations entre les archéologues
du pays. Les uns, M. Alexandre Schaepkens en tête,
ont cru y découvrir une *forteresse romaine* [1]; d'autres,
parmi lesquels M. Schayes [2], s'appuyant sur des textes
d'une application plus ou moins contestable, ont voulu
y voir une fraction de l'enceinte reconstruite au treizième
siècle. A nos yeux la *Helpoort* ne mérite

> Ni cet excès d'honneur, ni cette indignité.

Elle nous semble appartenir aux débuts de l'architecture romane dans la contrée, c'est-à-dire au neuvième
ou au dixième siècle. C'est, du reste, un monument plus
intéressant que beau, se composant d'un haut massif en
maçonnerie, flanqué de deux tourelles arrondies sur la
façade extérieure et carrées à l'intérieur, et surmontées
de petites toitures pointues. Ce massif est crevé à sa base
par une large voûte cintrée et à son sommet par trois
fenêtres bouchées aujourd'hui. La maçonnerie, de moyen

[1] Voir *Une forteresse de l'ancienne Belgique.* (*Bulletin de la
Société d'archéologie de Belgique.*)

[2] Voir l'*Histoire de l'architecture en Belgique*, par A. G. B.
Schayes.

appareil, n'est pas restée insensible à l'action des siècles. Les années ont accompli leur besogne en rognant
et en rongeant la pierre et le mortier, en sorte que de
nos jours cette vaillante construction est couverte d'aspérités et de rugosités, qui lui donnent un aspect rustique
très-pittoresque et fort rébarbatif. Le coin de la ville dans
lequel elle se trouve est, du reste, lui-même fort caracté-
ristique. Elle est à deux pas du rempart, qui encaisse dans
ses bastions verts tout un fouillis de joyeuses maisons,
de toits noirs et de murs rouges, au milieu desquels
apparaissent des vestiges d'anciennes murailles et une
vieille tour appartenant à l'enceinte du seizième siècle.

Quant au nom terrible de « porte d'Enfer » dont on a
décoré ce robuste édifice, il vient d'une enseigne qui
décorait jadis la petite rue où la porte aboutit.

Non loin de la *Helpoort* s'élève un sanctuaire fort
ancien et justement célèbre, c'est l'église Notre-Dame.
Si nous en croyons M. Eug. Gens qui l'a étudiée et
décrite avec beaucoup de soin, Notre-Dame daterait
du cinquième siècle, et aurait été édifiée par saint Monulfe, dans la forme d'un parallélogramme, puis, au
neuvième siècle, elle aurait été agrandie et modifiée,
pour être encore retouchée et complétée à l'époque ogivale. Malheureusement, la nef a été si affreusement restaurée en 1764, qu'il est à peu près impossible aujour-
d'hui d'y retrouver des traces de l'édifice primitif; et cela
semble d'autant plus regrettable, que le chœur, demeuré
à peu près intact, est un véritable bijou.

Pour lui, du reste, il n'y a pas à s'y tromper, il est

bien du onzième siècle, de l'époque où le style roman avait atteint la perfection et produisait ses meilleurs modèles. Ce chœur se compose d'un hémicycle, avec deux rangs superposés d'arcades portées par trente-deux colonnes, dont les chapiteaux sont d'une superbe exécution et d'une richesse excessive. Il y a là vingt compositions relatives à l'Ancien et au Nouveau Testament, qui toutes sont d'un travail exquis, et exécutées avec une délicieuse naïveté.

La *Cène*, l'*Échelle de Jacob*, sa *Lutte avec l'Ange*, le *Sacrifice d'Abraham*, *Joseph vendu par ses frères*, sont autant de petits chefs-d'œuvre de sculpture naïve et délicate. D'autres chapiteaux représentent les entrelacements fantastiques d'animaux extraordinaires et de végétaux hyperboliques, d'un dessin on ne peut plus gracieux. Impossible de rêver une fantasmagorie plus élégante.

Sur l'un d'eux, M. Franquinet, l'érudit archiviste du Limbourg, qui nous accompagnait dans notre visite, voulut bien nous faire remarquer un petit bas-relief porteur d'une inscription. Ce bas-relief représente un personnage offrant à une dame un objet assez semblable à un gâteau de Savoie. Les archéologues limbourgeois croient voir, dans cette scène, l'architecte offrant son œuvre à la Vierge et, dans la seconde partie de l'inscription, S· MARIA·I·EIMO, le nom de cet artiste.

Il aurait fallu n'être point nous-mêmes des archéologues fieffés pour nous contenter de cette plausible explication. Nous repoussâmes donc l'interprétation limbourgeoise, nous appuyant sur ce fait qu'au onzième siècle les architectes étaient de très-petits messieurs, infiniment moins considérés que les « entrepreneurs de bâtisses » de nos jours, et qu'en conséquence on aurait trouvé de fort mauvais goût qu'un homme qui n'avait que du génie se permît d'offrir à la Vierge un édifice qu'il avait simplement conçu et fait exécuter. Ce soin appartenait au duc de Brabant, protecteur de l'église, à l'évêque de Liége, son chef spirituel, au doyen, ou à quelque riche donateur ; mais l'architecte ! un pauvre diable de manouvrier qui s'en souciait ? Quant à l'inscription, nous n'hésitâmes pas à la traduire de la façon suivante : Sancta MARIA In Eccelsis Iesvs Mater Optima. Le lecteur pourra, du reste, choisir entre ces deux explications qui se valent, car l'une et l'autre ne reposent que sur des suppositions plus ou moins fondées.

Le chœur de Notre-Dame, où avait lieu cette discussion courtoise, est situé sur une crypte intéressante. Elle est à voûte d'arête, portée par trois rangs de petites colonnes cylindriques d'une grande simplicité. Pour le reste, à l'exception d'un Christ en croix dans le style de Van Dyk, nous ne vîmes plus rien qui nous parût digne d'être noté.

Heureusement, à l'extérieur, il en est autrement. Outre l'abside, qui a conservé sa forme et sa décoration primitives du plus beau style roman, Notre-Dame possède une façade occidentale, qui est bien l'une des plus étranges et des moins communes qu'on puisse rencontrer. Qu'on se figure une énorme tour carrée, lourde, massive, mal gracieuse, flanquée de deux tourelles rondes, élancées, pointues, maigrelettes, sans autres ouvertures que quelques lucarnes, et l'on aura une idée de cette singulière construction à mine rébarbative, et qui ressemble plutôt à une tour fortifiée qu'à un clocher d'église. On ne connaît, je crois, que deux façades analogues : l'une à la cathédrale de Bonn, l'autre à Saint-Denis, à Liége. Encore celle qui nous occupe est-elle la plus ornée des trois, car elle porte à son sommet des arcades simulées, que n'ont pas les deux autres.

Notre-Dame possède, en outre, un joli cloître ogival, un trésor et des archives, dont il nous faut dire quelques mots. Le cloître est de la bonne époque gothique, d'un style élégant et d'une conservation parfaite. Ses galeries sont adossées aux côtés d'une cour carrée dont un jardin occupe le milieu. Il est peu de promenoirs qui soient plus agréables et où l'on aimerait davantage à se recueillir et à faire tout en marchant quelque lecture philosophique.

Le trésor, lui, est réduit à sa plus simple expression. Jadis, les anciens catalogues de la collégiale en font foi[1], l'église était l'une des mieux pourvues du diocèse de Liége. Mais, en 1798, la plupart des objets les plus précieux ont disparu. Les uns, comme le buste de saint Barthélemy et quelques statues en argent massif, furent fondus pour en avoir le métal; les autres, pour être

---

[1] Ces catalogues ont été publiés dans l'excellent livre que l'abbé M. Villemsen a consacré aux *Antiquités sacrées dans les collégiales de Saint-Servais et Notre-Dame.* Voir aux Pièces justificatives, appendice 18 et 18 bis.

sauvés de la réquisition révolutionnaire, furent confiés aux chanoines, qui, bien qu'ils en dussent compte au chapitre, ne se montrèrent pas des dépositaires d'une fidélité à toute épreuve. Témoin cette croix byzantine, rapportée en 1204 de Constantinople par Philippe de Souabe, laquelle était, au dire de l'abbé Willemsen, « d'une richesse sans pareille », et dont M. Schaepkens nous a raconté la triste odyssée [1].

On comprend qu'après de pareilles épreuves, le trésor de Notre-Dame se trouve singulièrement appauvri. Cependant, il renferme encore quelques précieux objets. Parmi ceux-ci, il nous faut citer notamment un reliquaire grec en argent du onzième siècle avec des figures ciselées et émaillées; un autre en cristal de roche, monté en forme de châsse et appartenant au treizième siècle; un troisième en argent, affectant la forme d'une élégante tourelle et datant du quatorzième. Mentionnons encore quelques bourses à reliques du quatorzième et du quinzième siècles ornées de fort élégantes broderies, et une corne en ivoire avec une monture orientale.

Les archives ont été presque autant éprouvées que le trésor. Mais joyaux tout aussi précieux, grâce à leur valeur moins apparente et à leur placement plus difficile, elles sont allées moins loin et sont rentrées plus volontiers au bercail. Néanmoins un *Index documentorum* récemment retrouvé et contenant le sommaire des privi-

---

[1] *Publications de la Société historique et archéologique du duché de Limbourg.*

léges, bulles, donations, qui constituaient les archives à
la fin du siècle dernier (*Index* qui n'occupe pas moins de
deux forts volumes), dit assez quelles pertes ont été
faites, pertes malheureusement irréparables. Ce qui
reste de ces archives compte 411 pièces, dont la plus
ancienne, remontant à 1312, est un diplôme de l'empereur Lothaire attestant la haute antiquité de la collégiale
de Saint-Servais.

Cette dernière église, à laquelle il nous faut arriver
maintenant, est bien l'édifice le plus remarquable, le plus
ancien, le plus complet et le plus fameux de tous ceux
que renferme Maëstricht. Il s'en faut de beaucoup néanmoins que les archéologues aient pu se mettre d'accord
sur l'époque probable de sa construction. Tout d'abord
apparaît la légende qui la veut faire remonter au temps
de Charlemagne, et associe l'ombre du grand empereur à
la renommée d'un grand saint. Mais il ne faut pas, cette
fois, faire par trop fi de la légende. Sans admettre avec
un archéologue de mérite, M. Eug. Gens, que la magnifique église que nous avons sous les yeux date entièrement de cette lointaine époque, nous devons cependant
reconnaître qu'au neuvième siècle il existait dans Maëstricht une église de Saint-Servais; car cette existence est
attestée par des textes vénérables, sinon positifs. Les
Bollandistes, en effet, affirment que Charlemagne y vint.

---

[1] Toutes ces archives ont été cataloguées et décrites avec
beaucoup de talent et de soin, par M. Franquinet, dans son *Bere-
deneerd inventaris der Oorkonden en Bescheiden, van het kapittel,
van O. L. Vrouwekerk.*

25.

faire ses pâques [1]. Elle existait donc alors, non pas telle
qu'elle est de nos jours, cela est certain; mais est-il
absurde de supposer que la crypte qui fut si sottement
détruite en 1806, et le grand chevet plat dont alors on
découvrit les substructions, dataient de ce temps? De
même pour cette espèce de *narthex,* qu'on appela tour
à tour chapelle de la Vierge, chapelle de Charlemagne et
Nieuwekerk [2]. Elle a été restaurée à maintes époques,
cela est évident; mais ne peut-on admettre que sa grosse
maçonnerie date du neuvième siècle?

Quant au reste de l'édifice, il est postérieur, il n'en
faut pas douter, et sa date est révélée par un passage de
la vieille chronique d'Arras et de Cambrai [3] dont, à mon
sens, on n'a pas assez tenu compte. « Dans le mois
d'août (1039), écrit l'auteur de cette chronique qui était
contemporain de l'événement, l'évêque Gérard de Cambrai se rendit à Maëstricht avec le roi Henri et leva à la
demande de l'évêque Nithard les corps des saints confes-
seurs Gondulfe et Monulfe dont il prit des reliques.
Alors aussi fut dédiée l'église Saint-Servais. »

Certes, cette nouvelle dédicace signifie quelque chose.
N'indiquerait-elle pas que l'église venait d'être réédifiée?
A défaut d'autre mérite, cette supposition a au moins
l'avantage de satisfaire les principaux archéologues qui
se sont occupés de Saint-Servais : Champeauville, qui
croit que l'église a été bâtie « vraisemblablement » vers

[1] *Acta sanctorum,* Maii, tome III, p. 219.
[2] Nouvelle église.
[3] *Chronicon Cameracense et Atrebatense.*

l'an 1015; M. Schayes, qui indique, comme époque probable, la fin du dixième ou les premières années du onzième siècle, et MM. Eyck Van Zuylichem[1] et C. Schnaase[2],
qui sont du même avis.

Ainsi donc, il semble établi que Saint-Servais fut fondée
au neuvième siècle et presque entièrement réédifiée au onzième. Quant à M. Eug. Gens qui veut que toute l'église
remonte à Charlemagne, il suffira de lui faire observer
que le seul édifice religieux qu'on regarde comme étant
bien authentiquement contemporain du grand empereur
est l'église d'Aix-la-Chapelle. Or cet édifice est entièrement décoré de colonnes importées d'Italie; ce qui semblerait indiquer qu'à cette époque la sculpture sur pierre
était à peu près inconnue sur les bords du Rhin; tandis
que les chapiteaux de Saint-Servais sont d'une finesse
d'exécution et d'une élégance qui attestent la présence
d'ouvriers habiles et d'artistes expérimentés.

D'accord sur ce point, remontons s'il vous plaît aux
temps antérieurs à l'église actuelle. Les origines de ce
sanctuaire sont trop intimement liées à celles de la cité,
pour ne point offrir un très-grand intérêt. C'est, en effet,
la translation par saint Servais de son siége épiscopal dans
la ville de Maëstricht qui nous fournit la première date
certaine de son histoire, et Maëstricht, reconnaissante dès
le premier jour, voue à son saint prélat une affection
sans bornes.

[1] Voir la notice consacrée par cet architecte aux églises romanes de Maëstricht et de Roermond.
[2] *Nederlandische Briefe.*

Elle l'adopte pour patron et pour protecteur. Selon l'expression du vieux poëte, il devient la « joie de son cœur et la lumière de ses yeux[1] ». Cette translation prend même la tournure d'un épisode biblique, et la légende nous raconte que « les anges du ciel l'honorèrent de leurs chants mélodieux ».

Plus tard, au dixième siècle, quand sainte Mathilde, femme de roi et mère d'empereur, abusera de son pouvoir pour faire transporter au monastère de Quedlimbourg les reliques de saint Servais, on verra les Maëstrichois se glisser la nuit jusque dans le saint monastère, couper les cordes des cloches, dérober la châsse qui contient les précieux ossements, et reprendre avec leur pieux larcin le chemin de leur ville, où pendant des siècles ils célébreront comme un heureux événement la rentrée du « grand seigneur de Maastricht » dans sa maison[2].

De son côté, Saint-Servais ne se montre pas ingrat. Dès le lendemain de sa mort, il commence à faire des miracles. Ceux-ci acquièrent une telle notoriété que saint Grégoire de Tours n'hésite pas à les rapporter en détail[3]. L'un des plus remarquables qu'il nous cite est la propriété qu'avait le tombeau du saint de n'être jamais mouillé. La pluie, la grêle et la neige semblaient se faire un devoir de le respecter. Cette particularité inspira

---

[1] Heijndrijck, van Velden, *Sinte Servatius legende.*
[2] Voir le beau livre de M. l'abbé Willemsen, *Antiquités sacrées, etc.*
[3] *De gloria confessorum,* chap. LXXII.

à saint Domitien, onzième évêque de Maëstricht, la pieuse
pensée de recouvrir la pierre tombale avec un hangar de
planches. Les incrédules crièrent à la « précaution inutile », et le vent sembla se ranger à leur avis, car il démolit le hangar. Mais saint Monulfe leur donna tort, et
remplaça la baraque par cette basilique qui, reconstruite en partie, agrandie, transformée, est devenue la
magnifique église que nous admirons aujourd'hui.

Pendant ce temps, la réputation de saint Servais s'é-
tendait chaque jour davantage. Les pèlerins affluaient au
seuil du sanctuaire, et le tombeau du vénérable prélat
devint si coutumier de prodiges que, le 15 janvier 1147,
le grand thaumaturge saint Bernard, qui pour lors visitait Maëstricht, n'osait y guérir les malades, de peur
que saint Servais ne se formalisât de cette concurrence.
Il fallut pour ainsi dire qu'on lui forçât la main pour
qu'il consentît à guérir un boiteux[1].

La spécialité de saint Servais, et saint Bernard moins
que tout autre ne pouvait l'ignorer, consistait cependant
beaucoup moins à chasser les maladies qu'à triompher
des *Putduivels*, des *Boschduivels*, et à débarrasser ceux
qui avaient recours à lui des *Kaboutermannetjes*[2] : toutes
choses qui, dans le vieux pays flamand, étaient encore
plus redoutées qu'une claudication ou la perte d'un œil.

---

[1] L. Vivès, *OEuvres complètes de saint Bernard.*

[2] *Putduivels*, diables qui sont dans les puits; *Boschduivels*,
diables qui errent les bois; *Kaboutermannetjes*, lutins, esprits
follets. Voir les *St Servatius legenden* de M. G. D. Franquinet.

Sous ce rapport, le vénéré prélat n'avait point de concurrence à redouter. Un aussi précieux privilége eut de multiples résultats. D'abord, il enrichit le chapitre. Car tous les princes voisins tinrent à honorer les saintes reliques, depuis Charlemagne qui vint faire ses pâques à Saint-Servais, jusqu'à Louis XI qui dota l'église d'une chapelle, à Maximilien et à Charles-Quint qui assistèrent à l'exposition de la châsse en costume de chanoine. Ensuite, il priva le saint prélat de ses mâchoires, dont l'une fut obtenue par l'empereur Henri III, et l'autre acquise par Charles IV de Luxembourg. Enfin, le bon populaire lui fut redevable d'une *kermis*.

Cette kermesse, qu'on appelait la « foire aux reliques », n'avait lieu que tous les sept ans. Mais elle n'en constituait pas moins une source de richesses pour la ville. Chaque fois qu'on en voyait appprocher l'époque, on se précautionnait de tous côtés, car chacun était certain d'avoir à nourrir et coucher un grand nombre de pèlerins. Ces bons soins, comme on pense, rapportaient gros aux habitants, et les pèlerins laissaient à Maëstricht le plus clair de leur pécule.

Dès les premières années du treizième siècle, l'affluence des étrangers était telle, que les magistrats durent prendre certaines précautions pour éviter les désordres. Au quinzième siècle ces précautions furent transformées en un règlement, qu'on remettait en vigueur au commencement de chaque *kermis*. L'ordonnance détaillée de 1440 nous a été conservée; on nous pardonnera d'en rappeler les dispositions principales, car elle contient certaines recommandations qu'il est bon de ne pas oublier, même en temps ordinaire. Ainsi l'article 1er défend de vendre de la viande malsaine; l'article 2 recommande d'avoir dans sa maison au moins un tonneau rempli d'eau (non pour la soif, mais en cas d'incendie); l'article 4, d'être honnête et modeste le jour aussi bien que la nuit; l'article 6, de nettoyer sa demeure; l'article 7, de vendre aux pèlerins à un prix raisonnable; l'article 8, de ne se servir que de poids et mesures justes, et ainsi de suite[1].

C'est sur le *Vrijthof,* aux pieds mêmes de Saint-Servais, qu'avaient lieu la foire et l'exposition des reliques. De nos jours l'une et l'autre ont cessé d'être. Mais l'église, à la splendeur de laquelle elles ont tant contribué, nous est restée, et c'est le principal. De la place où s'agitait jadis la foule des pèlerins, on peut aujourd'hui considérer tout à l'aise les grandes lignes de l'abside qui découpe sa masse brune sur le fond clair du ciel et présente l'un des beaux vestiges du style roman. Elle est en forme d'hémicycle, décorée par deux rangs d'arcades simulées, dont les impostes reposent sur des colonnes cylindriques à chapiteaux historiés, et par une galerie ouverte, formée par une série de petites arcades à plein cintre qui règne sous le toit. A droite et à gauche, deux grandes tours, qui ont presque la même décoration, complètent cet ensemble architectural, vraiment très-im-

---

[1] Voir la notice publiée par H. Eversen sur le *Pèlerinage à Maastricht,* d'après les anciennes résolutions du conseil communal.

posant. Cette superbe abside n'est pourtant pas aux yeux des archéologues la partie la plus intéressante de ce bel édifice. C'est surtout l'avant-corps, cette espèce de *narthex* qu'on nomme la chapelle de Charlemagne, qui attire leur attention. Elle ferait de Saint-Servais un monument unique dans son genre, si deux églises de Belgique, Saint-Barthélemy et Saint-Jacques de Liége, ne présentaient la même particularité.

De ces trois avant-corps (les seuls qu'on connaisse), celui de Saint-Servais est incontestablement le plus beau et le mieux conservé. Sa façade, toutefois, n'a pas été sans souffrir des injures de l'âge. Ravagée par le temps, rongée par les siècles, elle porte de glorieuses cicatrices, et l'on dirait même qu'au lendemain de sa construction, les murailles ont perdu leur aplomb, car elles sont soutenues par deux énormes contre-forts, semblables à des ponts tant ils sont massifs et solides. La maçonnerie de ces contre-forts paraît contemporaine du mur qu'ils arc-boutent, et sa masse produit ici un singulier effet. Déroutant l'esprit des lignes générales de l'architecture, elle ajoute encore à l'aspect étrange de cette grande façade sombre, aveugle et sans ornements.

A l'intérieur, indépendamment de ce curieux *narthex,* Saint-Servais se compose d'une vaste nef avec deux bas côtés s'arrêtant au transept, et d'un chœur hémisphérique coiffé d'une demi-coupole. Tout cela forme un ensemble très-noble, d'autant plus majestueux que l'ancien plafond en bois de la vieille basilique a été aux treizième et

quatorzième siècles remplacé par de belles voûtes ogivales.

Ce n'est pas, du reste, la seule addition dont cette
époque fleurie a gratifié la robuste église. Celle-ci lui
doit encore un cloître magnifique d'étendue et de proportions, dont la voûte est gracieusement soutenue par
une forêt de frêles colonnettes, sur lesquelles reposent
de belles ogives, élégamment trilobées, finement fouillées
et délicatement ornées de trèfles et de quatre-feuilles.
Mais elle lui doit surtout un superbe porche latéral qui
est une véritable merveille d'élégance et de goût.

Tous les archéologues et tous les architectes lui rendent, du reste, une pleine justice. Ce n'est pas seulement,
dit avec beaucoup de raison M. Schayes[1], « le monument
le plus remarquable de ce genre qui ait été élevé en Belgique au moyen âge, un pareil éloge ne suffirait pas à
préciser sa beauté; le porche de Saint-Servais est com-
parable aux plus beaux porches des cathédrales de la
France, si richement dotée sous ce rapport ».

Depuis quelques années, on a commencé tant intérieurement qu'extérieurement à restaurer la vieille
basilique, et il nous faut rendre hommage à ceux qui
ont entrepris cette lourde tâche; ils s'en acquittent à
merveille. Saint-Servais, en effet, a le bonheur d'être
administrée par un doyen qui est non-seulement un
modèle de courtoisie et d'amabilité, mais encore un
érudit et un artiste. S'entourant des conseils les plus

[1] *Histoire de l'architecture en Belgique.*

compétents et les plus éclairés, ce digne ecclésiastique est parvenu à intéresser à sa chère basilique tout un monde de personnes riches et bienfaisantes.

L'argent arrive de toutes parts, et l'excellent emploi qu'on en fait ne peut qu'attirer de nouveaux dons, et provoquer de nouvelles offrandes.

Rien dans cette restauration n'est, en effet, abandonné au hasard. Extérieurement, il n'est-pas refait un chapiteau, il n'est pas remis une pierre, ni donné un coup de maillet, sans que l'art et l'archéologie n'aient prodigué leurs avis, et guidé la main des ouvriers qui travaillent à cette restitution si intéressante. A l'intérieur, les chapelles se parent d'autels nouveaux, les autels se couvrent de retables magnifiques, et la chaire en marbre, fort élégamment renouvelée, est venue reprendre la place qu'elle devait occuper au milieu de la nef.

Malheureusement, toutes ces décorations, quelque correctes qu'elles soient, ont un défaut à nos yeux : celui d'être modernes. Combien on leur préférerait les antiques richesses qui étaient jadis entassées dans cette belle nef, et dont il ne reste plus, hélas ! qu'une superbe statue de saint Servais datant du treizième siècle, et quelques excellentes toiles, parmi lesquelles deux sont signées de Crayer, et une troisième semble très-justement attribuée à Van Dyk !

Comme compensation toutefois, le trésor de l'église est mieux fourni. Un prêtre érudit, qui en est le gardien, a pris soin de le décrire avec beaucoup de science et de talent, et cette description, pleine de faits intéressants, forme un gros volume de près de quatre cents pages [1].

Parmi les objets précieux qui s'y trouvent conservés, la première place appartient de droit à la châsse de saint Servais. C'est du moins elle qu'on voit tout d'abord en entrant dans l'élégante chapelle où est déposé le trésor. Elle forme un joli monument, tout en cuivre repoussé et doré, orné d'une multitude d'émaux en champ-levé et de pierres précieuses. Ses parois supérieures sont couvertes de médaillons peuplés d'une multitude de curieuses figures, et les faces latérales sont occupées par douze niches cintrées, séparées par des pilastres et renfermant les douze apôtres. Le dessin des figures, le caractère et la nature de l'ornementation, la forme des majuscules, tout indique que cette belle œuvre remonte au douzième siècle. Une autre châsse, présent de Charles Martel, existait avant celle-là, mais nul ne sait ce qu'elle est devenue.

Ce précieux morceau d'orfévrerie n'est pas le seul joyau qui ait rapport à saint Servais. Il nous faut encore citer la clef du saint prélat, sa coupe, son bâton pastoral, sa crosse, son vêtement sacerdotal et l'autel portatif sur lequel il disait la messe. Dans ces temps reculés, en effet, les églises étaient rares, et le pasteur n'allait jamais en tournée sans emporter une pierre consacrée pour y célébrer le divin sacrifice [2].

Tous ces objets sont doublement précieux, par le sou-

---

[1] Voir *Antiquités sacrées conservées dans les anciennes collégiales de Saint-Servais et Notre-Dame à Maastricht.*

[2] M. A. Schaepkens a publié une monographie de ces autels portatifs dans les *Annales de l'Académie d'archéologie de Bruxelles.*

venir qui s'y rattache d'abord, et ensuite par la beauté
du travail et l'époque reculée à laquelle ils remontent.
Mais, faut-il l'avouer? quand on fait un retour vers ce
lointain passé, quand on considère de quelle mince importance était en son principe l'évêché de Maëstricht, et combien son pasteur était modeste et simple, on se prend à
douter de l'authenticité de ces précieux joyaux. Aurait-on
enterré avec le vénérable prélat d'aussi riches trésors,
quand on ne songeait à couvrir son tombeau qu'avec un
hangar de planches? N'est-il pas beaucoup plus vraisem-
blable que ces bijoux sont autant d'écrins en orfévrerie,
autant de chàsses faites postérieurement, qui renferment
la totalité ou des parcelles des objets primitifs? Que ces
enchâssements soient fort anciens, il n'en faut pas douter.
Qu'ils remontent au temps de saint Hubert, dernier
évêque de Maëstricht, cela est admissible, ou même à
saint Monulfe, cela à la rigueur pourrait encore être
accepté; mais plus haut c'est douteux. Le travail est là
pour affirmer, par sa perfection et son style, l'époque relativement récente de la fabrication.

Nous avons, du reste, un exemple de ces enchâssements
postérieurs dans la coupe même de saint Servais, qui,
brisée au quinzième siècle ou au commencement du seizième, fut enfermée à cette époque dans un gobelet en
forme d'ananas. La coupe primitive était en verre, fort
simple, très-ordinaire comme forme et comme travail.
Elle était cependant (c'est M. Willemsen qui le raconte)
l'œuvre de Dieu, puisqu'elle fut apportée au prélat par un
ange. Si, à cette époque, Dieu travaillait aussi simple-

ment, n'y a-t-il pas une sorte d'impiété à attribuer aux hommes des joyaux aussi parfaits que la clef de confession et la crosse qui nous occupent?

En dehors des objets relatifs à saint Servais, le trésor contient encore beaucoup d'autres curiosités d'une valeur inestimable. Dans le nombre, il faut citer une croix en or avec Christ en ivoire, tout enrichie de pierreries et qui date du dixième siècle; un curieux reliquaire avec une croix en émail qui remonte au douzième; des tablettes à reliques plus jeunes de cent ans; puis le buste en argent de saint Jean-Baptiste, œuvre très-fine et des plus intéressantes; l'ostensoir de sainte Agnès, joli joyau en argent doré du quatorzième siècle; celui qui renferme les cheveux de la Vierge; une monstrance du quinzième siècle en argent doré, toute feuillue, toute fleurie et d'un fort beau dessin; enfin quatre reliquaires en forme de bras... mais on n'en finirait pas si l'on voulait tout citer. Cependant il s'en faut de beaucoup que ce trésor soit au complet, et nous ne voyons aujourd'hui qu'une modeste partie de ce qu'il renfermait au siècle dernier.

A l'époque où le souffle révolutionnaire passa sur le pays, ces richesses furent un moment dispersées, mais il faut bien se garder toutefois de porter au compte de la Révolution toutes les pièces manquantes. Pour éviter, en effet, qu'il ne devînt la proie des armées républicaines, on partagea le trésor entre les chanoines, et ce n'est point la faute de la Révolution si les dépositaires ou leurs héritiers n'ont point fidèlement rendu ce qu'on leur avait confié. Pour avoir, du reste, une idée de la rapacité de quelques-uns d'entre eux,

il suffit de se rappeler ce détenteur des reliques des saints
Monulfe et Gondulfe, qui, lorsqu'on lui réclama le dépôt
caché dans sa maison, restitua les saintes dépouilles, mais
ne put rendre le cercueil de plomb qui les avait conte-
nues... parce qu'il l'avait fondu pour en vendre le métal.

Ce cercueil, cependant, n'avait qu'une mince valeur
vénale, et, considération bien capable de retenir la main
d'un profanateur, il passait pour miraculeux. C'est de lui,
en effet, que les deux saints évêques étaient sortis pour
aller assister à la dédicace du Dôme d'Aix-la-Chapelle ;
lorsque Charlemagne souhaitant d'avoir à cette cérémonie
trois cent soixante-cinq évêques et le pape n'en pouvant
réunir que trois cent soixante-trois, Dieu, pour com-
plaire au glorieux empereur, permit aux deux vénérables prélats d'entreprendre ce petit voyage posthume [1].

Ce n'est point, du reste, seulement au siècle dernier
que le trésor de Saint-Servais a reçu de ces rudes atteintes.
En 1843, l'église possédait encore, outre la châsse du saint,
quatre autres reliquaires contemporains de cette châsse,
et qui, placés sur les autels latéraux du chœur, en com-
plétaient la décoration. Cette année-là, un brocanteur se
présenta pour les acquérir ; on lui en demanda une grosse
somme, croyant se montrer très-exigeant ; le marchand la
donna, et, par cette vente illégale, les quatre précieux reliquaires entrèrent dans la collection du prince Soltykoff [2].

[1] Cette étrange légende, encore accréditée dans le Brabant et le
Limbourg, et jadis défendue par le chanoine Hadelinus Junius
(1649), a été réduite à ses vraies proportions par M. l'abbé Willemsen. Voir *Antiquités sacrées,* etc.

[2] Ces quatre reliquaires, minutieusement décrits par M. Jules La-

Si de tout temps le trésor fut peu respecté, les archives n'eurent guère un meilleur sort. On en trouve aujourd'hui des fragments dans bon nombre de dépôts publics, à la Bibliothèque nationale de Paris, à la bibliothèque des ducs de Bourgogne à Bruxelles et dans dix autres endroits. Saint-Servais ne possède même point les plus vieux diplômes relatifs à son chapitre. La plus ancienne pièce qui soit relevée dans l'*Inventaire chronologique des chartes et documents de l'église Saint-Servais* ne remonte pas en effet au delà de l'année 1087, alors que les archives de l'État à Coblentz renferment des chartes relatives à Saint-Servais datées de 889, 898, 919, 941. Bien mieux, il n'y a point encore bien longtemps qu'un archéologue, M. C. de Borman, découvrait dans des cartulaires conservés à Paris, et provenant de la vieille basilique, « que le chapitre de Saint-Servais avait à une époque très-reculée perdu presque tous ses titres antérieurs au onzième siècle ».

Par ce qui reste encore, après une dispersion complète et une dévastation si méthodique, on peut se faire une idée de ce qu'était jadis l'opulence de ce majestueux sanctuaire. Aussi, auprès de cette somptuosité de richesses et de souvenirs de toutes sortes, les autres églises pâlissent-elles singulièrement; et c'est à peine si l'on a le courage de leur accorder un coup d'œil.

Voilà pourtant tout à côté de Saint-Servais un gentil temple gothique dont on a fait une église calviniste. En

barte dans son *Histoire des arts industriels au moyen âge et à l'époque de la renaissance*, passèrent ensuite dans la collection Selliere, d'où ils sont allés au musée de Bruxelles.

tout autre endroit il semblerait des plus intéressants,
mais ici son voisinage le tue, car il n'est séparé de la
vieille basilique que par une rue étroite que les bons
Maëstrichois appellent le Purgatoire. D'un côté, en effet,
se trouve l'enfer, de l'autre le Paradis. Reste à savoir si
c'est à droite ou à gauche qu'est le séjour des bienheureux.

L'église des dominicains fut, elle aussi, célèbre jadis,
et en toute autre ville elle aurait conservé un certain renom.
Intérieurement elle est de bonne forme gothique, et l'on
y découvre des fragments de peintures murales. Mais
après Saint-Servais, on la visite pour l'acquit de sa conscience et l'on oublie de regretter qu'elle ait été transformée en simple magasin.

L'église des jésuites est devenue un théâtre, Saint-
Barthélemy un arsenal, et nous n'oserions parler de
Saint-Matthieu, sans le grand Christ de bois qui surmonte
sa porte et possède sa légende.

Jadis il ornait le couvent des Dames blanches, et tout
gigantesque qu'il est, on le prétend sorti d'une simple
noix. Cette noix avait été rapportée de Terre sainte par
un vertueux Maëstrichois, qui pendant son pèlerinage
l'avait ramassée sur le Calvaire. Le fils de cet homme lui
ayant, à son retour, demandé un souvenir de son pieux
voyage, le pèlerin lui remit cette noix que l'enfant reçut
avec confiance. Plus tard il la planta, et au lieu d'un
noyer ce fut un crucifix qui poussa. L'auteur à qui j'emprunte cette anecdote dit que c'est une « tradition dont on
ne voudrait point garantir la vérité ». C'est un homme
avisé dont il est excellent, je crois, d'imiter la prudence.

XXIV

Maëstricht (suite). — L'hôtel de ville. — Un double pouvoir. — La bibliothèque. — Les promenades. — Le *Pietersberg* et les Bohémiens.

Après les monuments religieux, il faut nous occuper des édifices civils. Ceux-ci sont malheureusement peu nombreux, j'entends ceux qui peuvent intéresser les artistes ou les archéologues. A l'exception, en effet, d'une charmante habitation du seizième siècle, située dans la rue du Pont, et dont l'architecture révèle de curieuses préoccupations classiques, à l'exception de la façade de l'ancien hôtel de ville, et de jolies maisons à pignon situées dans la *Brugstraat* et la *Neerstraat*, il n'y a guère que l'hôtel de ville qui puisse réclamer notre visite. Il est vrai que ses nobles proportions et les belles choses qu'il renferme nous retiendront un bon moment.

Il se dresse au milieu d'une vaste place, fort régulière, bien bâtie et excessivement animée, qu'on nomme le Grand-Marché. C'est à la fois une majestueuse et élégante construction formant un massif à peu près carré et à quatre façades. Chacune de ces façades comporte deux étages décorés de pilastres, et qui reposent sur un rez-de-chaussée écrasé. Un grand toit, coupé sur chaque face par une large attique, domine la construc-

26

tion, et sur le toit s'élève un élégant campanile, qui remplace gracieusement le beffroi traditionnel.

Un double escalier, aboutissant à un large perron, donne accès dans son vestibule. Ce double escalier avait jadis une raison d'être toute spéciale. La ville relevait d'une double juridiction : celle des évêques et celle des ducs de Brabant. Ces derniers comme suzerains, et les autres comme héritiers des droits et priviléges des évêques maëstrichois, dont ils étaient les successeurs, prétendaient exercer la justice et lever des impôts dans la vieille ville de Saint-Servais. Finalement et après bien des contestations, ils s'étaient partagé l'objet du litige, et la ville avait été divisée en deux parts. Tout nouvel habitant devait, à son arrivée, déclarer quelle juridiction il choisissait. Pour les autres, ils suivaient la condition de leur mère. Le fils d'une Liégeoise relevait de l'évêque, et ceux-là étaient réputés Brabançons, dont la mère dépendait du duc de Brabant.

Lorsque les États s'emparèrent de Maëstricht, ils se substituèrent simplement aux droits du duc, et la ville demeura divisée comme avant, avec cette simple diffé-rence que la diversité d'origine se compliqua dès lors d'une diversité de culte.

Chacun des deux pouvoirs nommant ses délégués, ceux-ci gravissaient le perron de l'hôtel de ville du côté qui leur était réservé, et ne se réunissaient que dans le vestibule. Ce vestibule occupe toute la hauteur de l'édi-fice, et, quoique un peu lourd et massif, ne manque pas d'une certaine majesté; il donne accès aux principales

pièces du *stadhuis*. Ce sont, au rez-de-chaussée, le cabinet du bourgmestre avec de belles tentures en cuir de
Cordoue tout doré et représentant des chinoiseries ; l'antichambre du conseil, tendue de superbes tapisseries des
Gobelins représentant l'histoire de Moïse ; la salle du conseil, garnie de « verdures de Flandres » avec un agréable
plafond peint par Coelers, artiste maëstrichois, qui ne
manquait point de talent, et enfin la chambre du secrétaire, également tendue en « verdures de Flandres ». Toutes ces pièces sont, en outre, décorées de cheminées majestueuses, avec peintures allégoriques, qui achèvent de
leur donner un grand caractère. La plupart de ces peintures ont trait à ce bizarre partage du pouvoir municipal,
qui était jadis comme le « signe particulier » de la vaillante cité.

Au premier étage, se trouve la bibliothèque, installée
dans un charmant local fort soigneusement agencé, mais,
hélas ! beaucoup trop étroit. Outre un nombre respectable de volumes, elle renferme un beau buste de Napoléon, par Canova, buste que la ville se crut obligée
d'acquérir, quand elle était chef-lieu du département de
la Meuse-Inférieure. Disons bien vite que ce n'est pas
une mauvaise acquisition qu'elle a faite ; car c'est le
principal objet d'art que renferme ce petit sanctuaire de
la pensée. La bibliothèque, en effet, ne possède point un
grand nombre de pièces rares ou précieuses. A l'exception de quelques bons manuscrits et de quelques incunables, parmi lesquels se trouve un Térence presque
unique, on n'y voit guère de raretés. Deux plaquettes

imprimées entre 1470 et 1480, et que nous montra
M. Franquinet, ont toutefois, pour Maëstrecht, un intérêt
tout spécial. Ce sont deux petits ouvrages de Matheus
Herben, un enfant du pays, qui fut en son vivant recteur
des écoles du chapitre de Saint-Servais. L'un est un
opuscule scolaire, l'autre un recueil de trois lettres ;
jusqu'à présent on les croit à peu près uniques ; et même
avant la découverte de ces deux exemplaires, on les avait
toujours cru inédits. Ces plaquettes, toutefois, ne furent
point imprimées à Maëstricht. Ce n'est que bien longtemps, en effet, après leur publication que l'imprimerie
fit son entrée tardive dans l'aimable cité. Pour l'y voir
s'installer, il faut attendre le milieu du seizième siècle,
et c'est seulement en 1552 que Jacques Bathen produira
le premier opuscule qui soit sorti des presses maëstrichoises, opuscule dont le seul exemplaire parvenu jusqu'à nous a été acquis, en 1846, par la bibliothèque
royale de Bruxelles [1].

On peut, à bon droit, quand on considère combien
les villes voisines ont été plus précoces, s'étonner que
Maëstricht se soit montrée aussi rebelle à l'introduction de l'imprimerie dans ses murs. Entre elle et Louvain
il y a presque un siècle de distance. Ce retard est d'autant moins explicable, que la gentille cité brabançonne
et liégeoise a toujours possédé dans son sein des savants

[1] Voir l'ouvrage intitulé *Recherches sur l'introduction de l'imprimerie dans les localités dépendant de l'ancienne principauté
de Liège.*

et des chercheurs. Elle ne se montra non plus jamais indifférente aux arts plastiques. Nous avons vu à Saint-Servais et à Notre-Dame ce que ses sculpteurs savaient faire. Elle posséda, en outre, au treizième et au quatorzième siècles, une école de peinture, dont malheureusement on a perdu aujourd'hui la trace, mais qui aida au développement des écoles allemandes des bords du Rhin. C'est, du reste, entre elle et Roermond, à mi-chemin, que se trouve Maaseijk, l'illustre patrie de Hubert et Jan Van Eyck, ces immortels précurseurs des grands maîtres hollandais et flamands. Enfin, de tout temps, elle a possédé des poëtes, et si leur réputation n'est pas devenue européenne, c'est bien moins à l'absence de talent qu'il faut s'en prendre, qu'à la langue dans laquelle ils se sont exprimés et qui, en dehors de leur ville, n'était guère comprise.

Maëstricht, en effet, possède un langage particulier, qui a sa grammaire et sa syntaxe, et dans lequel, de nos jours encore, on écrit des dialogues amusants et de gentils opéras-comiques. Le peuple ne parle pas d'autre idiome, et, dans ses expressions les plus journellement usitées, on retrouve des allures poétiques ou imagées, qui expliquent l'affection qu'il porte à sa langue autochthone. Quelques-unes même, traduites en français, ne perdent ni leur sel, ni leur cachet. Ainsi l'on dit d'une dame avantagée par la nature qu'elle a « un beau gilet ». Une femme du peuple ne menacera point une autre femme d'un soufflet, elle lui dira : « Prends garde à l'étoile de Maëstricht. » Or, cette étoile, qui figure dans

26.

les armes de la ville, a cinq branches; elle correspond
assez bien à la « giroflée à cinq feuilles », expression encore usitée dans plus d'un recoin de notre vieille France.
Dans la haute société on parle français, mais la langue
populaire n'est inconnue de personne. Et bien qu'elle
prenne des allures plus délicates et se modèle sur le bon
ton de la compagnie, elle n'en est pas moins fort usitée.
Les Néerlandais, qui n'y comprennent goutte, ne manquent pas de s'en plaindre. Rien n'est plus intéressant
que de les entendre protester contre cette espèce de par-
ticularisme.

« Maastricht, écrit l'un d'eux[1], n'est point encore
une ville hollandaise. On y parle d'abord le maastrichois
(une langue particulière, *eene taal op zich zelve* dans
laquelle on écrit des livres), en second lieu le français,
en troisième le hollandais avec un rude (*sterk*) accent.
On paye en francs et centimes belges. L'omnibus bleu
de MONSIEUR[2] A. Bonn ne coûte pas un *kwartje*, mais
un demi-franc. On n'a pas des cigares de quatre ou cinq
cents ou d'un double sou (*dubbeltje*), mais de cinq ou
dix centimes la pièce..... Le peuple ne sort point avec
des paletots de laine, mais EN BLOUSE; les femmes ne
portent plus de bonnets (*mutsen*), de cornettes ou de
capes avec des casques de métal (*oorijzers*), mais des
mouchoirs, adroitement noués sur la tête... »

---

[1] A. Ising. Voir dans les *Vaderlandsche Letteroefeningen* d'août
1856 l'article intitulé *Maastricht en het elfde nederlandsch,
landhuishoudhundig congrès*.

[2] Les mots en capitale sont en français dans le texte.

J'ai tenu à citer ce petit passage parce qu'il est typique et tracé d'après nature. Ce que l'auteur toutefois ne nous dit pas, c'est que cette population, francisée quant aux allures, accueillante et aimable, a pour notre pays une très-sincère sympathie. Nulle part nos malheurs n'ont trouvé un écho plus affectueux que dans Maëstricht et les campagnes qui l'entourent. « J'en ai eu un exemple bien frappant, me disait un érudit fonctionnaire de la jolie ville. En 1871, au lendemain de la capitulation de Paris, profitant de ce que j'étais membre correspondant de votre Société d'agriculture, j'ai fait appel à mes compatriotes en faveur de vos cultivateurs dont le matériel avait été détruit. En quelques jours, je recueillis vingt mille francs. Les plus petits hameaux m'envoyaient leur offrande. Mais cette souscription fut arrêtée net par un ordre venu de haut lieu; on craignait qu'elle ne fût vue d'un mauvais œil de l'autre côté de la frontière. »

Par contre, tout ce qui rappelle l'Allemagne provoque une sorte de répulsion. Les Prussiens, si insinuants, si pénétrants, qui se glissent partout, n'ont pu franchir ce mur antipathique, qui protége la population maëstrichoise, et l'aimable cité est presque vierge de leurs envahissements. Ces sentiments, du reste, s'expliquent. Maëstricht, en nous vouant sa sympathie, ne fait qu'acquitter une pieuse dette, car, depuis cinq siècles, la France a assez contribué à tenir en belle humeur ses braves habitants. Nos coteaux bourguignons, en effet, leur ont toujours envoyé le plus fin de nos récoltes, et l'on peut dire que, si Arnhem est la ville néerlandaise où l'on boit le

meilleur vin du Rhin, Maëstrich est celle où l'on trouve
les meilleurs crus de la Côte-d'Or. Peut-être bien est-ce
à l'usage constant de ce merveilleux élixir que les jolies
Maëstrichoises doivent leurs vives allures et leurs roses
couleurs. Rien qu'à les voir au Parc, au *Vrijthof,* au
Groote markt ou dans les rues, on est tout étonné de les
trouver si différentes de leurs compatriotes du nord.
Partout ce sont d'aimables sourires, de gais propos et un
petit air pressé, une démarche souple et vive, qui tranchent avec le calme majestueux des Hollandaises et même
des Gueldroises. Aussi les promenades publiques gagnent-
elles singulièrement en animation et en gaieté.

La plus importante de ces promenades est située au
bord de la Meuse. C'est une sorte de jardin anglais bien
dessiné, bien ombragé et gaiement émaillé de parterres
fleuris. Une autre promenade, très-fréquentée elle aussi,
grande et belle place où la musique militaire se fait entendre, est nommée le *Vrijthof,* mot qui signifie « cour
libre » et qu'on a traduit je ne sais trop pourquoi par
« place d'armes ». Car, à Maëstricht, les noms de rues et
de places sont écrits en deux langues : le hollandais et le
français. Les jours de musique et les soirs d'été, le
Vrijthof est particulièrement animé. Non-seulement les
bourgeois, mais encore les ouvriers s'y donnent rendez-
vous, et grâce à un certain nombre d'usines importantes
(fabriques de faïence et de papier) que renferme la ville,
leur nombre est fort considérable.

Mais alors même qu'il ne compterait pas cette abondance de visiteurs, le *Vrijthof* n'en serait pas moins la

place la plus gaie de la ville, car il possède sur l'une de ses faces les deux établissements où la joyeuseté maëstrichoise a, de tout temps, trouvé ses boute-feux : la *Société de Momus* et le *Courrier de la Meuse*.

La *Société de Momus* est un club de désopilante mémoire. Il n'est pas de joyeuses folies auxquelles on ne s'y soit livré, pas de mascarades qu'on n'y ait organisées, pas d'idées étranges qu'on n'y ait eues. Quant au *Courrier de la Meuse,* il fut lui aussi, au bon temps, une source de douce gaieté et de joyeuse humeur. Journal clérical, intolérant et fantasque, il se livrait, dans un langage voisin du français, à des improvisations d'autant plus amusantes qu'elles avaient la prétention d'être très-sérieuses. Ses moindres descriptions étaient des dithyrambes. Tout le monde se souvient encore de son style imagé, de ces « crêpes de nuages faisant place à une robe de soleil », de ces « routes blanches transformées en rivières d'hommes et de femmes », de ces « ruelles et autres lieux d'où sortaient des centaines de têtes curieuses : femmes du monde et femmes du peuple, avocats et paysans ! » tout cela pour dire qu'il avait fait beau et qu'il y avait eu beaucoup de monde dans les rues [1].

Mais, hélas ! tout dégénère, et aujourd'hui la *Société de Momus* et le *Courrier de la Meuse* ne sont plus ce qu'ils étaient jadis. L'une, devenue raisonnable, presque sérieuse, organise scientifiquement des cavalcades patriotiques, dont un archiviste érudit écrit le *libretto*. L'autre

[1] A propos de la cavalcade de 1872.

ne se livre plus guère à ces inspirations amphigouriques et a renoncé au mode phrygien, pour parler comme tout le monde. De loin en loin, il y a bien encore quelques rechutes; mais celles-ci ont perdu le caractère aigu qu'elles possédaient jadis.

Outre ses promenades intérieures, Maestricht compte dans ses environs cent buts d'excursions, plus pittoresques les uns que les autres. Dans ce nombre, l'un des plus intéressants assurément est la montagne Saint-Pierre, le *Pietersberg,* comme on l'appelle dans le pays. C'est là que se trouvent ces fameuses carrières qui portent, je ne sais trop pourquoi, le nom de cryptes de Maëstricht. On s'y rend par une jolie route qui longe la Meuse, ou par un sentier fort gai et très-accidenté collé aux flancs de la montagne. Ces carrières énormes ont six entrées [1]. Celle par laquelle on pénètre généralement se trouve dans une anfractuosité de la montagne, que domine un mamelon surmonté d'un ancien château fort. On nomme cette construction *lichtenberg* (montagne de la lumière), et l'on prétend qu'elle doit son origine à un ancien phare (?) romain. C'est bien plutôt une habitation féodale et rien de plus; le nid de vautour d'un de ces anciens hobereaux qui profitaient des querelles des évêques de Liége avec leurs sujets pour rançonner les voyageurs et piller les villages.

Pour pénétrer dans les souterrains, il faut se faire ac-

[1] Voir une lettre de M. Van Renesse dans le *Vaderlandshe Letteroefeningen* de 1823, et une autre lettre de M. W. H. Warnsink dans le même recueil, année 1826.

compagner par un guide et éclairer par des torches. Ces
carrières, en effet, dont le plan fut dressé par ordre de
Napoléon Ier, ne comptent pas moins de cent mille seize
rues[2] (100,016) et de onze mille trois cent trente-deux
carrefours (11,332). A maintes reprises des individus,
pour s'y être engagés sans guides, s'y sont égarés et y
ont trouvé la mort. On montre même la place où l'on
découvrit, après bien des années, les cadavres de trois
religieux récollets. Ils s'étaient munis d'une corde qu'ils
avaient attachée extérieurement; mais celle-ci, en frot-
tant sur un silex, se coupa, et les malheureux, réduits à
errer dans ce sombre séjour, s'enfoncèrent de plus en
plus dans les galeries, et y périrent d'inanition. En 1795,
M. Faujas de Saint-Fond, qui visitait les carrières de
Saint-Pierre avec les généraux Daboult et Bolemont,
trouva également un ouvrier, mort d'inanition depuis
nombre d'années. Quand on réfléchit, au milieu de
ces interminables voies, aux sinistres angoisses de ces
longues agonies, on ne peut se défendre d'un certain
malaise. Cette promenade souterraine a, en effet,
quelque chose de lugubre. Tout cet écheveau de voies qui
s'enchevêtrent, se croisent et se coupent, forme un dédale
inextricable dont l'œil sonde en vain les invisibles profondeurs. Et cependant, à diverses reprises, ces carrefours impénétrables au regard ont servi de refuges à des

---

[1] M. M. Faujas de Saint-Fond et L. Caumartin, qui ont publié
une description fort exacte du *Pietersberg*, donnent le chiffre de
100,666 rues comme officiellement constaté. C'est en 1804 que le
plan des carrières a été dressé.

infortunés poursuivis ou persécutés. Maintes fois les
paysans des alentours sont venus y chercher un abri
contre les dévastations des armées qui occupaient le
pays. Au seizième et au dix-septième siècle, des troupes
de Bohémiens s'y établirent, et il ne fallut rien moins
que l'intervention de l'évêque de Liége pour faire sortir
ces « Ægyptiens des trous subterrains scituèz entre
Castert et Lichtenborch », où ils avaient élu domicile [1].

Des villes entières ont tenu dans ces carrières, et pendant des milliers d'années des générations successives
y puisèrent de quoi se loger et se défendre contre leurs
ennemis. On y rencontre des galeries dont les parties supérieures auraient été exploitées du temps des Romains.
Dans ces galeries on aperçoit, à quatre mètres du sol
actuel, les ornières que traçaient les essieux des chars en
frôlant les parois du mur, et les piliers sont ornés de
grossières corniches.

Ces corniches ne sont pas, du reste, les seuls monuments et les seuls documents artistiques que renferme le
Pietersberg. On y montre aussi quelques peintures murales d'une médiocre qualité et assez rudimentaires. Les
unes représentent des sujets religieux : le Paradis,
l'Enfer. D'autres compositions appartiennent au paga-
nisme et figurent les dieux et divinités de l'Olympe. De
leur côté, les naturalistes ont trouvé dans ces profondeurs
des débris de monstres antédiluviens, des arbres et une
fontaine naturelle. Enfin, les paléographes peuvent s'y

[1] *Analectes Limbourgeois.*

exercer à déchiffrer des millions de noms inscrits par les visiteurs anciens et modernes, et dont quelques-uns paraissent remonter à des époques fort éloignées. Parmi ceux-ci, on nous fit voir un BREGMATÉE qui daterait de 1039, un BATIBUS de 1229, un PETRI NOBBÉ de 1408. Ce sont les plus vieux et les plus haut placés. Au-dessous, il en existe beaucoup d'autres, très-illustres, mais sur l'authenticité desquels on n'est point absolument édifié. Parmi ces derniers, se trouvait celui de Napoléon Ier, mais il a complétement disparu sous les hachures dont on l'a couvert [1].

Après avoir parcouru l'intérieur du *Pietersberg,* chanté jadis par un poëte frison [2], nous voulûmes en visiter la partie supérieure. On nous avait dit que nous rencontrerions là quelques monuments celtiques. Sous la conduite d'un aimable ingénieur des ponts et chaussées, nous nous lançâmes à leur recherche, par un petit sentier glissant, enchevêtré de ronces et de branches folles, crevé de fondrières, raviné par les eaux, accroché aux flancs de la montagne et suspendu au-dessus d'un précipice de cinquante mètres. A chaque instant, le ravin s'ouvrait béant devant nous, et le magnifique panorama

[1] « Le nom de ce grand homme, dit M. Franquinet, a été effacé par un stupide officier prussien. Un demi-siècle après, Coustens, l'aïeul de notre guide, versait encore des larmes amères en racontant sa rage et son impuissance pour empêcher ce sacrilége, car deux officiers le retenaient de force, pendant que le troisième hachait de son sabre le nom de l'empereur. » Voir *Deux heures dans les souterrains de la montagne Saint-Pierre.*
[2] François Halma.

27

qui se déroulait sous nos yeux pouvait seul nous faire oublier la menace perpétuelle de ce gouffre vertigineux. Enfin, après une course échevelée dans une futaie inextricable, après avoir dix fois perdu et retrouvé notre capricieux sentier, bravé les branches qui nous frappaient au visage et les lianes qui s'accrochaient à nos pieds, nous allâmes descendre sur le territoire belge. Nous trouvâmes là une modeste auberge, de braves gens et une bouteille de vin de Huy. Quant aux monuments druidiques, nous n'en avions point vu trace.

Une fois reposés, il ne nous restait plus qu'à retourner à Maëstricht par un chemin plus calme et à terminer notre voyage en rentrant doucement chez nous. C'est ce que nous fîmes. Le soir, nous dînions pour la dernière fois dans la charmante cité, et le lendemain nous reprenions le chemin de la Haye, nous étonnant à bon droit de ce qu'une aussi jolie ville, aussi bien située et aussi hospitalière, avec des environs magnifiques, une campagne accidentée et un beau fleuve, ne fût point davantage visitée par les Néerlandais. Ils pourraient, en effet, trouver là tout ce qu'ils vont chercher autre part : de beaux sites, d'intéressantes promenades, de superbes monuments, une population aimable, d'excellents hôtels, et la vie à bon marché...; mais peut-être est-il besoin de franchir la frontière et de dépenser de grosses sommes pour s'amuser vraiment? C'est là une question que nous laisserons à d'autres le soin de résoudre.

XXV

CONCLUSION

En arrivant à la Haye, nous pouvions dire : *Inveni portum*. Notre voyage était terminé. Il ne nous restait plus qu'à gagner nos habitations respectives, et à chercher, dans un repos bien mérité l'oubli, de nos fatigues. Mais quelques amis, jaloux de fêter notre retour, en avaient décidé autrement.

Prévenus de notre arrivée, ils avaient organisé un dîner à la *Witte Societeit,* le plus beau club que renferme la Haye, et c'est là que le soir nous nous retrouvâmes une dernière fois, le verre en main, entourés de cœurs loyaux et d'amis sincères.

Le repas fut du reste magnifique, somptueusement servi, et surtout embelli par cette joie pénétrante qu'on éprouve à se retrouver, après une longue séparation, au milieu de ceux qui nous sont chers. — La nature paraissait elle-même participer à cette gaieté recueillie. Elle semblait nous faire fête. Le soleil dorait de ses derniers rayons les robustes maisons du *Plein,* une douce brise agitait la cime des grands arbres, et le silence n'était troublé que par des chants lointains, qui se perdaient dans les profondeurs du *Voorhout.*

Il y eut un moment de silence parmi nous. Tout à coup une voix vibrante proposa de boire à notre bon retour. Les coupes s'emplirent de champagne, et on les vida en notre honneur.

Alors, pour répondre à ce toast affectueux, moi, le seul Français qui fût là, je me levai et je bus à la Néerlande.

Suivant l'usage hollandais, j'accompagnai mon toast de quelques paroles. J'essayai, en quelques mots, d'indiquer le but de notre voyage et ses résultats, de résumer en quelques phrases les impressions que nous avions mis des mois à recueillir.

Ces paroles dites sans préparation sont toujours les meilleures. Elles ont un caractère de sincérité que les autres ne sauraient avoir. Aussi, le soir, rentré chez moi, cherchai-je à me rappeler cette courte improvisation, j'en pris note, et c'est elle que je transcris ici.

« Mes amis, disais-je, je bois à votre patrie! à la Néerlande! A ce généreux pays, si laborieux, si honnête, si hospitalier, et par-dessus tout si amoureux de son indépendance!

« Je bois à la Néerlande! à son passé glorieux et à son avenir!

« Nous venons une fois encore de la parcourir, cette contrée généreuse. Et d'un bout à l'autre, de Groningue à Maëstricht, nous avons vu modestement s'épanouir ces saintes qualités des peuples, cette probité solide, cette inaltérable persévérance dans le bien, cet amour absolu de la patrie, qui sont le caractère distinctif de la vieille race batave.

« Certes, sur cette longue étendue, nous avons rencontré et constaté bien des nuances diverses. Le sol, les types, les coutumes, les mœurs, la religion, tout change et se modifie constamment, — mais qu'importe? La tête ressemble-t-elle au pied, et l'estomac est-il pareil à quelque autre organe? Et pourtant, si variées qu'elles puissent être, ces parties ne constituent qu'un seul et même corps, à condition qu'un même sang les anime et qu'un seul cœur batte pour elles toutes.

« Or, vous pouvez m'en croire, le vieux sang batave coule à pleins bords sur votre sol béni, et le grand cœur de la patrie fait vibrer à l'unisson celui de tous ses enfants.

« On lui dispute cependant son individualité, à cet héroïque coin du monde. On a écrit qu'il était la fraction d'un grand tout, sans réfléchir que lui-même était un tout complet, une irréductible unité deux fois conquise par vos ancêtres, sur les éléments d'abord, et ensuite sur la féodalité étrangère.

« Mais à qui donc appartiendrait la terre, si les descendants de ceux qui l'ont pétrie de leurs mains, arrosée de leur sang et fécondée par leur génie, en étaient dépossédés? Et que deviendrait la justice, s'il suffisait d'un capricieux trait de plume, tracé par un savant fantasque, ou des rêveries de quelque politique sans scrupules, pour réduire à néant des siècles de sacrifices et de saintes immolations?

« Sommes-nous donc en un temps où le génie s'efface devant le nombre? et les chiffres sont-ils devenus tout? Non, les chiffres ne sont rien. C'est la lumière,

c'est la chaleur qui éclairent et réchauffent le monde.
Sans elles, le reste n'existerait pas. Qui donc aujour-
d'hui se souviendrait des armées de Darius si elles n'é-
taient venues se fondre au soleil de Marathon ?

« L'histoire est là, du reste, qui proteste avec indignation contre ces théories envahissantes, et la trace
lumineuse que votre glorieuse patrie a laissée dans
les annales de l'Europe est trop éblouissante pour que
ce gigantesque passé puisse être effacé par une fan-
taisie politique ou une aberration géographique quelconque.

« L'avenir vous appartient, car vous avez conservé les
grandes qualités de votre antique race ! Mais, quoi qu'il
arrive, le monde entier doit à votre pays trop de nobles
clartés, pour jamais oublier la dette de reconnaissance
que l'humanité tout entière a contractée vis-à-vis des
Provinces-Unies. Mes amis, à la Néerlande ! »

Ces paroles, que je relis après huit mois, sont encore
aujourd'hui l'exact résumé des impressions recueillies
dans ce long et minutieux voyage. Et c'est à vous, cher
lecteur, à décider qui des deux a raison, ou du voyageur
consciencieux qui a parcouru la contrée en tous sens,
du scrupuleux archéologue qui a visité ses monuments,
fouillé ses archives et fait revivre son histoire, ou bien
des savants fantaisistes qui, du fond de leur cabinet, re-
manient sans pudeur la carte de l'Europe, effaçant les
frontières qui les gênent et disposant des peuples sans
leur assentiment.

Toutes les pièces du procès ont défilé sous vos yeux,

chacune étayée par des preuves impartialement choisies
et qui ne sauraient être suspectes, car tous les documents produits sont antérieurs au débat.

J'ai même poussé le scrupule jusqu'à taire mes impressions, omettant, au cours du récit, ce qui pouvait
rappeler le but de notre voyage, me bornant à laisser
parler les faits.

Où donc MM. Daniel et Kirchhoff pourraient-ils découvrir, dans cette longue étude, rien qui vînt à l'appui
de leurs annexions au moins étranges? Quelles raisons,
je le demande, pourraient-ils invoquer?

Sont-ce les mœurs, les usages, le caractère ethnique?
— Rappelez-vous Delfzijl et Nieuw-Beerta.

Est-ce la sympathie? — Qu'on se souvienne alors
d'Almelo, d'Oldenzaal et de Maëstricht.

Quoi encore? le langage, l'histoire... Mais où donc
avons-nous entendu parler allemand? Partout le hollandais règne en maître, et la langue de Vondel est la seule
employée. Une province peut-être pourrait faire exception : le Limbourg. Mais c'est le français et non l'allemand qu'on y parle dans le monde.

Quant à l'histoire, « ces pays, nous disent les géogra-
phes, ont, à de petites exceptions près, appartenu à
l'ancien empire allemand, et en partie, jusqu'en 1866,
à la Confédération germanique ». Étrange prétention
que de réclamer l'annexion d'un royaume parce qu'un
lambeau de son territoire a, pendant une trentaine d'années, été nominalement uni à la Confédération ! Étrange
prétention aussi que de remonter avant la domination de

la maison de Bourgogne pour ressusciter des **droits**
périmés depuis quatre siècles!

Et ces droits, si hautement invoqués, quelle était **donc**
leur importance?

Sur plus de deux cents villes que compte la Néerlande,
quatre seulement relevèrent directement de l'Empereur.
Encore trois d'entre elles, Zwoll, Deventer et Kampen,
ne lui furent acquises que pendant quelques années. On
les lui céda pour restaurer son lustre singulièrement terni
et lui permettre de faire figure. Mais dès qu'elles purent
rompre cette chaîne, les trois villes s'empressèrent de
répudier cette dépendance qui leur répugnait.

Une seule lui resta pendant quelques siècles : Nimègue, la cité indomptable, jamais soumise, rebelle
à tous ses maîtres, et dont les libres habitants avaient
pris pour devise : « MELIUS EST BELLICOSA LIBERTAS QUAM
PACIFICA SERVITUS. »

Et cette noble devise serait revendiquée par la Néerlande tout entière, si, quittant le domaine des utopies
géographiques pour entrer dans celui des annexions vio-
lentes, un peuple envahissant venait à oublier le respect
que l'humanité doit à une généreuse nation, qui a toujours eu le sentiment de sa dignité et la conscience de
ses devoirs.

TABLE DES MATIÈRES

TABLE DES GRAVURES

ERRATA

Page 11, ligne 2, au lieu de : c'était l'Océanie, lire : c'était l'Indo-Chine.

Page 4, note, au lieu de : *Die fecho,* lire : *Die Secho.*

Page 121, ligne 3, au lieu de : *emen data,* lire : *emendata.*

Page 180, note, au lieu de : Frissert, lire : Fridsert.

Page 192, titre, au lieu de : Zwelo, lire : Zweelo.

Page 348, ligne 24, au lieu de : *operi,* lire : *operis.*

Page 359, note, au lieu de : *Beschrijving de van,* lire : *Beschrijving van de...*

PARIS. TYPOGRAPHIE DE E. PLON ET Cie, RUE GARANCIÈRE, 8.

CARTE DE HOLLANDE

POUR LE

Voyage aux frontières menacées

de M. HAVARD

EXTRAITE DE LA CARTE DES PAYS BAS

dressée par A. BRUÉ

revue par E. LEVASSEUR, Membre de l'Institut

et publiée par CH. DELAGRAVE

EXPLICATION DES SIGNES.

ECHELLES

Cette Carte est dressée à l'échelle de 1:1,000,000

IMP. BECQUET PARIS

E. PLON et Cie, IMPRIMEURS-ÉDITEURS

8 et 10, RUE GARANCIÈRE, PARIS

LA HOLLANDE PITTORESQUE

LES

FRONTIÈRES MENACÉES

PAR

HENRY HAVARD

OUVRAGE ILLUSTRÉ DE DIX GRAVURES SUR BOIS

DESSINÉES D'APRÈS NATURE PAR M. LE BARON DE CONSTANT-REBECQUE

Et enrichi d'une carte des Pays-Bas

Un intérêt tout exceptionnel s'attache au livre que nous publions aujourd'hui.

A une époque où la carte de l'Europe est constamment menacée de remaniements et de révisions, où le Pangermanisme n'hésite pas à affirmer par l'organe de ses savants que la Hollande, le Danemark et la Belgique sont des pays annexes qui doivent tôt ou tard être réunis à l'empire d'Allemagne, un de nos compatriotes, familiarisé par un long séjour dans les pays du Nord avec toutes ces questions brûlantes, a pensé qu'il était à la fois instructif et utile de vérifier sur quels fondements reposent ces prétentions envahissantes.

Dans ce but, il n'a pas hésité à parcourir les provinces hollandaises qui longent la frontière allemande, à en étudier les mœurs, les coutumes, le langage et l'histoire.

Animé d'une infatigable persévérance, M. Henry Havard n'a omis sur ce long parcours ni une ville intéressante, ni un village curieux, ni un site pittoresque. Grâce à sa profonde connaissance du pays, aux amitiés nombreuses qu'il y possède, aux remarquables travaux qu'il a publiés sur la Hollande et l'art hollandais, notre voyageur a reçu partout un accueil exceptionnel. Toutes les portes se sont ouvertes devant lui, faveur précieuse surtout dans un pays où les étrangers sont si souvent tenus à distance. En même temps la haute bienveillance du gouvernement hollandais lui permettait de fouiller les bibliothèques publiques, d'interroger les archives locales, de visiter les forteresses et les prisons, et mettait à sa disposition tous les documents qui lui semblaient précieux à consulter ou utiles à faire connaître.

Grâce à ces facilités exceptionnelles, M. Henry Havard a pu ressusciter l'histoire anecdotique de ces curieuses provinces, remonter aux origines de leur généreuse population, en expliquer les développements ethnographiques, analyser les institutions politiques, retracer l'existence tumultueuse des communes indépendantes et la vie savante des académies, et, laissant parler tous ces faits ignorés, montrer à quoi se réduisait le bien fondé des prétentions allemandes.

En dehors de cet attrait tout spécial, les *Frontières*

Hôtel de ville de Bolsward.

menacées en présentent un autre encore qui, pour être moins actuel, n'en a pas moins sa valeur.

Ce livre, nous ne craignons pas de le dire, est l'étude la plus complète et la plus consciencieuse qui ait été publiée jusqu'à ce jour sur les provinces orientales de la Néerlande. Sous une forme agréable, il contient une quantité considérable de faits nouveaux et peu connus, tous puisés à des sources précieuses, tous authentiques et contrôlés avec un soin minutieux et une irréprochable érudition.

En un mot, c'est un travail de bénédictin entremêlé d'anecdotes amusantes, de gais propos, de croquis pittoresques et de frais paysages.

Illustré avec beaucoup de goût par un artiste de mérite, ce livre fait suite en quelque sorte aux *Villes mortes du Zuiderzée*, charmant ouvrage couronné par le Congrès des sciences géographiques, et qui a obtenu un si légitime succès et les honneurs de la traduction en hollandais et en anglais.

Les Frontières menacées forment un beau volume in-18 jésus, illustré de belles gravures sur bois et enrichi d'une carte des Pays-Bas.

Prix : 4 francs.

Ouvrage du même auteur :

La Hollande pittoresque, Voyage aux Villes mortes du Zuiderzée, un beau volume in-18 jésus, illustré d'après les croquis de M. van Heemskerck van Beest et de l'auteur. Prix : 4 francs

Sous presse : **AMSTERDAM et VENISE.**

PARIS. TYPOGRAPHIE DE E. PLON ET Cⁱᵉ, RUE GARANCIÈRE, 8.

Imprimé en France
FROC011311100620
24226FR00018B/239

9 782013 735971